U0676023

聪明宝宝
胎教早教1000问

熊丽 ◎编著

河北出版传媒集团
河北科学技术出版社

图书在版编目（ＣＩＰ）数据

聪明宝宝胎教早教 1000 问 / 熊丽编著 . —— 石家庄：
河北科学技术出版社，2012.7
ISBN 978-7-5375-5302-5

Ⅰ．①聪… Ⅱ．①熊… Ⅲ．①胎教－问题解答②早期
教育－问题解答 Ⅳ．① G61-44

中国版本图书馆 CIP 数据核字 (2012) 第 158634 号

聪明宝宝胎教早教 1000 问

熊丽　编著

出版发行:	河北出版传媒集团　　河北科学技术出版社
地　　址:	石家庄市友谊北大街 330 号（邮编: 050061）
总 经 销:	北京时代华语图书股份有限公司（010-83670231）
印　　刷:	河北省三河市文阁印刷厂
开　　本:	787×1092　1/16
印　　张:	21.5
字　　数:	300 千字
版　　次:	2012 年 8 月第 1 版
印　　次:	2012 年 8 月第 1 次印刷
定　　价:	42.00 元

如发现印、装质量问题，影响阅读，请与印刷厂联系调换。

厂址: 河北省三河市杨庄镇霍各庄　　　　电话: 0316-3662008　　　　邮编: 065299

前言 *Preface*

　　每个家庭都想要一个健康聪明的宝宝，但如何给宝宝进行科学的胎教、早教困扰不少夫妻……其实无需高深的理论，生活中的美味营养食物、一花一草、一树一叶，剪纸手工、散步瑜伽、陪宝宝阅读和做游戏等等自然快乐的生活状态，就是最好的胎教、早教方式。

　　本书共两篇，分为胎教篇和早教篇。其中胎教篇，从正确认识胎教说起，说明胎教的科学性和对宝宝智慧开启的巨大作用。以孕期为单位，针对每个时期胎宝宝发育特点和孕妈妈身体变化情况，从营养胎教、情绪胎教、音乐胎教、运动胎教、环境胎教、语言胎教等角度，针对性地介绍孕早期、孕中期以及孕晚期所需要的胎教方法以及注意事项，并特别强调了孕妈妈的心情愉悦、身体健康和准爸爸参与等对于胎教的重要性，只有在此前提下，胎教才能有效进行，从而预约聪明宝宝。

　　早教篇则为0~3岁的父母提供第一手的科学先进的早教理念和训练方法，帮助父母在宝宝成长的每个阶段，从营养、认知、动作、语言、社交行为和早教环境等方面，针对其发展个性，最大限度地挖掘其大脑潜能，培养其良好的习惯和健全的人格，使宝宝从最佳的起点出发，从容跨过一个个成长的里程碑。

　　家庭是宝宝生存的土壤，爸爸妈妈是精心呵护宝宝的第一位园丁，理解、尊重、关爱则是宝宝成长过程中不可或缺的阳光、雨露、空气。唯有和谐幸福的家庭，掌握科学育儿知识的父母，才能培养出健康快乐的聪明宝宝。

　　本书全面完整、先进科学的专业知识资讯，让准爸妈准确、方便地使用，从而在优孕、胎教、育儿、早教过程中得心应手！

编者

目录
contents

胎教篇
天才从胎教开始

早教篇
轻松培养优质宝宝

0～3个月宝宝

》营养发育 →133

》认知能力 →141

10 ～ 12 个 月 宝 宝

》社交行为能力→311

》生活自理能力→318

》早教环境→321

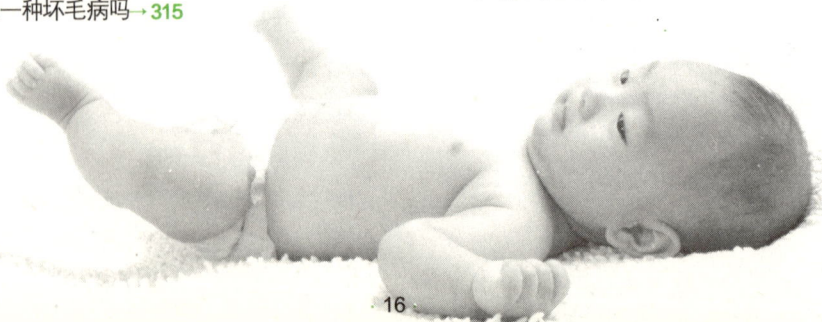

胎儿都是天才，胎教影响人的一生，孩子的教育应从胎儿期开始。

——七田真（日本右脑开发权威、儿童早期教育专家）

Part 01. 胎教篇

天才从胎教开始

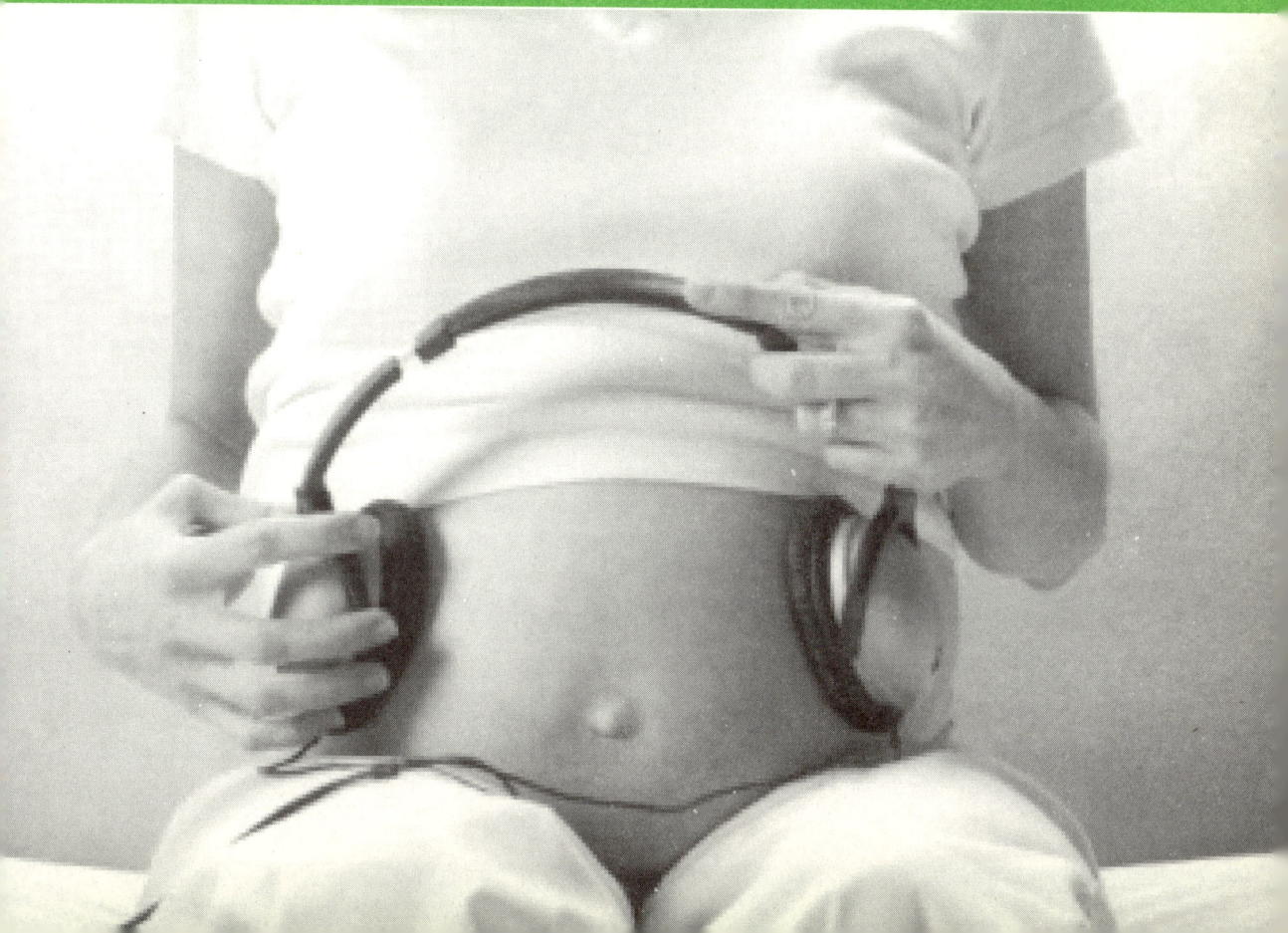

孕早期

孕早期准妈妈胎宝宝基本情况

孕期	准妈妈身体变化	胎宝宝发育状况	胎宝宝发育状况
孕一月	☆大部分孕妇都没有很明显的征兆，当然，也有些人会出现身体疲乏无力、发热、畏寒等类似感冒的症状。 ☆这时候，乳房的大小形状还没有明显变化；子宫约有鸡蛋那么大，在肉眼看来和没怀孕时几乎没有什么两样。	☆虽然胎儿眼睛、鼻子、耳朵还没有成形，但已经有嘴和下巴的雏形。同时，血液循环系统、脊髓神经系统还有头部的原型已经出现了。胎儿的肝脏也开始显著发育；尤其以心脏的发育尤为显著。	☆准妈妈要及早补充叶酸，多吃富含优质蛋白质的食物，多摄入富含维生素C的新鲜蔬菜和水果，提高身体抵抗力，不乱用药物，以免导致胎儿畸形，为孕育一个健康聪明宝宝夯实基础。
孕二月	☆大部分准妈妈会出现恶心、嗜睡、尿频、白带增多、乳房增大、乳房胀痛、腰腹部酸胀的现象，乳房有时会有刺痛或者抽动的感觉。 ☆此时子宫内底锐膜内绒毛大量增加，逐渐形成胎盘。脐带开始形成，准妈妈与胎儿联系进一步加强。	胎儿内外生殖器的原基已能被辨认，但从外表上还分辨不出性别。而脑、脊髓、眼、听觉器官、心脏、胃肠、肝脏等器官也在继续生长，已初具规模。	此时是胎儿脑部及内脏形成分化期，胎儿所需营养大大增多，准妈妈要注意摄入足量的优质蛋白、脂肪酸及各种维生素、矿物质，以便宝宝健康发育。
孕三月	☆准妈妈食欲有所增加，体重也开始回升，仍会有孕吐现象；情绪波动较大，对外界的很多因素和刺激异常敏感；阴道分泌物比平时有所增多，还容易便秘；乳房除了有胀痛的感觉外，开始进一步长大，乳晕和乳头色素沉着更明显，颜色变黑；子宫已如握拳大小，但下腹部还未明显隆起。	胎宝宝的头在整个身体中显得格外大，之前的尾巴已完全消失，能清晰分辨出眼睛、手指和脚趾，四肢在羊水中能够自由活动，双手能够伸向脸部，左右腿可以交替做屈伸动作。 在器官方面，胎宝宝已经形成了自身的血液循环，并有了输尿管可以排出一点点尿，肋骨、皮下血管、心脏、肝脏、胃肠更加发达，骨骼和关节还在继续发育，外生殖器分化完毕，可以辨认出性别。	此时是胎儿大脑和骨骼发育初期，准妈妈要注意均衡摄入优质蛋白质、脂肪酸、钙、矿物质等。

有关胎教
You Guan Tai Jiao

01 胎教就是教育胎儿吗

很多人对胎教有一种误解，以为胎教就是教育胎儿，或者说让胎儿接受教育。其实，胎儿没有思维能力，什么也学不会。那么胎教的意义是什么呢？所谓胎教，就是给胎儿创造一种更加良好的发育环境，使胎儿的神经系统发育得更加完善。

妇产科医生的研究证明，接受过胎教的婴儿，在出生后的前6个月内，比未接受过胎教的婴儿发育得快一些，如果出生后继续让婴儿听悦耳的音乐，并接受妈妈的抚爱，其身体整体发育水平、语言能力明显高于未接受过胎教的婴儿。但如果出生后停止胎教时的刺激内容，那么胎教所产生的作用会逐渐消失。

02 胎教时胎儿有感觉吗

准妈妈在对腹中的胎儿实施胎教时，常常会想："我的宝宝能感受到么？"近年来的研究证实，胎儿不仅有感觉，而且还有记忆力，能够接受准爸爸准妈妈的教育。

人的生命实际上是从胎儿时期开始的，随着胎儿渐渐长大，他们的感觉也逐渐丰富起来。

大约3个月的胎儿就有了感觉。起初，当胎儿碰到宫中的一些软组织，如子宫壁、脐带或胎盘时，会像胆小的兔子一样立即避开。但随着胎儿的逐渐长大，特别是到了孕中后期，胎儿变得"胆大"起来，不但不避开触摸，反而会对触摸有一定反应，如有时母亲抚摸腹壁时，胎儿会以脚踢的方式来回报。

4个半月时，胎儿能辨出甜和苦的味道，孕期快结束时，胎儿的味蕾已经发育得很好，而且喜甘甜味。

6个多月时，胎儿就有了开闭眼睑的动作，特别是在孕期最后几周，胎儿已能运用自己的感觉器官了。

胎儿尤其是妊娠中后期的胎儿，其触、视、听、味觉等都发育到了相当的程度，能够感受到一些外界活动，这时运用合理科学的方式进行胎教，可以促进胎儿身心健康发展。

03 为何说胎教有利于胎儿大脑健康发育

集情感化、艺术化、形象和声音于一体的胎教内容，可以促进胎儿右脑的发育，提高宝宝出生后知觉和空间感的灵敏性，使宝宝具有音乐、绘画、整体和几何、空间鉴别能力，并丰富宝宝的情感，

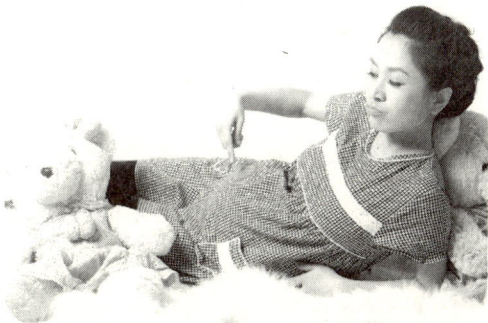

活跃宝宝的形象思维，提高宝宝直觉判断的正确性。同时，胎教能给胎儿以新颖鲜明的信息刺激，具有怡情养性的作用，从而有利于胎儿大脑的健康和成熟。

另外，胎教还能够促进胎儿大脑潜能的全面开发。重视情感化和形象化的胎教，能够使宝宝出生后易于学习语言和数字等知识，这样也就调动了左脑的功能，使左右脑功能得到互补，从而使胎儿出生后大脑的潜能得以更好发挥和利用。

04 为何说胎教有利于胎儿心理健康

胎教能够对胎儿的心理产生积极能动的影响，这不仅有利于培养胎儿的感知能力，也有利于培养胎儿的情感接受能力，使胎宝宝在妈妈肚子里就能在感知、情感等方面和父母相互沟通和交流。

在进行胎教时，胎儿如果受到触摸能有相应动作，听到音乐时能变得很安宁，那么胎儿就具备了感知能力和情感接受能力。而这两种能力是最基本的心理能力，有了这两种能力，胎儿以后在成长过程中就能很好地接受审美教育，具有想象、直觉、顿悟和灵感能力，并具有情感体验、调节和传达能力，宝宝心理才能得到全面发展。

05 为何说胎教有利于完善胎儿人格

人格又称个性，是一个人各种心理特征的综合，代表一个人基本的精神面貌。其形成与人早期经验很有关系，一个人在人生初始阶段受到的整体性和审美性

教育，会对这个人的心灵产生长远的、深刻的、潜移默化的影响，最终使这个人的人格趋向完善，并使这个人成为真诚、善良、美丽的人，并具有自我认识、自我完善和自我实现的能力。

而胎教就是人生最早的审美教育，它对胎儿具有整体性的影响，胎儿学习的结果也具整体性，因此胎教有助于胎儿以及胎儿出生后精神素质各个方面的塑造，即有助于胎儿人格的完善。

人们常说，良好的开端是成功的一半。作为人生接受的最早的教育——胎教，对一个人的发展起着开创性的作用。澳大利亚和我国的专家对胎教儿童的追访表明，经过胎教的儿童大都性格活泼，而且身体健康、聪明好学，有的成为早慧儿童，有的具有艺术等方面的特殊能力。

06 为何说胎教可提高胎儿智商

事实证明，受过胎教与没有受过胎教的婴幼儿，其智商有很大差距。美国费城一家生理研究所对200多名受过胎教的4～7岁儿童进行了调查，结果发现：受过胎教的儿童比没有接受胎教的对照组智商要高20%～45%。国内的胎教专家也对胎教的作用进行了鉴定：将41例在妊娠期间定时接受音乐、语言、抚摸等胎教内容的新生儿分别于出生后的第4天、第5天、第6天进行行为神经监测与评估，并与26例非胎教新生儿进行分组对照。结果显示，胎教组新生儿的安慰反应、对光习惯形成、对声音习惯形成、非生物听定

向反应、非生物视定向反应等9项行为能力得分及总分均明显高于非胎教组。

07 为何说受过胎教的宝宝更聪明

(1) 受过胎教的宝宝不爱哭。受过胎教的婴儿虽然在饥饿、尿湿和身体不适时也会啼哭，但得到满足之后就会停止。另外，受过胎教的婴儿有较强的感应能力，所以，他们听到妈妈的脚步声、说话声便会停止啼哭。最后，受过胎教的宝宝容易养成正常的生活规律，例如在睡觉前播放胎教音乐或妈妈哼唱催眠曲，婴儿就能很快入睡，满月后就基本形成了白天醒、晚上睡的习惯。

(2) 受过胎教的宝宝学发音较早。受过胎教的婴儿2个月时会发几个元音，4个月时会发几个辅音，5～6个月发出的声音就可以表达一定的意思。

(3) 受过胎教的宝宝心理行为健康。这些宝宝一般情绪比较稳定，总是乐呵呵的，非常活泼可爱，夜里很少哭闹。爸爸妈妈会觉得宝宝好带，与整天笑呵呵的宝宝在一起，家人也会发现有无限乐趣。

(4) 受过胎教的宝宝对音乐敏感，有音乐天赋。受过胎教的宝宝一听见音乐就会非常高兴，并随韵律和节奏扭动身体。

(5) 受过胎教的宝宝能够较早地理解语言，显得非常聪明可爱。受过胎教的婴儿，在4个半月时就能认出第一件东西，在6～7个月时就能辨认手、嘴、水果、奶瓶等。他们能较早理解"不"的意思，早期学会服从"不"，所以，这样的宝宝

更懂事、更听话。它们较早就能用姿势表达语言，例如"欢迎"、"再见"、"谢谢"等动作，也能较早理解别人的表情。

(6) 受过胎教的宝宝学说话较早，入学后成绩也比较优秀。实验证明，经过胎教和早教的宝宝9～10个月时就会有目的地叫爸爸妈妈，在20个月左右便能背诵整首儿歌，也能背数。需要注意的是，如果宝宝出生后不继续加以发音和认物训练，胎教的影响在6～7个月时就会消失。

(7) 受过胎教的宝宝能较早与人交往。婴儿出生2～3天就会通过小嘴张合与大人"对话"，20天左右就会逗笑，2个多月就能认识父母，3个多月就能听懂自己的名字。

(8) 受过胎教的宝宝双手的精细运动能力发展良好。手的抓、握、拿、取、拍、打、摇、对击、捏、扣、穿、套等能力强。

(9) 受过胎教的宝宝有浓厚的学习兴趣。他们喜欢听儿歌、故事，喜欢看书、看字，在他们还不会说话的时候，就拿书要妈妈讲，他们有惊人的学习汉字的能力，智能得到超常发展。

(10) 受过胎教的宝宝运动能力发展很好。他们抬头、翻身、坐、爬、站、走都比较早，而且动作敏捷，协调。

08 为何胎教要讲究方法

有研究表明，胎儿在发育成长的不同时间需要不同的胎教内容和方法，如4个月时胎儿对光线很敏感，5～6个月时胎儿开始有触觉，7～8月时胎儿开始有

听觉。因此，从孕育胎儿开始，科学地提供视觉、听觉、触觉等方面的刺激，如光照、音乐、对话、拍打、抚摸等，使胎儿大脑神经细胞不断增殖发育，神经系统和各个器官的功能得到合理开发和训练，促进胎儿正常、健康发育，为出生后大脑和智力开发奠定良好的基础。

在胎儿大脑神经系统发育完善的过程中，准妈妈如果受到外界良好的刺激，保持良好的心理状态，内分泌等平衡协调，通过血液流经胎盘到达胎儿体内，有利于胎儿生理特别是大脑的发育，从而使胎儿天资向良好的方向发展。

孕妇一定要注意孕期饮食营养，预防疾病，避免各种感染和用药，不滥用药物，远离烟酒，保持平和的心态、愉快的情绪，为宝宝的健康成长奠定坚实的基础，给宝宝一个极好的开端。

同时孕妇也要给予宝宝适当的物理刺激，如每天适当、适度地抚摸腹部；每天与胎儿说说话、听听优美的音乐，这些将有助于宝宝的大脑发育。

胎儿期是人的一生中生长发育最为迅速、最为关键的发展时期，而准妈妈正是未来宝宝的第一任教师，因此，准妈妈必须紧紧抓住这一重要时机，正确实施科学有效的、切实可行的胎教方法，最大限度地开发胎儿的潜能，使其所有的能力在飞速发展的胎儿时期得到全面的发展，从而获得优越的先天遗传素质，使宝宝将来成为更加聪明健壮的优秀人才。

09 胎教实施过程中有啥注意事项

第一，胎教要适时适量。要观察了解胎儿的活动规律，一定要选择胎儿觉醒时进行胎教，且每次不超过 10 分钟。

第二，胎教要有规律性。每天要定时进行胎教，让胎儿养成规律生活的习惯，同时也利于出生后其他认知能力的发展。

第三，胎教要有情感交融。在实施胎教的过程中，准妈妈应集中注意力，完全投入，与胎儿共同体验，达到与胎儿的身心共振共鸣，这样有助于建立起最初的亲子关系，也有利于胎儿和准妈妈自身的身心健康。

10 胎教需要注意哪些禁忌

一忌不合理的语言胎教。

在进行语言胎教时，孕妇要用中度音量与腹内的胎儿亲切说话，可以吟读诗歌，可以哼唱小调，也可以计算数字，这样会给宝宝留下美好的记忆。切忌大声粗暴地训话，这样会使胎儿烦躁不安。等胎儿生下来以后，会变得十分神经质，甚至对语言有一种反感和敌视态度。

二忌噪音。

噪音对胎儿有严重影响，能使孕妇内分泌腺体功能紊乱，从而使脑垂体分泌的催产激素过剩，引起子宫强烈收缩，导致流产、早产。因此，孕妇要警惕身边的噪音，不要受噪音影响，更不要收听震耳欲聋的刺激性音乐。

三忌不良情绪。

孕妇的情绪状态对胎儿的发育具有重要作用。孕妇情绪稳定、心情舒畅有利于胎儿出生后良好性情的形成。而孕妇如果长期精神紧张，大喜大悲，情绪不定，母体内的激素分泌异常，从而会造成对胎儿大脑发育异常的危害。因此，孕妇要格外注意精神卫生，保持精神愉快，心情舒畅，对生活充满希望。

四忌不合理的运动。

运动是一种很有效的胎教方式，但是不合理的运动就是胎教中的大忌了。与胎儿做运动联络时，要轻轻抚摸胎儿，每天2～4次为宜，有时胎儿也会不遵母命，此时就要耐心等待，不要急于求成。做运动胎教时，动作不宜过猛。

11 为何胎教不能急于求成

胎教不会造就神童，但是胎教也不是毫无作用，极少见到有胎教失败的例子，

但有些情况也引起了有关专家的重视。

胎儿最基本的自然需求是身体生长发育得到满足，不能受到太多的打扰。胎儿太稚嫩、太脆弱，他醒来时需要有自在的活动，睡着时需要有安宁的环境，这两点孕妇必须首先给予满足，否则就会影响胎儿的身体健康，而没有健康，胎儿的智力开发就会失去意义。所以不宜有过多的直接刺激的胎教，一天最多不超过两次，每次不超过10分钟，否则会使胎儿疲劳；而且要细心控制刺激的强度，太强会使胎儿身心受损，孕妇可以自己先感觉一下，觉得不适就要减弱强度。如果孕妇自己有不适，或者胎儿出现受惊、悸动、不安现象，最好暂停直接胎教。

12 古代有哪些胎教学说

1. 调情志

是古人所说的女性怀孕后所发生的情志变化。妊娠是女性生理上的一个特殊过程，怀孕后女性不仅生理上要发生一系列变化，心理上也会产生相应的反应。

2. 节房事

房事即为夫妻性生活。尽管房事为孕怀胎提供了必要条件，但受孕之后，房事必须有所节制。

3. 适劳逸

人禀气血以生，胎赖气血以养。因此，怀孕后要注意劳逸结合，注意不可贪图安逸，也不可过于劳累。

4. 节饮食

饮食对于孕妇和胎儿都很重要，饮食

是母体的重要营养来源，而母体的气血是胎儿的营养来源。因此，孕妇的饮食对胎儿的发育有直接影响。

5. 慎寒温

寒温就是自然界冷热气候的变化。孕妇怀孕后生理上发生特殊变化，很容易受六淫（风、寒、暑、湿、燥、火）尤其是风寒的侵扰，容易感染疾病，严重者会危及胎儿。

6. 戒生冷

孕妇常喜欢吃一些生冷的食物。中医认为，生冷食物吃多了会伤及脾胃，呕吐、腹泻、痢疾等病症就会乘虚而入，对孕妇和胎儿都有损伤，对此一定要慎重。

13 世界各国胎教研究有哪些成果

美国：通过实验证实了胎儿能听到外界的声音。胎儿听声音时做的脑电图证实，胎儿不仅能听到声音，而且大脑能对声音产生感觉。同时也证实了胎儿能够听到母体外的声音，他们会被母体外突然发生的很强的声音惊吓到。

日本：胎儿在子宫里听惯了母亲的心音和血流声音，出生后听到类似的声音会感到安心而停止哭泣。实验发现婴儿对不同说话人有不同反应，显示胎儿对母亲的声音有再认记忆的表现。

英国：论证了胎儿能听到声音并且能够辨别不同声音，而且胎儿还有记忆，胎儿对某种音乐会产生喜欢或讨厌的感觉。

法国：胎儿有记忆。胎儿期进行的胎

教音乐，出生以后再放给宝宝听时，宝宝会有记忆。

14 胎教做好了宝宝长大一定是神童吗

每位爸爸妈妈的最大心愿，就是希望宝宝能成为健康向上的好宝宝。但是，准爸爸准妈妈一定要知道：提倡胎教，并不是因为胎教可以培养神童，而是因为胎教可以发掘个体的素质潜能，让每个胎宝宝的先天遗传素质获得最优秀的发展。如果胎教能与出生后的早期教育很好地结合起来，宝宝将会更加优秀。

15 胎教就是给胎儿听音乐吗

许多准爸爸准妈妈认为胎教就是让孕妇和胎儿一起听音乐，有的听古典音乐，有的为使宝宝个性开朗而选择听摇滚乐，有的甚至听流行歌曲、京剧。其实孕期适当听音乐是正确的，但要讲究内容和方法，如选择适当的音乐和听音乐的时间，注意音频的高低及音量的大小。

此外，胎教还包含其他很多方面的内容，如：运动胎教、精神胎教、手工美术胎教、语言胎教、灯光胎教、数量胎教、环境胎教等。

16 胎教就是教胎儿唱歌、说话、算算术吗

胎教的根本目的，并不是教胎宝宝唱歌、识字、做算术，而是通过各种适当的、合理的信息刺激，促进胎宝宝各种感觉功能的发育成熟，为出生后的早期教育

即感觉学习打下一个良好的基础。

其实，凡是对胎宝宝有益的事情都可以归入胎教的范畴。大到怀孕前的准备、环境的改善、情绪的调节，小到听音乐、散步、和胎宝宝说悄悄话，这些都是胎教的内容。

17 胎儿没有意识，胎教没啥用处吗

有人不了解胎儿的发育情况，不了解胎儿的能力，认为胎儿没有意识，根本不可能接受教育，其实这样的想法是错误的。研究证明，胎儿 4 个月时就已经具备了全方位的感知觉能力，即具备了受教育的"能力"。但这里所说的"教育"，不同于幼儿园和学校"教育"，而是主要根据胎儿各时期的发育特点，有针对性地、积极主动地给予各种信息刺激，促进胎儿身心健康发育，最大限度地发掘胎儿的智力潜能，为宝宝出生后的早期教育奠定基础。

18 胎教从怀孕后开始也不晚吗

一旦得知怀孕，许多准爸爸准妈妈就会非常高兴地开始多方面的准备工作，如加强营养、定期检查、适当运动等。应该说这些都是有益的，但准爸爸准妈妈们更应该知道：真正的胎教应该从怀孕前甚至是婚前开始，如进行婚前检查，了解生理功能；婚后在计划怀孕前选择理想的受孕季节和时间，保持良好的心情，避免不良因素的影响；考虑职业、工作环境对受孕和胚胎发育的影响等。

19 胎教不需要有计划吗

准妈妈和胎宝宝是"一心同体"的，如果准妈妈的生活不规律，胎宝宝也不会有很自然的生活节奏，因此，制订一个妊娠期间胎教的总计划是非常必要的。准妈妈应该每天合理、有规律地对胎宝宝进行胎教，以培养宝宝良好的生活规律。

20 为何忌盲目尝试各种胎教方法

每个家庭的小宝宝都具有特殊地位，因此，家人对胎教也尤为关注，尤其是爷爷奶奶、外公外婆们，他们在了解了胎教的科学性后，常常会多渠道了解多家胎教机构，然后将相关信息反馈给年轻的小夫妻。这样很可能造成准爸爸准妈妈们为达到更好的胎教效果而到多家胎教机构去学习和培训。其实，这样只会让正常的胎教变成盲目的多方试验，不仅浪费钱财，对宝宝健康成长也没有好处。

在胎教培训机构的选择上，全家需要统一意见，慎重选择，一旦选择某家胎教培训机构就不要轻易改变，更不能随意地多家尝试。

21 影响胎儿智力发展有哪些因素

1. 遗传性疾病

近亲结婚、夫妇双方任何一方患有遗传性疾病，都会影响胎儿智力的正常发育与发展，并会给家庭、社会带来无法挽救的危害。

2. 环境污染

包括水源污染（重金属汞、铅等）、空气污染（汽车尾气、缺氧、吸烟等）、放射污染（X射线、微波等）、噪音污染、水质缺碘等，都会导致胎儿智力发育障碍。

3. 营养状况

大脑发育与功能的建立与营养密切相关。尤其叶酸、蛋白质的补充不足或缺乏，直接影响脑细胞的形成。若孕妇在孕早期营养不良，会使胎儿脑细胞及神经系统发育障碍；在孕晚期营养不良，则会使胎儿脑细胞数量增长不足，脑皮质沟回发育障碍，从而影响胎儿的智力。

4. 疾病和药物

孕早期病毒感染性疾病和不恰当的用药都可能影响胎儿脑细胞的发育。

22 准妈妈影响胎儿发育有哪些新观点

1. 准妈妈身体肥胖

容易发生新陈代谢异常，导致胚胎的神经系统发育出现畸变。

2. 准妈妈患龋齿或牙周炎

容易感染胎儿导致先心病、出生时低体重或早产。

3. 准妈妈缺碘

容易影响甲状腺激素合成，导致胎儿出生后患呆小病。

4. 准妈妈缺铁

容易影响胎儿体内的铁质吸收和运转，使胎儿发生贫血。

5. 准妈妈缺锰

容易影响胎儿的骨骼生长发育，发生关节变形。

6. 准妈妈缺锌

容易影响体内胎儿新陈代谢，使胎儿的大脑发育受到损害。

营养胎教
Ying Yang Tai Jiao

23 何谓营养胎教

营养胎教，也称饮食胎教，就是根据胎儿在妊娠早期、中期和晚期发育的特点，指导孕妇合理地摄取食物中的蛋白质、脂肪、碳水化合物、矿物质、维生素、水、纤维素等，以促进胎儿的生长发育。

孕妇适宜而平衡的营养对胎儿的健康发育是很重要的，且人的智力发育与胎儿期的营养因素也同样息息相关。胎宝宝的小生命是从受精卵开始的，从一个重1.505微克的受精卵，到分化成600万亿个细胞组成的、重约3000克的完整人体，其重量增加了20亿倍（从出生到成人体重仅增加20倍左右），这个发育成长的过程全依赖于母体供应营养。

需要注意的是：胎儿大脑发达必须具备三个条件：

(1) 大脑细胞数目要多。

(2) 大脑细胞体积要大。

(3) 大脑细胞间相互连接增多。

这三点都是必不可少的。根据人类大脑发育的特点，脑细胞分裂活跃又分为三个时限阶段：妊娠早期、妊娠中晚期的衔接时期及出生后的三个月内，营养胎教在此三个阶段是至关重要的。

24 营养胎教对胎儿有何好处

1.避免胎儿营养缺乏

在给宝宝进行营养胎教时，准妈妈需要对自己的饮食有一个全面、客观的计划，这样可以避免胎宝宝营养缺乏或不均衡现象。准妈妈进食科学合理，可为胎宝宝提供生长发育所需的各种营养素，避免流产、早产等现象的发生，保证胎宝宝大脑发育，并储存足量的铁和钙，避免出生后患缺铁性贫血和佝偻病等，同时让宝宝尽早全面地适应各种蔬菜的味道，让宝宝对蔬菜由抵抗到喜欢。

2.避免胎儿骨骼发育不良

胎儿期的骨骼、牙齿发育在人的一生中很关键，因此，准妈妈进行营养胎教，注意孕期多吃富含钙元素的蔬菜，既可以补充准妈妈钙的消耗，又能避免宝宝骨骼、牙齿发育不全，预防出现畸形宝宝，因为钙是构成宝宝骨骼与牙齿的主要元素。

3.避免胎儿体重异常或长成巨大儿

准妈妈通过制订营养胎教计划，避免让自己暴饮暴食或出现身体方面的营养不良，使营养既能有效地满足胎宝宝的需求，同时也避免了胎宝宝因为营养过剩而成为巨大儿或出现体重异常的现象。

25 准妈妈饮食有哪些禁忌

1.糖果和巧克力

原因：糖果中的香料和色素，巧克力中的咖啡因，以及它们含有的大量糖分，对健康无益。

2.甜味剂：包括白糖、黑砂糖、糖蜜、糖浆

原因：糖分含量高，最易促胖，而且，大量糖分的摄入还会影响牙齿的健康。需要调味的话可使用少量天然砂糖。

3.水果罐头

原因：含有防腐剂。请选用新鲜的时令水果。

4.冰淇淋和冰冻果汁露

原因：热量高，含各种添加剂，少吃。

5.含糖花生酱、腌制物、沙拉酱、意大利面酱

原因：热量高，含各种添加剂，少吃。

6.可乐或人工添加甜味果汁饮料

原因：里面含有的食用添加剂对胎儿健康有不利影响。可饮用百分百的天然果汁、纯净水、矿泉水或直接吃水果。

7.人造奶油

原因：含有色素以及添加剂，营养成分不高，且容易产生饱腹感，影响其他营养物质的吸收，建议不吃。

26 为何说准妈妈饮食习惯影响胎儿

研究表明，饮食胎教会影响胎儿出生后的饮食习惯。如果准妈妈在怀孕时胃口不好、偏食，那么小宝宝刚出生，在尚未有行为或认知能力之前，就会经常表现得没有胃口、不喜欢吃东西、常吐奶、消化吸收不良，甚或是稍大一点开始添加辅食时，也会出现明显偏食的现象。所以，为

了培养宝宝良好的饮食习惯，准妈妈必须建立良好的饮食习惯：

1. 准妈妈的一日三餐要定时、定量、定点

准妈妈吃饭时不能紧张匆忙，最好不要常被外界干扰打断，更不能有一餐没一餐的。

2. 营养均衡多样化

准妈妈要尽量由食物中获得身体所需的营养，而不是通过拼命补充维生素片剂，因为目前仍有许多营养素尚未被发现，所以准妈妈的食物要多样化，才能保证营养充足。

3. 以未加工的食物为主

准妈妈要保持健康的饮食习惯，尽量多吃原始食物，如五谷、青菜、新鲜水果；烹调的方式以保留食物原味为主，少用调味料。许多宝宝不爱吃青菜、正餐，喜吃饼干、糖果、汉堡等，这是很多妈妈的烦恼。饮食习惯的养成很重要，但如果让宝宝还在肚子里时就习惯健康的饮食模式，加上日后的用心培养，相信一定能事半功倍。

27 准妈妈三餐要哪"三定"

三餐定时：准妈妈即使再忙碌，也应

该"把吃饭的时间还给自己"。最理想的吃饭时间为早餐 7：00 ～ 8：00，午餐 12：00，晚餐 18：00 ～ 19：00；吃饭过程最好为 30 ～ 60 分钟，进食的过程要从容，心情要愉快。

三餐定量：三餐都不应被忽略或合并，且分量要足够，每餐各占一天所需热量的三分之一，或呈倒金字塔形——早餐丰富、午餐适中、晚餐量少。

三餐定点：准妈妈要养成定点吃饭的习惯。如果准妈妈希望未来自己的小宝宝吃饭能坐在餐桌旁专心进餐，那么现在准妈妈自己吃饭的时候就应固定在一个气氛和乐温馨的地点，且尽量不被外界干扰。

28 为何准妈妈应多吃"零食"少进补

所谓的"零食"即水果和干果。一般而言，准妈妈在怀孕初期往往胃口不好，吃不下太多的东西，这时就要用水果和干果来补充母体需要的营养。水果应选择新鲜水果，每天 3 种左右，早上吃，效果最好。干果如瓜子、花生、核桃等可随时补充，尤其要加大芝麻等含钙物质的食用量。

对于营养品和补品等，准妈妈应谨慎。很多营养品对孕妇的针对性不强，而且其具体营养物质的含量不清不楚。孕妇服用营养品后，轻则没有效果，重则可能对胎儿产生副作用，导致胎儿出生时体积过大、男孩出现女性化倾向等。

准妈妈应尽量避免吃油炸、烧烤、膨化等食品，如有条件可在怀孕前就开始均

衡饮食，尽量多吃"原始"食物，如五谷、青菜、新鲜水果等，这样不但利于向孕期过渡，孕期反应也会比较小。

29 准妈妈如何进食才不发胖

1.改变进食行为

改变进餐顺序：喝水→喝汤→吃青菜→吃饭和肉类；

三顿正餐一定要吃；

吃生菜或者水果时，不要放沙拉酱；

不要吃肥肉；

不吃油炸食品；

喝汤时撇掉浮在上面的油；

带汤汁的菜，将汤汁沥一沥再吃；

以水果取代餐后甜点；

多喝开水，不喝加糖的饮料。

2.改变烹调方式

尽量用水煮、蒸、炖、凉拌的烹调方式，避免红烧、烤、烫、烩、卤的烹调方式；

烹调时少加糖，少用勾芡，少加料酒；

吃饭时不要淋肉臊、肉汤。

30 饮酒对胎宝宝有何危害

准妈妈喝酒对胎宝宝和自己危害都很大，可能会对胎儿造成以下问题：

- 酒精可导致胎儿发育不良。
- 酒精可导致胎儿面部发育扭曲，出现上颌骨小、鼻子短而上翻、人中平坦、上唇扁平、眼睛小、上眼睑下垂等问题。
- 酒精可导致胎儿关节、手、足、手指、脚趾不正常。

- 酒精可导致胎儿协调性差。
- 酒精可导致胎儿学习障碍。
- 酒精可导致胎儿记忆障碍。
- 酒精可导致胎儿心脏缺陷，如房间隔、室间隔缺损。
- 酒精可导致胎儿注意力不集中。
- 酒精可导致胎儿与他人相处能力差。

31 饮酒对准妈妈有何危害

1.过敏

怀孕期间，准妈妈在荷尔蒙的作用下皮肤比较干燥，容易出现过敏现象，而酒精中的组成物质会加剧过敏的发生，造成妊娠不适。

2.增加基础新陈代谢率

饮酒会加速人体的血液循环，准妈妈更容易出汗、频尿。

3.丧失对自主神经的控制力

喝酒后，酒精控制了脑部，导致自主神经感觉迟钝，有一些飘飘然的感觉。

4.容易跌倒

一般人喝酒后走路跌跌撞撞的，准妈妈体积大，行动本来就比较迟缓，喝酒后跌倒概率增加。

5.伤胃

酒喝多了，容易引起呕吐，呕吐的次数变多了，对肠胃会造成很大的负担。

6.酒精中毒

准妈妈如果长期饮酒，会危及胎儿，引发流产或胎儿异常。

7.营养不足

饮酒会引发食欲不振，影响准妈妈的营养吸收，进而阻碍胎儿的成长。

32 什么是胎儿酒精综合征

准妈妈在计划生育宝宝前必须要戒酒，是因为酒的成分主要是酒精。当酒精被胃、肠吸收进入血液在全身运行以后，除少量从汗、尿及呼出的气体中以原来的形式排出外，其余大部分由肝脏代谢。肝脏首先把酒精转化为乙醛，进而变成醋酸被利用，但这种功能是有限的，所以，随着饮酒量的增加，血液中的酒精浓度也随之增高，对大脑、心脏、肝脏、生殖系统都有危害。

准妈妈在怀孕期间饮酒，可以导致胎

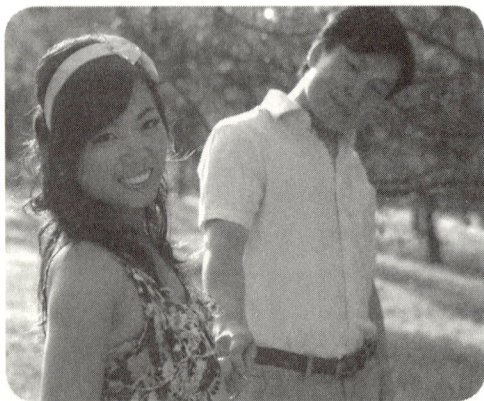

儿畸形。孕8周内是胎儿各器官形成的关键时期，如果准妈妈在这个时期饮酒，会导致胎儿小头、小眼裂、小下颚、腭裂、先天心脏病和内眦畸形等。饮酒还会引起血管收缩，影响到胎儿氧气供应，特别是影响胎儿大脑的发育，造成智力障碍，这就是胎儿酒精综合征。

33 喝浓茶对胎宝宝有何危害

中国人多数都有喝茶的习惯，但是实际上，作为特殊人群的准妈妈，在孕期是不适宜喝茶的，尤其是浓茶。理由如下：

(1) 一般浓茶中含高达10%的咖啡因浓度，会增加准妈妈尿的次数与频率，增加准妈妈心跳的次数与频率，加重准妈妈心与肾的负荷量，可能会导致妊娠中毒症。

(2) 将要临产的准妈妈不宜喝太多茶。浓茶中的咖啡因会使人兴奋引起失眠，如果准妈妈在产前睡眠不够，那可能会导致分娩的时候精疲力竭，甚至还会造成难产。

(3) 准妈妈喝茶后，茶中的咖啡因会渗入乳汁并间接影响胎宝宝，影响婴儿身体健康。

(4) 准妈妈过多地饮用浓茶，有可能引起妊娠贫血，也将使胎宝宝患先天性缺铁性贫血。

34 喝咖啡对胎宝宝有何危害

有很多准妈妈在紧张的工作之余，喜欢冲一杯咖啡，静静地休息一会儿。还有一些准妈妈为了在晚上有精神工作，用咖啡提神，这都是对胎儿不负责任的做法。因为咖啡对准妈妈腹中的胎儿有不良影响。

首先，科学家发现，与那些从不喝咖啡的准妈妈相比，每天喝 4 ~ 7 杯咖啡的准妈妈死胎发生的危险性增加 80%，每天喝咖啡超过 8 杯的准妈妈发生死胎的危险性增加三倍以上。

其次，科学家对德国千名以上的准妈妈进行的一项调查性研究显示，每日喝 3 杯以上咖啡的准妈妈，所产下的胎宝宝体重没有超过两千克的，明显比不喝咖啡的或者喝咖啡较少的准妈妈产下的婴儿体重轻。

再次，咖啡因会阻碍胎宝宝的成长。咖啡因摄取量中等的准妈妈，胎宝宝在子宫内发育不全的危险性，高于不喝咖啡准妈妈的一倍；摄取咖啡因特别多的准妈妈，胎宝宝发育不全的可能性，较一般人多四倍。因此准妈妈要减少饮用咖啡，每天低于 300 毫克。

在妊娠条件下，咖啡因的生物半衰期被成倍地延长了。所谓生物半衰期是指某种物质在血液里的浓度被集体清除掉一半所需要的时间。由于准妈妈清除咖啡因的能力低，咖啡因就容易在体内蓄积，并经胎盘屏障影响胎宝宝的发育。

35 怎样通过食疗缓解孕吐

孕早期胎儿生长缓慢，并不需要太多的营养。此时，准妈妈可以选取在口味上满足自己的食物，并尽量减少每次进食的量，少食多餐，多喝水，多吃富含维生素的食物，防止便秘，便秘会加重早孕反应。

尽可能多地变换就餐环境，这样能激发食欲。为了减轻孕吐反应，可以多吃一些较干的食物，如烧饼、饼干、烤馒头片、面包片等。如果孕吐严重，多吃蔬菜、水果等偏碱性的食物，以防酸中毒。

传统中医有一些食疗方对治疗孕妇呕吐比较有效，下面推荐几款食疗方供呕吐严重者使用：

方法一：糯米 120 克，按常法熬汤喝，每天分 4 次温服，禁食硬、冷食物。

功效：益气、和中。

方法二：将甘蔗洗净去皮，捣烂取汁（半杯），鲜姜洗净捣碎取汁（一汤匙），然后将两种汁倒在一起，和匀稍温后饮服。

方法三：鲜芹菜根 10 克，甘草 15 克，鸡蛋 1 枚，先把鲜芹菜根、甘草洗净熬汤，水沸后打入鸡蛋趁热服。

功效：清热，降逆。

方法四：韭菜 200 克，鲜姜 200 克，白糖适量。将韭菜、生姜洗净切碎，捣烂取汁，用白糖调匀饮服。

功效：温中止呕。

方法五：黄连 1.5 克、苏叶 3 克。将黄连、苏叶泡水代茶，频频饮服。

功效：清热和胃。

36 有哪些小偏方可以缓解孕吐

苹果：早起吃一个苹果，能有效缓解恶心和呕吐，有助于保持肠道畅通，预防便秘。

生姜：研究发现，生姜可以帮助缓解孕吐症状。准妈妈可以自己试着制作姜茶。切两片硬币大小的生姜，用开水浸泡5～10分钟。取出生姜，加入红糖、蜂蜜或柠檬就可以了。

黄瓜：黄瓜的清香会让准妈妈不舒服的感觉一扫而光。

蜂蜜：起床前，将一勺蜂蜜含在嘴里，可以帮助身体吸收一部分血糖，使血糖浓度不致过低，孕吐的次数就减少了。

37 缓解孕吐有何窍门

1.少食多餐

准妈妈可以吃些能够提得起胃口的东西，也可以随时吃点零食，总之，一刻都不要让自己的胃空着，因为空腹是最容易引起恶心的。另外，多吃富含蛋白质的清淡食物，这类食物有助于抑制恶心。

2.吃冷食

试着吃些凉的或室温状态下的食物，这些食物的气味没有热的食物那么强烈。

3.夜晚的小零嘴儿

在床头放点饼干等简单的小零食。准妈妈睡醒后，可以先吃上几片饼干，然后休息20～30分钟，再起床。如果半夜醒来感到恶心，准妈妈也可以吃点饼干来缓解一下。

4.不强迫自己

如果准妈妈觉得好像吃什么都会恶心，不要着急，那就吃那些能提起准妈妈

胃口的东西，哪怕这些食物不能让准妈妈达到营养均衡也没关系。不管什么东西，多少吃进去一点，总比大吃一顿但全都吐出去要强很多。另外，要尽量避免出现可能会让准妈妈觉得恶心的食物或气味。

5.避免高脂肪

高脂肪的食物需要更长的时间才能消化。因此，准妈妈要避免吃油腻、辛辣、酸味和油炸的食物，这些食物会刺激准妈妈已经变得脆弱的消化系统。

6.小口喝水

准妈妈喝水时不要"牛"饮，虽然喝水对预防脱水非常重要，但如果准妈妈一口气猛喝，把胃涨满，胃里就盛不下其他防吐食物了。另外，如果准妈妈吐得很频繁，可以尝试含有葡萄糖、盐、钾的运动饮料，这能够帮助准妈妈补充流失的电解质。

7.避免空腹服用孕期维生素

准妈妈可以试着在吃东西时服用维生素，也可以在晚上入睡前服用，要尽量避免早晨起床后空腹服用孕期维生素。因为在空腹状态下，准妈妈脆弱的消化系统很难承受有些维生素的刺激。

38 孕妇营养和胎儿智力有何关系

多数准妈妈在妊娠早期（孕1～3月）会出现恶心、呕吐、食欲减退、偏食等早孕反应，这样就会影响营养的摄入，进而影响胎儿智力发育。因此，为了胎宝宝的将来能够聪明健康，准妈妈应努力进食，可以少吃多餐，稳定情绪，控制

呕吐。以多样化的食物引起食欲，保证营养的平衡。

一般认为，准妈妈每天大约需要摄取10000千焦的热量，并保障一定的蛋白质、脂肪、矿物质和维生素的摄入。准妈妈在饮食上应粗细粮搭配，不必有太多的"忌口"，可以多吃些蛋类、牛奶、鱼、肉、动物肝脏、豆制品、海带、蔬菜、水果等食物。这样，既促进了食欲，保证了准妈妈本身的营养需求，又为胎儿大脑的发育提供了物质基础。

39 维生素C能促进胎儿大脑发育吗

维生素C，又称为"抗坏血酸"，是一种水溶性维生素，对组织修复、伤口和骨骼愈合、皮肤健康等起着至关重要的作用。

不仅如此，维生素C还有助于增强人体对外界环境的抗应激能力和免疫力。另外，它还能改善铁、钙和叶酸的利用，促进氨基酸中酪氨酸和色氨酸的代谢，延长人的寿命。

美国营养学家库巴拉和卡兹曾经对人群抽样调查后，得出以下结论：血液中的维生素C的含量与智能有着密切关系，胎儿出生后自身合成维生素C的能力在10个月后迅速下降，到1周岁时几乎全部丧失。

人脑是人体含维生素C最多的部位。孕妇若不注意从饮食中摄取维生素C，则可能使胎儿大脑发育不良，甚至导致脑功能紊乱。

由此可见，孕妇摄入充足的维生素C对胎儿的发育很重要，可以提高胎儿脑功能的敏锐度，促进胎儿智力的发育。

另外，由于维生素C是把新细胞聚合在一起的黏合剂，可以大大促进胎儿的健康发育，并有助于孕妇更好地吸收铁，强壮牙齿和骨骼，避免贫血和预防牙龈出血。

40 准妈妈铁营养不足有何危害

若铁摄入量不够，就会出现贫血症状。轻度贫血会引起准妈妈出现头晕、眼花、胸闷等症状；如果血色素持续下降，就会导致准妈妈机体免疫力下降，易感染。重度贫血甚至会引起分娩时凝血功能的障碍、大出血等危及生命的后果。

另外，患贫血孕妇的死胎率以及低体重出生儿发生率也明显增高。

孕妇铁营养状况对胎儿体内铁贮存也有很大影响，孕妇铁缺乏可使胎儿体内铁贮存量明显减少，造成胎儿营养不良、发育迟缓等，出生后婴幼儿易患营养性缺铁性贫血。

孕早期，准妈妈每天至少应摄入15～20毫克铁；怀孕中、晚期，每天应摄入20～30毫克铁。人体可耐受的最高摄入量为60毫克。含铁质的口服制剂一般选择乳酸亚铁型补铁保健品，因为乳酸亚铁更有利于人体的吸收和利用。

富含铁且容易吸收的食物有肝脏、鸡蛋、燕麦、大麦、芝麻、红枣、血糯米、豆类食品、牛肉、鸡肉、泡菜、甜菜、土豆、樱桃、葡萄干、南瓜、沙丁鱼及虾等。

另外，还有些食物如菠菜、蛋黄等，铁含量虽然很丰富，却不容易被人体吸收。

41 为何说准妈妈摄入适量磷能让宝宝更聪明

磷是细胞中核酸的组成部分，是细胞膜的必要构成物质，和钙一样，也是建造人体骨骼和牙齿的重要无机盐，是人体必不可少的元素。

如果缺乏磷，轻则会使人虚弱、全身疲劳、肌肉酸痛、食欲不振；重则会导致佝偻病和牙龈溢脓等疾患。

日常饮食中的磷主要是有机磷酸脂，例如脑磷脂与卵磷脂，尤其是卵磷脂对胎儿的健康发育非常重要。卵磷脂是生命的基础物质，存在于细胞之中，更多的是集中在神经系统、血液循环系统、免疫系统以及脑、肝、心、肾等重要器官中，人类自始至终都离不开它的滋养和保护。

一般情况下，孕妇体内的羊水中含有大量的卵磷脂。人体脑细胞约有150亿个，其中70%早在母体中就已经形成。

可见，胎儿期是大脑形成、发育的最关键时期，而卵磷脂可以促进大脑神经系统与脑容积的增长、发育，所以为了促进胎儿脑细胞健康发育，孕妇补充足够的卵磷脂是很重要的。

我国营养学会推荐，普通成年人每天需要1.5克左右的磷，而准备怀孕、孕期

和哺乳期则可以将磷的摄入量增加到每天2克。

很多食物都含有丰富的磷，谷物类如大米、小米、燕麦、玉米、黑米、荞麦、糯米等；鱼类如草鱼、鲫鱼、带鱼、平鱼、鳗鱼、黄鱼等；肉类如牛肉、鸡肉、羊肉、鸽肉、兔肉等；蛋类如鸡蛋、鹌鹑蛋等；豆类及豆制品如黄豆、绿豆、蚕豆、红豆、豌豆及豆腐等；菌菇类如香菇、鸡腿菇、金针菇等；蔬菜如茭白、油菜、茄子、土豆、白菜、生菜、苦瓜、西蓝花等；动物肝脏如猪肝、牛肝、羊肝等；海产品如鱿鱼、海虾、海带等；坚果类如开心果、榛子、腰果、花生等；水果如蓝莓、猕猴桃、石榴、香蕉、椰子等。另外，奶类和动物的脑、骨髓等都含有丰富的磷脂，而且很多食物中的磷都比较容易吸收。

42 营养元素对胎儿智力有何影响

胎儿在准妈妈肚子里，脑细胞的发育需要各种营养素的供给。以下几种营养元素，是胎儿脑细胞发育过程中所必需的，准妈妈们可一定要重视起来呀。

碘：碘的缺乏会造成智力发育迟缓，缺碘对智力发育的损耗是不可逆的。

锌：锌在中枢神经系统有神经调质作用、神经发育促进作用、神经元保护作用。据此，我们就能够了解锌在大脑发育中所起的重要作用。

维生素A：缺乏维生素A，可明显降低脑细胞中DNA和蛋白质的合成。

维生素B$_6$：缺乏维生素B$_6$，可影响

新皮层神经元的生成。

以上提到的只是几种重要的营养元素，脑细胞的发育还需要其他的营养元素，这里不一一列举。总之，准妈妈一定要均衡饮食，保证营养的摄入。

43 准妈妈吃梨有何好处

梨可以清热降压，被誉为"百果之宗"，是我国最古老的果木之一。它质脆多汁，清甜爽口，醇香宜人。其性甘寒微酸，有清热利尿、润喉降压、清心润肺、镇咳祛痰、生津止渴的作用，可治疗妊娠水肿及妊娠高血压。

还具有镇静安神、养心保肝、消炎镇痛等功效，有防治肺部感染及肝炎的作用。常吃炖熟的梨，能增加口中津液，防止口干唇燥，不仅可保护嗓子，也是肺炎、支气管炎及肝炎的食疗品。将生梨去核后塞入冰糖10克、贝母5克、水适量，文火炖熟，服汤吃梨，可防治外感风寒、咳嗽多痰等疾患。

44 准妈妈吃柿子有何好处

柿子汁多味甘，是物美价廉的水果。每100克柿子含糖20克、蛋白质0.7克、脂肪0.1克、碘49.7毫克。柿子富含多种维生素及钾、铁、钙、镁、磷等，其矿物质的含量超过苹果、梨、桃等水果。柿子性寒，有清热、润肺、生津、止渴、镇咳、祛痰等功效，适用于治疗高血压、慢性支气管炎、动脉硬化、痔疮便血、大便秘结等症。

柿子的营养及药用价值均适宜准妈妈适量食用。尤其是妊娠高血压综合征的准妈妈可以"一吃两得"。柿子的蒂和叶都是中药。柿蒂可以降逆气、止恶心，治疗呃逆、嗳气等。柿叶有抗菌消炎、止血降压等作用，是民间常用的草药。

柿子虽然有很好的营养及医疗作用，它也有不足之处。柿子有涩味，吃多了会感到口涩舌麻，收敛作用很强，容易引起大便干燥。遇酸可以凝集成块，与蛋白质结合后产生沉淀。因此，吃柿子应该点到为止，以一餐一个为宜。

45 准妈妈吃柑橘有何好处

柑橘品种繁多，有甜橙、南橘、无核蜜橘、柚子等。它们营养丰富，通身是宝。其汁富含柠檬酸、氨基酸、碳水化合物、脂肪、多种维生素、钙、磷、铁等营养成分，是准妈妈喜欢吃的食品。500克橘子中含有维生素C250毫克，维生素A2.7毫克，维生素B_1的含量居水果之冠。柑橘中所含的矿物质以钙为最高，磷的含量也超过大米。

柑橘的皮、核、络都是有名的中药。常吃柑橘可以预防坏血病及夜盲症。但是，柑橘好吃，不可多食。因为柑橘性温味甘，补阳益气，过量反于身体无补，容易引起燥热而使人上火，发生口腔炎、牙周炎、咽喉炎等。

一次或者多次食用大量的柑橘后，身体内的胡萝卜素会明显增多，肝脏来不及把胡萝卜素转化为维生素 A，使皮肤内的胡萝卜素沉积导致皮肤呈黄疸样改变，尤以手及脚掌最明显。常伴有恶心、呕吐症状。准妈妈每天吃柑橘不应该超过 3 只，总重量在 250 克以内。

46 准妈妈吃无花果有何好处

无花果的果实无论鲜品还是干品均味美可口。它富含多种氨基酸、有机酸、镁、锰、铜、锌、硼及维生素等营养成分。它不仅是营养价值高的水果，而且是一味良药。它性甘味酸，有清热解毒、止泻通乳之功效，尤其对于痔疮便血、脾虚腹泻、咽喉疼痛、乳汁干枯等疗效显著。

准妈妈最容易患痔疮，预防痔疮首先注意饮水，养成定时排便的习惯。同时，准妈妈宜常吃适量的无花果，能够通乳、治疗痔疮。

47 准妈妈吃鱼有何好处

鱼类脂肪中含有 ω-3 脂肪酸，能保护人的神经系统，起到健脑的作用。研究表明，每周至少吃一顿鱼特别是三文鱼、沙丁鱼和青鱼的孕妇，有助于加强胎宝宝

神经细胞的活动，从而提高学习和记忆能力。

另外，调查发现，孕期每周吃一次鱼的孕妈妈，发生早产的可能性是 1.9%，而从不吃鱼的孕妈妈发生早产的可能性则为 7.1%。鱼以三文鱼、鳕鱼等深海鱼为佳。

48 准妈妈吃大蒜有何好处

大蒜能够促进葡萄糖转变为大脑能量。人的大脑活动的能量主要来自葡萄糖，而维生素 B_1 能促进葡萄糖发挥应有的作用。其实，大蒜本身并不含大量的维生素 B_1，但它能增强维生素 B_1 的作用，因为大蒜可以和维生素 B_1 产生一种叫"蒜胺"的物质，而蒜胺的作用要远比维生素 B_1 强得多。因而准妈妈可以适当吃点大蒜。

49 准妈妈吃鸡蛋有何好处

鸡蛋是补脑的佳品，首先，鸡蛋中所含的蛋白质是天然食物中最优良的蛋白质之一，富含人体所需要的氨基酸；其次，蛋黄含有丰富的卵磷脂、钙、磷、铁以及维生素 A、B 族维生素、维生素 D 等。准

妈妈适当吃点鸡蛋，对促进胎儿大脑发育大有裨益。

50 准妈妈吃豆类及豆制品有何好处

豆类及豆制品中含有人体所需的优质蛋白和8种必需氨基酸，富含卵磷脂、丰富的维生素及其他矿物质，能增强脑血管的机能，很适合准妈妈食用。大豆脂肪中含有85.5%的不饱和脂肪酸，其中又以亚麻酸和亚油酸含量最多，能降低人体内胆固醇，有效预防和控制准妈妈心脑血管方面的疾病。

51 准妈妈吃核桃和芝麻有何好处

现代研究发现，核桃和芝麻含有丰富的不饱和脂肪酸，能为大脑发育提供充足的亚油酸、亚麻酸等分子较小的不饱和脂肪酸，排除血管中的杂质，提高脑的功能。

另外，核桃中含有大量维生素，对于治疗准妈妈神经衰弱、失眠症，松弛脑神经的紧张状态，消除大脑疲劳效果很好。

52 准妈妈吃水果有何好处

准妈妈可以通过多样化的水果来补脑。例如，柠檬能提高人的接受能力；菠萝富含维生素C和重要的微量元素锰，对提高人的记忆力有帮助；香蕉可向大脑提供重要的物质酪氨酸，而酪氨酸可使人精力充沛、注意力集中，并能提高人的创造能力。

53 准妈妈为何要注意营养摄取

孕早期的孕吐反应致使很多准妈妈没有胃口，甚至害怕进食。这就容易造成对主食、肉类、蔬菜和水果等各种营养摄入不足，致使准妈妈营养不良或营养素摄入不均衡。如果平时在烹饪时没有注意方法，营养素就会流失更多，这种情况就会更严重。

孕早期，准妈妈的营养状况对胎宝宝的生长发育非常重要。如果营养不良或营养摄入不均衡，严重时会引发流产、畸胎及大脑发育异常。尤其是叶酸的缺乏，将大大增加胎宝宝神经管畸形（无脑儿、脊柱裂、脑膨出）的发生率。

54 宝宝健全聪明的大脑是怎样发育的

怀孕第4周，受精卵发育而成的内囊胚开始变为胚胎，出现了3个不同的胚层，这将为胎宝宝的不同器官、肌肉、皮肤、骨骼等的发育打下基础。大脑发育的重要阶段在第10周，这时候脑部迅速发育，每分钟约有25万个神经细胞形成。但胎儿脑神经一直到22周才基本发育完善，这时胎儿才真正有了感觉和意识。

由此可见，孕期的最初3个月是大脑发育关键期，也称之为脑神经细胞激增期。脑细胞增殖是"一次性完成的"，这就需要准妈妈在这一时期特别注意加强营养。如果营养不良，胎宝宝的脑细胞分裂增殖就有可能减少，从而就会造成脑细胞永久性减少，并影响脑细胞的体积和髓鞘的形成，最终导致智力障碍。

55 早孕反应对胎儿智力有何影响

妊娠早期，准妈妈经常会出现强烈的早孕反应，比如食欲减退、恶心、呕吐、偏食等，从而使营养摄入不够。一旦妊娠前，准妈妈自身的营养储存量不够的话，就有可能影响胎宝宝智力发育。明白了这个道理，准妈妈就应想办法稳定情绪，缓解早孕反应，以保证营养的平衡。为了将来宝宝的聪明健康，准妈妈应努力进食，少吃多餐，吐了再吃。

56 准妈妈用药会影响胎儿智力吗

据统计，90%的准妈妈在妊娠期间曾服用过至少一种药物，而有4%的准妈妈服食了超过10种的药物。某些药物能够通过胎盘屏障，进入到胎儿体内。所以，准妈妈用药不当则有可能影响胎儿发育，也有可能导致胎儿脑发育不全，影响智力。

为了宝宝的聪明健康，准妈妈千万不要自行服药。如确实需要服药，必须在医生的指导下服用。

57 哪些食物不利于胎宝宝大脑发育

妊娠5个月后，胎宝宝的大脑开始逐渐形成。为了利于胎宝宝的脑组织发育，这时期准妈妈要多吃健脑食品。同时，准妈妈更要注意少食用不利于胎宝宝大脑发育的食物。

1. 精绵白糖和精白砂糖。 精白砂糖等可引起妊娠期糖尿病，此病症可造成胎宝宝脑发育异常，所以准妈妈切不可多吃。

2. 精白米和精白面。 在米和面的精制过程中，丧失了很多成分，其中包括许多有益于大脑发育的成分，剩下的基本上就是碳水化合物了。因此，精白米和精白面不宜久吃。

3. 黄油。 黄油其实就是脂肪块。脂肪很容易滞留在血管壁上，妨碍血液流动。大脑中有为数众多的毛细血管，通过这些毛细血管向脑细胞输送营养成分，如果脂肪使毛细血管不畅通，自然会引起大脑营养物质缺乏，从而影响大脑的正常发育。

情绪胎教
Qing Xu Tai Jiao

58 什么是情绪胎教

情绪胎教，是通过调节准妈妈的情绪，使准妈妈忘掉烦恼和忧虑，为准妈妈和胎儿创造清新的氛围、和谐的心境，通过准妈妈的神经递质作用，促使胎儿的大脑得到良好发育。

情绪胎教能不断提高准妈妈的修养，增加孕期生活品位，完成由女人向母亲角色转变过程中的内心品质提升，达到母仪胎儿的目的，对胎儿的情绪、性格、健康、心理也起着至关重要的作用。

情绪胎教能保障孕期母子心理健康，它不仅决定着母子关系的和谐，决定着宝宝后天心理素质及心理健康，也直接影响家庭关系，能保障孕期健康。

59 为何说胎教不是准妈妈一个人的战斗

千万不要小看家庭成员在胎教过程中的重要作用。我国政府提倡一对夫妇只生一个宝宝，但是，受传统重男轻女思想的影响，一些老人，尤其是爷爷、奶奶往往希望生一个"带把儿"的小孙子，而不想要孙女。这样就势必会给孕妇带来心理压力，或其他不良影响。

其实，在孕妇怀孕期间，家庭所有成员都应该积极参与胎教，为孕妇创造一个轻松的生活环境，应给予孕妇热情的帮助和充分的体谅，不要给孕妇造成压力，这样才能保证胎儿在温馨的氛围里健康成长。

家庭成员尤其不要指责孕妇，比如，指责她们懒惰、太娇气等，而应该尽量理解孕妇，因为指责对于孕妇是一种不良刺激，势必影响胎儿的发育。

家庭成员还应该为胎儿创造和谐乐观的家庭气氛。如一旦发现有矛盾的苗头，家庭其他成员切不可计较，并尽量用幽默的方式化解，因为幽默使人的副交感神经兴奋，使身体内环境稳定。

60 为何重视婆媳之间的胎教"战争"

(1) 一些老人，往往是孕妇的婆婆，总会不断地介绍自己当年的亲身经历和感受，这样做自然有一定作用，但是，也不免有夸大之辞，甚至把整个过程说得困难而又痛苦。这对孕妇是一种不良刺激，甚至使孕妇产生条件反射，从而导致妊娠和分娩历程痛苦又沉闷，这对胎儿极为不利。

(2) 老人不要重男轻女，如果一心想要孙子，而不要孙女，就必然会给孕妇带来一定的精神压力，甚至造成心理障碍，影响母腹中胎儿发育。

(3) 婆婆不要以自己的经历，给孕妇灌输分娩过程有如何疼痛，甚至宝宝出生后，培养宝宝如何困难等，从而造成孕妇的恐惧感。

(4) 此外，还有一些婆婆，对怀孕的媳妇不以为然，动不动就说"我们那时候"如何如何，意思就是眼下的媳妇太娇气。这对于孕妇来说是一种不良刺激，往往给孕妇原本就烦躁的心情火上浇油，甚至发生口角，进而影响胎儿。

61 为何说准妈妈快乐是最好的胎教

现在的准妈妈们大都很注意胎教，认为胎教就是给腹中的胎儿听音乐、讲故事。其实准妈妈的情绪可以影响到胎儿的情绪，准妈妈心情轻松愉快，情绪稳定，避免精神紧张等不良刺激，多在环境优美、空气新鲜处散步，营造愉快的心情，就是对宝宝最好的胎教。

人的情绪变化与内分泌有关，如果准妈妈在怀孕期间能保持快乐的心情，宝宝出生后一般性情平和，情绪稳定，不经常哭闹，能很快地形成良好的生物节律，如睡眠、排泄、进食等。一般来讲，这样的宝宝智商、情商较高。而且准妈妈愉悦的情绪可促使大脑皮层兴奋，使血压、脉搏、呼吸、消化液的分泌均处于相互平稳、相互协调状态，有利于准妈妈身心健康，同时改善胎盘供血量，促进胎儿健康发育。所以，准妈妈们每天都要保持好心情。

反之，如果准妈妈每天都处在情绪紧张或应激状态下，体内一种叫乙酰胆碱的化学物质释放增加，促使肾上腺皮质激素的分泌增多。在准妈妈体内，这种激素随着母体血液经胎盘进入胎儿体内，而肾上腺皮质激素对胚胎有明显破坏作用，影响某些组织的联合。特别是前3个月，正是胎儿各器官形成的重要时期，如孕妇长期情绪波动，就可能造成胎儿畸形。

62 国外孕妇如何调整情绪

孕期胎教的目的就是想办法让自己每天都快乐，不仅愉悦准妈妈自己，也对胎儿形成良性刺激，这是越来越多的准妈妈达成的共识。改善生活环境、做自己喜欢的事、适度的运动，甚至短途的旅游，还有其他可行的胎教手段都可以实现这一目的。

确定怀孕并不是准妈妈的全部任务，更重要的是如何生育一个身心健康的宝宝，如何照顾好自己又最大限度地顾全宝宝的需要，这需要知识，更需要信心，尤其在生产过程中信心最为重要。

1.日本

准妈妈在孕妇学校开始所有课程之前进行的预备动作就是放松。

准妈妈们在一间灯光柔和的房间里，伴随着舒缓的音乐，进行着舒展的动作，尽量放松自己，使身体和精神达到稳定的状态。日本学者七田真认为，胎儿期如果准妈妈心情舒畅，宝宝在儿童心理发展的情感、个性、智慧和能力等方面就比较良好。出生后宝宝的直觉力、想象力、空间感、创造力都比较好。

2.英国

医生们发现，胎儿能理解准妈妈的感情。当准妈妈惊恐失措的时候，胎儿就会全身抽搐。当准妈妈闷闷不乐时，平时很活跃的胎儿，也好像没有力气一样不动了。这是因为当准妈妈情绪变化时，神经系统分泌的激素就会随血液经胎盘进入胎儿体内，使胎儿产生与准妈妈一样的情绪特征。所以，英国医生针对妈妈的情绪状况会明确地提出要求。

63 准妈妈怎样保持心情愉快

来自准爸爸的关怀及支持，能够让准妈妈心情愉快。准爸爸一个爱的眼神，一个细微的体贴，都会让准妈妈整天洋溢着幸福。例如，在附近公园或者夜市散散步，一起挑选婴儿衣物，星期天携手逛逛市场，平时帮着做点家事，这些都是准爸爸能够做得到的。切不可让妻子整天抱怨叹气，心情低落，甚至夫妻反目。一些报道表明，脾气暴躁的宝宝往往出生在夫妻关系不和谐的家庭。

工作忙碌的职业妇女，或是居家工作环境并不是那么幽雅安静的准妈妈，要尽量保持内心的平静安详，保证夫妻一体，心中有爱。这种美好的心情，能够让胎儿感受到母亲的庇护，充满祥和、安全的感觉。没有什么比这些更重要。

64 怎样用微笑感染胎儿

胎儿虽然看不见准妈妈的表情，却能感受到准妈妈的喜怒哀乐。前3个月是胎儿各器官形成的重要时期，如果孕妇长期情绪波动，可能造成胎儿畸形。所以，准妈妈每天都要开心，不要吝啬你的微笑。

准爸爸应该为小宝宝创造一个安定、舒适的环境。不仅准妈妈要常常微笑，准爸爸也要常常微笑，因为准爸爸的情绪常常影响着准妈妈的情绪。准妈妈快乐，这种良好的心态会传递给腹中的宝宝，让宝宝也快乐。

提醒：孕妇愉悦的情绪可促使大脑皮层兴奋，使孕妇血压、脉搏、呼吸、消化液的分泌均处于相互平稳、相互协调状态，有利于孕妇身心健康。同时，愉悦的情绪能改善胎盘供血量，促进胎儿健康发育。

65 为何说好情绪就是好胎教

准妈妈可以这样获得好心情：

● 心胸宽广，乐观舒畅，避免烦恼、

惊恐和忧虑，多想宝宝美好的未来。

● 把生活环境布置得整洁美观，赏心悦目。可以在

家里挂几张可爱的娃娃头像，想象腹中的宝宝也是这样美丽、可爱、健康。

● 衣着打扮、梳洗美容时应首先考虑是否有利于胎儿和自身健康。

● 饮食起居要有规律，按时作息，坚持适当适量的劳动和锻炼。

● 常听优美的音乐，常读诗歌、童话和科学育儿书刊。不看恐惧、紧张、色情、暴力的电视、电影、录像和小说。

提醒：每天和胎宝宝说说话，把胎宝宝当做一个能听、能看、能理解的有思想、有生命、有感情的谈话对象。

66 为何准爸爸准妈妈关系要和谐

准妈妈出现失常的心理状态时，准爸爸要善于引导，帮助其恢复到正常的心境。

准爸爸要给予准妈妈足够的关心，帮助准妈妈尽快适应怀孕所带来的不便与不安，使之心情保持平和。

准爸爸准妈妈在解决某些问题时要能够大度地"容忍"对方，尽量避免发生激烈的争吵。

准爸爸准妈妈要共同安排有规律的生活程序，怀孕头3个月和产前1个月要禁

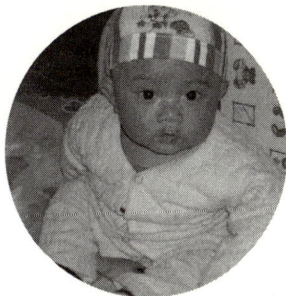

止性生活。

准爸爸应了解怀孕会使女性产生一系列生理、心理变化，加倍体贴准妈妈。

提醒：不要苛求宝宝的性别及容貌，如果重男轻女，或者希望宝宝出生时把父母亲相貌上所有的优点都具备，这种期望太大，会给孕妇造成不必要的心理压力，使她无法保持平静的心态。

67 为何说准妈妈的求知欲很重要

有人认为，怀孕后变得懒散是孕妇的特性，不用管，随它去好了。其实，这是胎教学说的一大忌。

胎儿能够感知准妈妈的思想。如果准妈妈能够在孕期始终保持旺盛的求知欲，就会促使胎儿不断接受刺激，促进大脑神经和细胞的发育。反之，如果准妈妈在孕期既不思考也不学习，胎儿也会深受感

染，变得懒惰起来，这对于胎儿的大脑发育极为不利。

因此，准妈妈怀孕后要从自己做起，在生活中注意观察，勤于动脑，把自己看到、听到的事物通过视觉和听觉传递给胎儿；在工作上积极进取，勇于探索，努力创造出第一流的成绩。

准妈妈在孕期要始终保持强烈的求知欲和好学心，要拥有浓厚的生活情趣，充分调动自己的思维能力，凡事都要问个为什么，不断探索新的问题，给予胎儿良好的教育的刺激。对于不理解的问题，准妈妈可以到图书馆查阅资料或请教有关专家。

68 准妈妈熟睡有利于胎儿发育吗

怀孕后，准妈妈的睡眠质量很重要，因为准妈妈腹中的胎儿也会睡觉，如果准妈妈的睡眠姿势不正确，恐怕就会影响睡眠的质量。

准妈妈和胎儿的睡眠姿势因人而异，一般认为，准妈妈睡眠时应左侧卧，即左边向下，腿部稍微弯曲，这样不仅容易入眠，胎儿也不会动得太厉害。怀孕时期，准妈妈如果能有优质的睡眠，脑部的脑下垂体在睡眠时会分泌出成长激素，是胎儿成长不可或缺的物质。

此外，成长激素能够帮助准妈妈迅速消除身心疲劳。不少准妈妈在怀孕前睡眠不好，但怀孕后反而变得比较容易入眠。这是因为释放出了所需的激素，准妈妈身体内部自然而然发生了变化。

69 为何说准妈妈的文化修养影响胎儿

准妈妈自身在学识、礼仪、情操等方面的修养，都会对胎儿产生影响。特别是妊娠后期，胎儿已具备了听觉与感觉能力，对准妈妈的言行能作出一定的反应。

如果准妈妈在孕期与胎儿反复进行对话，胎儿就会产生神经条件反射，出生后的新生儿能有所熟悉和记忆。

反之，准妈妈的不良行为、不高尚的行动，也会在胎儿大脑留下痕迹，这不仅影响胎儿的生长发育，甚至导致宝宝出生后产生不良情绪。

70 准爸爸怎样丰富生活情趣

准爸爸早晨可以陪准妈妈一起到空气清新的公园、树林或田野中去散步，做做早操，嘱咐准妈妈白天晒晒太阳。这样，准妈妈也会感到准爸爸温馨的体贴，心情舒畅惬意。

准爸爸还可以和准妈妈一起听音乐、作画、观看艺术表演，提高艺术修养。同时，准爸爸要鼓励准妈妈加强"专业"学习，特别是妊娠后期与胎宝宝一起学习，如看看儿童读物、读读外语等。

益处：这样做可以增强艺术胎教的效果，促进胎儿的智力发育。

71 准爸爸怎样缓解准妈妈的心理不适

由于妊娠后准妈妈体内激素分泌发生大的变化，常会出现种种令人不适的妊娠反应，导致准妈妈的情绪不太稳定，此时，特别需要向丈夫倾诉。这种情况下，

准爸爸唯有用风趣的语言宽慰、劝导准妈妈，才能稳定准妈妈的情绪。

准爸爸也可鼓励准妈妈向密友倾诉烦恼，或写信、写日记。必要时，可找心理医生进行咨询及疏导。

同时，准爸爸要鼓励准妈妈多参加朋友聚会，鼓励准妈妈不把自己封闭在家里，而应多与积极乐观的朋友接触，充分享受与他们在一起的快乐，让他们的良好情绪感染准妈妈。

准爸爸也可以建议准妈妈换一个发型、给准妈妈买一件新衣服或重新装点一下房间，这些都会给准妈妈带来一种新鲜感，改变准妈妈沮丧的心情。

益处：这样做可以使准妈妈拥有良好的情绪，准妈妈良好情绪产生的有益物质可使胎宝宝的活动缓和而有规律，器官组织得到良好分化、形成及生长发育，尤其是脑组织发育。

72 准爸爸怎样协助准妈妈胎教

准爸爸对准妈妈的体贴与关心、对胎儿的抚摸与"交谈"，都是生动有效的情绪胎教。准爸爸要同准妈妈一起用委婉的声调与胎儿说话，给胎儿唱歌、讲故事。

在准妈妈睡前，准爸爸要用全部手掌和全部手指在准妈妈腹部做圆形、有韵律的抚摸，边抚摸，边与胎儿讲话或对胎儿唱歌……

益处：加强母体对于胎儿的血液补充及放松运动效果。

73 准爸爸怎样布置好居住环境

孕早期是胚胎神经系统发育的关键时期，容易受外界环境的影响，因此，准爸爸一方面要把房间布置得温馨舒适一些；另一方面要尽量避免环境中的各种有毒有害物质。比如，怀孕前后尽量不要装修房子；家里带有辐射性的电器（电脑、微波炉、电冰箱等）尽量远离卧室；房间要多通风，保持空气新鲜；家电操作的工作准爸爸要多承担一些，避免电磁辐射影响准妈妈；尽量不要让准妈妈或在准妈妈旁边使用电磁辐射较强的手机打电话；孕期不要用电吹风，冬天也不要使用电热毯等等。

74 为何要让准妈妈远离异味

如果准爸爸是一位"烟民"，不仅要在准备怀孕的半年前戒烟，而且在准妈妈怀孕期间，更不能让她生活在"烟雾"里。抽烟产生的尼古丁、一氧化碳等能通过皮肤、胃肠道进入母体，再通过胎盘对胎宝宝产生危害。

特别是在胎宝宝器官分化的怀孕早期，准爸爸的"烟雾"会影响胎宝宝的智力发育。调查资料显示，胎宝宝的畸形率与准爸爸的吸烟量成正比。为了准妈妈和胎宝宝的健康，准爸爸要做点牺牲——少吸烟或不吸烟！

专家建议怀孕初期的3个月，准妈妈最好不要自己做饭，特别要远离煤气灶、蜂窝煤等。因为燃料燃烧时会产生一氧化

碳等有害气体，烹饪时食用油受热易产生一些多酊类有害物质，可造成胎宝宝畸形，或引发流产。

75 准爸爸怎样激发妻子的爱心

准爸爸要激发准妈妈的爱心，让准妈妈多看一些能激发母子情感的书籍或影视片，与准妈妈谈谈胎宝宝的情况，如一起猜想宝宝的小脸蛋是多么漂亮动人，体格是多么健壮完美。这些对增加母子生理、心理上的联系，增进母子感情都是非常重要的。准爸爸尤其要引导准妈妈去爱护腹中孕育着的胎宝宝，切不可让妻子因妊娠反应、妊娠负担或因肚子大起来影响了外貌、体形等，就怨恨腹中的胎宝宝。

许多实验证明，母亲对胎宝宝有任何厌恶情绪的念头，都不利于胎宝宝的身心健康。

益处：准妈妈的良好情绪能够产生有益物质，这种有益物质能让准妈妈的身体处于最佳状态，利于胎盘的血液循环供应，促使胎宝宝稳定地生长发育，不易发生流产、早产及妊娠并发症。

76 负面情绪对胎儿有何不良影响

（1）负面情绪释放的有害物质可使准妈妈血压升高，发生暂时性子宫——胎盘血液循环障碍，导致胎宝宝暂时性缺氧而影响身心正常发育。

（2）负面情绪可对胎儿下丘脑造成不良影响，使胎宝宝日后患精神病的概率增大，即使幸免，往往出生后体重低、好

动、爱哭闹、睡眠不良。

（3）负面情绪使胎儿出生后经常发生消化系统功能紊乱，患其他疾病的可能性增高，并对环境适应差，幼儿时期常常发生行为问题以及学习困难，通常被人们认为很难养育。

（4）准妈妈若是情绪极度不安，如在早孕7～10周内，是胚胎腭部和脏器发育关键时期，就会引起兔唇、腭裂、心脏有缺陷等畸形；在妊娠后期，可使胎动过速、子宫出血或胎盘早期剥离，引发早产、胎宝宝死亡等。

（5）负面情绪能造成胎宝宝在出生后成为"性格异常儿童"，如挑食、好发脾气、十分好动，甚至患多动症。

77 夫妻感情对胎教有何影响

夫妻感情融洽是家庭幸福的一个重要条件，也是胎教的重要因素。无论是孕前还是孕后，夫妻感情都直接影响胎教。

在幸福和谐的家庭中，宝宝有良好的生长环境，往往能健康聪明。

第一，在夫妻感情不和的情况下受孕，可能影响受精卵的生长发育，影响下一代的健康。

第二，怀孕早期如果夫妻之间经常争吵，准妈妈情绪波动太大，可导致胎儿发生兔唇等畸形，并能影响出生后婴儿情绪的稳定。

第三，怀孕中晚期如果夫妻不和，容易导致准妈妈精神状态不佳，影响胎动次数，影响胎儿的身心发育，胎儿在出生后

往往烦躁不安，易受惊吓，哭闹不止，不爱睡觉，经常吐奶，频繁排便，明显消瘦等等。

总体看来，如果家庭美满幸福，胎儿会安然舒畅地在母腹内顺利成长，出生后往往聪明健康。反之，如果夫妻不和睦，彼此间经常争吵，长期的精神不愉快，过度的忧伤抑郁，会导致准妈妈大脑皮层的高级神经中枢活动障碍，引起内分泌、代谢过程等发生紊乱，并直接影响到胎儿。

78 夫妻争吵对胎儿有何危害

研究表明，如果在孕早期，夫妻之间经常争吵，准妈妈情绪极度不安，可能会引起胎儿兔唇、腭裂等畸形。如果是在孕晚期，夫妻感情不和，准妈妈精神状态不好，会使胎动次数增加，影响胎儿的身心发育，而且出生后往往烦躁不安、哭闹不止、睡眠差、消化功能不好，严重时甚至危及宝宝的生命。

因此，可以说，父母的频繁争吵是腹中胎儿的灾难。因为，夫妻激烈争吵时，准妈妈受刺激后内分泌发生变化，随之分泌出一些有害激素，通过生理信息传递途

径影响胎儿；准妈妈的盛怒可以导致血管收缩，血流加快、加强，其物理振动传到子宫也会殃及胎儿；父母争吵时的高声大气是十分有害的噪声，直接危害胎儿。

现代科学已经证实，胎儿对来自外界的刺激是有反应的，准妈妈所感觉的事物都可影响胎儿。因此，如果夫妻感情不和睦，彼此间长期的精神刺激，过度紧张、抑郁、忧愁，会使准妈妈大脑皮质的高级神经中枢活动受到障碍，可引起一些疾病，并直接影响胎儿。

事实上，在夫妻感情不和睦的环境里孕育的胎儿在身心缺陷方面的概率比生活美满、和睦相处的父母所生的宝宝要高，胎儿出生后因恐惧心理而出现神经质的机会也比生活美满、和睦相处的父母所生的宝宝要多，而且这类儿童往往发育缓慢，胆小怯弱，生活能力差。

79 良好的夫妻感情具备哪些要素

第一，准爸爸准妈妈应胸怀宽广，乐观舒畅，多想宝宝远大的前途和美好的未来，避免烦恼、惊恐和忧虑。

第二，准爸爸和准妈妈要尽量把生活环境布置得整洁美观，赏心悦目。可以多挂几张漂亮的娃娃头像，准妈妈可以天天看，想象腹中的宝宝也是这样健康、美丽、可爱。准妈妈也可以多欣赏花卉盆景、美术作品和大自然美好的景色，多到野外呼吸新鲜空气。

第三，准妈妈要保持有规律的饮食起居，按时作息，行之有效地进行劳动和锻炼。衣着打扮、梳洗美容应考虑是否有利于胎儿和自身健康。

第四，准爸爸和准妈妈要常听优美的音乐，常读诗歌、童话和科学育儿书刊。不看恐惧、紧张、色情、斗殴的电视、电影、录像和小说。

第五，准爸爸在情绪胎教中负有特殊的使命。准爸爸应了解怀孕会使准妈妈产生一系列生理、心理负担，并加以劝导。

80 准爸爸要怎么遵守爱妻守则

准爸爸平时应该主动表示对准妈妈及小宝宝的关心，时常摸摸准妈妈的肚皮，跟宝宝说说话，这能够安抚准妈妈焦虑不安的心情，有助于稳定情绪。另外，陪同准妈妈产检也是非常重要的一个环节，如果真的抽不出时间一起前往，也要记得询问产检的过程和结果，让准妈妈感觉自己是受重视的。

为了自己宝宝的健康和未来，建议准爸爸，除了尝试跟准妈妈沟通之外，"多忍耐、多体谅"更是上策，真的忍无可忍了，深深吸一口气，把耐受度归零之后，再重新忍耐！

81 怎么调适孕期夫妻感情

矛盾：无论妊娠是否在计划之内，大多数女性在受孕之初都会感到妊娠来得不是时候，如工作、学习、经济、住房等问题还没处理好，自己并未做好为人之母的准备。这种矛盾心情通常表现为情绪低落、抱怨身体不适、认为自己变丑且不再具有女性魅力、担心丈夫嫌弃。此时丈夫除关心妻子饮食起居外，还应多陪伴她，多赞美她的母性魅力。

自我关注：一个非常活泼开朗的妇女在妊娠后可能会对以前喜欢的活动失去兴趣，喜欢独处和独立思考。这种状态有助于她更好地计划准备，以应对妊娠和分娩、接受新生儿的到来。但这种自省行为也会使丈夫感到受冷落而影响夫妻关系，从而影响孕妇的心理健康。

情绪波动：孕期绝大多数妇女情绪都不很稳定，易于激动、敏感，她们可能因为极小的事情而产生强烈的情绪变化，这种情况会使其配偶感到茫然不知所措，严重者会影响夫妻感情。

82 胎宝宝也会发脾气吗

与我们平常认为的不一样，胎儿是有思维的。从孕 5 周起，胎儿就能对刺激作出反应；孕 8 周时，他们开始通过蹬脚、摇头等动作来表示喜好或厌恶；孕 6 个月开始，他们甚至会在不满意时发点小脾气，情绪生活非常积极。最新研究表明，母亲相当细微的情绪、情感差异甚至都能影响到胎宝宝的情绪。胎宝宝把妈妈分为这样四类：

第一类：理想妈妈。

这些妈妈真心欢迎胎宝宝的来到，她们怀孕感觉最佳，分娩也最顺利，小孩出生后身心也最健康。

第二类：矛盾妈妈。

这类妈妈虽然表面上欢迎胎宝宝，但潜意识里却对怀孕这件事充满矛盾和排斥。对于妈妈内心里的纠结，胎宝宝也能够注意到。这些胎宝宝出生后，大部分会出现行为问题和肠胃问题。

第三类：冷漠妈妈。

这类妈妈在不想要宝宝的时候宝宝却出现了，她们虽然没有特别排斥宝宝，但是却对宝宝持冷漠态度。她们的这种态度也被胎宝宝感受到，这些胎宝宝出生后会让人感觉情感冷漠。

第四类：不理想妈妈。

这类妈妈根本不愿意接受宝宝，并排斥宝宝。这样的妈妈早产率最高，婴儿出生常会出现体重过轻或情绪反常。

83 准妈妈怎样保持轻松心态

怀孕以后，很多准妈妈会因为过分注意生活细节而搞得草木皆兵，紧张得不行。其实大可不必如此。胎儿喜欢妈妈心情轻松，那么，准妈妈如何自觉地保持轻松呢？

1.听音乐

一旦感觉焦躁不安，准妈妈立刻以一种最舒服的姿势，或躺或坐，来聆听美妙的音乐，让音乐平复烦躁，让自己融入音乐的意境中。

2.倾听自然之声

清晨睁开眼之前，先聆听一下窗外的声音：鸟声、风声，又或者会听到雨点敲打着窗棂，大自然的天籁会让你保持一天的好心情。

3.想象

想象一些美好的事物，比如，想象一

下宝宝未来的模样、你和丈夫恋爱时的快乐场景，等等。

4.唱歌

俄罗斯的科学家们鼓励孕妇大声唱歌，他们认为歌声不仅能平复孕妇心中的焦虑，对胎儿来说也是很好的胎教。情绪不佳时，孕妈妈们不妨放歌一曲。

5.读童话书

童话里令人吃惊的想象力让大人也沉醉其中。你可以每天选择一个固定的时间，给"宝宝"读一个感动你的童话故事。它不仅能帮助你缓解焦虑，而且对培养宝宝的想象力、创造力也很有好处。

84 海外准妈妈有哪些精神放松法

1.日本

准妈妈们会选择插花，或是有关盆景制作的胎教课程。在上课之前，她们会在一间灯光柔和的房间里，尽量地放松自我，使身体和精神都达到稳定状态。

与一般的胎教教学不同，这些手工课程是借此来协调和舒缓准妈妈的情绪、感觉和心境，来愉悦准妈妈的身心，从而促

进胎宝宝健康成长。

2.俄罗斯

准妈妈在专家倡导下，将要给胎宝宝说的话，唱成歌曲给胎宝宝听，开创了语言胎教和音乐胎教的"结合体"。

歌曲的韵律大多取材于一些充满童真的诗歌，歌词中既有表达母亲的内容，也包括小朋友做游戏的情节，还有一些讲述天气和动植物知识的内容。

85 准妈妈怎样通过冥想放松

冥想也能帮助准妈妈自觉地摆脱坏情绪。

训练前，先用温水泡泡脚让自己紧张的身体松弛下来，然后换上宽松舒服的穿着。

冥想时，需要一个安静的环境。准妈妈可以坐在椅子上，或是平躺在床上，然后闭上眼睛进行冥想。

(1) 放松全身，把空气吸入腹部，再通过腹部呼出，反复 2～3 次；

(2) 心中默念"内心平静、双臂沉重"，把意识集中于四肢，努力体会沉重的感觉；

(3)"内心平静、双臂沉重"和"双脚温暖、内心平静"各念两遍，体会手脚温暖的感觉；

(4) 双臂前移，移动手指，将胳膊肘弯曲后再打开，然后伸个懒腰，冥想结束。

冥想能够帮助准妈妈消除紧张情绪，使你集中精神、安定身心。

语言胎教
Yu Yan Tai Jiao

86 与胎宝宝对话有何好处

准妈妈腹中的胎儿，是一个有血有肉的小生命，并不像白菜一样仅靠营养发育生长。实践表明，准妈妈如果能经常与胎宝宝进行充满亲情爱意的语言沟通，不仅会使宝宝日后拥有出色的语言能力，还能在未曾谋面的母子之间架起一座心灵上的爱之桥。

医学研究表明：准爸爸准妈妈如果能经常与胎儿对话，可以促进胎儿出生以后在语言方面的良好教育。如果先天不给胎儿的大脑输入优良的信息，无论性能再好，也只会是一台没有储存软件的"电脑"，胎儿会感到空虚的。

另外，准爸爸准妈妈亲切的语调，动听的语言，通过语言神经的震动传递给胎宝宝，使他们产生一种安全感，促进大脑发育，使大脑产生记忆。这样，不仅能增进、加深宝宝出生后与准爸爸准妈妈的感情，使他们相见时即早已彼此熟悉，利于早期智力的开发，还可使宝宝更愿意同周围环境的人相互交流，促进健全人格的培养和形成。因此，准爸爸准妈妈与胎儿的对话，对胎宝宝的智力发育有着无可替代的作用。

87 与胎宝宝对话有何方法

1.表达日常生活内容

准爸爸准妈妈可以根据日常生活，随

意确定与胎儿的对话内容，所以语言胎教时间是不固定的。白天准妈妈进行任何活动时可根据活动内容与胎儿对话，比如，准妈妈洗脸时，就对胎儿说："宝宝，妈妈要洗脸了，你看，洗完脸妈妈觉得舒服极了，也漂亮了，对吗？"准妈妈上公园时，就对胎儿说："宝宝，妈妈今天在公园里，你看公园里多美啊，有鲜花，有金鱼，有绿树，你喜欢吗？"这样，准妈妈与胎宝宝可共同体验生活的节奏。胎宝宝出生后，再听到妈妈的呼唤，就会感到熟悉和亲切，在新环境中不会感到紧张和不安，有利于婴幼儿心理上尽快适应，并可促进语言能力的发展。

2.给胎儿讲故事

给胎儿讲故事是语言胎教中一项必不可少的内容。准妈妈把胎宝宝当成是一个大宝宝，认真地用亲切动听的语言、充满感情的语气给他讲故事。

准妈妈在给胎儿讲故事时，要选择一个舒服的姿势，集中精力，声音要轻快、明朗、缓和，带着感情色彩，避免发出高声尖气的喊叫；讲述时要绘声绘色，这样才能感染胎宝宝。

3.为胎儿读文学作品

给胎儿读文学作品，尤其是优美的散文和诗歌，也是语言胎教的一项内容。准妈妈在阅读时最好自己先沉浸到文学作品所描绘的意境中去，然后以温和的语调来朗读，声音不用太高。有些儿歌朗朗上口，有节奏感，有韵律，又浅显易把握，也是进行语言胎教的好材料。准妈妈怀孕5个月后，如能每天坚持对胎儿朗读诗歌、散文、儿歌，胎儿日后的语言把握能力会有明显提高。

88 与胎宝宝对话需要注意哪些细节

1.满怀爱意

孕初期，准妈妈可配合抚摸胎教来进行语言胎教。例如在午睡或晚上睡觉前，准妈妈躺下后温柔地抚摸胎儿，与胎儿充满爱意地说话，如："宝宝，你好！一天过去了，高兴吗？妈妈爱你，非常爱你！""宝宝，妈妈要睡觉了，你和妈妈一块睡，好吗？"

2.简化并重复短句

在进行语言胎教时，准爸爸准妈妈最好能将针对日常生活内容和表达感情的话语简化，如"宝宝，我们吃饭了。""饭好香。""宝宝，我们很爱你！"等，然后经常性地重复对胎儿讲，以加深胎儿对这些话的印象，促进他的记忆力和理解力。

3.准爸爸要参与对话

在进行语言胎教时，准爸爸一定要参与，胎儿很喜欢准爸爸雄浑、厚重、有磁性的声音。专家们发现，准爸爸参与做语言、音乐等胎教活动的胎儿，出生后对爸爸的声音很早便有辨别力，感情上也有较明显的亲近表现，日后对爸爸会更喜欢。

所以准爸爸如果有时间，最好也能抚摸着胎儿对他说些充满爱意的话。这样做不仅会使胎儿觉得舒服，还能使胎儿记住爸爸的声音和处事特点，加深胎儿出生后对父亲的认同和感情，并培养一些母亲没有的性格、素质。

89 与胎宝宝对话可以有哪些内容

1.日常性简单用语

期盼语："宝宝快长大吧""大眼睛像爸爸，善解人意像妈妈""长得胖胖的""长得高高的""像妈妈一样白，像爸爸那样聪明能干""爸爸妈妈都爱你"……

赞美语："你真是妈妈的好宝宝""宝宝真懂事""真是一个乖宝宝""宝宝真好""妈妈真爱你"……

问候语："宝宝你好""宝宝早上好""宝宝睡得舒服吗""宝宝愉快吗"……

胎教前后用语："宝宝醒醒吧""宝宝打起精神来""我们又开始上课喽""听听音乐吧""再见啦""休息吧""睡觉吧"……

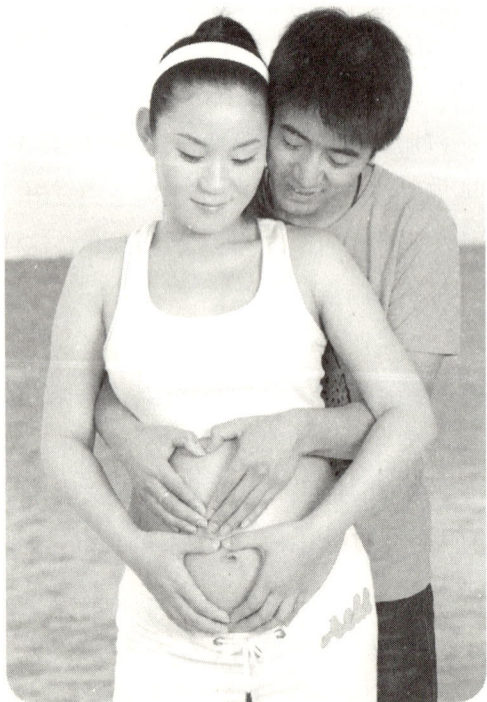

2.对胎儿进行语言诱导

准妈妈淋浴时可对胎儿说："这是水流声，妈妈在洗澡。"……

准妈妈在感到胎动时说："宝宝开始活动了。""宝宝淘气了。""又踢妈妈了。"……

听音乐时说："宝宝听听音乐吧。""真好听啊。""宝宝听到音乐没有。"……

妈妈给宝宝动作刺激时，可以说："让妈妈摸摸你。""宝宝好舒服。""妈妈拍拍你。""再踢一下。""妈妈推推你。""宝宝散散步吧。"……

90 与胎儿对话要掌握哪些原则

原则一：声音要适当大和清晰、速度要缓慢、要发自内心。

传递给胎儿的声音通过羊水后往往有些模糊不清，因此在对胎儿说话时，声音要适当大一些，吐字要清晰一些，停顿要长一些，语速要慢一些。

原则二：三天打鱼两天晒网可不行！要坚持，哪怕每天只有15分钟。

对胎儿说话，持之以恒很重要。每次的时间短一些也不要紧，但要尽量坚持每天都至少进行一次。

原则三：准妈妈自己不要觉得有负担，情绪上保持愉悦很重要。

如果妈妈总有"真烦呀"等抵触情绪，无形中就会成为一种压力，而这种压力也往往会传递给胎儿。因此，妈妈自己要保持轻松愉快的心情，如果能把它作为一种享受，就再好不过了。

91 准妈妈如何透过说话传达母爱

科学研究显示，准妈妈的声音会随着血液，清楚地传到宫内，所以，胎儿最先听到的是妈妈的声音。因此，准妈妈不妨常吟唱些轻柔简单的歌谣，不仅胎儿安详快乐，准妈妈自己也会很享受；跟胎儿说说故事，不论他或她听懂与否，就当练习将来给宝宝在床边讲故事的能力。

例如，准妈妈可以把自己对周围事物的感受告诉胎儿，比方说："宝宝，今天天气变冷了耶！你在妈妈肚子里冷不冷呢？妈妈会多穿几件衣服，才不会凉到宝宝！"或者在炒菜时说："宝宝，今天我们吃番茄炒鸡蛋，妈妈最喜欢吃了，红色的番茄，金黄的鸡蛋，还有碧绿的葱花，嗯！好好吃！妈妈先帮你吃一口，以后你也会喜欢吃的。"诸如此类，这些可不是发神经的自言自语，这是准妈妈跟宝宝在进行爱的交流。准妈妈常常抚摸自己的肚皮，感受胎儿的活动与成长。这些亲密行为，都能让准妈妈洋溢着快乐，而出生后的宝宝，在听到这些熟悉的声音，感受到这些熟悉的动作时，会更有安全感。

92 胎儿最喜欢准爸爸的声音吗

美国的优生学家认为：胎儿最喜欢爸爸的声音、爸爸的爱抚。当妻子怀孕后，丈夫可隔着肚皮经常轻轻抚摸胎儿，或与胎儿对话，胎儿能作出积极反应。也许是因为男性特有的低沉、宽厚、粗犷的声音更适合胎儿的听觉功能，也许是因为胎儿天生就爱听父亲的声音，总之，胎儿对爸爸声音会表现出更积极的反应，这一点是母亲无法取代的。

93 怎样教胎宝宝学习生活常识和自然知识

胎教就是为了让胎儿预先掌握生活中的智慧和一般常识，以便出生后对日常生活中的事物更加感兴趣。胎儿的大脑如同一张白纸，外界的信息在他们看来没有什么难易之分，好奇就接收，厌烦就一概拒绝。

因此，可以有选择地挑一些有趣的话题，通过感官和语言传递给胎儿，刺激胎儿的思维和好奇心。如做菜时，可以讲述有关炊具和烹调的方法，通过视觉将菜的颜色"告诉"胎儿，通过嗅觉将菜的气味"转达"给胎儿。

94 语言胎教需注意哪些要点

1. 宜放松心态。准妈妈宜在轻松心态中进行语言胎教，不要把与胎宝宝对话当成一种功课，也不要预设大目标。

2. 宜选择轻松、短小的故事。轻快、和谐、短小而富于想象力的故事是胎宝宝喜欢的内容，故事的主旨应该是正面的，比如勇敢、理想、幸福、友爱、聪明、智慧等。

3. 宜吐字清晰，抑扬顿挫。准妈妈吐字要清楚，声音和缓，语速缓慢，语调感性，通过声音将故事中的喜怒哀乐传递给胎宝宝，感染胎宝宝。

4. 时间宜短。与胎宝宝的对话每次不要超过 10 分钟。同时要注意，和胎宝宝说的话，讲的故事要尽量多重复，这样利于胎宝宝的学习。

95 语言胎教有哪些禁忌

一忌不健康的内容。低级下流、污秽、打斗、杀戮的文学作品，世俗人情写得过分悲惨、凄厉的文学作品，都不宜讲给胎宝宝听。

二忌不合理的语言教育。大声粗暴地训话会造成胎宝宝烦躁不安，胎宝宝出生后，也会变得十分神经质，严重的甚至会对语言持反感和敌视的态度，孕妈妈要特别注意。

三忌过于疲劳。不能说语言胎教好就废寝忘食，通宵达旦，这样不仅达不到胎教的目的，反而会影响孕妈妈的健康和胎宝宝的成长。

96 胎宝宝喜欢学习吗

很多准妈妈怀孕后生怕累着影响胎宝宝，什么也不想干，什么也不想学。这样就矫枉过正了，其实胎宝宝是很喜欢学习的。现代胎教学认为，准妈妈和胎宝宝之间信息传递可以使胎宝宝感知到母亲的思想。如果准妈妈孕期既不思考也不学习，胎宝宝也会受到影响，变得懒散；如果准妈妈孕期保持旺盛的求知欲，胎宝宝的大脑神经细胞发育也会不断接受刺激。所以，如果身体允许，准妈妈还是应该适当地学一些东西。

97 后天可塑的遗传有哪些

声音：人的声音具有遗传性，男孩像父亲，女孩像母亲。但是，如果不满意父母遗传下来的音质，是可以通过后天的发音训练来改变的。所以，即使一个人天生的声音条件并不理想，但只要进行科学、刻苦的练习，也能拥有一副好嗓子。

腿形：如果从父母那里遗传了堆满脂肪的腿也不用着急，只要进行充分的锻炼也可以让"大象腿"变得修长。

98 准父母怎样给胎宝宝讲故事

讲故事的方式主要有两种：一种是读故事书，一种是由母亲自由编故事。如果母亲想象力丰富，表达好，就可任意发挥，随意编一些好听的故事来讲给胎宝宝听。当然，故事内容最好始终以胎宝宝为主人公。如果母亲表达能力一般则可以选择读故事书，可以选那些短小的童话故事，主人公必须是正面形象。读的时候，如果把

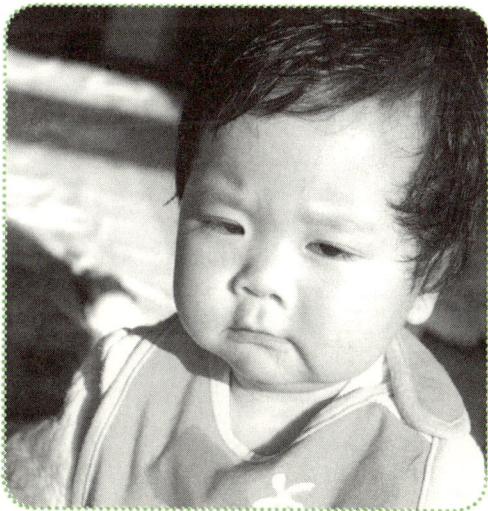

主人公换成胎宝宝的名字，这样就更容易进入故事氛围，效果当然也更好。

环境胎教
Huan Jing Tai Jiao

99 什么是环境胎教

环境胎教是指为了适应胎儿成长发育的健康需求而对胎儿机体的内外环境进行优化，包括母体的身体健康和心理健康。人类从受精卵到胚胎到胎儿直到出生瞬间成为新生儿，大约需要280天。而从受精卵形成的那一刻起，环境因素就对新生命开始产生影响。胎儿在妊娠过程中能否正常生长发育，除与父母的遗传基因、孕育准备、营养因素有关外，还与妊娠期母体内外环境密切相关。尤其在早孕8周内，胚胎从外表到内脏，从头到四肢都在此期形成，加上胚胎幼稚，不具备解毒机能，极易受到伤害，所以，孕期头三个月是胎儿是否会发生畸变的关键时期。

100 为何说准妈妈生活方式影响胎儿发育

准妈妈的生活方式对胎儿有很大影响，不少准妈妈不注意自己孕期的生活方式，与其等到婴儿出生后才后悔，还不如在胎儿期改变一下准妈妈的生活方式。准妈妈的生活方式包含很多内容，例如饮食、运动、作息、家务等。

很多准妈妈在怀孕时经常吃得过饱，

认为要将胎儿的那份食物一起吃下肚，但是又怕动到胎气，尽量保持不动的姿势。而现代家庭设备齐全，准妈妈做家务事所消耗的热量越来越少，结果导致准妈妈不知不觉地胖起来，出现体重增长太快的问题。

这个时期准妈妈需要找一些可以稍微活动身体的事情来做。例如，每天擦拭厨房，保持厨房的清洁；常常更换床单。准妈妈的活动可以刺激胎儿的皮肤感觉，帮助胎儿脑部发育。如果天气好的话，准妈妈可以每天散步1次，将氧气送抵胎儿的脑部。这样不仅可以稳定自己的情绪，也可以借机与胎儿说话。

生命的存在与孕育是大自然运转的一种方式，人体最好能配合外界的自然规律生活。不少人以为子宫内部黝黑，应该没有白天黑夜之分，胎儿是否了解生活的规律呢？其实，胎儿可以透过准妈妈感觉到白天与黑夜。但是，日出而作、日落而息的生活方式对现代人来说似乎难以实现。不过，准妈妈至少要保证不熬夜，夜猫型的准妈妈会生出夜猫型的宝宝。

101 为何胎教要注重生活细节

胎教是一个很系统的工程，而并不只是爸爸妈妈听听轻音乐、读读优美或有趣的文章这些简单的流程，它需要所有家庭成员的密切配合。

准妈妈所处的家庭环境也往往在进行胎教过程中有重要作用，一个快乐、和谐、温馨的家庭环境是确保胎教成效

的重要因素。所以，爷爷奶奶、外公外婆们要主动配合，和年轻的小夫妻要注意说话方式和说话态度，注意行事方法与行事态度，做到相互谦让、说话和气、行事谦和，为宝宝胎教创造一个良好的家庭氛围。

102 准爸爸参与胎教有何好处

有些准爸爸认为，照顾好怀孕的妻子便尽到责任了，却不知准爸爸还可以做更多的事情。例如，与妻子腹中的胎儿对话，与胎儿建立感情；晚上躺下睡觉时用手抚摸妻子的腹部，给胎儿哼唱催眠曲等。这些做法虽然很简单，但能使孕妇心情舒畅，把愉快传给胎儿，对胎儿大有裨益。

大量的相关研究证明，如果准爸爸准妈妈能够重视胎教，不断与胎儿对话，给胎儿传送温馨快乐的信息，胎儿发育就很好。经过如此胎教的婴儿具有如下良好特征：

- 总是笑呵呵的。
- 夜间不爱哭闹。
- 说话较早。
- 理解能力和接受能力强。
- 性情活泼，喜欢和他人接触。
- 右脑发育好，有较强的乐感。

103 准爸爸可做哪些胎教工作

胎教不是准妈妈一个人的事情，和准爸爸也有很大关系。准爸爸是准妈妈接触最多也是最亲密的人，因此，准爸爸的一

举一动，甚至情感态度，都会影响到准妈妈和准妈妈腹中的胎儿。

1.帮助丰富准妈妈的业余生活

例如，听音乐会、作画等，都可以提高准妈妈和胎儿的艺术修养。同时，准爸爸要鼓励准妈妈加强"专业"学习，特别是怀孕后期与胎儿一起学习，如看看儿童读物、读读外语。

2.激发准妈妈的爱子之情

实验证明，准妈妈与胎儿有密切的心理联系，如果准妈妈对胎儿有任何厌恶情绪或流产的念头，都不利于胎儿的身心健康。因此，为了培养准妈妈的爱子之情，准爸爸除了让准妈妈多看一些能激发母子情感的书籍或影视片外，还要多与妻子谈谈胎儿的情况。

3.做点"自我牺牲"

准妈妈所患的任何一种疾病，对胎儿都是不利的，而如果准爸爸得了传染病，也会通过准妈妈而危及胎儿。因此，无论是准爸爸还是准妈妈，在疾病流行季节，都要少去公共场所，而且准爸爸一旦得了传染病，便要自觉与准妈妈隔离。

吸烟对胎儿有很大危害，如果孕妇生活在烟雾缭绕的环境中，不仅呼吸道会吸入大量的一氧化碳，而且香烟中的尼古丁还会通过皮肤、胃肠道进入母体，从而祸及胎儿。为了准妈妈和胎儿的健康，准爸爸要尽量不吸烟。

104 为何要保证家庭生活的温馨舒适

家庭环境是否温馨对准妈妈和胎儿都有很大影响。准妈妈如果受到惊吓或严重刺激，严重时会引起胎盘早期剥离而致胎儿死亡；如果长期经受情绪压力，胎动次数就会比正常多数倍，胎儿出生后不但体重轻，而且消化功能失调，喜欢哭闹，不爱睡觉，易受惊吓，这样的宝宝长大后，适应环境的能力差。因此，如果准妈妈心情不好，准爸爸应开导她、安慰她，切忌惹准妈妈生气。准爸爸还应该经常陪准妈妈散步、听音乐，准妈妈心情愉快，胎儿就会十分惬意。

105 准爸爸怎样做好后勤保障工作

为了胎宝宝的健康，准妈妈需要大量营养。如果营养不足，胎宝宝不但体质差，而且胚胎细胞数目以及核酸的含量也会比正常低，这将影响胎儿出生后的智力。因此，准爸爸一定要千方百计妥善安排好准妈妈的饮食，保证营养物质的摄入，以保证母子身体健康。

另外，准爸爸还要关心、体贴准妈妈，挤出时间多陪陪准妈妈，帮助准妈妈操持家务，减轻体力劳动。准妈妈腹部膨大，活动不便，操劳过度或激烈运动会使胎儿躁动不安，甚至流产。准爸爸要自觉地多分担家务事，不要让准妈妈做重活，要让她有充分的睡眠和休息。在乘汽车、逛商店时，要保护准妈妈，避免腹部直接受到冲撞和挤压。

106 准妈妈为何需不断提高自身修养

许多女性在怀孕后容易变得懒散，但

是，为了腹中胎儿的智力发育，要勤于动脑，在学识、礼仪、审美、情操等方面提高自己。

有人说："读一本好书，就像是与一位精神高尚的人在谈话。"因此，准妈妈可以尝试读一本好书，书中精辟的见解和分析、丰富的哲理、风趣幽默的文字，都能够使人精神振奋，耳目一新。准妈妈休息时间相对比较多，闲暇时欣赏一本好的文学作品，母子都会受益。

另外，一幅美丽的图片，足以让人展开丰富的联想。培养宝宝丰富的想象力、独创性以及进取精神，最好的教材莫过于幼儿画册。因此，准妈妈可以看美丽的图片，可以将画册中每一页所展示的幻想世界，用富于想象力的大脑放大并传递给胎儿，从而促使胎儿的心灵健康成长。

107 孕期卧室内为何不宜摆放过多的植物

花香大多有益健康，但如果香味过于浓烈，如夜来香等，特别是睡眠时呼吸这些气息，就会有损健康。

注意： 有些花卉含有对人体有害的物质，不宜放在居室中；松柏类花木的芳香气味对人体的肠胃有刺激作用，不仅影响食欲，而且会使孕妇感到心烦意乱，恶心呕吐，头晕目眩。

108 孕期怎样创造良好的家庭气氛

1. 夫妻要互敬互爱

夫妻间互敬互爱是共同创造温馨家庭

的感情基础。丈夫不要"大男子主义"十足，认为自己是一家之主，一切自己说了算，生儿育女是女人的事，社会大舞台才是男人的天地，这些传统的世俗观念非常错误，应彻底加以纠正；妻子也不要一心想慑服丈夫，动辄大发威风，使对方俯首帖耳，一切都凌驾于丈夫之上。只要夫妻之间做到相互尊敬，即使有点意见和分歧，也能开诚布公地妥善解决。

2. 夫妻要互信互勉

夫妻间互信互勉是共同创造温馨家庭的心理保障。丈夫要多帮助和谦让妻子一些，使妻子心情愉悦地受孕怀胎。尤其是妻子怀孕以后，丈夫更应多帮助妻子干些家务。

妻子在怀孕初期，由于突然的生理改变，心理上也相应会发生一些变化，容易烦躁，也容易唠叨，这时丈夫要有君子之风，应更多地帮助、谦让妻子，这一点不容忽视。

3. 夫妻要互谅互慰

夫妻间互谅互慰是共同创造温馨家庭的关键。在家庭生活中，夫妻之间相互体谅和抚慰，可以加深夫妻之间的感情。妻子怀孕以后，平日经常干的家务活不能胜任了，丈夫应体谅妻子，主动去承揽这些家务，并且还要多给妻子一点抚慰，这样才能使妻子安全顺利地度过妊娠期。

4. 夫妻要互相理解

要创造好的家庭氛围，夫妻双方要相互理解。尤其是丈夫更要积极热忱地为妻子及腹内的宝宝服务，扮演好未来父亲的荣耀角色，使妻子觉得称心，胎儿也感到惬意。

在如此和谐的家庭氛围中生活，对母子的身心健康均大有裨益。妻子也要给丈夫一定的关怀和理解，与丈夫一道为创造温馨的家庭而努力。

109 家庭气氛对宝宝性格有何影响

暴躁型： 在暴躁型的家庭里，从早到晚弥漫着"火药味"。埋怨、责骂、争吵、打架的声音，此起彼伏。在这种家庭长大的子女，敏感、聪明、急躁、好强，有成才的希望，但如不加以引导教育，很有可能走上邪路。

冷淡型： 冷淡型家庭最大特点是家庭结构不"紧密"，谁发生了什么事，大家不大关心。在这种家庭长大的子女，性格比较温和，但有些孤僻；他们遇事冷静，却缺乏敏感和热情，上进心也不太强。这样的子女，一般来说闯祸的可能性小，但

也不会有太大的作为。

和谐型： 和谐型的家庭最大特点是民主与尊重。家庭成员相互尊敬，彼此体贴、关心。如有矛盾，多是心平气和地协商解决。但是这种家庭的思想往往比较"正统"和"保守"。这种家庭的子女，多数性格开朗，待人有礼貌，遵纪守法，有较强的上进心和较高的自觉性，比较容易接受教育。不足之处是胆子小，循规蹈矩，缺乏闯劲。

110 准妈妈感冒了怎么治愈

在感冒早期，准妈妈可尝试下列不用吃药打针的方法及时治愈感冒：

(1) 咳嗽时，可以将一只鸡蛋打匀，加入少量白砂糖及生姜汁，用半杯开水冲服，2～3次即可见效。

(2) 喝鸡汤可减轻感冒时的鼻塞、流涕等症状，而且对清除呼吸道病毒有较好效果。

经常喝鸡汤可增强人体的自然抵抗力，预防感冒的发生。在鸡汤中加一些胡椒、生姜等调味品，或下面条吃，都可治感冒。

(3) 在感冒初期喉头又痒又痛时，准妈妈立即用浓盐水每隔10分钟漱口及咽喉1次，10次左右即可见效。

(4) 在保温杯内倒入 42℃ 左右的热水，准妈妈将口、鼻部置入杯口内，不断吸入热蒸气，一日3次。

(5) 准妈妈一旦患了感冒，应尽快控制感染，排除病毒。轻度感冒的准妈妈，

可多喝开水，注意休息、保暖，口服感冒清热的中药，如板蓝根冲剂等。感冒较重有高烧者，除一般处理外，应尽快降温，可用物理降温法，如额、颈部放置冰块等。准妈妈一定要注意预防感冒，合理营养，增强体质，天气有冷暖变化时，注意保暖。冬春季是感冒多发季节，建议准妈妈避免接触感冒病人，少去人多拥挤、人流集中的地方，减少旅行出差的次数，这是避免感染流感等传染病的有效方法。

111 准妈妈感冒时用药需注意什么

第一，准妈妈就诊时，应该告诉医生自己已怀孕和末次月经的日期。

第二，任何药物都应在医生的指导下使用，既不能滥用，也不能需要用而不用。

第三，在妊娠的头3个月，能不用的药或暂时可停用的药物，应考虑不用或暂停使用。

第四，必须用药时，应选择对胎儿无损害或影响小的药物。

第五，必须较长期用药，则应终止妊娠。

第六，禁止服用不了解的新药或滥用偏方，已肯定的致畸药物禁止使用，如准妈妈病情危重，由医生慎重权衡利弊后，方可使用。

第七，用药必须注意孕周，严格掌握剂量、持续时间，坚持合理用药，病情控制后及时停药。

第八，最好单独用药，避免联合用药，能用一种药治疗的疾病绝不用多种药同时治疗。

112 准妈妈过冬怎样防感冒

衣：对于孕妇来说，如果准妈妈已经怀孕6～9个月了，在严寒季节要提前准备一件专为孕妇设计的大衣。能够让孕妇和胎儿都感觉舒适并且有很好的保暖效果。

食：孕妇冬季饮食，应该多吃营养物质，肉、蔬菜、水果一样不能少，以保证营养全面均衡，用以抵抗外来有害物质。孕妇在冬季不应"厚肉薄菜"，同时，还应注意补充水。有许多孕妇认为水果蔬菜中含有水分而很少喝水，其实果蔬中的水分不同于白开水，孕妇还是注意饮些白开水。

住：有孕妇的房间，应注意常开门窗通风换气，保证居室空气清新。睡觉时注意关好门窗。冬天气温低，孕妇及家人常常让门窗紧闭，这是十分错误的。因为这样一来，室内空气不流通，其污染程度比室外严重数十倍，极易引发呼吸道疾病。

其次，有孕妇的房间，应提高室内空气的相对湿度，防止呼吸道黏膜受损。通常可以采取这样的措施：使用空气加湿器或负氧离子发生器等，以增加空气中的水分含量；室内生炉子或取暖时，可以在炉子上烧一壶水，使水分蒸发；在室内晾一些潮湿的衣服、毛巾等；在地面洒水或放一盆水在室内。

行：在冬季生活中，孕妇应该选择阳光充足、气候比较温暖的下午，坚持出门散步，活动一下肌肉筋骨。散步是最适宜孕妇的运动方式，在出太阳后适当散步，多晒太阳，促进钙吸收。孕妇在冬季要尽量避免随意外出，更要少去影剧院、超市、商场等人多的公共场所，外出时一定要防路滑摔跤。需要提醒的是，隔着玻璃窗晒太阳是达不到效果的。

113 准妈妈染水痘有何危险

除了小孩，孕妇也要特别预防患水痘。如果孕妇感染了水痘，将有可能把疾病传给胎儿，使胎儿患上先天性水痘，严重时甚至会致使胎儿畸形。因此，准妈妈一定要加倍预防水痘，避免与水痘患者接触。

如果准妈妈在孕4月～5月时感染水痘，水痘带状疱疹病毒将有7%～9%的概率会通过胎盘使胎儿发生先天性水痘综合征，将可能导致宝宝出生后出现一系列的问题，包括体重减轻、肌肉和神经萎缩、指趾畸形、皮肤瘢痕变、白内障及弱智等，而且大多数患病宝宝会于一两年内死亡。

如果准妈妈在妊娠后期感染水痘带状疱疹病毒，胎儿虽然出生时已无明显症状，但可能会直接发生带状疱疹。

如果在产前四五天或者是产后两天，准妈妈感染水痘，那么婴儿在出生后的5～10天里也很容易发病，会因此而死亡。

114 出水痘有何饮食禁忌

1.宜食

中医认为水痘是因体内有湿热蕴积、外感时邪病毒所致，因此宜清淡饮食，不用特别加强营养。稀粥、米汤、牛奶、面条和面包，再外加一些豆制品和瘦猪肉即可。在出水痘期间，因发热或会出现大便干燥，此时要多饮水，多吃新鲜水果及蔬菜。

2.忌食

生冷、油腻食物忌食。

发物忌食，如鱼、虾、螃蟹、牛肉、羊肉、香菜、茴香、菌类(香菇)等含有丰富蛋白质的食物容易产生过敏原，使机体发生过敏反应，从而使病情加重。

辛辣刺激性食物，如辣椒、胡椒、姜和蒜等，会引起上火现象，不利于早日康复。

115 怎样预防孕期出水痘

1.加强锻炼，增强体质

孕妇要注意提高自身的抗病能力，

加强锻炼，增强体质。

2. 远离传染源

水痘好发季节，准妈妈不去人群过于密集的地方，不要去易感地带。

3. 注射水痘疫苗

在孕前进行抽血检查，检测血液中有没有水痘抗体。如果以前没有注射过水痘疫苗或者感染过水痘，可以在孕前注射水痘疫苗。水痘疫苗是一种活性减毒疫苗，应在注射疫苗3个月后再怀孕。

如果孕妇感染了水痘病毒，则需要进行检查来确定胎儿是否被传染。检查大多是利用抽取羊水或胎儿脐带血测定抗体和病毒基因，以此确认胎儿是否有直接的感染。但这种检查属于侵犯性的，其本身是有风险的，除非确实需要，否则不建议进行此检查。

116 孕妇患水痘还要不要胎儿

准妈妈感染水痘后到底要不要继续保住子宫内的胎儿呢？这需要视具体情况而定。但如果出现了以下情况，我们建议最好选择不要。

● 孕妇患有高危水痘，出现高热及全身中毒症状，体温在出疹1周后仍高达40～41℃。

● 孕妇由水痘发展成肺炎或其他器官受损的情况。

● 在彩超等检查中，如果发现有异常情况，医生建议不要胎儿的。

但是，如果根本没有证据表明胎儿已受到感染，产检时各项指标也很正常，那就可以继续怀孕。

准妈妈需要知道的是，产前诊断是一个概率性的事情。虽然很多时候准妈妈希望得到100%的答案，但人生总是有意外的，所以这个时候无论如何选择都是一种冒险。

117 孕期鼻出血怎么办

孕期鼻出血一般都是鼻子的一侧出血，出血量也不会很大，有时只是在鼻涕中夹杂着一些血丝。

如果是鼻的一侧出血，通常情况下只需要把出血那一侧鼻翼向鼻中隔压紧，或者塞入一小团干净的棉花，再按压一下即可以止血。

如果两侧鼻孔都出血，可以用拇指和食指捏紧两侧鼻翼，压迫鼻中隔前下方的出血区5分钟左右。在鼻部敷上冷毛巾或冰袋也可以减少出血，加速止血。

鼻出血时，不需要惊慌，精神紧张只会使血压增高而加剧出血。如果血液流到了鼻后部，不要咽下去而应该吐出来，否则将会刺激到胃黏膜，引起呕吐。

如果上述措施并不能止住血，那就要立即去医院处理。

118 为何说准妈妈爱美是胎教

胎教贯穿于整个孕期始终，当然也包含孕妇生活本身。美丽是每一位女性所追求的，姣好的容颜、靓丽的穿着，也会给准妈妈带来许多欢乐。因此，在怀孕期间，准妈妈可以打扮得很漂亮。事实上，穿衣也是胎教，孕妇完全有必要精心打扮自己。准妈妈快乐了，胎宝宝自然也就会受到准妈妈情绪的影响。

怀孕了，准妈妈就更应精心打扮，保持自信、乐观、心情舒畅。这是一种自娱的方式，准妈妈关心容颜、服装，容易忘掉妊娠中不快的反应；另外，化妆也会使准妈妈显得气色很好，自己看了，心里会舒服，别人看了，赞许几句，准妈妈也一定会很高兴的。

因此，无论对自己还是对胎儿，准妈妈的美容、打扮都是很有意义的。

119 准妈妈如何打扮自己

1. 化妆品使用

准妈妈孕期因皮脂腺分泌失调，皮肤容易变得粗糙、敏感，如果情况不是特别糟糕，不必乱抹药或者更换化妆品，不必求医，也不必着急，仍可用以往的化妆方法。但是要经常洗脸，保持脸部清洁，充分休息，摄取适当的营养。

准妈妈在化妆时，要尽量明亮，给人以爽朗明快的感觉，最好不要浓妆艳抹，这样会损害孕期敏感的皮肤。晚上的护肤也很重要，护肤到位的话，不经化妆也可以得到娇艳的脸庞，具体做法是：用一种不含去垢剂的中性乳液洗脸，然后用凉水将皮肤洗净，用冷霜敷在脸上，轻轻按摩，最后用热毛巾擦掉，用乳液滋润。

2. 头发的保养

在孕期激素的作用下，准妈妈的头发会变得柔软明亮有光泽，皮脂溢出也会减轻，甚至消失。但到了怀孕中期，有的准妈妈由于心情的原因或者由于行动不便的原因，不好好梳理头发，会给人以散乱蓬松的感觉。

其实，孕妇每天都要梳理好头发，促进头部血液循环。在梳理头发时要注意：头发要梳理得整齐，力度要适度，不要过分用力，要用不易折断、拔掉头发的骨梳子、铁梳子。因为烫发、染发会接触大量化学物质，应不烫发、染发。

3. 皮肤清洗

准妈妈的皮下脂肪日益丰腴，汗和皮脂也比以前增多，一定要经常清洗，否则皮肤发痒，很容易得皮肤病。因此，准妈妈要经常洗澡，而且最好采用淋浴。夏天出汗较多，最好每天都洗澡。沐浴时一定要注意水温，水太热易使人疲劳，水太凉会引起子宫收缩和出现蛋白尿。

同时，准妈妈要注意洗澡时间不要过长。时间太长，容易引起头晕，易着凉感冒，还会使纤维组织变软。洗澡时动作要轻缓，注意身体平衡，千万不要跌跤，浴毕可使用爽身粉，保持身体舒适与清爽，最好能有身心舒畅、食欲增大、夜间安睡的效果。另外每天早上要用温水清洗乳头，以保持乳房的清洁。

120 准妈妈护肤有何禁忌

- 尽量别用含有 A 酸、A 醇成分的护肤品，如果成分表里有 VitaminAAcid、RetinylPal 毫升 tate、Adapalene 字样，就代表其含有 A 酸或 A 醇。

- 绝对禁止使用精油。

- 少用唇膏（口红），不过润唇膏还是可以的。

- 涂甲油要禁止。

121 准妈妈日常着装需注意哪些事项

1. 衣服

现在的孕妇装，式样、花色繁多，购买时要以实用、穿脱方便为好。孕妇抵抗寒暑的能力很差，所以要格外注意保暖，寒冷时要比平常多穿一件，这时候如果还讲究美丽"冻"人，可就害人（胎儿）害己了。热了，要穿吸汗、凉快的衣服。

2. 胸罩

孕妇的乳房日渐丰满，胸肌没有办法支撑，所以必须选择合适的胸乳罩托住乳房，使其保持在原来的位置上。如果孕期没有佩戴合适的胸罩，容易引起乳房下垂。胸肌不发达的准妈妈，更应注意佩戴胸罩。晚上依旧要戴上胸罩，这样能使胸部肌肉不太紧张。

3. 鞋子

很多准妈妈一怀孕就开始穿平底鞋，认为这样更安全。其实，专家认为，3～4厘米的中跟鞋对准妈妈的脊柱支撑力更好，在腹部重量增加时，可以不必扭曲身体来支撑。

准妈妈在选择鞋子时，要注意式样，最好买专为孕妇设计的后跟低、底部有凹凸纹路、穿起来平稳的鞋子。市面上卖的高跟鞋、拖鞋式的凉鞋、胶底鞋容易摔跤，对孕妇都不合适。

到了怀孕后期，准妈妈的鞋子应宽大一些，因为在这期间，双脚会有轻微肿胀的趋势。穿袜子时，要与裙子的颜色协调一致，这样会显得身材修长。

122 准妈妈保持魅力有何窍门

仪容美的关键在于整洁，准妈妈只要注意卫生，保持整齐，形象一定会大为改观的。况且，怀孕虽然使以前的体态美消失了，但同时又产生了另一种美。

怀孕期间，准妈妈要多注意积极调整情绪。如聊天、郊游、画画、剪报、打毛衣等自己喜爱的活动，都可以放宽心情，使自己很开心。舒畅的心情会使准妈妈容颜更美丽。

最后，准妈妈要根据自己皮肤的特点，选择合适的护肤法，千万不要刺激或伤害皮肤，分娩后最好也是这样，粉底类的化妆品对皮肤是有伤害的，最好不要使用。

123 吸烟对胎宝宝有何危害

(1) 准妈妈吸烟会增加自然流产率。吸烟的准妈妈比不吸烟的准妈妈增加80%的自然流产可能性，因为吸烟破坏胎盘功能，造成早期自然流产。

(2) 准妈妈吸烟会造成胎宝宝的多种出生缺陷，如神经管畸形、足内翻、唇腭裂、隐睾、大血管错位等。

(3) 准妈妈吸烟可致胎宝宝宫内生长迟缓，新生儿出生体重低于正常同龄胎宝宝。

(4) 14% 胎宝宝早产的发生与准妈妈的吸烟有关，孕期吸烟的准妈妈发生早产的机会是不吸烟准妈妈的 2 倍，每天抽一包烟以上的准妈妈发生早产的概率是不吸烟准妈妈的 3 ~ 4 倍。

(5) 准妈妈吸烟导致胎宝宝死亡率增加。

(6) 准妈妈主动和被动吸烟对婴幼儿也有影响，不仅仅限于胎宝宝时期，在整个婴幼儿期甚至成年期都对健康有不良影响。

总之，为了下一代的健康成长，为了准妈妈自身的身体健康，每个准妈妈都应该自觉戒烟。同时要注意脱离吸烟环境，避免被动吸烟，在清新愉悦的环境中度过孕产期。

124 色彩在胎教中有何作用

作为一种外在的刺激，色彩能够影响人的精神和情绪。一般说来，红色能鼓舞人的斗志，让人激动、兴奋；明快、灿烂的黄色则易让人感觉温暖；清新、宁静的绿色给人以希望；而蓝色则让人产生明静、凉爽的感觉；白色显得干净、明快；粉红和嫩绿则使人充满活力。

由于体内激素的变化，准妈妈常常性情急躁，情绪波动较大。所以准妈妈可以有意识地多接触一些偏冷的色彩，以利于情绪稳定，如绿色、蓝色、白色等。为了免于产生烦躁、恐惧等不良心理，影响胎儿的生长发育，准妈妈最好少接触红、黑等色彩。

125 胎儿有"生物钟"么

人体内都有一个"生物钟"，人们的脉搏、呼吸、血压、新陈代谢、荷尔蒙的分泌都是以 24 小时为周期变动的。

严格来讲，人体的"生物钟"周期比 24 小时稍长一点，大约为 25 小时。也就是说，多出了一个小时。人体如何调节这一个小时的偏差呢？就是靠早晨的阳光。当天亮时，我们的大脑就会产生反应："已经是早晨了。"然后将"生物钟"调节到以 24 小时为周期。

胎儿把自己的"生物钟"调节为以 24 小时为周期，需要借助两种手段。第一种是通过胎盘从母体那里获得一种叫做"褪黑素"的荷尔蒙；第二种就是感受到早晨的阳光。

如果准妈妈喜欢熬夜，很晚才睡觉，第二天上午很晚才起床，那么不仅准妈妈不能很好地调节自身的"生物钟"，就连胎儿的"生物钟"也无法以 24 小时为周期正常运转。

126 胎儿为何喜欢规律生活

胎儿按照24小时的周期过规律生活，怀孕的母亲必须有规律地生活，才能使胎儿的生活规律保持正常。

生活不规律容易导致大脑、心脏、肝脏、肾脏等所有器官的"生物钟"紊乱，破坏身体平衡，对人体非常不好。其实，胎儿在4个月左右时，内脏器官就基本上发育完成，并开始工作了。胎儿发育到7个月大的时候，脑的机能也开始运转了，这时胎儿已经过起了有规律的生活，至少他们已经能够感受到准妈妈的生活规律了。

"肚子时钟"也非常重要，它使人体以24小时为周期规律地生活。我们大脑的活动是需要能量的，每天早晨吃过早餐后，人的体温升高，大脑才开始活跃起来。因此，不吃早饭的习惯对身体是非常有害的，如果孕妇不吃早饭，后果更加严重。为了保证自己有规律的生活，也为了保证胎儿有规律的生活，孕妇一定要好好吃早饭。

127 准妈妈怎样保持规律生活

1. 睡眠

每天不少于8小时，中午应有1小时的休息。室内应保持空气新鲜、流通。

2. 衣着

要宽大，注意保暖，不穿高跟鞋，不用窄紧的袜带和裤带，以免影响血液循环和胎儿发育。

3. 运动

适度地做体操和散步，避免剧烈运动。可参加一般的劳动，后期避免腹部受挤。

4. 乳房卫生

妊娠5～6月起要用肥皂和水每日擦洗乳头一次。有乳头凹陷者常用手将乳头向外牵拉，以防产后婴儿吸吮困难。

5. 清洁

要经常洗澡，勤洗外阴，勤换内衣。

6. 大便

由于肠蠕动减弱，易发生便秘，必须多饮水，多吃蔬菜和水果。养成定时排便的习惯。便秘只能用缓泻剂，否则会引起子宫收缩。

7. 用药

很多药物均可通过胎盘而进入胎儿体内，特别是孕早期，致畸率较高，用药必须慎重。正确的做法是在医生指导下根据病情合理用药。

8. 心理

妊娠中母亲精神状况，直接影响胎儿的发育，所以要保持心情舒畅，不激动，不恼怒，生活规律、恬静。

128 为何说准妈妈规律生活很重要

即使胎儿在腹中，准妈妈的生活规律已经开始对胎儿发生影响了，而且成为出世后的生物节律的基础。一般早起的准妈妈所生的宝宝一生下来也有早醒的习惯；而晚睡的准妈妈所生的宝宝同样具有晚睡的习性。为了使宝宝将来有个好的生活习惯，准妈妈应该注意按时休息，早睡早起。每天要有适当的运动，如孕妇体操等。

如果准妈妈生活不规律，简单说就是三餐不规律，睡眠不规律，说白了就是该吃饭时吃不上，睡觉时睡不了，别人休息吃饭时工作，就会直接影响胎儿发育，甚至会出现发育畸形和流产。

129 准妈妈保证睡眠质量有何好处

● 良好的睡眠有助于准妈妈缓解精神压力，增强神经系统和免疫系统的功能，降低产后患抑郁症的概率。

● 良好的睡眠可以使细胞能量得以补充，帮助准妈妈恢复体力，减轻疲倦。

● 睡眠少于 6 小时的准妈妈剖宫产概率更大。睡眠严重障碍的准妈妈产程长，剖宫产概率为正常人的 5.2 倍。

● 良好的睡眠有助于胎儿形成良好的"作息制度"。如果准妈妈是一个"夜猫子"，宝宝出生后也多数是个"夜猫子"。

130 准妈妈为何有时睡眠差

原因一：尿频

孕初期可能一半的准妈妈尿频，孕后期将近 80% 的准妈妈尿频，准妈妈晚上起床跑厕所，会严重影响睡眠质量。增大的子宫压迫到膀胱，让准妈妈总有"尿意"。

原因二：半夜抽筋

准妈妈在孕后期常会发生抽筋，这也影响到睡眠的质量。如果准妈妈情绪不稳定、饮食中甜食和肉食过多，都很容易让血液偏酸性，造成局部肌肉抽筋。

原因三：焦虑、压力大

准妈妈常因为担心胎儿的发育状况，而感到焦虑，情绪容易紧张，工作压力太大，作息不正常，也会影响到准妈妈的睡眠质量。

原因四：饮食习惯改变

很多准妈妈想让胎儿营养充足而吃很多东西，半夜都消化不了；或者吃饭时觉得恶心，吃饭很少，睡到半夜就饿了。

131 准妈妈睡得好有何小窍门

秘密一：利用90分钟的睡眠循环规律，好好睡觉！

人的睡眠不是总保持在同样一种深度的。睡下之后很快就会进入深度睡眠，之后一段时间又会进入浅度睡眠。深度睡眠和浅度睡眠基本上是按照 90 分钟循环的。最初的深度睡眠即使时间很短，也会有一种熟睡的感觉。睡下后的 6 个小时、7 个半小时和 9 个小时正是睡眠较轻的时间，这个时候如果起来会觉得神清气爽。

秘密二：把握午睡时间很重要，应该避免傍晚时睡觉。

午睡 10 ~ 15 分钟，人们就会觉得头脑很清爽，如果有时间能睡上 90 分钟当然更好。不过，最好不要趴在桌子上睡，如果休息室里有沙发可以躺最好，没有沙发则可以靠在椅子上小憩一会儿，不过最好把脚搭在另外一张椅子上，这样可以避免脚踝肿胀。另外，下午 2 点左右午睡效果最好。

132 准妈妈怎样改善睡眠

诀窍一：咖啡、茶能提神，油炸食物、难消化食物不利于睡眠，准妈妈最好不吃喝这类东西。精淀粉食物，如白面包、白米饭、甜食等，准妈妈也尽量在睡前少吃。上午多喝水，下午和晚上少喝水是缓解准妈妈尿频严重的好办法。为防止隔日醒来头痛，准妈妈睡前可适量吃一些点心。

诀窍二：准妈妈可以在入睡前两小时喝牛奶加蜂蜜，因为高蛋白零食能提高血糖水平，防做噩梦、头痛、发热，有助于入睡。

诀窍三：临睡前洗一个热水澡，请家人帮忙热敷和按摩来帮助足部保暖、防抽筋，柔和灯光、温度适宜的良好睡眠环境，都有一定的催眠作用。

诀窍四：准妈妈在睡前 3 ~ 4 小时内尽量不做运动。另外，准妈妈也可以在睡前读书看报，一方面有助于胎教；另一方面也能使准妈妈安静入睡。

诀窍五：准妈妈可以在睡前搓搓脚心。准妈妈的活动量比较少，且晚上常常睡眠不好。睡觉之前搓一搓脚心，不但可以补充运动量少的缺憾，刺激脚心神经，还能滋阴补肾、颐养五脏六腑，提高睡眠质量。

诀窍六：准妈妈可以在睡前用醋、姜水泡脚。每天在睡前用醋、姜、花椒和水一起煮成的酸辣泡脚水泡泡脚，有很好的保健作用，尤其对于睡眠质量不高、怕冷的人能起到很好的效果。

诀窍七：准妈妈可以在睡前吃蜂蜜藕粉，补五脏，和脾胃，益血补气。中医认为，生藕性寒、味甘，能清热生津，止渴除烦，凉血止血，消散淤血。生藕加工成藕粉后其性也由凉变温，既易于消化，又增强了健脾益气、养血止血之功效，能养心生血，补益脾胃，补虚止泻，生肌。

诀窍八：准妈妈可以在睡前根据自身状况适当做一些孕妇瑜伽。准妈妈在练习瑜伽时，以个人的需要和舒适度为准，练习不同的瑜伽姿势，与自己的身体状况协调。练习时如有不适感，可以改用更适合自己的练习姿势。

诀窍九：准妈妈在睡前梳头能够提高睡眠质量，加快入睡。很多女性都为拥有一头飘逸的长发而感到高兴，不过，通常在孕育宝宝的时候，它可能成为你的"累赘"。所以，专家建议，准妈妈最好留比较易于梳理和护理的发型，短发是比较好的选择。

133 哪种睡眠姿势适合准妈妈

专家提醒，左侧卧是准妈妈孕期合理的睡眠姿势，尤其是怀孕 6 个月以后。准妈妈正确的睡眠姿势，能防止各种病变的发生，确保准妈妈自己和胎宝宝的健康。

随着孕周的增加，胎宝宝在准妈妈体内不断生长发育。为了满足和适应胎儿的需要，准妈妈的身体会发生一系列变化，特别是子宫逐渐增大，子宫的血流量大大增加。到了临产前，准妈妈的整个腹部几乎都被子宫占据，对心脏、肺、泌尿器官必然会产生不同程度的推移或挤压。

仰卧位睡眠姿势和右侧卧睡眠姿势，均不适合准妈妈，尤其是进入孕中期后。

134 仰卧位睡眠姿势有何危害

首先，准妈妈采取仰卧位睡眠姿势，增大的子宫就会压在子宫后方的主动脉上，使子宫的供血量明显减少，直接影响胎儿的营养和发育。

其次，如果准妈妈患有妊娠中毒症，更不适合采取仰卧位睡眠姿势。因为仰卧位睡眠姿势会影响肾脏的血液供应，使肾脏血液流量明显减少，排尿量也随之减少，不能及时排出准妈妈体内的钠盐及新陈代谢过程中产生的有毒物质，加重妊娠中毒症的病情，出现血压升高、蛋白尿、下肢及外阴部浮肿等现象，甚至发生抽筋、昏迷，医学上把这种现象称为"子痫"，如果处理不当，将威胁母子的生命安全。

最后，准妈妈采取仰卧位睡眠姿势，增大的子宫还可能压迫下腔静脉，使回流到心脏的血液量急剧减少，大脑的血液和氧供应也会随之减少，对全身各器官的供血量也明显减少。这时准妈妈会出现胸闷、头晕、恶心、呕吐、血压下降等现象，医学上称之为"仰卧位低血压综合征"。

135 右侧卧睡眠姿势有何危害

准妈妈经常采用右侧卧睡眠姿势不利胎儿的发育和分娩。准妈妈不断增大的子宫会挤压腹腔内其他器官，有时，下腹腔内乙状结肠受挤压，准妈妈的子宫

就会不同程度地向右旋转，从而使维护子宫正常位置的韧带和系膜处于紧张状态。系膜中为子宫提供营养的血管如果受到牵拉，就会影响胎儿的氧气供应，造成宫内胎儿慢性缺氧，严重的还会引起胎儿窒息或死亡。

136 准妈妈睡眠需注意什么细节

- 戒烟戒酒。
- 减少摄入咖啡因。
- 睡前 3 ～ 4 小时内避免做运动。
- 适当时间进行午休。
- 按时作息。
- 在床上与丈夫温存谈心。
- 不要把忧虑带进卧室。
- 睡不着时干点别的分散注意力。
- 睡前吃些点心减轻恶心。
- 睡前避免进食难消化或辛辣的食物。
- 傍晚之后要少喝水。
- 实在睡不着也不要过分担心。

137 准妈妈为何要少去公共场合

电影院等公共场合人多嘈杂、热闹拥挤，对孕妇及胎儿有许多极为不利的因素。因为人多的地方，尤其是空气不流通的地方，空气混浊，致病微生物的密度也远远高于其他场合，准妈妈最好少去。特别是在传染病流行期间，准妈妈更应远离人多嘈杂的公共场合，以免被传染。

我国近代著名教育家蔡元培对胎教有相当的研究，他十分重视胎教中环境美的作用。他曾倡导设立国家胎教院，并要求

胎教院应当具备这些条件：有环境清新的空气，恬静的园林，雅致的陈列品；而孕妇在里面可以观平和、乐观之文学，听优美之音乐。认为，只有准妈妈处于平和和活泼的气氛和环境里，才能对胎儿产生良好的影响。

138 怎样打造安全居室环境

准妈妈的居室环境也要注意保持安全状态。下面的这些办法可以让准妈妈居住环境更健康。

空气新鲜，流通顺畅，光线充足。准妈妈的居室要注意空气流通，经常开窗换气；最好朝南，能晒到太阳。住房温度要适宜，不要过暖也不要过冷。在这样的环境下，准妈妈自然会心情轻松、愉快。夏季室温应以 27 ~ 28℃为宜，室内外温差不要太大，空气湿度应保持在 30% ~ 40%。冬季室温最好保持 16℃以上。

和谐的居室装饰。家具布置需方便生活；装饰色彩应搭配和谐，以清新淡雅为宜。比如乳白色、淡蓝色、淡绿色等，都是适合孕期居住的颜色。

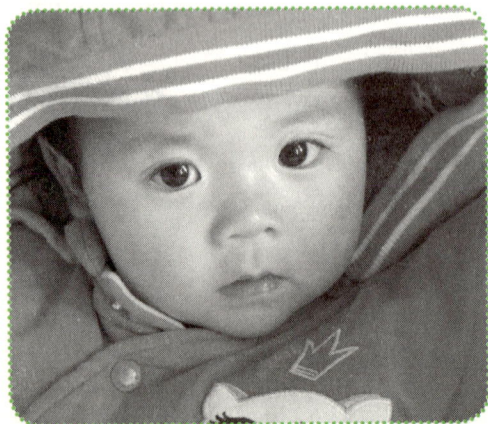

当然还要具体考虑准妈妈的状态，如果准妈妈经常处在紧张、安静，要求神经常保持警觉状态的环境中工作，家中不妨用一些粉红、橘黄等颜色。因为这些颜色能够给人一种健康、活泼、鲜艳的感觉。这种生机盎然、轻松活泼的环境能够帮助准妈妈从单调、紧张的工作状态中得到松弛和恢复。

适宜的绿化。居室绿化应以轻松、温柔为主格调，无论盆花还是插花，都应以小为佳，不宜采用大红大紫的风格，不宜种植香味浓郁的植物。

适当的墙面装饰物。墙面装饰物可以选择一些景象壮观的油画，或者隽永的书法作品。漂亮的油画不仅能增加居室的自然色彩，还能让人开阔视野。试想，森林茂密、泉水淙淙、苍穹雄鹰、海浪逐沙……这些多么令人神往呀。即使是忙碌了一天，在这优美的环境里准妈妈也能得到很好的休息。

书法作品其内容通常是令人深思的名句，悬挂于居室之内，准妈妈时时欣赏，不仅能体会书法本身的美，还能感受到其内容健康向上的力量。

体现生命力。孕期不能养猫狗等小动物，不妨养几条小金鱼，准妈妈可以从中感受到旺盛的生命力，进而产生美好的联想。

139 哪些因素威胁胎宝宝成长

1.营养因素

如在胎儿时期营养不良，宝宝出生后会体格生长落后，大脑的发育也会受到影响。

2.遗传因素

胎宝宝生长发育的特征、潜力、趋向都会受到父母双方的遗传因素的影响。遗传会影响到胎宝宝出生后的皮肤、头发的颜色、脸形特征、身材高矮、性成熟的迟早以及对疾病的易感性等。一些遗传性疾病更可严重影响胎宝宝生长发育，这些疾病包括代谢性缺陷病、内分泌障碍、染色体畸变等。

3.环境因素

良好的居住环境、健康的生活习惯、科学的护理、正确的教养和体育锻炼、完善的医疗保健服务等，都是确保胎宝宝生长发育达到最佳状态的重要条件。

4.准妈妈的身体因素

妊娠早期准妈妈发生病毒性感染会使胎宝宝先天畸形；如果准妈妈严重营养不良则可能引起流产、早产和胎宝宝体格生长迟缓以及大脑发育迟缓；如果准妈妈受到某些药物、放射线辐射伤害、精神创伤等，则可能导致胎宝宝发育受阻。

运动胎教
Yun Dong Tai Jiao

140 何谓运动胎教

运动胎教是指准妈妈适时、适当地进行体育锻炼，并帮助胎儿活动，从而促进胎儿大脑及肌肉的健康发育，有利于准妈妈正常妊娠和顺利分娩。

运动胎教包括以下几项：早晨散步、足尖运动、踝关节运动、搓脚心运动、膝胸卧位、骨盆韧带运动、盆底肌肉运动、手指健脑操、腹式呼吸等。

141 运动胎教对胎儿有何好处

1.可促进胎宝宝的大脑发育

准妈妈做运动时，可向大脑提供充足的氧气和营养，促使大脑释放脑啡肽等有益的物质，通过胎盘进入胎宝宝体内；准妈妈运动还会使羊水摇动，摇动的羊水可刺激胎宝宝全身皮肤，就像在给胎宝宝做按摩。这些都十分利于胎宝宝的大脑发育，使宝宝出生后更聪明。

2.促进胎宝宝正常生长发育

运动不仅能使准妈妈自身健康，也能增加胎宝宝的血液供氧，加快新陈代谢，从而促进生长发育。

3. 防止胎宝宝长成肥胖儿

准妈妈经常做适当的运动，不仅可以控制准妈妈自身的体重增长，减少脂肪细胞，还可以给胎宝宝"减肥"，即生出少脂肪细胞宝宝的概率大。这样，既可防止生出巨大儿，有利于自然分娩，又为避免肥胖症、高血压及心血管疾病奠定了良好的先天物质基础。

4. 帮助胎宝宝形成良好个性

孕期不适常会使准妈妈情绪波动，胎宝宝的心情也会随之变化。运动有助于改善准妈妈身体疲劳和不适感，保持心情舒畅，利于胎宝宝形成良好的性格。

5. 促使准妈妈、胎宝宝吸收钙

准妈妈去户外或公园里运动，可呼

吸大量新鲜空气，阳光中的紫外线还使皮肤中脱氢胆固醇转变为维生素D，促进体内钙、磷的吸收利用。既有利于胎宝宝骨骼发育，又可防止准妈妈发生骨质软化症。

142 运动胎教对准妈妈有何好处

1.控制准妈妈体重增长

运动可帮助准妈妈身体消耗过多的热量，同时促进代谢，减轻身体水肿，使体重不致增长过快。

2.减轻准妈妈身体不适感

准妈妈适当运动，如做孕妇体操，可促进新陈代谢和心肺功能，加快血液循环，防止便秘和静脉曲张的发生，并可减轻日益增大的子宫引起的腰痛、腰酸及腰部沉重感。

3.增强自然分娩的自信心

适当运动可使大脑运动中枢兴奋，有效地抑制思维中枢，从而减轻大脑的疲劳感。这样，可缓解准妈妈对怀孕、分娩产生的紧张情绪，增加自然分娩的自信心。

4.为顺利分娩创造良好条件

运动可增强准妈妈腹肌、腰背肌和盆底肌的力量和弹性，使关节、韧带变得柔软、松弛，有利于分娩时放松肌肉，减少产道阻力，增加胎宝宝娩出的动力，为顺利分娩创造良好的条件。

5.有利于产后体形恢复

运动可使准妈妈在分娩时减轻产痛，缩短产程，减少产道裂伤和产后出血。临床研究结果显示，坚持做孕妇体操的准妈妈，正常阴道分娩率明显高于未做健身操者，产程也往往较短。

143 孕早期如何做五式运动胎教

姿势一：坐在地板上，两足在脚踝处交叉，轻轻地把两膝推向下，或两足底相对合在一起，且向下轻压两膝。每天2次，每次20遍。

功效：有助于增强骨盆底部肌肉的韧性及伸展大腿的肌肉。

姿势二：平躺，膝盖弯曲，双脚底平贴地面，同时下腹肌肉收缩，使臀部稍微抬离地板，然后再放下。做此运动时同时配合呼吸控制，先自鼻孔吸入一口气，然后自口中慢慢吐气，吐气时将背部压向地面至收缩腹部，放松背部及腹部时再吸气，吐气后会觉得背部比以前平坦。

功效：减轻疲劳，预防腰酸背痛。

姿势三：缩臀，肩微向后，两臂放松，抬头，收下巴，要经常保持良好的姿势。

功效：避免腰酸背痛。

姿势四：平躺，两手置身旁两侧作一个"廓清式呼吸"。慢慢抬起右腿，脚尖向前伸直，同时慢慢自鼻孔吸入一口气，注意两膝要打直。然后脚掌向上屈曲，右腿慢慢放回地上，同时自口呼出一口气。接着左腿以同样动作做一次。注意吸气和呼气，要与腿的抬高及放下配合进行。当抬腿时两脚尖尽量向前伸直，腿放下时脚掌向上屈曲，膝盖要保持挺直，每一侧腿脚各5次。

功效： 增强腿部后半边肌肉韧带的柔韧程度。

姿势五： 平躺，手臂和身体成直角向外伸开，作"廓清式呼吸"，即深吸一口气，大力吐一口气。慢慢抬起右腿，脚尖向前伸直，同时自鼻孔吸入一口气，再自口吐气时，脚掌向上屈曲，同时右腿向右侧外方伸展，慢慢放下右腿，使靠近右手臂位置。然后脚尖再度向前伸直，自鼻孔吸气并抬高右腿，接着一面自口吐气，一面将右腿放回最初位置的地板上。左腿同样做一次，注意没有抬高的腿要保持平贴地面。每一侧腿脚各3次。

功效： 促进下半身血液循环，增强骨盆关节力量。

144 运动可以使胎儿生长发育得更好吗

胎教理论主张对胎儿进行适当的运动训练，可以激发胎儿运动的积极性，促进胎儿身心发育。我们可以通过对胎动的观察来了解胎儿的健康。现代医学已经证明，胎动的强弱和胎动的频率可以预示胎儿在母体内的健康状况。

羊水环绕着胎儿，对外来的作用力具有缓冲的作用，可以保护胎儿。所以准妈妈对胎儿进行运动训练时并不会直接碰到胎儿，这一点准妈妈可以放心。

同时，对胎儿的运动训练应当注意：在妊娠12周内及临产期均不宜训练，先兆流产或先兆早产的准妈妈也不宜进行训练。手法要轻柔，循序渐进，不可操之过急，每次不宜超过10分钟，否则将适得其反。

145 准妈妈怎么做踝关节运动

姿势： 准妈妈坐在椅子上，一条腿放在另一条腿上面，下面一条腿的脚踏平地面，上面的腿缓缓活动踝关节数次，然后将足背向下伸直，使膝关节、踝关节和足背连成一条直线。两条腿交替练习上述动作。

功效： 通过活动踝关节，促进血液循环，并增强脚部肌肉。

146 准妈妈怎么做足尖运动

姿势： 准妈妈坐在椅子上，两脚踏平地面，脚尖尽力上翘，翘起后再放下，反复多次，注意脚尖上翘时，脚掌不要离地。

功效： 通过脚尖运动，促进血液循环，并增强脚部肌肉。

147 准妈妈怎么舒展背部

姿势： 准妈妈盘腿而坐，让两手手指在胸前交叉，再一起向上推过头顶，将背部伸直，借用两臂的力量尽力向上推。上推的同时吸气，随着两臂的放下再缓缓地吐气。

功效：此运动可以强化筋骨，解除双肩紧张状态。

148 准妈妈怎么做颈部运动

姿势：准妈妈脖子向右边缓缓转动，侧视右方，然后变为向左转动并侧视左方。向上仰视，再转而向下。

功效：通过从左到右，再从右到左的旋转，可以缓解颈部的僵硬状态，达到松弛肌肉的效果。

149 准妈妈怎么拉伸腿部肌肉

姿势：一条腿向前迈出，把前腿伸直，让脚后跟接触到地面。后腿弯曲的同时尽量使上半身的头部和腰部保持一条直线。保持 15 ~ 30 秒，注意呼吸均匀。用手轻轻按住前腿的膝盖，这样就不会发生弯曲。

功效：增加腿部后半边肌肉韧带的柔韧程度。

150 孕期少动会诱发流产吗

对于白领孕妇的流产或新生儿出生缺陷，人们往往认为是电脑的罪过。实际上，写字楼中的不良环境和久坐不动的工作方式对女性的伤害，远远超过电脑本身的危害。

白领型的准妈妈长时间坐着工作，缺少运动，血液循环受到影响，骨盆受压迫使子宫血液循环不畅，让母体受到伤害而影响宝宝健康。所以，白领准妈

妈在工作期间让自己的身体"动起来"尤为重要。

151 准妈妈怎么进行爱抚运动

爱抚是准妈妈向胎儿传递爱的一种方式。准妈妈经常抚摸腹部，与胎儿交流，也是一种胎教，能促进胎儿全身发育更加完善，为胎宝宝将来获得较高的智商和健壮的体魄打下基础。

作用：在胎宝宝发脾气、胎动激烈及各种胎教方法之前都可应用此方法。每次 2 ~ 5 分钟。此运动在妊娠 3 个月时就可以进行。

姿势：准妈妈仰卧在床上，头不要垫得太高，全身放松，呼吸均匀，心平气和，面带微笑，将双手轻放在腹部。也可将上半身垫高，采取半仰姿势。无论采取哪种姿势，都以舒适为第一准则。

方法：双手从上至下，从左至右，一边轻柔缓慢地抚摸胎儿，仿佛双手在爱抚着可爱的小宝宝，一边说一些类似"小宝宝真舒畅""小宝宝快快长，长成一个聪明可爱的小宝贝"的言语。

152 准妈妈怎么做"体操"运动

准妈妈还可以做适当的体操，保持适当的锻炼，不仅有利于准妈妈的身体健康，也能促进胎儿身心发育良好。

作用：锻炼四肢和腰部，清晨和晚上都可以进行。

姿势及方法：

第一套：准妈妈自然坐在床上，两腿

前伸成 V 字形，双手放在膝盖上，上身右转，保持两腿伸直，脚趾向上，腰部挺直，目视右脚，慢慢数 10 个数。然后再转至左边，同样数 10 个数，恢复原来的正面姿势。

第二套：准妈妈仰卧在床上，膝部放松，双足平放床面，两手放在身旁。将右膝抱起，使之向胸部靠拢，然后换左膝。

第三套：准妈妈仰卧在床上，双膝屈起，手臂放在身旁，肩不离床，滚向左侧，用左臂着床，头向右看，恢复原来姿势。然后以同样的方式向右侧滚。

第四套：准妈妈跪在床上，双手双膝平均承担体重。保持背部挺直，头与脊柱成一直线。慢慢将右膝抬起靠近胸部，抬头，并伸直右腿。然后改用左腿做这一动作。

153 准妈妈怎么帮助胎儿做运动

准妈妈在通过一段时间的抚摸、按压胎教之后，胎宝宝能逐渐适应准妈妈的手法，并且会跟随准妈妈手法的变化，进行轻柔的蠕动。此时，准妈妈可以引导胎儿做运动训练。

姿势：准妈妈平卧在床上，休息片刻，做一些放松动作，如闭上眼睛，让全身的肌肉放松，用鼻子进行有意识的呼吸，吸气默念"一"，呼气时自然放松，保持一定的节律。这样持续 3 ~ 5 分钟，同时想象美好的事物，想象胎儿的美好形象。

方法：

第一套：准妈妈捧着腹部，从上到下，从左到右抚摸 3 分钟。

第二套：准妈妈用手指在腹正中反复按呼吸的节奏轻敲腹部一下，歇一下，连续做 2 分钟。

第三套：准妈妈轻推腹部，用手在腹部左侧轻推 5 次，使胎儿借助外界的力量在母腹内上、下、左、右运动。

第四套：准妈妈轻拍腹部，用手在同一个地方轻轻拍腹壁 3 ~ 5 次，再换一个地方轻拍，连续做 3 分钟。

第五套：准妈妈缓缓地转动身体做左侧卧位 5 分钟，然后复原。

154 准妈妈胎教运动时需注意什么细节

运动是一种很有效的胎教方法，但是不合理的运动就是胎教中的大忌了。与胎儿做运动联络时，要轻轻抚摸胎儿，每天 2 ~ 4 次为宜。有时胎儿也会不遵母命，此时就要耐心等待，不要急于求成。做运动胎教时，动作不宜过猛。

155 健身单车适合准妈妈练习吗

单车，特别是对膝盖、腰背部都有很好保护的卧式健身单车，很适合准妈妈练习。卧式健身单车后有靠背、前有扶手，腿部不是向下蹬，而是与上身成 90° 水平蹬车，从而有效地支撑住了准妈妈的体重，把骑单车时对下腹部的压迫减到最小。但是，动感单车并不适合准妈妈，这一点需要注意。

音乐艺术胎教
Yin Yue Yi Shu Tai Jiao

156 什么是音乐胎教

所谓音乐胎教，就是通过对胎儿不断地施以适当的乐声刺激，促使其神经元轴突、树突及突触的发育，为优化后天的智力及发展音乐天赋奠定基础。

胎教音乐分为孕妇音乐和胎儿音乐两类：

孕妇音乐以宁静为原则。孕妇通过欣赏音乐来调节情绪，使心情宁静、舒适，使胎儿很快安静下来。同时，声波还可直接通过母亲腹壁传导给胎儿的听觉系统，促进胎儿的智力发育。孕妇应选择那些委婉柔美、轻松活泼、充满诗情画意的乐曲。

胎儿音乐应轻松活泼，这样有助于激发胎儿对声波产生良好反应。将耳机放在孕妇腹部，音乐通过孕妇腹壁直接传导给宫内胎儿的听觉器官，刺激胎儿脑组织，

促进脑功能的发育。

157 音乐胎教需要注意哪些细节

并非优美的音乐就适合胎教。如理查德·克莱德曼的一些钢琴曲虽然好听，但不适宜作为胎教音乐。因为，作为胎教音乐，要求在频率、节奏、力度和频响范围等方面，应尽可能与宫内胎音合拍。

胎教音乐忌用高频声音。为了避免高频声音对胎儿的伤害，胎教音乐中 2000 赫兹以上的高频声音应低到听不到的程度，这样对胎儿才比较安全。

播放音乐时不要使用传声器，并尽量地降低噪音。

胎教还需与婴儿教育相连接。正如专家强调的那样："始自胎儿的胎教并不能以分娩而结束，还必须与婴儿的早期教育相连贯，这样才不会使胎教前功尽弃。"

有的胎儿经过音乐胎教后，虽然聪明活泼，但精力过盛，总是不爱睡觉。原来是准妈妈每日抽空就将胎教器置于腹部，有时准妈妈因疲劳很快入睡了，胎教器仍不断刺激胎儿，干扰胎儿的生物钟，这种多多益善、操之过急的做法不可取。

158 准妈妈适合听的音乐需满足哪些条件

(1) 节奏不能太快，音量不宜太大。

(2) 音域不宜过高。

(3) 不要有突然的巨响。

(4) 不宜过长。

(5) 应具有明朗的情绪、和谐的和声。

159 古典音乐对胎教有何好处

研究证明：人类大脑中许多与学习相关的联系，都可以在胎儿及婴幼儿时期用古典音乐去激发。

首先，古典音乐的复杂性及其模式有利于培养胎儿及婴幼儿的认知能力，有助于帮助他们随着年龄的增长学习有关数学、科学和语言方面的知识。

其次，在钢琴和交响乐中成长的胎儿及婴幼儿，有强烈的时间感和空间感，这有助于开发宝宝在智力游戏、解决难题甚至进行科学实验中的潜力，也能锻炼婴幼儿的语言能力，因为音乐的节奏、音调和反复性能增强宝宝的表达能力。

最后，事实表明，接受古典音乐熏陶的婴幼儿学东西更快。

160 准妈妈"五音不全"怎么办

在进行音乐胎教时，不少准妈妈有这样的担心，自己尚且"五音不全"，没有"音乐细胞"，可怎么给胎宝宝唱歌呢？其实，准妈妈不必有这样的担忧，不要把给胎宝宝唱歌等同于登台演出。给胎宝宝唱歌，最重要的是准妈妈对胎宝宝的浓浓的母爱、对胎宝宝的一片深情，并不需要太多的天赋和技巧。准妈妈带着深情哼出的每一个音符，在胎宝宝听来都是十分悦耳的。

因此，准妈妈在闲暇时，可以经常哼唱一些自己喜爱的歌曲，通过歌声把自己愉快的心情传递给胎宝宝，使胎宝宝分享妈妈的喜悦。值得注意的是，准妈妈在唱歌时，尽量使声音往上颚集中，把字咬清楚，并要唱得"绵甜柔爽"，这样胎宝宝会更喜欢。

161 准妈妈怎样根据性格选择胎教音乐

音乐胎教，如同中医治病讲究"辨证论治"，每个人都有各自的性格特点。因此，在选择胎教音乐时，要因人而异，应根据准妈妈的性格特点，选择曲调、节奏、旋律、响度不同的乐曲，绝不可用恒定的胎教乐曲，让所有准妈妈去聆听。

情绪不稳、性情急躁、胎动频繁的准妈妈，适合选择二胡曲《二泉映月》、古筝曲《渔舟唱晚》、民族管弦乐曲《春江花月夜》、琴曲《平沙落雁》等。这些乐曲缓慢柔和，轻盈安详，充满诗情画意，能够使准妈妈及胎儿逐渐趋于安定状态，有益于胎儿的身心健康。

性格阴郁迟缓、胎动较弱的准妈妈，适合选择《春天来了》、《江南好》、《步步高》，及奥地利作曲家约翰·施特劳斯的《春之声圆舞曲》等。这些乐曲轻松活泼，优美酣畅，起伏跳跃，节奏感强，既可以为准妈妈振奋精神，解除忧虑，也能为胎儿增添生命的活力。

162 孕期各阶段选用何种胎教音乐好

孕期不同，准妈妈生理与心理需要不同，性格特点也往往不同。一般来说，孕期头3个月妊娠反应比较明显，准妈妈常常忧郁、疲劳；孕中期，准妈妈情绪乐观，食欲旺盛，精力充沛；孕晚期，准妈妈身体笨重，常常会想到分娩以及产后的问题，思想压力较大，焦虑现象也多。

鉴于怀孕不同时期的不同需求，准妈妈要灵活选择胎教音乐，大大提高胎教效果。

孕早期（孕1月~孕3月）： 此时适宜听轻松愉快、诙谐有趣、优美动听的音乐，力求在音乐中消除孕妇的忧郁和疲乏。

《春江花月夜》、《假日的海滩》、《锦上添花》等轻松优美的曲子适合孕早期准妈妈聆听。特别是《春江花月夜》，全曲就像一幅色彩柔和、清丽淡雅的山水画，和谐、优美、明朗、愉快，听者仿佛看到了夕阳西下，泛舟江上，游船箫鼓齐鸣的动人情景。

孕中期（孕4月~孕6月）： 这时，孕妇开始感觉到胎动，胎儿也有了听觉功能，从这段时间开始，胎教音乐可以选择更多样化的音乐。

除了继续听早孕期听的音乐之外，还可再增添一些阳光、温暖的乐曲。比如柴可夫斯基的《B小调第一钢琴协奏曲》，曲调中充满了青春与温暖的气息，表达了对光明的向往和对生活的热爱，值得准妈妈反复听。

孕晚期（孕7月以后）： 胎儿发育逐渐成熟，体重已达3~4千克，孕妇很快就要分娩，心理上难免有些紧张。这时应选择一些柔和而充满希望的乐曲。如舒曼的钢琴套曲《童年情景》中的13首曲子，

尤其以当中最脍炙人口的《梦幻曲》为宜；奥地利作曲家海顿的乐曲《水上音乐》也非常合适。这些音乐能够让准妈妈平复舒缓紧张的情绪，以轻松而自信的心态迎接即将到来的分娩。

性格胎教 Xing Ge Tai Jiao

163 为何说行为是无声的胎教

准妈妈的行为也是一种胎教，只不过它是一种无声的胎教。准妈妈的行为通过信息传递可以影响到胎儿。

古人认为，胎儿在母体内就应该接受母亲言行的感化，因此要求妇女在怀胎时应该清心养性，恪守礼仪，循规蹈矩，品行端正，给胎儿以良好的影响。

周文王的母亲怀孕时特别注意胎教，目不视恶色、耳不听淫声、口不出傲言、坐立端正。

明代一位医生也认为："妊娠以后，则需行坐端正，性情和悦，常处静室，多听美言，令人诵读诗书，陈说礼乐，耳不闻非言，目不视恶事。如此则生子福寿敦厚、忠孝贤明，否则生子鄙贱不寿、愚顽透顶。"

美国南加利福尼亚大学心理学家梅边尼克用30余年的时间，专门从事犯罪和家庭成员关系的研究。在他对1447名丹麦男性的研究中发现，如果父母是清白公民，子女成为经济罪犯的比率为13.5%；而如果父母是经济罪犯，其宝宝成为经济

罪犯的可能性高达 20% ~ 24.5%。

华盛顿大学医院的精神病科医生罗伯・克洛宁格也从事过这方面的研究。在大量调查后，克洛宁格提出一份报告，认为如果父母是罪犯，男孩出生后即使给别人养育，长大后比起亲生父母并非罪犯的人来说，犯罪的可能性要高 4 倍左右。他还发现，如果父母其中一位是经济罪犯，那么他们的儿子很可能也成为经济罪犯；不过，女儿却并不是这样。然而，令人困惑的是，女儿往往患有头痛之类的毛病。

从以上事例说明：父母尤其是准妈妈行为的好坏会影响胎儿甚至胎儿未来一生的行为。

164 胎教可塑造胎儿性格吗

人与人性格存在个体差异，早在胎儿时期就已表露出来，有的安详文静，有的活泼好动，有的淘气调皮。这既和先天神经类型有关，也与怀孕时胎儿所处的内外环境有关。

先天和后天两种因素影响人的性格形成。就先天而言，与父母性格的遗传基因有关，也与出生前胎儿在子宫内所受到的影响有关；后天因素则是在其出生后的社会实践过程中逐步形成的。

例如，准妈妈劳累的生活，过度紧张的情绪，过重的腹部压力及外界强烈、持久的噪声，都会引起胎儿躁动不安。这种强烈的反应是对父母敲的警钟，它不但会引起流产、早产，而且能对出生后的宝宝的性格行为带来不良影响。

可以说，胎教对胎儿性格有关键性作用。如果准妈妈生活在和谐、温暖、充满慈爱的家庭，胎儿幼小的心灵将受到同化，潜意识里等着自己那个美好的世界，逐步形成热爱生活、相信自己、活泼外向等性格。相反，如果准妈妈生活在充满了吵架、打骂甚至充满敌意的怨恨、离婚等不和谐、不美满的家庭氛围中，或者准爸爸准妈妈不欢迎小宝宝的到来，从心理上排斥、厌恶小宝宝，胎儿也会体验到周围的冷漠、仇视，形成孤寂、自卑、多疑、怯弱、内向等性格。

胎儿在子宫内的心理体验为以后的性格形成打下基础。准妈妈的子宫是胎儿所接触的第一个环境，胎儿在这个环境里的感受将直接影响到胎儿性格的形成和发展。

165 为何说准妈妈行为会影响胎儿性格

胎儿接受准妈妈的影响是自然而然的，特别在胎儿 6 个月以后，能把感觉转换为情绪。因此，在怀孕过程中，准妈妈要时刻注意当好胎儿的老师，塑造胎儿良好的性格。

研究表明，准妈妈的精神状态、情感、行为、意识可以引起体内激素分泌异常，影响到胎儿的性格形成。如果准妈妈能积极对待孕期反应带来的烦恼，坚强地克服怀孕后期和分娩中的痛苦，这种坚强的意志会影响到胎儿，为胎儿出生后能有自尊自强、勇于与困难作斗争的好性格打下基础。反之，如果孕妇心情忧郁，缺乏活力，胎宝宝出生后就爱长时间啼哭，长大后感情脆弱，比较抑郁。

166 准爸爸怎样进行有益"精神刺激"

有意识地对准妈妈进行"精神刺激"，由准爸爸来做，实际上就是准爸爸逗着准妈妈玩，时常制造一些小惊喜，使准妈妈有片刻的情绪波动，并且让准妈妈的这种情绪波动影响胎儿，使胎儿得到锻炼。

例一：不少准妈妈在怀孕早期会出现恶心、呕吐、厌食的情况，这时，如果准爸爸把一份亲自做的酸甜可口、色香味俱全的美餐放在准妈妈面前，说："亲爱的，看我特地为你和小宝宝做了一份好吃的。"当准妈妈看到准爸爸亲自做了她平时最爱吃的美餐，她一定会很感动，并为准爸爸对她和胎儿的关爱感到无比欣慰，食欲大增。

例二：到了孕中期，准妈妈能明显感觉到胎动，胎儿有时文静，有时乱踢乱

动。这时，准妈妈往往会产生各种猜测，想得最多的便是胎儿的性别，怕生了女孩准爸爸不高兴，家人不喜欢。此时，准爸爸可以和准妈妈猜猜小宝宝是男还是女，准爸爸可以先装出喜欢男孩、讨厌女孩的表情，刺激准妈妈，然后再解释，无论生男生女都非常高兴。

例三：准爸爸可以在准妈妈怀孕后期，为准妈妈买一件纪念品，或趁准妈妈不备时给将要出生的小宝宝买漂亮的衣物，悄悄放在床头，给准妈妈一个意外的惊喜。

这些有益的刺激，能为胎儿日后养成坚强、自信的性格奠定基础。

167 秘鲁海豚胎教有何益处

秘鲁的准妈妈们兴起了胎教新潮流——海豚胎教。科学家发现，在子宫中发育的胎儿，能对海豚的声音产生某种反应，海豚的叫声对于刺激胎儿脑部活动有益，并且能在某种程度上提高胎儿的器官感知能力。因此，不少准妈妈喜欢挺着大肚子与海豚进行亲密接触，相关人员也训练海豚亲近孕妇，并对着准妈妈的腹部发出声音。

168 实施性格胎教需注意哪些细节

"江山易改，禀性难移"，一旦不良性格形成，要想改变是很困难的，因此，为了宝宝一生的幸福，准爸爸准妈妈要抓住这一关键时期，争取在娘胎里就为胎儿提供一个良好性格形成的环境氛围，努力为腹内的小生命创造一个充满温暖、慈爱、

宽松、积极的生活环境，努力避免各种不良的刺激，使胎儿拥有一个健康美好的精神世界，使其良好性格的形成有一个理想的开端。

第一，为了能使准妈妈有一个意外的惊喜，准爸爸要在准妈妈毫无心理准备的时候进行；

第二，准爸爸要选择准妈妈心情最好的时候，如果准妈妈心情不好，有一些烦恼，对胎儿不利；

第三，准爸爸对妻子精神上的刺激不能过强，只能是小小的、短暂的、心情愉悦的。

准爸爸可以与准妈妈讨论为宝宝取名的问题，各自陈述理由，在反复的思考中既体现出准爸爸对胎儿的亲情，又能促进准妈妈思想不断地活动，使胎儿的神经系统得到锻炼。

169 准妈妈心情会影响宝宝性格吗

许多研究表明，胎宝宝的性格形成受准妈妈情绪的影响。因为准妈妈的精神状态、情感、行为、意识可以影响体内激素分泌，从而影响胎宝宝的性格形成。比如，准妈妈心情忧郁，没有活力，宝宝出生后会性格忧郁、感情脆弱。如果准妈妈性格开朗，坚强、乐观地面对孕期和分娩中的一切情况，那么胎宝宝也会感受到妈妈的积极和坚强，长大后更容易养成自尊自强、勇敢乐观的好性格。

随着胎宝宝一天天地长大，胎宝宝和准妈妈的心灵感应也会日渐明显，如果

准妈妈的心情好，胎宝宝自然也会安静愉快；如果准妈妈的心情乱糟糟，那么胎宝宝也会躁动不安、缺乏耐性。可以说，妊娠期准妈妈心情的好坏直接关系着胎宝宝性格的好坏。所以为了腹中的胎宝宝着想，准妈妈应该时刻注意调节自己的情绪，遇到不顺心的事，就要及时调整自己的心态，排除不良情绪，尽快恢复平静。

170 家庭环境会影响宝宝性格吗

家庭环境也是影响宝宝性格的一个重要因素。如果准妈妈在妊娠期内，家庭纷争不断，那么准妈妈腹内的胎宝宝也会自然地吸收这些不良的信息，影响情绪和性格。当然，夫妻之间的磕磕碰碰是在所难免的，这时准妈妈和准爸爸要控制自己的情绪，相互谅解，尽量避免发生冲突，尤其是正面冲突。妊娠期内，准妈妈由于体内激素的变化，性情也会发生一些变化，情绪非常不稳定。准爸爸应当体谅准妈妈的辛苦，以耐心和爱心来关怀呵护自己的妻子，安抚妻子的情绪。

171 不良习惯会影响宝宝性格吗

准父母的不良习惯，同样会影响到胎宝宝的性格，使胎宝宝的性格发生偏差。比如吸烟、喝酒、大量食用垃圾食品、听刺耳激烈的音乐等，都会使宝宝出生后的性格受到极大影响，形成烦躁易怒、思维偏激、内向自闭、难以驾驭的性格。所以，准父母应该在怀孕期间戒除不良习惯，给宝宝一个健康健全的性格。

172 怎样判断宝宝血型

要对宝宝进行血型胎教，当然就要清楚宝宝的血型了。宝宝的血型由基因决定，所以了解父母的血型是前提条件。

在ABO血型系统中，产生A或者B凝集原的基因决定了一个人的血型：具有或者只具有产生A凝集原的基因，为A型血，反之为B型血；同时具有两种凝集原基因的人为AB型血，两种基因都没有则为O型血。O型血的人不产生任何凝集原，但产生抗A、抗B的凝集素。人是二倍体生物，每个人都有2个决定血型的基因。血型是显性遗传，也就是说：2个基因中如果只有1个是B，即BO，血型即为B型；当然BB也会表现出B型。

宝宝会从父母那里各获得一个基因，组成自己的基因型，基因型决定了血型。所以关于父母与宝宝的血型关系是这样的：

A型血的人的基因型可能为：AO（可给宝宝提供A或者O）或者AA（只能提供A）。

B型血的人的基因型可能为：BO（可给宝宝提供B或者O）或者BB（给宝宝提供B）。

AB型血的人的基因型为：AB（可能给宝宝提供A或者B）。

O型血的人的基因型为：OO（只能给宝宝提供O）。

173 准妈妈怎样根据血型改变宝宝性格

准妈妈可以按照血型进行营养摄取以及性格改造。

下面是胎宝宝可能拥有的血型，以及其所对应的性格、气质。

A型血：做事谨慎，对人热情，心肠很软，但是特别不擅长展露自己的心意。时日久了，内心就会堆积很多压力。假如你怀的可能是A型血宝宝，那么你一定要保持更好的心情，以更加积极开放的心态来面对一切。

O型血：包容心强，善于模仿，但是有强烈的神经质。这种血型的人对每件事情都很细心，是一个多血质的性格。如果你可能怀了O型血宝宝，孕期心态尤其要平和，保持安宁的心境对宝宝日后性格的养成大有好处。

B型血：感觉型，富有创造性思维，很幽默，但是冲动，有时不太合群，自私并且善变。如果你怀了B型血的宝宝，更要多与人交往。

AB型：如果遗传到A型和B型的优良遗传因子，那生出来的宝宝会是一个多才多艺的宝宝，但是如果遗传不到好因子你的宝宝有可能是 AB 型血，你应当多多发扬自身优秀的一面，情绪稳定，对人和善，冷静沉着，为肚子里的小宝宝做个好榜样。

174 好胎教需遵循哪些法则

法则一：爱。对胎宝宝进行胎教的最好方法莫过于所有家庭成员对胎宝宝的爱了。如果全家人欢迎宝宝的到来，他自然也能感受到。

法则二：信念和希望。对宝宝的信念和希望不仅有利于顺产及产后护理，还对新生儿养成意志坚定、自信乐观的性格大有好处。

法则二：孕期日记。日记显示了妈妈对宝宝的爱与关心，对长大后的宝宝也是一份难得的礼物。

法则三：平和的心态。不去想、不去看、不去做不好的事情。不说谎话，不计较琐碎的事情，努力用愉快而宽松的心情度过妊娠期。

法则四：避免刺激性食品。多吃有益于身体健康的食品，没有一个健康的身体，胎教是没有意义的。

联想胎教
Lian Xiang Tai Jiao

175 怎样利用彩色卡片进行胎教

彩色卡片就是用彩笔在白纸上写上文字和数字的卡片。

(1) 准妈妈在教胎儿学习语言文字时要循序渐进，首先以汉语拼音 a、o、e 开始，每天教 4 ~ 5 个，如果准爸爸准妈妈想从小培养胎儿的外语天赋，也可教胎儿 26 个英语字母，先教大写、小写，然后是简单的单词。在教胎儿学习时，准妈妈要投入真挚的感情，充满耐心，切忌急躁、敷衍了事。

(2) 准妈妈在教胎儿数字时，一天不要超过 5 个，不仅要集中注意力凝视数字的形状及颜色，让其在头脑中留下鲜明的印象，还要联想身旁的各种具体事物。

比如"1"这个数字，即使视觉化了，对于胎儿来说，也是一个极为枯燥的形象。但如果以"竖起来的铅笔""一根电线杆""食指""英文字母 I"的形状做联想游戏，或者用身旁的具体的"物"来表示"1"的意思，如 1 个苹果、1 只猫、1 个盘子，学习起来就会更加有兴趣。

同样道理，准妈妈在教"2"这个数字时，也要尽可能从身旁的材料中找出适当的例子，如"浮在水面上的天鹅的情影"和"发条的一端加上一根横棍儿"的样子。当然不要忘记清楚地发好"1""2"的读音。

准妈妈可以举一反三，在教"8"这个数字的时候，告诉胎儿"8"的形状看上去像两个圆粘在一起，上面的圆比下面的圆要稍微小一点，然后用手指临摹几次。再从 1 数到 8，一边扳着手指数数。

按照这种方法，每天教 5 个，也可以只教 2 ~ 3 个，教到 50 以后，再回到 0，这回把乘除运算写在图画纸上，到了 50 以后，不同颜色的"算式设计图"就能装满一个纸箱。

176 怎样将实物与卡片对照运用进行胎教

将实物与卡片对照运用，是通过深刻的视觉印象将卡片上描绘的数字、图形的形状和颜色，以及准妈妈的声音一起传递给胎儿，以立体形象传递会更有效果。

(1)教图形时，先用彩笔在卡片上描绘出圆形、方形、三角形，将其视觉化后传递给胎儿，并找出身边的实物来进行讲解。

例如教 1+1=2 的时候，可以说："这里有 1 个苹果，又拿来了 1 个苹果，现在一共有 2 个苹果了。"在胎教时，要尽量运用三维概念，即具体的、有立体感的形象。

在教加减法时，准妈妈要准备彩色的万能墨水笔和图画纸。例如，用很大的字来进行含有 8 的加减法运算，像 8-1=7，8-2=6，8-3=5，4+4=8，5+3=8，6+2=8 等。进行各个数字的组合，而且每个数字都用不同颜色，一张图画纸只写一个算式。

(2)如同人们在记住文字之前就会讲话一样，在记忆方面，第一步是"囫囵吞枣"。因此，准妈妈不要拘泥于"记住数字以后，再教算术"的常规，而要把注意力集中在眼前的苹果和算式上，要和胎儿一起思考，代替胎儿回答并传递给胎儿。

(3)用于算式的实物可以是一些好玩的东西，像台球、折的纸人，也可以选一些准妈妈喜欢吃的东西，像小饼干、梅子、糯米团子等。

177 怎样用想象塑造理想宝宝

准父母可以用想象来塑造理想中的宝宝，无论是性格还是模样。这也是胎教的重要内容。

通过意念构成胎教的重要内容，转化渗透于胎儿的身心感受中，从而影响着胎儿的成长发育。

对准妈妈来说，这也是有利的。正因为心中存着美好的愿望，所以能够体现在言行举止中。正因为有了对宝宝将来的期望，才能在孕期非美不视、非美不做。

因此，准父母可以强化"我的宝宝应该是这样的"愿望，用自己的意象来塑造理想的宝宝。

178 用想象塑造理想宝宝有何要求

在用想象塑造宝宝的时候，应当具体化、形象化，不要笼统地想，"我的宝宝一定要漂亮"。可以看一些喜欢的儿童画和照片，并仔细观察夫妻双方的相貌特点，择取各人长处进行综合，在头脑中给宝宝画一个明晰的画像，并反复强化。每一遍的强化都默默地告诉宝宝："你会长得这样哦。"时间一长，这些就会潜移默化地被胎儿接受，成为胎教。

有些科学家认为，如果准妈妈怀孕期经常设想宝宝的形象，那么胎儿出生后会在一定程度上与这种设想中的形象相同。这是因为母亲通过自己与胎儿在心理和生理上的相通，将这种信息传递给了胎儿。

另一个原因是，准妈妈在构想胎儿的形象时，情绪会非常好，从而促使体内具有美容作用的激素增多，这些激素利于胎儿面部器官的结构组合和皮肤发育，从而塑造出准妈妈理想中的宝宝。

所以，我们经常会看到一些相貌平平的父母却生出了非常漂亮的宝宝，这在一定程度上离不开怀孕时母亲对宝宝形象的经常强化。

179 什么是联想胎教

联想胎教是一种重要的胎教形式，它通过对美好事物的想象，使准妈妈处于一种美好的意境中，并通过与胎儿在生理与心理上的相通，把这种美好的情绪和体验传递给胎儿，使胎儿也感受到美。比如，准妈妈可以想象漂亮的娃娃，想象美丽的风景等等。

180 什么是显性遗传和隐性遗传

遗传一般是指亲代的性状在下代表现的现象，遗传学上，专门是指遗传物质从上代传给后代的现象，这是生物界的普遍现象。宝宝会长得像父母，就是因为父母的容貌、生理、性格、体质等遗传给了宝宝。遗传分为显性遗传和隐性遗传。

所谓显性遗传，是指一对基因中只需要带有一个显性基因，而不用成对，其决定的性状就会表现出来，比如头旋、双眼皮都属于显性遗传。

所谓隐性遗传，是指决定表现性状的基因要成对存在，否则单个基因所影响的

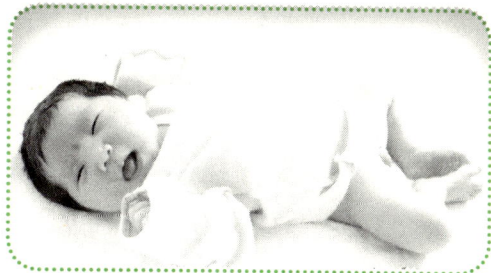

性状只会隐藏起来，比如小眼睛、直发都属于隐性遗传。

可见，一个人的相貌如何，是遗传与特定环境相互作用的结果。

181 准妈妈怎样"用脑呼吸"

所谓的脑呼吸是指利用气能量的有意识呼吸法，准妈妈可以利用它来进行联想胎教，使胎儿的发育更加完善。

在进行脑呼吸之前，先熟悉脑的各个部位的名称和位置，然后闭上眼睛，默默在心里按顺序感受大脑、小脑、间脑的位置。

最开始进行脑呼吸最好在安静的环境中进行。等到熟悉之后，可增加脑呼吸的次数。而吃饭前，身体比较轻快，这时候进行将更有效果。每次进行 5 ~ 10 分钟即可。

准妈妈可以用脑呼吸来和胎儿进行对话。进行的时候，准妈妈在脑海里想象胎儿的各个身体部位，用心来感觉胎儿的存在。

182 "女孩像爸爸，男孩像妈妈"有道理吗

妈妈的卵子和爸爸的精子通过遗传因子将基因传给了宝宝，宝宝的身高、皮肤

的黑白、直发或卷发、单眼皮或双眼皮等大都是从父母那儿遗传而来。

实际上，宝宝从妈妈和爸爸那里所获得的遗传因子的影响力是相同的，所谓"女孩像爸爸，男孩像妈妈"的说法是不太科学的。从眼睛、鼻子、嘴等面部特征到体形特征，宝宝会同时从父母那里继承到各种身体要素的遗传因子，因此很难说父母哪一方的特征更容易遗传给宝宝。

183 "娘矮矮一个，爹矮矮一窝"有道理吗

这句话是误传。身高属于多基因遗传，决定身高的因素35%来自爸爸，35%来自妈妈，其余30%则与营养和运动有关。所以，"娘矮矮一个，爹矮矮一窝"的说法同样不科学。妈妈个子高宝宝不一定就高，爸爸个子矮也不见得宝宝一定会矮。

184 胎儿胖瘦由谁决定

胎儿胖瘦与人的代谢率有一定关系。不同的人代谢率不同，没有绝对的说法，通常来看，代谢率较低的人容易长胖。如果父母属于那种容易长胖的类型，宝宝就容易偏胖。如果父母中有一人肥胖，宝宝发胖的机会是30%。如果父母双方都肥胖，宝宝发胖的机会是50%～60%。由此可见，孕前准爸爸准妈妈保持身材很重要。

185 联想胎教可以让准妈妈梦想成真吗

美国斯坦福大学的一项研究发现，如果孕妇经常对胎宝宝诉说梦想，与没有这

么做的孕妇相比，宝宝出生后更容易朝着母亲希望的方向发展，而且这种差异在宝宝一岁后就表现得比较明显了。

所以，准妈妈可以经常对胎宝宝说："我希望……"

比如，准妈妈可以在看美丽图画时，对胎宝宝说："希望你以后成为一个喜欢画画的好宝宝。"这样宝宝出生后，会对图画有着浓厚的兴趣。其长大成人后，成为优秀画家的几率也更大。

有位母亲知道自己怀孕后就常常对人说："我希望我的宝宝将来成为一名优秀的舞蹈家。"后来，她的宝宝出生后果然在舞蹈方面表现出了非凡的才能，最后成了一个小有名气的舞者。

186 想象胎教有何益处

如果准妈妈把不必要的怒火和猜疑换成有意义的想象，就是想象胎教。

想象是一种意念，这种力量会作用于自身，也会作用于他人。相关实验显示，当人们想象美丽的花朵、草原、瀑布时，就会产生"舒适"的感觉。积极的想象是激励我们的重要精神力量，也是个人存在与发展的重要精神支柱。所以，准妈妈在急躁或者不断猜疑时，不妨想象一些自己喜欢的情景。比如，对宝宝心生忧虑的时候，可以想象一下宝宝出生后聪明可爱的样子。

当然，准爸爸也要加以正确引导，让准妈妈放心与安心，多想一些对胎宝宝有益的事和物。

孕中期

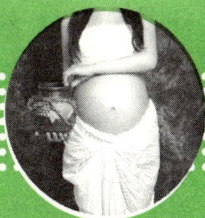

孕中期准妈妈胎宝宝基本情况

孕期	准妈妈身体变化	胎宝宝发育状况	胎宝宝发育状况
孕四月	☆准妈妈妊娠反应几乎消失不见，食欲大大增加，但容易出现贫血；阴道分泌的"白带"增多，子宫增大，腹部开始隆起，看上去已是明显的孕妇模样；基础体温下降，一直到生产时都保持低温状态；由于胎盘已经形成，所以流产的可能性明显降低。	☆头渐渐伸直，脸部已有了人的轮廓和外形，并且长出了一层薄薄的胎毛；头发也开始生长；面颊骨、鼻梁骨等开始形成，耳廓伸长；四肢的肌肉和骨骼继续发育；手脚能够稍微活动了；皮肤逐渐变厚而不再透明；脊柱、肝、肾都进一步得到发育；听觉器官基本完善，对声音刺激开始有反应；腹部与母体联结的脐带开始成形，可以进行营养与代谢废物的交换了。	☆此时胎儿骨骼和内脏迅速发育，为了使胎宝宝健康成长，孕妈妈需要摄取充分的蛋白质、钙、铁、维生素等营养素，保证均衡饮食，不要偏食。为防止妊娠期贫血，准妈妈还应特别保证铁的摄取。
孕五月	☆子宫日渐增大，在肚脐下方约1.8厘米的地方，就能够很容易摸到自己的子宫；双腿会出现水肿；皮肤上出现暗色斑块；可感觉到胎动，身心处于稳定状态。	☆胎宝宝的眉毛和眼睑已经完全发育成熟，虽然眼睑依然闭合着，但是眼球很活跃，可以移动。耳骨也完全形成，胳膊和腿已经与身体的其他部分成比例了；手指和脚趾都长出了指甲，并隆起；胎宝宝还会用嘴舔尝吸吮拇指；动作不仅活跃而且协调，他会交叉腿、后仰、踢腿、屈体、伸腰、滚动，也能够听到周围的声音，并以更加活跃的动作来回应。 ☆在脑部，分管触觉、味觉、嗅觉、视觉和听觉的神经细胞正在分化。如果是女孩，她的子宫和输卵管已经形成，并且已各就各位；如果是男孩，通过B超你可以看到他的生殖器了。	☆这段时间准妈妈需要补充维生素D和钙来帮助胎宝宝的骨骼生长。另外，胎宝宝大脑继续发育，需要足量的脂肪。如果平时饮食荤素搭配合理，营养一般不会有什么问题。但是，如果孕妈妈担心发胖或胎宝宝过大而特意限制饮食，则有可能造成营养不足，严重的甚至会患上贫血，影响到胎宝宝的生长发育。
孕六月	☆准妈妈的身体越来越臃肿，腰部明显增粗。子宫底已高达脐部，准妈妈坐下或站起时将感到有些吃力。 ☆容易疲劳，易出现便秘、浮肿以及生理性贫血等症状。 ☆乳房外形饱满，乳腺功能发达，挤压乳房时还会流出一些黄色的黏性很强的稀薄乳汁；能够清晰地感觉到胎动。	☆骨骼开始骨化，皮肤红红的、皱皱的，样子像个小老头。牙齿牙胚也开始发育了。大脑重量继续增加；会对母亲细微的情绪变化作出敏感的反应。	☆胎宝宝越来越大，骨骼开始骨化，乳牙牙胚开始发育，大脑重量继续增加，需要的营养越来越多，准妈妈要重点补铁，均衡摄入足够的蛋白质、钙和脂肪等营养素。

营养胎教
Ying Yang Tai Jiao

187 准妈妈为何要常饮水

准妈妈应避免与有任何潜在危害的物质接触。为了排毒，准妈妈应常饮水。不要等到口渴才喝水，尽量每隔2小时就喝1杯，这样体内的有毒物质能够及时从尿液中排出。

188 孕妈妈饮食为何要少脂多蔬果

脂肪是准妈妈孕期不可缺少的养分之一，也是胎宝宝正常发育所需的养分之一。准妈妈每天应从植物油、动物油、鱼肉等食物中摄取脂肪酸11～12克，这样才能保证胎宝宝的正常发育。但这并不是说孕期脂肪补充越多越好。研究发现，孕期过多摄入脂肪，有可能使女婴成年后罹患生殖系统癌症的危险增大2～5倍。

多吃蔬果则可降低婴儿成年后患癌的风险。科学家将160名脑癌患者的母亲与同等数量的健康者的母亲的孕期食谱进行对照分析发现，健康儿童的母亲孕期摄入大量的鱼、谷物、绿色蔬菜、土豆。这表明，准妈妈不吃蔬菜，其后代患癌的危险增大4倍，如果增食果蔬，患癌的危险会减少50%。

为什么母亲孕期少脂多蔬果能够降低宝宝将来患癌症的风险呢？原因在于蔬果中含大量的维生素，而维生素A、维生素C、维生素E、叶酸等可以阻止亚硝酸胺的生成，从而降低了患癌的危险。

189 孕中期营养应遵循什么原则

营养原则一：荤素兼备、粗细搭配，食物品种多样化。

营养原则二：不挑食、不偏食，避免矿物质及微量元素的缺乏。

营养原则三：少吃油炸、油腻的食物和甜食（包括水果），避免自身体重增加过快。

营养原则四：适当补铁及维生素C。可以通过进食含铁丰富的食物来补铁，如动物肝、血和牛肉等，预防缺铁性贫血。补充维生素C能够增加铁的吸收。

营养原则五：适当补钙。可以通过多食用含钙较多的食物来补钙，如奶类、豆制品、虾皮和海带等。

190 婴儿为什么不喜欢苦味

婴儿为什么不喜欢苦的食物？科学家表示，这可以追溯到人类漫长的进化过程。因为植物毒素里面所含的生物碱通常是造成苦味的源头，这些毒素是植物为了防止自己被吃掉而分泌出来的。人类在进化的过程中渐渐对这种苦涩的味道产生了本能的抗拒，因此刚生下来的婴儿也会拒绝苦味。

那么，如何让婴儿接受苦的蔬菜呢？美国一位科学家这样说："婴儿天生就不喜欢苦味。如果母亲希望她们的宝宝喜欢吃蔬菜，特别是绿色蔬菜，她们就得让宝宝适应这些蔬菜的口味。"

看来想让宝宝尝一尝苦瓜等蔬菜，准

妈妈们必须在孕期多吃苦瓜。

191 为何说准妈妈营养过犹不及

各种营养素并不是越多越好，有的营养素过犹不及。

1.维生素A和维生素D

过度补充维生素会对胎宝宝造成很大的损害。如果准妈妈每天服用超过1万单位的维生素A，则有1/4机会造成胎宝宝先天性心脏病以及眼睛、腭裂、耳朵的畸形，还有1/4机会造成胎宝宝智障。

如果准妈妈每天补充维生素D超过15毫克，则准妈妈的软组织容易发生钙化。

2.锌

如果准妈妈每日补充锌超过45毫克，则容易造成早产。

3.水果

有些水果，如西瓜、葡萄等，糖分含量很高，摄入过多，可能引发妊娠糖尿病。

4.过度饮食

在怀孕的280天里，吃得太多太好，又不运动，就会使体重大大超标。准妈妈超重不仅容易在孕期出现并发症，还不利于胎宝宝的成长；在分娩时，还增加了难产的概率。

192 孕期水肿为何不能限制饮水

有人认为当准妈妈出现浮肿时，应该控制饮水量。这种做法是不对的，要控制浮肿主要是控制摄入的盐分，如果饮水不足，会使血液循环不畅，营养就难以传给胎宝宝了。所以这时候准妈妈千万不要控制饮水。当然，准妈妈补水也要适当，每天8杯水，大约1200毫升就比较合适。

193 胎宝宝有没有饥饿感呢

通常人们总以为胎宝宝在母体内是最安全的，也不会饥饿。是的，如果母亲一天都不吃东西，胎宝宝是不至于变瘦。但是胎宝宝会夺取母体所积蓄的营养，会对母体造成影响。而且，当母亲呈空腹状态、感觉饥饿时，饥饿感也会传达给胎宝宝；同样母亲吃饱后也会把饱足感传递给胎宝宝。那么，胎宝宝是如何了解这种感觉的呢？

这是因为胎宝宝是用脑中负责吸收营养的部分来感觉饥饿感或饱足感的。当母亲空腹感觉饥饿时，母体血液中的葡萄糖水平会慢慢降低。血液经过胎盘传给胎宝宝后，会使胎宝宝的脑部也感受到血液中葡萄糖水平的降低从而感觉到饥饿。有趣的是，如果胎宝宝感觉饥饿时，也会像出生后感觉饥饿一样，津津有味地吸吮手指。有关实验证实，如果给空腹状态的母亲注射葡萄糖，子宫中的胎宝宝会马上停止吸吮手指的动作。

194 准妈妈怎样选择奶制品

准妈妈最好是喝鲜牛奶，因为鲜奶营养成分破坏很少，所以营养价值也比较高。但它的缺点是容易被污染而变质。

还有一部分准妈妈，由于自身缺少乳糖酶或乳糖酶活性偏低，奶中的乳糖不能在肠道中分解，而发酵产生大量的二氧化碳，导致腹胀、腹泻。这时，她们可以选择喝酸奶。

195 准妈妈吃青萝卜有何好处

青萝卜中含有大量的维生素C，其维生素C的含量比苹果高6倍。但是，萝卜不宜与水果同食，否则会加强硫氰酸抑制甲状腺的作用。准妈妈常吃萝卜可以防病健身。

食谱：鲫鱼萝卜丝炖奶汤

原料：鲫鱼1000克，青萝卜200克，肥膘肉150克，盐5克，料酒10克，味精5克，大葱5克，姜5克，香菜5克，醋5克。

方法：①将活鲫鱼去鳞、鳃、内脏，清水洗净，两面剞成斜刀口备用；②猪肥膘肉切成片，葱、姜切丝，香菜切段；③青萝卜切细丝后用沸水焯一下捞出，投凉；④烧热锅后放入植物油，用葱丝、姜丝炝锅，添入奶汤（400克），加入醋、料酒、猪肥膘肉片、精盐、味精，再放入鲫鱼，盖上锅盖，炖10分钟后放入青萝卜丝；⑤改用小火炖5分钟，盛出撒上香菜即可。

196 准妈妈吃菜花有何好处

菜花含有蛋白质、脂肪、钙、磷、铁，及维生素K、维生素A、B族维生素、维生素C等营养素。孕妇产前经常吃菜花，可预防产后出血并增加母乳中维生素K的含量。同时，菜花还能增强肝脏的解毒能力，提高机体的免疫力，常吃有预防感冒、防治坏血病的功效。

食谱：香炒西蓝花

原料：西兰花300克，食用油15毫升，盐5克，胡椒粉少许。

方法：①西兰花洗净分成小株，略为汆烫；②烧热锅后倒油，加入西兰花、盐及胡椒粉，翻炒数下即可。

197 准妈妈吃茭白有何好处

茭白，又称菱笋，富含蛋白质、碳水化合物、钙、磷、铁、锌、粗纤维素及维生素B1、维生素B2、维生素C等营养成分。常吃能够清热利尿、活血通乳。孕期，用茭白煎水代茶饮，可防治妊娠水肿；常吃茭白炒芹菜，可防治妊娠高血压及大便秘结。

食谱：茭白炒芹菜

原料：芹菜，茭白，胡萝卜，猪瘦肉，盐，味精，料酒，姜，葱。

方法：①芹菜去根择去黄叶，洗净后切寸段。很多人吃芹菜只吃茎，不吃叶，其实芹菜叶营养成分比茎更丰富，而且香味更浓；②茭白去外皮后切丝，胡萝卜去皮切丝；③猪瘦肉切丝后加入盐、料酒、葱姜、生粉拌匀腌制片刻；④大火烧热锅倒油，下肉丝翻炒几下，变色后盛出；⑤锅内再放油，放入胡萝卜丝煸炒，然后倒入芹菜和茭白丝一同翻炒，变软后倒入肉丝，加盐、味精翻炒均匀即可出锅。

198 准妈妈吃莲藕有何好处

莲藕不仅清淡爽口，还营养丰富，含有大量的淀粉、维生素和矿物质，能够健脾益胃，润燥养阴，行血化淤，清热生乳。孕产妇常吃莲藕，能增进食欲，帮助消化，促使乳汁分泌。

食谱：姜拌脆藕

原料：鲜藕250克，盐、酱油、食醋、味精、香油、姜各适量。

方法：①鲜藕洗净，去皮，切成薄片，再用清水洗一下，冲洗藕眼中的泥；②姜洗净，去皮，切末；③用沸水将藕片汆一下，迅速捞出，放入凉开水中浸凉捞出，控水，撒上姜末；④用精盐、酱油、醋、味精、香油调和成汁，浇在藕片上，调拌均匀即可。

199 准妈妈吃菠菜有何好处

菠菜含有丰富的叶酸，每100克菠菜的叶酸含量高达50毫克，名列蔬菜之首。但菠菜含草酸较多，而草酸可干扰人体对铁、锌等微量元素的吸收。要消除此弊端，可以先将菠菜用开水焯一下，这样大部分草酸就会被破坏了。

食谱：碧绿鱼肚

原料：菠菜600克，鱼肚50克，姜、大葱、植物油、料酒、盐、淀粉、白砂糖、香油、胡椒粉各少许。

方法：①菠菜洗净，切段，用开水焯一下；②用盐、淀粉、糖、香油、胡椒粉、清水搅拌成芡汁料，备用；③鱼肚洗净放入姜葱，开水中煮两分钟，取出切丝，滴干水分；④倒入上汤，加料酒后再放入鱼肚煨5分钟，取出沥干；⑤烧热锅，下油放入菠菜略炒，加入鱼肚及芡汁料翻炒拌匀即可。

200 准妈妈为何不能食用热性香料

很多调味品都是热性香料，比如八角、茴香、花椒、胡椒、桂皮、五香粉、辣椒等，但孕妇不宜食用这些热性香料。

热性香料其性热且具有刺激性，很容易消耗肠道水分，使胃肠腺体分泌减少，造成肠道干燥、便秘或粪石梗阻。妇女怀孕，体温相应增高，肠道也较干燥，就更容易发生肠道秘结。一旦出现便秘，孕妇必然用力屏气去解便，这样就使腹压增大，对子宫内的胎宝宝造成压迫，甚至造成胎动不安、胎宝宝发育畸形、羊水早破、自然流产、早产等不良后果。

201 准妈妈为何不能食用方便面

方便面中的营养成分含量非常少，主要成分是碳水化合物，汤料中含有的只是少量味精、盐分等调味品，根本无法满足准妈妈的正常营养需求。

虽然准妈妈吃方便面没有好处，但是有的准妈妈实在禁不住方便面的诱惑，也可以适当吃一些。在吃的时候，一定要做到这样几点：

一是每天最多只能吃一次；二是同时佐以副食，以补充营养。

另外，一些患有肠胃疾病和胃口不佳、吸收不良的准妈妈，则一定不能吃方便面。

202 准妈妈为何不能食用可乐等饮料

准妈妈要忌喝可乐等饮料。一般可乐型饮料都含有咖啡因、可乐宁、色素等。而过多的可乐宁、咖啡因进入孕妇体内后，会导致其中枢神经系统兴奋，使其产生许多不良的反应，比如烦躁不安、呼吸加快、心动过速、失眠、耳鸣、眼花等。

同时，咖啡因会影响胎宝宝。咖啡因能够通过胎盘作用于胎宝宝，使胎宝宝出生时体重过低，甚至有可能导致胎宝宝死亡。

203 准妈妈为何不能食用桂圆

桂圆营养丰富，是上好的补品，但孕妇并不宜食用。因为桂园性温大热，孕妇怀孕后易阴虚引起内热，如果再食用桂圆则会热上加热，使孕妇大便干枯、口舌干燥，从而引起胎热，还容易出现阴道出血、腹痛等先兆流产症状。

204 准妈妈为何不能食用木瓜

木瓜，尤其是青木瓜，会干扰孕妇体内的荷尔蒙水平，影响胎宝宝的稳定度，甚至导致流产。所以，孕妇应完全戒除青木瓜。

205 准妈妈为何不能食用久存的土豆

土豆中含有生物碱，存放越久，生物碱含量也越高。大量生物碱能够导致胎宝宝畸形。所以，孕妇应忌食存放过久的土豆，以免影响胎宝宝的发育。当然，人有很大的个体性差异，并非每位准妈妈食用久存土豆都会导致胎宝宝异常，但为了健康着想，还是不吃为妙。

206 准妈妈为何不能食用未消毒蛋白质食品

牛奶、奶酪、海产品、冷冻的或熏制的肉类等食品不新鲜时含有有害的细菌，准妈妈食用时要注意。还有一些食品孕妇最好能远离之，如烧得很嫩的海鲜、蛙肉、蛇肉，这些食品可能有潜在的细菌或寄生虫，会对母体和胎宝宝造成不必要的伤害。

当然，冷冻的或熏制的海产品熟煮后还是很安全的，准妈妈可以放心食用。

207 准妈妈吃糖会危害宝宝视力吗

孕期摄糖量与宝宝近视有什么关系呢？

正常人如果摄入糖分过多，就会造成体内糖分堆积，而糖分在体内新陈代谢需要大量的维生素，这时维生素就会因消耗过大而不足，孕妈妈更是如此。而此时，胎宝宝眼部视细胞的发育也需要大量维生素的参与。所以，如果孕妈妈摄入糖分过多，就会影响胎宝宝晶体的发育环境，使眼轴发育过快，出现近视。

现在儿童近视的情况逐渐增多，许多儿童眼睛视力过早成人化，直接"跳过"了生理性远视，生下来就是正视眼，这就缩短了发展到近视的时间，增加了儿童近视的可能性。母亲怀孕时摄入糖分过多，儿童晶体发育过早，便产生了近视宝宝。

208 准妈妈为何不能盲目补钙

一般来说，只要做到均衡饮食，孕妇在妊娠期所需的钙，完全能够从日常的鱼、肉、蛋等食物中合理摄取，并不需要特别补充。盲目补钙反而会对孕妇自身和胎宝宝造成不良的影响。

209 准妈妈为何需适量进食高蛋白食物

准妈妈要适量进食高蛋白食物，不可摄入过度。因为过多摄入蛋白质，人体内会产生大量的硫化氢、组织胺等有毒物质，它们可以使血液中氮质含量增高，加重肾脏排泄的压力，从而给孕妇和胎宝宝的健康带来不利影响。

210 准妈妈为何要拒绝高脂肪饮食

虽然脂肪是孕妇应注重摄取的营养之一，脂肪酸又是形成细胞膜的不可缺少的材料，但是过量摄取脂肪含量高的食物会对身体和胎宝宝都造成不好的影响。大量的医学研究表明，长期高脂肪饮食，会增加下一代生殖器官癌症的危险，还会使大肠内的胆酸和中性胆固醇浓度增加，从而诱发结肠癌。

211 准妈妈为何不宜过度进食咸食

现代医学研究认为，吃盐量与高血压的发病率有一定的关系：食盐摄入越多，高血压病的发病率也越高。因此，孕妇不宜过度进食咸食，避免引发妊娠高血压综合征。专家建议每日食盐摄入量应为6克左右。

212 准妈妈合理营养需遵循哪些原则

(1) 每天的膳食中应有蛋白质、脂肪、碳水化合物、纤维素、无机盐（包括微量元素）和水。

（2）食物应易消化、吸收，并尽可能地多样化，同时还要能够促进食欲，并有助于产生饱腹感。

（3）对机体有害的物质一定要剔除。

（4）进行合理的加工烹调，以减少营养物质的流失。

（5）保证营养物质的合理搭配。

213 准妈妈为何不宜滥服温热补品

温热性的补药、补品，比如人参、鹿茸、鹿胎胶、鹿角胶、桂圆、荔枝、胡桃肉等，孕妇不宜经常服用。因为孕妇代谢旺盛，全身的血液循环系统血流量明显增加，心脏负担加重，血管也处于扩张、充血状态。这时，如果孕妇经常服用温热性的补药、补品，势必会加剧孕吐、水肿、高血压、便秘等症状，严重的甚至有可能发生流产或死胎等。

214 准妈妈为何不宜长期吃素食

素食不能提供孕期需要的大量蛋白质，蛋白质供给不足，可使胎宝宝脑细胞数量减少，影响日后的智力发育，还可使胎宝宝发生畸形或营养不良。素食更不能提供充足的脂肪，如果脂肪摄入不足，容易导致低体重胎宝宝的出生。所以为了追求孕期的"体形健美"而长期素食是不可取的。

215 准妈妈为何不能吃爆米花

爆米花在制作过程中，容易沾染制作仪器中的铅，而铅是具有神经毒性的重金属元素，进入血液后，可引起机体代谢过程的障碍，损害神经系统，还可使中枢神经系统乙酰胆碱释放减少，从而导致学习困难和智力低下。所以准妈妈一定要禁食，以免影响胎宝宝的健康发育。与爆米花类似的食物是松花蛋，同样含有大量的铅，准妈妈不可吃。

如果确实嘴馋，忍不住，吃了怎么办？这时我们需要请出它们的克星——维生素C。维生素C能抑制人体对铅的吸收，与铅结合生成难溶于水而无毒的盐类，可随粪便排出体外。

216 准妈妈为何不能吃油条

油条是由天然明矾和小苏打混合后加入面粉中制成的，成品中的含铝量较高。人体如果摄铝过多，会造成神经质传导阻滞，出现记忆力衰退、痴呆、智力发育障碍等症状。类似的食物还有粉丝、油饼、糕点及饼干等。另外，食品添加剂、包装材料也含有大量的铝，准妈妈们需要警惕。

当然，铝也有克星，那就是维生素C和微量元素硒（存在于芦笋、蘑菇和蛋类食品中）。

217 准妈妈饮食为何要粗细搭配

为了胎宝宝能够健康成长，准妈妈需要一个科学、系统的怀孕食谱。食谱应粗细搭配、营养全面，主食、副食、水果一个都不能少，而且要掌握好数量与种类。

主食应该粗细搭配，多吃一些全麦、豆子、高粱米、玉米等粗粮；要避免过多摄入饮料，这会导致摄入糖分过高，喝白开水是补充水分最好的方法。

对胎宝宝眼睛发育有益的食物也要多吃，如含有大量维生素的水果和蔬菜。注意，准妈妈每天水果的摄入量不应超过1斤，以防摄入糖分过高。

坚果类食物对胎宝宝眼睛的发育有利，准妈妈也可以多吃一些。如核桃、栗子、松仁等，所含的亚油酸、亚麻酸对视网膜的形成有促进作用，所含的维生素及钙、锌等矿物质对视力的正常发育也有直接的影响，能够促进视细胞的发育。

218 孕期怎么吃可让宝宝皮肤白

孕期饮食可是决定宝宝出生后漂亮与否的主要因素。有的父母肤色偏黑，那么孕期里准妈妈可以多吃一些富含维生素C的食物。维生素C对皮肤黑色素的生成有干扰作用，能减少黑色素沉淀，让宝宝出生后皮肤白嫩细腻。

富含维生素C的食物包括番茄、葡萄、柑橘、菜花、冬瓜、洋葱、大蒜、苹果、刺梨鲜枣等，尤以苹果为最佳。苹果富含维生素和苹果酸，常吃能增加血色素，不仅能使皮肤变得细白红嫩，对贫血的准妈妈也有极好的补益功效。

219 孕期怎么吃可让宝宝皮肤细腻

如果父母皮肤粗糙，那么孕期准妈妈应该多吃一些富含维生素A的食物。维生素A能保护皮肤的上皮细胞，让宝宝出生后皮肤细腻有光泽。

富含维生素A的食物包括动物的肝脏、蛋黄、牛奶、胡萝卜、番茄以及其他绿色蔬菜、水果、干果和植物油等。

220 孕期怎么吃可让宝宝头发好

如果父母有少白头或者头发枯黄，那么孕期准妈妈可多吃一些富含B族维生素的食物。

富含B族维生素的食物包括瘦肉、鱼、动物肝脏、牛奶、豆类、鸡蛋、紫菜、核桃、芝麻、玉米等。这些食物可以改善宝宝发质，让宝宝出生后头发浓密、乌黑，而且有光泽。

221 孕期怎么吃可让宝宝长得高

如果父母个头不高，那么孕期准妈妈应多吃一些富含维生素D的食物。维生素 D 可以促进骨骼发育，促使人体增高，而且对于胎宝宝、婴儿最为明显。

富含维生素 D 的食物包括虾皮、蛋黄、动物肝脏，以及一些蔬菜。

222 孕期怎么吃可让宝宝视力好

如果父母视力不佳或患有近视，孕期准妈妈可以多吃一点富含维生素 A 的食物。

富含维生素 A 的食物包括动物肝脏、蛋黄、牛奶、鱼肝油、胡萝卜、苹果等。其中尤以鸡肝含维生素 A 最丰富。

223 准妈妈多喝鲜奶宝宝皮肤白吗

很多准妈妈相信多喝牛奶，宝宝出生后会皮肤变白，而多摄入暗色的饮品或者食物，宝宝的皮肤也会变黑变黄。实际上胎宝宝皮肤的颜色大部分受父母的遗传基因影响，孕期饮食影响甚微。

224 "生个宝宝坏颗牙"说法对吗

所谓"生个宝宝坏颗牙"的说法，主要是因为以前的孕妇多半营养不良，或是在饮食上摄取营养不均衡，钙质补充不足。在怀孕时或生产后，自然就容易出现牙齿健康问题。

只要准妈妈注重营养均衡、多补充钙质，并做好怀孕期间的口腔卫生保健工作，完全可以拥有同孕前一样的"皓齿"。

225 多吃水果对胎宝宝有益无害吗

这是很多人的观点。他们觉得水果营养丰富，对母亲和胎宝宝有百利而无一害，因此吃得越多越好。

实际上，一些很甜的、含糖量很高的水果，准妈妈不宜吃得太多，更不能把这些水果当做正餐来吃。否则容易致使体内血糖升高，引发妊娠期糖尿病。

226 准妈妈可以吃中药吗

很多人都相信中医的疗效，认为中药无毒，通过中医治疗或者中药食疗可以帮助腹中胎宝宝更好地发育。

实际上，中药虽然比较温和，但"是药三分毒"，有些药物同样有损胎气，甚至导致流产，所以要谨慎对待。

毒性较强，药性猛烈的药物有：巴豆、牵牛、大戟、斑蝥、商陆、麝香、三棱、莪术、水蛭、虻虫等，应完全禁服。

一些温燥性的药物，孕妇应慎用、少用。这些药物有：附子、干姜、肉桂、胡桃肉、胎盘等。它们容易使孕妇出现轻度不安、烦躁失眠，咽喉干痛等症状。

227 准妈妈不忌口，宝宝皮肤会不好吗

这是完全正确的。虽然准妈妈的饮食与宝宝肤质并无直接的关系，但是如果准妈妈不忌口，摄取了过量高过敏原的食

物，确实有可能造成宝宝出生后皮肤容易出现过敏的现象。

孕期，准妈妈应避免食用高过敏原食物，包括不新鲜的海鲜、过期食品、反式脂肪酸食物、高脂肪食物等。

228 准妈妈应学习哪些饮食养生经

细嚼慢咽。"饮食缓嚼有益于人者三：滋养肝脏；脾胃易于消化；不致吞食噎咳"。

专心吃饭。"寝不言，食不语"，有利于胃纳消化。

心情愉快地吃饭。"人之当食，须去烦恼"；"怒后勿食，食后勿怒"。良好的精神状态利于保健。

生腐食物不能吃。"诸肉臭败者勿食，猪羊疫死者不可食，曝肉不干者不可食，煮肉不变色者不可食"。

餐后保健很重要。"食毕当漱口数次，令人牙齿不败、口香，叩齿三十六，令津满口，则食易消，益人无百病。饱食而卧，食不消成积，乃生百病"。

229 准妈妈从哪里补充微量元素

补钙食物：花生、菠菜、大豆、鱼、海带、骨头汤、核桃、虾、海藻等。

补铜食物：糙米、芝麻、柿子、动物肝脏、猪肉、蛤蜊、菠菜、大豆等。

补碘食物：海带、紫菜、海鱼、海虾等。

补磷食物：蛋黄、南瓜子、葡萄、谷类、花生、虾、栗子、杏等。

补锌食物：粗面粉、豆腐等大豆制品、牛肉、羊肉、鱼、瘦肉、花生、芝麻、奶

制品等。

补锰食物：粗面粉、大豆、胡桃、扁豆、腰子、香菜。

补铁食物：芝麻、黑木耳、黄花菜、动物肝脏、油菜、蘑菇等。

补镁食物：香蕉、香菜、小麦、菠萝、花生、杏仁、扁豆、蜂蜜等。

230 孕期预防糖尿病管住嘴巴就行吗

在不少孕妇看来，控制血糖就是要控制糖的摄入。其实预防、治疗妊娠糖尿病除了要管住自己的嘴，控制糖的"进口"，还可以关注糖的"出口"。研究表明，适度的运动可以促进葡萄糖的利用，从而使血糖得到控制。

餐后散步就是一种很好的运动方式。准妈妈可以每天饭后走一走，每次30分钟，以不感到疲劳为宜。为了避免摔倒，准妈妈散步时要尽量避开有坡度或台阶的地方。

231 水果可以敞开吃吗

很多人觉得水果里的维生素、纤维素都很多，可以让宝宝长得快又好，所以

吃得越多越有利。甚至有的准妈妈会一天吃一个大西瓜。殊不知，水果中也含有大量极易被人体吸收的果糖，而过量吸收果糖正是引发妊娠期糖尿病的最大诱因。因此，准妈妈吃水果也要定量。正常情况下，每次饭后吃一两个水果即可。在水果的选择上，可以多吃猕猴桃、柚子等维生素含量高、含糖量低的水果，少吃高甜度水果。

232 妊娠糖尿病有何饮食建议

患有妊娠糖尿病的孕妇，必须严格控制饮食，以控制血糖；同时为了胎宝宝的健康成长，孕妇又必须摄入足够的营养，所以，合理安排妊娠糖尿病孕妇的饮食特别重要。

一是合理摄入热量。妊娠糖尿病孕妇一定要注意热量的摄入，在孕早期，不需要特别增加热量，孕中、晚期，可依照孕前的标准再每天增加 300 大卡。

二是合理安排餐次。孕妇一次进食大量的食物会造成血糖快速上升，而一旦空腹太久又会产生酮体，所以最好的方案就是少食多餐。每天吃 5～6 餐，每餐吃的量少一点。睡觉前再补充一点点心。

三是合理摄入糖类。尽量避免食用含糖较高的饮料及甜食，以避免血糖快速增加。

四是合理摄入蛋白质。如果在备孕阶段已摄取足够营养，那么孕早期并不需要特别增加蛋白质的摄取量，孕中、晚期则需要补充蛋白质。孕中期，每天需增加 6 克蛋白质，孕晚期每天为 12 克。每天至少喝两杯牛奶，以补充足够的钙质，但不要把牛奶当水喝，以防血糖过高。

五是合理摄取油脂。妊娠糖尿病孕妇烹调食物，要以植物油为主，而且要少食油炸、油煎、油酥类食物，动物的皮以及肥肉等也要少吃。

六是合理摄入纤维。在允许摄取的分量范围内，要尽可能多地食用高纤维食物。比如用糙米或五谷米饭来代替白米饭，多吃蔬菜和新鲜水果等。这样可以帮助控制血糖，也容易产生饱足感。当然，也不要无限量地吃水果，避免血糖过高。

情 绪 胎 教
Qing Xu Tai Jiao

233 什么时候胎教最有效

科学研究发现，胎宝宝也有苏醒的时候，但他们的睡眠比苏醒的时候要长很多，一般保持在 18 个小时以上。处于熟睡状态时，无论对胎宝宝进行多么积极的胎教，都是收效甚微的。只有在胎宝宝苏醒的时候进行胎教才能达到事半功倍的效果。

那么，什么时候胎宝宝会苏醒呢？根据胎宝宝的生物钟，一般晚8点至11点为他们的苏醒状态，因此在这个时候进行胎教最有效。孕妈妈也应该参照胎宝宝的生物钟以及自己的人体生物钟来安排一天的作息。下面我们为孕妈妈制订了一个简单的作息时间表。

上午7点：孕妈妈体温上升，脉搏增加。孕妈妈起床并吃营养全面的早餐。

上午10点至11点：这个时间段内，孕妈妈的精神状态最好，可以最大限度地承受各种疼痛，应付不安情绪。因此可以安排解决一天中最繁琐的工作。

中午12点：人们的视力处于最佳状态，可以明朗清晰地看到周围的一切。相对应地，孕妈妈可以欣赏优美的自然环境或者绘画作品。

下午1点至2点：记忆力会有所减弱。孕妈妈可以在这个时间小睡片刻。

下午3点至4点：人体运动细胞处于最活跃的状态，各种机能处于最高运作阶段，孕妈妈可以在这个时候安排重要的事情。

下午5点：食欲最旺盛的时间。孕妈妈可以适当地补充一些食物。这个时间段也是发生家庭冲突的高发期，因此准爸爸尤其要照顾准妈妈的情绪。

晚8点：这个时间是听觉神经最敏感的时间，也是最佳的胎教时间。准爸爸和准妈妈都下班回到家中了，这时可以共同对胎宝宝进行胎教啦。

234 怎样运用呼吸法提高胎教效果

如果准妈妈在进行胎教时情绪不好或者注意力不集中，会使胎教效果大打折扣。这里，我们介绍一种呼吸法，以帮助准妈妈胎教时稳定情绪和集中注意力。

穿着宽松的衣服，坐在床上或者在沙发上，也可以坐在地板上。先尽量使腰背舒展，全身放松，双目微闭，将手自然地放于身体两侧或者腹部。

用鼻子慢慢吸气，以5秒钟为标准，一边吸气，一边在心里数数。肺活量大的人可以吸气6秒钟，若感到困难也可以吸气4秒钟。吸气时，要让自己感到气体被储存于腹中。

慢慢地将气呼出来，以嘴或鼻子都可以。总之，要缓慢地、平静地呼出来。呼气的时间是吸气时间的两倍。也就是说，如果吸气的时间是5秒的话，那么呼气的时间就是10秒。反复呼吸1～3分钟后，你就会感到心情平静，头脑清醒。实施呼吸法的时候，尽量不去想其他事情，要把注意力集中在吸气和呼气上。一旦习惯了，注意力就会自然集中了。

这样的呼吸法不仅可以在胎教前做，孕妈妈也可以在每天早上起床时、中午休息前、晚上临睡时各进行一次，这样还可以改善妊娠期间动辄焦躁的精神状态。

235 孕期性生活和谐可以孕育漂亮宝宝吗

和谐的性生活才可以让人感受到高潮。高潮状态下，脑海中会有许多美丽的画面。在这个过程中，胎宝宝也会感受到父母的愉悦。

通常情况下，一些很有夫妻相的夫妻感情很好，他们充分感受到了彼此的爱意，于是越来越相像了。已经完全定型的成人都会发生这样神奇的变化，更别说脸部正处于形成阶段的胎宝宝了。

曾经有一女士很郁闷地告诉专家：自己在家中排行最大，兄弟姐妹都英俊、漂亮，唯独自己长相不尽如人意。而当时，母亲怀着她时，父亲一直在外地出差。"因此我在母亲肚子里的时候根本就没有得到过父亲身体上的关爱。"她这样总结道。

236 情绪好能生出漂亮宝宝吗

1.多听轻音乐

多听音乐是一个让准妈妈保持良好心情的好办法，这样肚子里的胎宝宝也会跟着心情好。这个办法可以贯穿整个孕期。

2.多看可爱宝宝照片

有网友用这样的方法进行胎教：听人说，想生一个什么样的宝宝，最好天天看着这个宝宝的照片，比如想生一个大眼睛的宝宝，就找一张大眼睛宝宝的照片天天看，生出来的宝宝就会漂亮。为了生一个漂亮的宝宝，怀孕时我在屋子贴满了各式各样可爱宝宝的照片。每天一睁眼，就能看到这些可爱的宝宝。

这是一个舒缓孕妇心情的好办法，是可行的。

237 民间流传的准妈妈行为禁忌有道理吗

民间流传的很多孕期禁忌虽然并不一定科学，但大多对保持准妈妈身心健康、胎宝宝正常发育是有利的，准妈妈还是应该适当遵守。

1.怀孕期间不得参加丧礼

参加丧礼容易使准妈妈产生难过的负面情绪。为了避免准妈妈过度伤心，破坏孕期该有的轻松心情，准妈妈还是不要参加这种令人悲伤的活动为好。

2.孕妇不能随便拆修房子，也不能搬家

这样的说法是不科学的，但因为搬家时需要整理东西，搬动沉重的家具等，对于孕妇来说，这些活动肯定会增加发生意外的可能。从这个角度来说，这个禁忌是可以遵守的。

3.孕妇不能缝针线、动剪刀

相传，这样小孩可能会出现缺陷。这个禁忌显然毫无道理。所有的胎宝宝都有

不确定性，关键是按时做产前检查，及时发现异常情况。

4.孕妇不能看产妇分娩，不然自己将来要难产

孕妇看到正在分娩的产妇的痛苦表情，听到产妇痛彻心扉的叫喊声，会形成一种精神压力，害怕分娩，甚至引发难产。所以这个禁忌是应该遵行的。

238 准爸爸怎样和胎宝宝玩踢肚游戏

这是一个非常经典又简易可行的胎教方法。当胎宝宝在踢准妈妈的肚子时，就是玩踢肚游戏的好时机。一旦胎宝宝在准妈妈的子宫里踢准妈妈的肚子，准妈妈第一时间告诉准爸爸，准爸爸就可以在胎宝宝踢的地方轻轻拍几下。

通常，胎宝宝会在一两分钟后再一次踢准妈妈的肚子，于是准爸爸再在踢的地方轻拍几下；又过一两分钟，胎宝宝会再次踢准妈妈的肚子。

准爸爸也可以在胎宝宝踢的不远处轻拍几下，这时胎宝宝竟也会跟着踢上去。准爸爸可以一边和胎宝宝玩，一边对胎宝宝说："宝宝，爸爸在这里，踢一下给爸爸看看吧。"小家伙似乎很喜欢这种玩法，经常会"兴致勃勃"地长时间玩下去。但准爸爸要控制好时间，每次5分钟左右即可，不要一次持续时间过长；玩的频率也不宜过高，每天两次就行了。

239 准爸爸怎样与胎宝宝"亲密接触"

通常情况下，胎宝宝在傍晚时分会频繁地活动，所以，想要与胎宝宝做"亲密接触"的准爸爸们可以选择在这段时间里亲近胎宝宝。

先打开舒缓的轻音乐，然后让准妈妈在床上或沙发上选择一个最舒适的姿势半躺着；准爸爸轻轻地从上到下、从左到右抚摸准妈妈的腹壁。由于准妈妈的腹壁和子宫、羊水、胎宝宝都是紧密相连的，因此准爸爸也就间接抚摸到了胎宝宝。准爸爸可以想象一下，哪里是宝宝圆圆、硬硬的小脑袋，哪里又是他绵绵、软软的小屁股，还有经常动作的小手小脚，准爸爸可以和准妈妈一起猜一猜胎宝宝现在在做什么。

这种想象会让人很兴奋，通过这些，准爸爸可以和未出生的宝宝形成一种亲切的父子之情。

240 准爸爸怎样和胎宝宝聊天

提前给未出生的宝宝起个名字，每天

把发生的有意思的事情讲给他听："宝宝，起床了，今天的天可蓝了。""宝宝，爸爸下班了，今天过得好不好？""宝宝，你要乖一点，妈妈很辛苦哦！"用快乐明朗的声音讲述着生活中点滴的欢乐，想象着胎宝宝和自己愉快地聊着天，再夹杂着轻松愉悦的笑声，怎么能不感染到胎宝宝呢？

241 孕期如何避免家庭纠纷呢

孕期如何避免家庭纷争呢？这里有两个小建议。

建议一：隔离。一旦有不愉快的事情发生，夫妻双方中的一方最好马上离开。这样有利于双方恢复理智，进行冷静思考，从而避免扩大争吵范围和程度。

建议二：低音量。一旦有分歧发生，在争辩过程中夫妻双方要尽量放低音量。低音量的好处是可以避免双方的火气升级，有利于理智地解决问题，结束纷争。这样，也不至于对准妈妈腹中胎宝宝的情绪产生重大影响。

环境胎教
Huan Jing Tai Jiao

242 准妈妈为何不要接触家用洗涤剂

家用洗涤剂会造成一定的化学污染，并损害人体健康。特别是在不恰当使用时，比如洁厕剂与消毒剂混在一起使用。洁厕剂中的氯含量很高，当遇到含氨类清洁剂时，会产生氯气刺激人的眼、鼻、咽喉，甚至损害肺部。喷雾型的消毒剂、清

洁剂与除臭剂、空气清新剂混用时，也会产生化学反应，损害人体健康。对孕妇和胎儿来说，这种损害就更大了。

准爸爸应把家里的清洁工作接管过来，凡是要亲手接触各种洗涤剂，包括洗衣粉在内的工作，都自己来做。同时，浴室洗涤类、洁厕类、厨房洗涤类用品等分开使用，洗涤剂、消毒剂等不要混合使用。

243 准爸爸为何不要蓄须

男性的胡须会吸附并收容许多病菌和空气中的酚、苯、甲苯、氮、铅等污染物，浓密的胡须更是如此。如是准爸爸蓄须，在亲吻妻子时，就容易使胡须中的污染物进入妻子的呼吸道和消化道，容易引发妻子的呼吸道或消化道感染，对胎宝宝的健康发育造成危害。

在妻子准备怀孕的前半年，准爸爸应将胡须刮掉；妻子怀孕后，准爸爸更要经常刮胡须。

244 孕期性生活不节制有何危害

有关数据显示，10% ～ 18% 的流产是由于性生活不当造成，尤其是孕早期。这时候，胎盘还没有完全形成，胚胎组织还没有在子宫壁上牢固附着。如果性生活频繁或动作激烈，容易刺激子宫收缩，导致胎膜早破。在怀孕的最后 3 个月也不应无节制地进行性生活，因为性生活容易把外来病菌带进阴道，引发感染，造成早产。特别是临产前的 1 个月，性生活会加大腹压，导致早产、宫内感染、产褥期感染

等。相对而言，进入孕4月，孕中期的性生活还是比较安全的。

因此，在孕期准爸爸要体贴妻子，自我克制，尤其是孕早期和孕晚期一定要节制性生活。如果准妈妈有自然流产史和习惯性流产史，准爸爸更要当心，最好在孕早期和孕晚期禁止性生活。

虽然进入孕4月，性生活相对较安全，但动作要轻柔。应该选择不压迫胎宝宝的姿势，同时使用避孕套，以免精液中的前列腺素刺激子宫，引起强烈收缩。

245 职场准妈妈选择服装需注意何要点

第一，不要过多强调职业气质。 孕期坚持工作的准妈妈在挑选孕妇装时，不需要特别突出自己的职业特点，人们对孕妇的穿衣打扮不会要求苛刻的。

第二，以V字领、圆领为宜。 领口不易过厚，一般不要选择翻领衫。

第三，夏天适合连衣裙。 夏天，准妈妈最好选择上小下大的连衣裙，它是孕妇装中的经典（形似韩版裙）。这样的裙可以让孕妈妈显得比较美，而且宽松的裙摆穿起来方便凉快，也利于胎宝宝的成长。

第四，多选择上下身分开的拼装。 这样的款式易于穿脱，将会大大降低孕妈妈因身材臃肿所带来的不便。

246 家电辐射可能对胎宝宝产生哪些危害

相关研究发现，电脑及众多的家用电器会产生低频电磁场，这些低频电磁场产生的电磁辐射波是一种看不见的污染源，会随着人体的血液、淋巴液和细胞质发生改变，伤害细胞内的脱氧核糖核酸（DNA）、染色体，还可促进遗传基因发生突变，诱发胚胎染色体改变。如果孕妇生活在这种低频电磁场中，可能会引发流产或对胎宝宝造成不可修复性的损伤。

低频电磁场产生的电磁辐射波对胎宝宝的损伤随着孕期的不同而不同：

（1）在孕早期的1～3个月，孕妇受到强电磁辐射有可能导致流产，也可能造成胎宝宝肢体缺损或畸形。

（2）在孕中期的4～5个月，电磁辐射可能损伤胎宝宝的中枢神经系统，导致婴儿智力低下。

（3）在孕晚期的6～10个月，电磁辐射会导致宝宝出生后免疫功能低下，体质弱，抵抗力差。

而且，如果准妈妈在孕期受到了过量的辐射，那么宝宝日后患白血病的可能性也将升高。

247 准妈妈怎样预防家电辐射

第一招，与家电保持一定的距离。

第二招，让家人及时清除家电灰尘。

第三招，用液晶电视代替普通电视，并在电视旁尽量少摆放其他电器。

第四招，养一些抗辐射的绿色植物，比如芦荟、仙人掌。

特别提醒： 准妈妈看电视的时候也要注意，电视也有辐射哦。要降低辐射，首先要与开机状态中的电视保持3～4米的

距离，每天看电视的时间不宜太长，最多1～2小时；看电视的时候要开窗换气，每半小时休息10分钟以上；看完电视洗一下手和脸，以免落在皮肤上的尘埃和微生物刺激皮肤，引发炎症。

248 准妈妈如何降低电脑辐射

电脑已经走进了千家万户，大家都知道电脑的辐射很大，那么准妈妈如何来避免电脑辐射呢？

第一，不要长时间连续操作电脑，每半小时休息10分钟。

第二，工作环境保持良好通风换气。

第三，光线要适宜。

第四，最好使用液晶显示器，如果是一般的显示器则应安装防护装置，削弱电磁辐射的强度。

第五，用完电脑清洁皮肤。

第六，注意补充营养，适当吃一些抗辐射的食物，比如西红柿、海带、紫菜等。

小提示：孕期，特别是孕早期，孕妈妈最好少用电脑。用电脑时也要尽量穿上孕妇专用的防辐射服。

249 市场上防辐射服有何优劣

现在市面上大致有以下三种面料的防辐射服：

镀层的（最好的也就是镀纳米银）防辐射孕妇装。 这种防辐射孕妇装缺点是手感硬，透气不好，不能水洗，而它最大的缺点是：镀的金属物容易脱落变成粉末状。若被孕妈妈吸入肚子里，会影响胎宝宝的健康成长。

金属丝混纺制品防辐射孕妇装。 这种防辐射孕妇装手感好，透气好，还可以水洗，屏蔽效果也不错，但缺点是质量好坏不容易区分。有些追求利润的生产厂家会用含铬成分高的粗金属纤维织成防辐射孕妇装，以屏蔽手机信号，但是这种含铬成分高的防辐射孕妇装对电脑、电视等一些其他常用有辐射的电器不起作用。建议各位孕妈妈应该为了胎宝宝的健康，慎重选择这种金属纤维铬防辐射孕妇装。

离子银纤维防辐射孕妇装。 这种防辐射孕妇装防辐射效果好，轻薄、透气、柔软，能水洗，抗菌、除臭。它也是直接将金属纤维进行聚合的面料，且含量明显优于混纺，可以达到90%以上。但因为不能染色，只能用于里料，所以其一般为双层的。因银有很多对人体有益的因素，所以离子银纤维防辐射孕妇装的效果在实际应用中明显优于其他，但在价格上也会比前面的两种贵。

250 准妈妈为何要避免使用微波炉

质量好的微波炉只会在门缝周围形成一些辐射，不会对身体造成什么伤害，但对于准妈妈则不然。尤其是在孕早期，微波炉高强度的微波可致畸形胎、流产或死胎，是名副其实的"辐射大王"。

微波炉在电路接通时其辐射强度可一下子增加到 350 毫瓦，超过国家对其规定的最低标准 7 倍左右。准妈妈在使用微波炉时，一定要做好自身防护。首先，使身体尽量远离微波炉，眼睛不要看着炉门，更不要在炉前久站。炉内的食物取出后，先放置几分钟再吃。

251 准妈妈为何要避免制冷制热家电辐射

北方空气干燥，许多人喜欢用加湿器，殊不知加湿器也是一个厉害的辐射源。所以准妈妈在使用时一定要将加湿器放在较远的地方。电热毯同样也是一个不可忽视的辐射源，对孕妇、儿童、老人的损害非常大。因为电热毯本身就相当于一个电磁场，即使关上电源，辐射仍然会扰乱体内的自然磁场。

252 准妈妈怎样排除生活中隐藏的电磁波辐射

1. 电子小闹钟、MP3 等微量辐射产品

睡觉时可以放在离身体稍远一些的地方。

2. 冰箱

为了减少辐射量，可以经常用吸尘器吸掉冰箱后侧或下方散热管线上的灰尘。

3. 电吹风机

开启和关闭时，尽量保持 15 厘米以上的安全距离；使用时，最好将电吹风与头部保持垂直，不要连续长时间使用。

4. 避免在房间内摆放多个电器

有些人喜欢把电视、电脑、冰箱全部摆放在卧室，还经常同时使用，这是非常不健康的做法。

5. 无绳电话

它的辐射非常大，孕妈妈能不接触就不要接触。

6. 电熨斗

为了减少辐射，不要边加热边熨衣服，可以一次加热到位，用一会儿再继续加热。

7. 拔掉电源插头

如果不使用，最好拔掉电器的电源插头，这样也能减少电磁波。

253 准妈妈为何最好不在车内接手机

手机虽然看起来很小，但在使用时也会产生电磁辐射，尤其是使用手机时必须将手机置于耳旁，这样更容易对准妈妈造成伤害。在车里接电话，辐射更是增强许多。据测定，手机在车内接通产生的电磁波辐射强度，要比其他场所增强好多倍。

准妈妈要尽量避免在汽车内接电话，平时，准妈妈也要尽量少用手机。接打电话的时候最好用耳机，使身体与手机保持一定的距离。

254 准妈妈染发、烫发为何要慎重

染发是时尚女性必不可少的装饰，因

此一些时尚"辣妈"也迫不及待地想把头发颜色变一变。但为了自己和腹中宝宝的健康，时尚"辣妈"染发应该慎重。

有些染发烫发的药剂会引起皮肤的过敏反应，皮肤出现异位性皮炎，或是接触性荨麻疹，还有一些人因为染发之后，头皮发炎、红肿，甚至掉发。所以，染发、烫发一定要慎重，以免造成皮肤过敏。

特别想染、烫头发的准妈妈，应尽量在妊娠中晚期进行。因为怀孕的前三个月，胎宝宝正处于器官发育期，最容易造成畸形。尽量减少染、烫发的次数，以免药物累积对母胎造成大的影响。为了减少人体对染发剂和烫发剂的吸收，染发或烫发时应远离头皮，只处理头发中、尾段。

255 准妈妈染指甲有何危害

指甲油以及其他化妆品往往含有一种名叫邻苯二甲酸酯的化学物质。如果准妈妈用指甲油的话，指甲油中的邻苯二甲酸酯会通过母亲的呼吸系统和皮肤进入体内，危害到她们未来所生育的男婴的生殖系统。

哺乳期间的妈妈也不能使用含有邻苯二甲酸酯的化妆品，因为它能够通过乳液

进入宝宝的身体，特别是男孩，长大后，可能会患上不孕症或阳痿。这是邻苯二甲酸酯阻碍雄激素发挥作用造成的恶果。所以，忠告那些爱美的女性，美甲的方法很多，尽量不要涂指甲油，以免犯"美丽"的错误！

256 准妈妈为何需谨慎选择美白祛斑化妆品

孕期，准妈妈的皮肤性状会发生变化。孕前是干性皮肤，这会儿有可能变成油性；孕前是油性皮肤，这会有可能会更油；有一些准妈妈会发现皮肤没有了孕前的柔软感，变得干燥、粗糙；还有一些准妈妈由于激素影响，皮肤变得敏感脆弱，脸上多了暗淡的色斑。

但不要因为肤色暗淡长斑就选择美白和祛斑的化妆品，科学实验证明，皮肤增白及祛斑类除色素化妆品中含有无机汞盐（氯化汞或碘化汞）和氢醌等有毒的化学成分，很容易被正常皮肤吸收，并有积聚作用。经常接触汞，染色体畸变率升高。而且这些物质可经母体胎盘转运给胎宝宝，使胎宝宝蛋白质分子变性和失活，减慢细胞生长和胚胎发育速度，导致胚胎异常。

这时候，准妈妈选择护肤品只需要记住一条——保湿，而且必须是质量有保证的天然保湿产品。大部分化妆品含有一定的防腐剂和化学药品成分，特别是质量不合格的化妆品，往往铅、汞等重金属含量超标，会对胎宝宝发育产生不良

影响，有致畸的可能，甚至会诱发流产、早产等。质量有保证的，无防腐剂，色素、香料，低酒精的天然化妆品才是准妈妈的最佳选择。

257 准妈妈穿衣为何不可过紧

准妈妈的衣服应以宽松、柔软为宜，这样的穿着会让人方便舒适。切不可紧胸束腹，这样对准妈妈很不利。因为怀孕后女性的生理变化很大，胸部横径加宽，周径增大，膈肌上升；孕中期，膈肌活动的幅度相应逐渐减少，准妈妈呼吸以胸式呼吸为主。这时候，如果上衣过紧，就会影响到胸部的呼吸，并妨碍乳腺的发育，对产后母乳喂养造成不利影响。

同样，裤子也不能穿得过紧。否则，腹部会受到挤压，从而影响子宫血流。裤带也不宜扎得过紧。紧扎的裤带会使增大的子宫不能上升，日久则胎位不正。另外，内裤应选择透气吸水性好的棉质内裤。

258 准妈妈为何不要涂口红

口红多含有油脂、腊质、颜料等，其中，油脂为羊毛脂，是从漂洗羊毛的废液中提炼回收的天然动物脂肪。羊油脂能渗入人体皮肤，具有较强的粘合性。其危险之处在于可以吸附空气中飞扬的尘埃、各种金属微粒、细菌和病毒，经过口腔不知不觉中进入体内，一旦身体抵抗力下降就会染病。而有毒、有害物质以及细菌和病毒还能够通过胎盘对胎宝宝造成一定的损害。

油脂有害，口红中的颜料也有害。目前国内外口红多采用酸性曙红的红色粉末做颜料，这种酸性曙红本身就是对人体有害的一种色素。相关研究发现，它能损害遗传物质——脱氧核糖核酸，引起胎宝宝畸变。

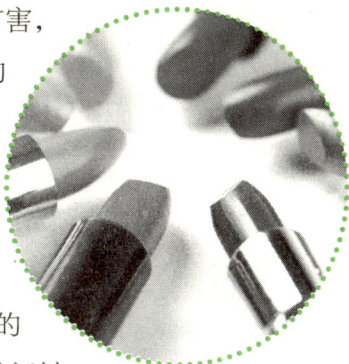

而且，准妈妈涂着口红到医院做产前检查，也会掩盖嘴唇的真实色泽，从而使医生忽略掉一些疾病表征。

259 准妈妈洗澡应注意哪些细节

怀孕后，由于孕激素的影响，女性的汗腺及皮脂腺分泌旺盛，皮屑多，阴道分泌物也增多，因此准妈妈要特别注意皮肤清洁，勤洗头洗澡，更换内衣。由于身体不便，准妈妈在洗澡时要特别小心谨慎，注意以下五不宜：

一不宜高温洗澡。妊娠期间皮内血管扩张，太热的洗澡水会对皮肤造成强烈的刺激，从而影响全身血液循环，不利于胎宝宝的生长发育。

二不宜盆浴。采用盆浴，细菌更容易进入阴道，引起上行性感染。而且，准妈妈进出澡盆或浴缸也容易滑倒。因此，准妈妈应采用淋浴。

三不宜饭前饭后洗澡。空腹洗澡，易诱发低血糖而虚脱昏倒；饭后马上洗澡，则会令皮肤血管扩张，血液过多流向体表，从而影响食物的消化，甚至引发昏厥。

四不宜持续长时间洗澡。浴室内通风不良，空气混浊且湿度大，加上洗澡时血液流向体表，而使准妈妈大脑和胎盘血液相对减少，洗澡时间长对母子都不利。

五不宜用碱性肥皂或高锰酸钾清洗外阴。用这些东西可能会损害局部皮肤。

260 准妈妈怎样选择孕妇装

随着怀孕月份的递增，准妈妈会发现变大的不止是腹围，胸围、臀围、腿围都会不断地增大。所以孕妇装应当选择比身材大一号的尺码，一是出于舒适度的考虑，穿宽大的衣服活动更自由；二是出于经济的目的，稍肥大的衣裤可以从当季开始穿两三个月。

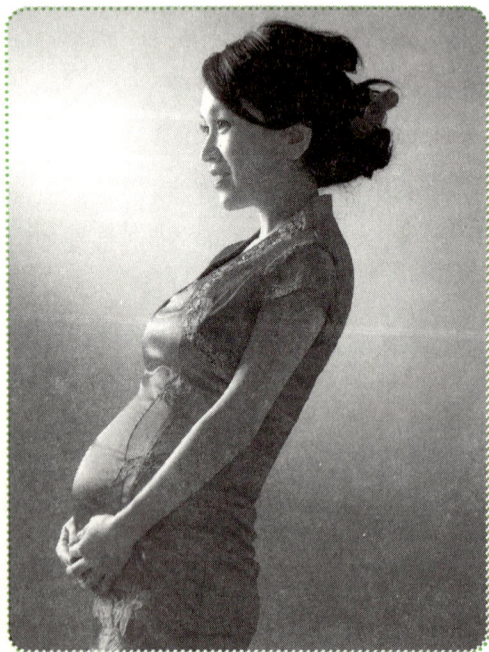

同时，选择的孕妇装，不管是上衣还是裙子，都应选择两侧配有腰带的款式。刚穿时可以把带子系上，以达到最好的视觉效果。

261 孕期怎样预防炎症

准妈妈要做好孕期炎症的预防，下面是一些有效的方法：

(1) 应勤换、勤晒内衣，少吃或不吃辛辣刺激的食物，以免助湿生热，诱发各种炎症。

(2) 适当运动，注意营养，以增强身体抵抗力。

(3) 多吃些富含维生素 C、B 族维生素以及维生素 E 等营养元素的食物。

(4) 胡萝卜素和锌都能对准妈妈抵抗感染有一定帮助，是准妈妈的食谱中不可或缺的营养元素。

患妇科炎症后，有些准妈妈习惯于用药物来冲洗阴道，这种方法是有风险的。因为，冲洗时由于不知深浅，很易引发先兆流产或流产。一旦患上了阴道炎，准妈妈需要在医生的指导下，对症选用恰当的治疗方法。

262 孕期常见疾病有哪些

除了上面提到的那几种炎症之外，孕期还要预防这样几种疾病：

1.尿路感染

如果准妈妈患了尿路感染，就会出现尿频、小便灼痛及小腹疼痛等症状。治疗不及时，甚至会出现血尿和高烧等。一旦患病，准妈妈要及时去医院治疗，拖延只会使病情更加重，甚至转为肾炎，这就有可能引起流产或早产。

2.疱疹

疱疹主要表现为阴道内外出现水疱，并伴有疼痛。如果是第一次患疱疹，而且出现在孕期，分娩时又出现溃疡时，医生会让准妈妈采取剖宫产，以免感染新生儿。因为一旦新生儿被感染，则有可能会损伤新生儿大脑。

3.弓形体病

一旦胎宝宝也感染了弓形体病，就有可能会引发流产或死胎，甚至会使新生儿患上精神疾病或失明等。最可靠的预防办法是孕前打疫苗。

4.李氏杆菌病

患病时，症状与流感和胃肠炎相似。但孕妇一旦患上此病危害就大了，必须采取引产措施，因为它会导致早产、流产或死胎。

263 为何不要忽视孕期阴道炎症

孕期出现阴道炎症后，不仅准妈妈会遭受痛苦，腹中胎宝宝也会受到影响。病菌会使患病孕妇在妊娠期发生胎膜早破、早产及产褥感染等，而新生儿经产道分娩时也容易被感染。孕妇在确诊为阴道炎症后，切不可自行用药，更不能滥用抗生素或激素类药物，以防胎宝宝因药物致畸。正确的处理办法是去医院诊治，在医生的指导下选择对胎宝宝无害或是影响较小的药物。同时，用药治疗时一定要彻底，绝

不能因症减轻就自行停药，以防复发。

264 准妈妈为何需控制 B 超检查次数

专家提醒妊娠期的女性，要控制好 B 超检查的次数，尽量避免不必要的超声检查。有的准妈妈会因为担心胎宝宝的健康，而经常要求进行 B 超照射，这样的做法是不妥的。虽然现在并没有证据说明 B 超会对胎宝宝造成不良影响，但也没有实验说明 B 超照射不会对胎宝宝造成不利影响。

265 准妈妈洗衣有哪些宜忌

(1)孕期忌用很冷的水洗衣服，应适当兑些热水；

(2)孕期洗衣时姿势宜稳，忌蹲位洗衣，这样会使子宫受压，影响血液循环；

(3)孕期洗衣忌用力过猛，忌搓板顶住腹部，这样会使子宫受压；

(4)孕早期洗衣忌使用洗衣粉，因洗衣粉里的化学物质可能会损害受精卵；

(5)晒衣服时动作宜轻柔，晒衣绳应适当系低一些，忌向上伸腰。

266 准妈妈怎样数胎动

每天早、中、晚在固定的时间里各数 1 小时，每小时胎动大于 3 次，则胎宝宝情况良好。也可将早、中、晚三次数得的胎动次数相加后乘以 4，即 12 小时的胎动次数。如 12 小时胎动达 30 次以上，则胎宝宝情况良好；少于 20 次，说明胎宝宝有可能出现了异常情况；如果胎动少于 10

次，则可能是胎宝宝宫内缺氧，准妈妈应上医院检查。

267 准妈妈气色不好怎么办

很多女性一旦怀孕，气色就会非常好，但也有一些人不同，她们会在孕期气色很差。想让自己看起来气色好，需要保持愉快的心情以及营养均衡的膳食搭配。例如，准妈妈可以多吃一些含铁量丰富的食物（猪肝、鸭血、蛋黄、豆类、番茄、红枣等），以益气补血、改善气色。

268 孕中期准妈妈怎样穿衣

(1)不要刻意去遮盖渐渐隆起的腹部，大肚子是上天的礼物！挺着大肚子穿行在大自然中是一道最美的风景线。

(2)选择亮丽的颜色。无论你是什么肤色，亮丽的颜色都会适合你，因为它会让你的心情也跟着亮起来。

(3)宽松舒适。不用选择专门的孕妇装，一些设计宽松的款式准妈妈们穿着就很好，而且经济，生完宝宝还可以继续穿。

(4)注意色彩图案搭配。

①方格图案。方格是最经典的图案之一，端庄大方。在颜色的选择上，除了惯常的大地色系和黑白灰，也可以选择亮蓝、浅紫等颜色，既明艳又不失恬静，很适合孕期穿着。

②点图案。圆点，时髦活泼，用在衣服上，体现出了一种圆融和谐的美感。但需要注意的是，不要挑选圆点过大的，在色彩上也应选择深色系。浅色的、过大的圆点具有膨胀感，会显得准妈妈身体更臃肿。

③斜条条纹。准妈妈也可以选择能够减小膨胀感的斜条图案。在颜色上，则应以沉稳的色系为主。

269 孕中期准妈妈应注意哪些美丽重点

1.食物美容为主

准妈妈最安全可靠的美容办法当然是食物美容。多吃含维生素多的食物，保证充分的休息和睡眠，就能让皮肤状态好起来。为了使皮肤保持柔软和弹性，可以涂上一些安全的保湿产品。

2.做好清洁

由于孕期汗腺更发达，准妈妈在夏天非常容易长湿疹和痱子，所以，孕期要注意卫生，出汗后要马上擦干，勤换内衣。

如果你已经长了湿疹和痱子，那就要注意调养，注意不要让湿疹破溃和感染。

270 准妈妈着装衣料质地需注意哪些细节

准妈妈的衣料质地应以纯棉为主，尤其是内衣，应选择透气性强的天然材质，如纯棉、真丝等。夏天的衣物，纯棉是首选，透气、柔软，还吸汗、耐洗。

准妈妈不宜穿着化纤质地的衣服。化纤布料在加工过程中需要用化学药剂进行处理，如果直接与孕妇皮肤接触，容易让孕妇敏感的皮肤出现发炎状况，而这些化学物质对胎宝宝也不利。

孕妇买了新衣服后，尤其是要与皮肤直接接触的衣服，一定要清洗后再穿。

271 胎宝宝性别有何奥秘

精子和卵子在受精成胎前，必须经过一次"减数分裂"。23 对染色体一分为二，分裂后每个细胞内染色体减半，只有 23 条。卵子的性染色体是两个 X，分裂后各带一个 X，精子的性染色体是一个 X 和一个 Y，分裂后带 X 和带 Y 的各占一半。如果带 X 的精子与卵子结合，受精卵的性染色体为 XX，便是女胎；带 Y 的精子与卵子结合，受精卵的性染色体为 XY，则是男胎。

272 胎宝宝适应环境的能力如何

不要把胎宝宝想象得过于柔弱，他们适应环境的能力是超乎想象的。很多南非女性经常会担心她们在怀孕期间如果继续运动，会由于身体过热而对胎宝宝造成不利影响。科学家们说，她们的担心完全是多余的，因为胎宝宝有热保护机制。

科学家们经过研究发现，当孕妇因运动而造成体温上升时，通往胎盘的血液循环系统就会相应发生变化，调整母亲身体过热对胎宝宝的影响，从而使胎宝宝处于一种稳定的内环境当中。而且，这种调节作用伴随着整个孕期，以保证胎宝宝一直处于一种稳定的环境中。科学家把这种现象称为胎宝宝热保护机制。

当然也有例外的情况——当孕妇因为感冒而导致体温升高时，这种热保护机制就会失去作用。所以由感冒而引起的孕妇体温上升会对胎宝宝造成不好的影响。

273 哪些准妈妈容易生畸形儿

1.孕早期发生高热的孕妇

孕早期发生高热会对胎宝宝造成不利的影响，即使宝宝出生后没有明显的外观畸形，但脑组织发育有可能受到不良影响，可能会出现智力低下、学习和反应能力较差的情况。

2.爱接近猫狗的孕妇

就如我们在前面讲到的，猫和狗容易携带病菌，导致胎宝宝畸形。

3.浓妆艳抹的女性

美国的一项调查显示，每天浓妆艳抹的孕妇胎宝宝畸形的发生率是不化妆孕妇的 1.25 倍。

4.孕期精神紧张的孕妇

我们在前面多次讲到孕妇精神紧张会对胎宝宝造成不良影响。因为肾上腺皮质激素与人的情绪变化有密切关系。孕妇情绪紧张时，肾上腺皮质激素可能阻碍胚胎某些组织的融汇作用，如果孕期的前3个月孕妇总是精神紧张、情绪不佳，胎宝宝出现唇裂或腭裂等畸形的概率就非常大。

5.饮酒的孕妇

如果孕妇饮酒，酒精可通过胎盘进入胚胎，对胎宝宝产生严重的损害。研究发现，孕期每天饮2杯酒以上，对胎宝宝有影响；每天饮酒2～4杯，则有可能导致胎宝宝畸形，如脑袋很小、耳鼻极小、上嘴唇宽厚等。

274 准妈妈为什么会增重

有些准妈妈担心发胖影响产后体形的恢复，或是担心胎宝宝太大不能顺产，就节制饮食，尽量少吃。其实，这种做法并不对，对自己和胎宝宝都会有不利影响。

怀孕以后，随着妊娠期的增加，准妈妈体重也会增加，这是正常的现象。只要增加的体重在正常范围内就不属于肥胖，更用不着节食减肥。

孕期，由于新陈代谢更旺盛，与妊娠有关的组织器官也会出现增重。其次，胎宝宝、胎盘、羊水、子宫、乳腺及准妈妈血容量等的增加是准妈妈体重增加的主要原因。另外，脂肪的储备也会有所增加，这是为即将到来的分娩及哺乳做准备，这种脂肪是一定不能减掉的。

275 准妈妈减肥为何须谨慎

所谓"先天不足，后天难养"，在很

大程度上，先天营养决定了胎宝宝生命力的强弱。如果营养供应不足，胎宝宝的发育就会受到阻碍，甚至出现早产、流产、死胎等严重后果。

营养不良对于准妈妈本身的危害也非常严重。营养不良的准妈妈会出现浮肿、贫血、腰酸腿痛、体弱多病的症状。

由此可见，准妈妈不可随意减肥。当然，孕期营养的摄取也要合理、适度，以为只要是营养品就可以吃，并且认为吃得越多越好的观点是片面的。

276 准妈妈为何需控制体重

对准妈妈来说，理想的情况下，怀孕体重增加保证在8～12千克为宜。不论怀孕前体重如何，如果在孕中、晚期，每月体重增加少于1千克或每月体重增加3千克以上都是需要特别注意的。

虽然减肥须谨慎，但准妈妈必须控制体重，否则除了身材变形外也容易增加分娩的难度。

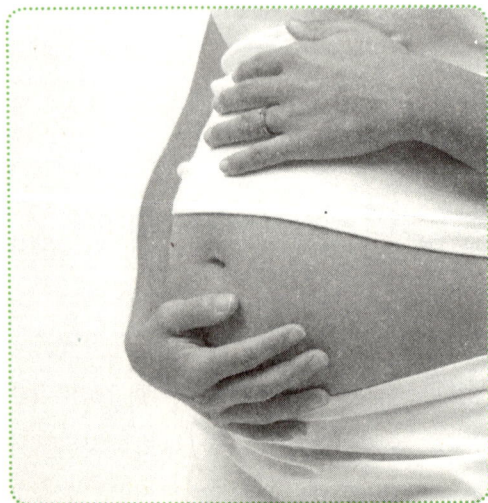

277 孕妇不可抱别人的小孩吗

这是完全正确的。孕妇最好不要抱体重超过 5 千克的小孩，特别是进入怀孕中、后期的准妈妈。这与孕期不要提重物是相同的道理。

另外，如果小孩有传染性的疾病，如肠病毒、水痘、感冒等，孕妇最好不要近距离接触，以免被传染。

278 准妈妈冬季起居需注意哪些细节

第一，要注意室内空气质量。开窗通风是净化室内空气的好办法，可以在阳光比较好、白天温度相对较高的中午，开窗通风半个小时左右。

第二，不要过度加热食用油。在烹调时，不要过度加热食用油，否则会导致食物氧化分解，脂肪中所含的维生素 A、维生素 D 则因脂肪氧化而失去营养。同时要打开抽油烟机，如果没有则要开窗换气。

第三，被褥、毛毯和地毯应经常在阳光下晾晒。

第四，选择家具。如果要选择家具，尽量不选密度板和纤维板等材质的家具，因为这些家具可能会造成污染。

第五，种植绿色植物。在室内种一些绿色植物，比如吊兰、仙人掌，也能起到一定的净化空气的作用。

279 准妈妈驾车应注意哪些事项

第一，应平缓驾驶。准妈妈们在开车时要避免紧急制动、紧急转向，应平缓驾驶，以免冲撞力过大，使自己受到惊吓，从而影响到肚子里的宝宝。

第二，开新车要谨慎。新车内空气不太好，应放些竹炭、菠萝或者羊毛垫等物品来吸异味。同时，尽量开窗，放放车内的空气。

第三，注意空调温度。车内温度以 26℃ 为佳，孕妇坐在里面最好不要低于这个温度。在不是太热的情况下，最好关掉空调，打开车窗改吹自然风。

第四，不要穿高跟鞋。女性开车穿高跟鞋本来就危险，因为在遇到紧急情况的时候很容易因为鞋跟高等原因不能把离合器踩到底。怀孕时脚又特别容易出现水肿，再穿上窄窄的高跟鞋，就更危险了。所以，准妈妈开车最好穿运动鞋或者布鞋。

280 我的胎宝宝是健康的吗

胎宝宝发生异常病变的概率极小。多数的异常状态发生在妊娠最初几周内，并且以流产而告终。13 周后，胎儿完全成形，就很少再会出现问题。你可反省检查一下自身的生活方式，如果没有损害胎儿的不良习惯，并且坚持孕检，就完全不必担心。

281 父母会把哪些"优点"传给宝宝

第一，肤色。宝宝将会中和父母的肤色。比如，父母皮肤较黑，则子女不会皮肤白皙；若一方白一方黑，那么，子女多会出现不白不黑的"中性"肤色，但有时也会更偏向某一方。

第二，下颚。这是显性遗传，宝宝将完全遗传自父母。如果父母一方有突出的大下巴，那么子女们也会毫无例外地长着一个酷似的大下巴。

第三，双眼皮。它同样属于"绝对"性遗传。通常情况下，大多数子女会遗传父亲的双眼皮，即使有些宝宝出生时是单眼皮，长大后还是会变成像父亲那样的双眼皮。另外，大眼睛、大耳垂、高鼻梁、长睫毛，也都会遗传自父母。

运 动 胎 教
Yun Dong Tai Jiao

282 为何不能对妻子保护过度

很多准爸爸会对怀孕的妻子保护过度，把所有的注意力都集中在准妈妈身上。家务活自个儿全包揽下来，准妈妈要外出自然是不可以的——万一坐车时被挤碰着怎么办？小心翼翼，生怕有闪失。在这样的保护下，准妈妈活动越来越少，吃得越来越多。

准爸爸关心准妈妈的心情是可以理解的，但一味地包干包揽，不让准妈妈做一丁点体力劳动，只会让准妈妈的体质变弱，腹肌收缩力减弱。这样分娩时就会出现产力不足的情况，会增加难产的发生率。

准妈妈不运动，还会影响胎宝宝的生长发育。当准妈妈运动的时候，胎宝宝同样也在运动！而孕妇的运动表现会直接影响宝宝今后身体的平衡能力，甚至是体质的好坏。

让准妈妈吃得过多也不好，这样会导致胎宝宝体重增加过快，造成大体重儿，增加准妈妈的分娩难度和施行剖宫产的概率。

准爸爸应为准妈妈制订适当的运动计划。当然，准妈妈做运动、做家务时一定要做好保护工作，要在安全的前提下进行。准妈妈可以选择的运动形式我们在前面也有过介绍，除了散步等较常规的休闲运动，还可以做一些比较柔和的项目，比如舒缓的韵律操，轻柔的形体舞和瑜伽等。准妈妈运动的时候准爸爸最好一起参与，这样可以提高准妈妈的积极性。

283 准妈妈应远离哪些危险动作

(1) 去拥挤的市场购物。

(2) 长久弯腰熨烫衣服。

(3) 长久弯腰拖地板。

(4) 举胳膊并伸长上身晾衣服。

(5) 长久擦洗浴盆。

(6) 长久在厨房里做家务。

(7) 长久蹲在地上干活，如择菜、擦皮鞋。

(8) 长久站立或坐着。

(9) 长久擦拭家具。

(10) 肚子较大了还经常开车。

(11) 用搓衣板洗很多衣物。

(12) 用手去抬或搬重物。

(13) 踩小凳子拿高处的物品。

(14) 骑自行车，特别是长时间在颠簸的路上骑车。

(15) 双手拎着重东西。

(16) 改变动作时过急，如猛然起身。

(17) 上下楼梯时猫着腰或过于挺胸腆肚。

(18) 过较窄的桥或小路。

(19) 突然弯腰拾地上的东西。

284 准妈妈怎样保持正确坐姿

准妈妈的正确坐姿是让后背紧靠在椅背上，必要时还可以在靠近肾脏的地方放一个小枕头。

如果准妈妈的工作需要长期伏案，那么每隔45分钟就应起来走动一下，这样有助于血液循环，还可以预防痔疮。

285 什么是抚摸胎教

所谓的抚摸胎教，是指准妈妈或者准爸爸用手在孕妇的腹壁轻轻地抚摸胎宝宝，刺激胎宝宝的触觉，以促进胎宝宝感觉神经及大脑的发育。

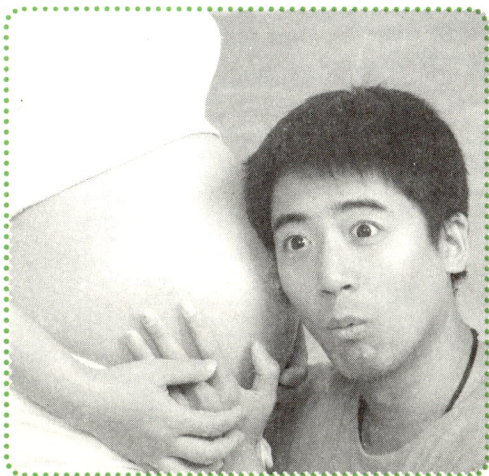

医学研究表明，孕4月，胎宝宝的第一次胎动开始出现，胎宝宝体内绝大部分细胞已具有接受信息的能力，能够通过触觉神经来感受体外的刺激，而且会作出逐渐灵敏的反应。这时候，准父母可以对胎宝宝进行抚摸胎教，通过抚摸的动作配合声音与子宫中的胎宝宝进行交流，使胎宝宝获得安全感，感觉舒服、愉快。

286 抚摸胎教有何益处

加快胎宝宝的智力发展。 抚摸胎教可以锻炼胎宝宝皮肤的触觉，使胎宝宝通过触觉神经感受体外的刺激，从而促进胎宝宝大脑细胞的发育，加快其智力发展。

促进运动神经的发育。 抚摸胎教能激发胎宝宝活动的积极性，促进运动神经的发育。研究发现，在母腹中经常被父母进行抚摸胎教的足月儿，对外界环境的反应较没有接受抚摸胎教的宝宝更机敏，出生后翻身、抓握、爬行、坐立、行走等大运动发育也较没有接受抚摸胎教的宝宝有明显提前，肌肉活力也更强。

让胎宝宝感受到家人的爱。 在进行抚摸胎教的过程中，胎宝宝将充分体会到父母的关爱，使胎宝宝情绪愉悦。同时，准妈妈也会心情放松、精神愉快。

287 抚摸胎教前需做哪些准备工作

准备一： 抚摸胎宝宝之前，准妈妈应排空小便；

准备二： 抚摸胎宝宝时，准妈妈应保持稳定、轻松、愉快、平和的心态，避免情绪不佳；

准备三：进行抚摸胎教时，室内应空气新鲜，温度适宜。

288 准妈妈怎样来回抚摸胎宝宝

来回抚摸法是较常用的一种胎教抚触法。在腹部完全松弛的情况下，准妈妈或者准爸爸用手从上至下、从左至右，来回抚摸。

注意：抚摸时动作要轻，时间也不要过长。

289 准妈妈怎样触压拍打胎宝宝

触压拍打法相对于来回抚摸法要稍复杂一点：

● 准妈妈平卧，放松腹部。

● 准妈妈或者准爸爸用手在腹部从上至下、从左至右来回抚摸，并用手指轻按然后抬起。

● 轻轻地按压和拍打腹部，给胎宝宝以触觉的刺激。

刚开始时，胎宝宝不会作出反应，但准妈妈要坚持地做下去。一般几个星期后，胎宝宝就会出现身体轻轻蠕动、手脚转动等反应。

注意：开始时时间不宜太久，每次5分钟即可；胎宝宝作出反应后，每次可延长至 5 ~ 10 分钟。同时，在对胎宝宝进行按压拍打时，动作一定要轻柔。准妈妈要时刻注意胎宝宝的反应，如果感觉到胎宝宝用力挣扎或蹬腿，则说明他不喜欢，要立刻停止。

290 准妈妈实行推动散步法需注意哪些事项

准妈妈平躺在床上，全身放松，准妈妈或者准爸爸轻轻地来回抚摸、按压、拍打腹部；也可以用手轻轻地推动胎宝宝，让胎宝宝在宫内"活动活动"。

为避免因用力不当而造成的腹部疼痛、子宫收缩，此练习一定要在医生的指导下进行。如果练习不当，严重的甚至会引发早产。

练习时动作要轻柔自然，用力要均匀适当，切忌粗暴。如果胎宝宝反应剧烈，要立刻停止，并用手轻轻抚摸腹部，让胎宝宝尽快地平静下来。

291 准妈妈怎样与胎宝宝做亲子游戏

亲子游戏法比较有趣。准妈妈或者准爸爸先用手在腹部从上至下、从左至右轻轻地、有节奏地抚摸和拍打，当胎宝宝给予还击时，再在胎宝宝给予反应的部位轻轻拍两下。一会儿胎宝宝就会再次还击，这时准妈妈可以改拍离原拍打位置不太远的地方，胎宝宝会很快再次在拍打的位置还击。如此反复几次。

注意：最好在每晚临睡前进行，此时胎动最频繁；同时时间不要过长，以免让胎宝宝过于兴奋影响准妈妈的睡眠。

292 何时不宜进行抚摸胎教

(1)在孕早期以及临近预产期的准妈妈；

(2)有不规则子宫收缩、腹痛、先兆流产或先兆早产的准妈妈；

(3)曾有过流产、早产、产前出血等不良产史的准妈妈。

293 准爸爸怎样参与抚触胎教

准爸爸是准妈妈的得力助手，胎宝宝喜欢准妈妈的抚摸，也喜欢准爸爸的抚摸和声音，准爸爸一定要参与到抚摸胎教中来。准爸爸可以隔着肚皮轻轻地抚摸胎宝宝，并协助准妈妈让胎宝宝进行一些宫内运动；准爸爸还可以加入到亲子游戏中来，一家人一起玩游戏最是其乐融融，这样和睦的家庭氛围胎宝宝最喜欢了。

虽然胎宝宝还未出世，但也会与准妈妈闹矛盾，比如胎宝宝的活动过于激烈时就会让准妈妈有些难以忍受了。这时，调解员准爸爸就要上场了。他一边隔着肚皮轻抚胎宝宝，一边温和地说："乖宝宝，爸爸和你商量个事儿，动作轻点好吗？妈妈感觉有些吃不消啦。"

294 抚摸肚皮需注意哪些细节

应有规律性。每天 2 次，坚持在固定的时间段内进行，这样胎宝宝才能心领神会地在此时间里作出反应。

配合其他胎教方法。如果能在进行抚摸胎教时配合对话胎教和音乐胎教等，效果会更佳。

时间不宜过长。每天做 2 次，每次 5 分钟左右即可。

动作要轻柔。在抚摸及触压胎宝贝时，动作一定要轻柔，不可用力，以免出现危险。

随时注意胎宝宝的反应。触摸时胎宝宝如果"拳打脚踢"，准父母应马上停止。因为这即预示着胎宝宝不舒服了。

295 为何说抚摸胎教应长久坚持

任何胎教都有一个度，孕妇要掌握好各项胎教的内容、时间等，并按一定的规律去做，这样胎教才能达到预期的效果，抚摸胎教也不例外。如果心血来潮时就进行，心情不好就不做，这样无论哪种胎教都不足以和胎宝宝建立起亲密联系。抚摸胎教也应如此，只有规律进行才能使胎宝宝领会到其中的含义，并积极响应。

296 孕期瑜伽有何益处

益处一：呼吸顺畅，身心放松

瑜伽可以让孕妈妈获得正确的呼吸技巧和放松方法，从而使心脏和肺部肌肉处于良好状态，为顺产和产后的身体恢复打下基础。

益处二：改善血液循补，缓解身体不适

通过瑜伽的练习，孕妈妈的血液循环可以得到有效改善，使肌肉的力量和伸缩性得到加强；瑜伽还能锻炼子宫的髋部、脊柱，使腹部肌肉更有力，强化关节及肌肉，预防骨骼耗损和肌肉劳累，有效地缓解了孕期腰酸、背疼等不适。

益处三：控制腹部肌肉力量，缩短产程

练习中，孕妈妈的腹部肌肉得到了锻炼，骨盆得到了扩张，从而有利于孕妈妈缓解或减少生产过程中的痛楚和不适感。

益处四：建立自信，平和心态

练习瑜伽可以帮助准妈妈建立自信，使准妈妈对顺产和产后的身材恢复充满信心，从而使准妈妈的心态更平和。

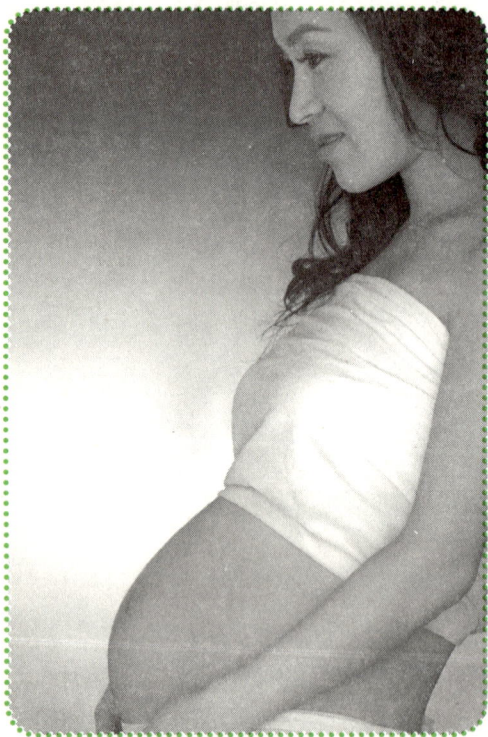

益处五：提高注意力，减少焦虑

瑜伽呼吸法可以让准妈妈紧张的情绪得到放松，从而提高注意力去了解自己的身体及胎宝宝的发育状况，这对平缓准妈妈的产前焦虑、紧张和恐惧有很大的助益。

益处六：增强身体平衡感

坚持一段时间的练习之后，准妈妈会发现自己整个肌肉组织的柔韧度和灵活度都会得到大幅度的提高，即使肚子一天天变大变沉重，走路也依然平稳。是的，瑜伽能够让准妈妈平衡感更好。

益处七：缓解气短和压抑，让呼吸变得更顺畅

由于瑜伽练习能够刺激和控制准妈妈的荷尔蒙分泌腺体，使准妈妈的血液循环得到增加和加速，从而很好地控制呼吸，让准妈妈孕期胸闷气短的现象得到很好的改善。

益处八：对抗失眠，改善睡眠

练习瑜伽之后，准妈妈会发现失眠消失了，自己睡得更香了，以前怎么躺都别扭的情形不复存在了。

益处九：使胎宝宝灵活敏锐，健康成长

准妈妈练瑜伽也会使胎宝宝的发育更健康。这是因为准妈妈在练瑜伽的时候，能够给予胎宝宝适当而温和的刺激和按摩，从而使胎宝宝对外界的反应增加，让胎宝宝变得更加灵活和敏锐。

297 准妈妈练瑜伽需注意何事项

女性在孕中练习瑜伽还是与孕前有一些区别的，要特别注意适度及适量。下面，我们就来说说孕期瑜伽的注意事项。

1.注意练习时间

早期，准妈妈会感觉特别懒散，不想做任何费力的事情。建议准妈妈从妊娠的第4个月开始进行瑜伽锻炼。每周练习

2～3次即可，每次练习的时间视自己的身体情况灵活掌握。

2.循序渐进、慢加量

如果准妈妈没有流产史而且身体健康，那么只要你觉得准备好了就可以进行了。动作应当是轻柔的，慢慢地提高肌肉柔韧性和张力，同时需要注意运动量，不要突然加大运动量和延长运动时间。

有习惯性流产史或身体特别虚弱的孕妈妈应当谨慎选择练习动作，最好在专门的瑜伽教练的指导下进行练习。

3.适宜的姿势

10个月的妊娠全程，准妈妈可以根据不同时期的身体状态练习不同的瑜伽姿势，但必须以身体的舒适为准。

练习瑜伽是一项因人而异的运动，准妈妈必须选择与自己的身体状况相协调的姿势进行练习。要集中精力关注自己，不要太关注其他人的动作。如果练习途中有不适感，就要马上停下来请教练调整。

4.安全第一

孕期的锻炼练习是必要的，但一定要在安全的前提下进行，切不可过量。如果出现轻微出血或者医生要求卧床休息，则要停止锻炼。

298 孕中期适合哪些瑜伽动作

动作一：枕臂侧躺

步骤：侧躺，一胳臂枕于头下，另一胳臂置于弯曲的大腿上；置于底下的大腿保持放松伸直的姿势，置于上部的大腿稍微弯曲。做完一侧后以同样方式换另一侧。

时间：以身体舒服为度。

功效：消除背部压力，放松背部肌肉。

动作二：仰躺放松

步骤：仰卧，双脚分开，间隔为两脚宽，双手掌心朝上，放于身体两侧，双眼轻闭；从下往上，依次放松身体的各个部位，脚趾、脚踝、小腿、大腿、膝关节、胯部、手指、腹部、胸部、颈部、肩部、口、鼻、睫毛、眉毛和前额部位；面部器官逐渐地放松、舒缓。

时间：孕前期每天做3次，一次10分钟。然后逐渐减少为2分钟。

功效：可给你带来真正的平静和安详。孕中期，建议用"枕臂侧躺"的方式放松。孕5月后，仰卧的时间更应减短。

动作三：坐姿聆听

步骤：坐在席子或毯子上，背靠墙，或者坐在椅子上，靠住椅背；双腿伸展，手臂自然放松，双手手心朝上，放在大腿上；闭眼，颈部、睫毛、脸部放松；聆听有节律的、细微的声音，或听些轻柔的音乐。

时间：以身体舒服为度。

功效：被动的轻松聆听可以使人冷静、放松。

299 孕期按摩有何好处

孕期按摩有很多好处，相关研究发现，孕期定期做按摩可以放松准妈妈的身体、心灵和精神，唤醒面部肌肤，淡化妊娠纹，预防感冒。另外，对准妈妈来说，按摩还能够使其精神平静下来，有助于缓和孕期的身体酸痛和手脚肿胀以及脚抽

筋，甚至能提高她们的睡眠质量。对准妈妈进行定期按摩，还会降低其尿液中的应

激激素，从而降低发生早产以及胎儿产后并发症的风险。

300 准妈妈怎样按摩面部肌肤

由于孕期生理上的变化，大多数准妈妈会出现面部皮肤粗糙、松弛、生黑斑等现象。脸部按摩可以有效改善这些状况，唤醒面部肌肤，重塑美丽容颜。

每隔 3 天，准妈妈可以在睡前洁面后做 3 ~ 5 分钟的面部按摩，然后用热毛巾敷一下就可以了。方法如下：

按摩额部。左右手的中指及无名指放在额头上，分别自额心向左右两边做小圆按摩。连续按摩 6 圈后，在左右两边太阳穴上轻轻压一下。

按摩眼角。两手手指自两边眼角沿着下眼眶按摩 6 小圈，然后绕过眼眶，回到眼角处轻轻压一下。

按摩眼周。手指沿眼周围做绕圈按摩，按摩 6 圈后在太阳穴上轻轻压一下。

按摩鼻部。手指自太阳穴沿额头鼻梁滑下，在鼻头两侧做小圈按摩，自上而下按摩 8 小圈。

按摩嘴部周围。双手的两食指分别自下巴沿着嘴角，向上按摩至唇上，再从唇上按摩至下巴。

按摩脸颊部。双手的两食指分别沿脸颊四周做大圈按摩，共按摩 8 圈，然后至太阳穴处轻轻压一下。

按摩拍脸。双手四指并拢，左右交替在脸上轻轻拍击，共拍击约 60 次。

301 准妈妈怎样按摩淡化妊娠纹

据统计，大约有70%的准妈妈会在妊娠时出现妊娠纹。如果孕期在妊娠纹最常出现的部位进行适度按摩，可以有效地预防和淡化妊娠纹。

在按摩的时候，力度要轻柔。如果用力过度，会造成皮肤张力增加、胶原纤维断裂，反而会让妊娠纹更容易出现。按摩时最好使用安全的预防妊娠纹的按摩油，这样效果会更好。具体方法如下：

臀部。由下往上沿臀部边缘按摩，左、右边都要进行按摩。

胸部。从两胸的中间开始，由下往上沿胸部边缘到颈部按摩，左、右两边都要进行按摩。

腹部。以肚脐为中心点，由内向外顺时针方向按摩腹部；从腹部外侧开始，由腹部下方往上推向中间。

大腿内侧。从大腿内侧开始，逐步向

上按摩。

302 准妈妈怎样按摩预防感冒

孕期感冒的危害我们在前面有过叙述，它不仅会对准妈妈产生危害，对刚刚形成的胚胎也会有损害。除了平时保暖以外，经常对人体的某些穴位或部位进行按摩，也可以帮助准妈妈提高抵抗力，预防感冒。准妈妈最好每天早晚各按摩一次，这样坚持下来才能达到防治感冒的效果。具体方法如下：

揉搓鼻子。两手合掌，手指交缠，把大拇指置于眉尖的印堂穴上，往下一直推至鼻子两侧的迎香穴。

揉搓迎香穴。两手食指按住鼻翼两侧的迎香穴，按照顺时针和逆时针的方向各搓摩 36 次，会有酸胀感向额面放射。

搓摩脸部。先将手掌搓热，然后用两手指尖向上按住额头，再由上往下、沿着鼻子的两侧至下巴做搓摩，直到感觉发热为止。

搓摩两耳。待脸部搓摩发热后，两个手掌的指尖由下巴沿脸颊两侧往上靠拢，到达耳部后用食指和拇指抓住耳垂轻轻往外拉，把耳垂拉红了也没有关系，做64 次。

303 准妈妈怎样按摩缓解腰酸背痛

这需要准爸爸的参与。准妈妈最好跨坐在椅子上，椅子前放一张桌子，在桌面叠一或两个枕头，在按摩时准妈妈可趴在枕头上休息。按摩不要平躺着进行，这样会使子宫的血流量增加，对胎宝宝造成伤害。

准爸爸按摩时，力度要恰到好处。如果准妈妈感觉不适，要马上停止按摩。有伤口、感染、红疹或静脉曲张的地方不要进行按摩；压踝关节及足跟部之间的地方也要避免按摩，因为这里直接关联子宫及阴道，如果在妊娠晚期重压可引发早产。具体方法如下：

准爸爸双手搓热按摩油后将手放在妻子腰围下的背部位置，慢慢向上移动再伸向脊椎两侧，这时千万不要直接在脊柱上进行按摩。按摩到肩膀的时候再伸展到背部上方进行轻按，最后再回落到开始的地方重复以上动作。按摩时间以准妈妈感到背部的肌肉开始有温热和放松为止。

另外，准父母要特别注意的是，孕1 ~ 3 个月要绝对禁止按摩，孕 4 ~ 6 个月，每周按摩 1 次；最后的 3 个月，每周按摩 2 次。

304 准妈妈怎样按摩预防脚抽筋

到了怀孕后期，由于身体负担过重，大多数准妈妈都有过在睡梦中被小腿或脚部突然抽筋的疼痛惊醒的经历。适当的按摩可以预防及缓解脚抽筋的现象。具体方法如下：

缓解痉挛。准妈妈一旦发生痉挛立刻让准爸爸用手掌按压脚掌，并轻轻拉伸小腿。等痉挛缓解后，再以旋转的手法按摩小腿的肌肉。也可以在小腿后侧用热水袋或热毛巾敷，使肌肉得到放松。

预防痉挛。洗澡或用温水泡脚后，按摩小腿3分钟左右。

预防腿脚抽筋除了按摩之外，还有一些其他的办法。首先是注意饮食。准妈妈要多喝水，多吃富含镁、钙和维生素C的食物，饮食不要过于肥腻。其次是避免长时间坐着或站着，坐着时不要跷"二郎腿"。另外，还要注意做适当的运动。每天做几次踮脚然后再还原，这能够伸展小腿肌肉，从而有效预防脚抽筋。

305 孕期按摩需注意何事项

（1）按摩前暖好手并摘去饰物。

（2）选择安全的按摩油或按摩膏，这有助于手掌在皮肤上的滑动。

（3）如果按摩时孕妈妈感到不适，要立刻停止。

（4）妊娠20周后不要俯躺按摩，也要尽量避免仰卧按摩。

（5）不应直接按摩脊椎，也不要在伤口、感染、红疹或静脉曲张的地方按摩。

（6）不要挤压踝关节及足跟部之间，这里直接关联到子宫及阴道，如果孕晚期重压这些部位容易引发早产。

（7）腹部要轻轻抚摸，切不可用力过大。

（8）从来没有按摩过的人最好请专业按摩师指导后再开始。

306 哪些有氧运动可控制准妈妈体重

有氧运动，包括散步、做韵律操等。在孕期进行有氧运动能起到加强心肺功能、促进身体对氧气吸收的作用，对准妈妈和胎宝宝都有直接的好处。同时，它还能帮助准妈妈增强血液循环、减轻动脉曲张；增加肌肉力量而缓解甚至消除背痛、腰痛；增加身体耐力，为分娩做准备；还可以调节血压、血糖、控制体重的过度增加等。

韵律操是比较适宜准妈妈进行的锻炼方法。要注意的是弯腰和跳跃的动作尽量少做甚至不做。到了怀孕后期，特别要控制节拍。每次微微出汗时就可以停止了，不要太过劳累。至于散步，则是一种很安全的运动方式，而且能够增加人的耐力，对分娩也很有好处。

307 哪些水中运动可控制准妈妈体重

水中运动对准妈妈有极大的益处，比如游泳、水中健身操等。如果会游泳，孕前期可以经常尝试。游泳的好处很多：游泳时，水对胸廓的压力可以加强准妈妈的呼吸动作，增加肺活量，这对准妈妈日后在分娩时憋气用力有益。而且游泳可以减轻关节负荷，促进血液流通，促进胎宝宝的神经系统发育。而胎晚期，水中体位的变化还有利于纠正胎位，促进顺产。

不过，游泳运动一定要注意安全，身边还要人陪着。

308 Kegel练习可控制准妈妈体重吗

是的。Kegel练习是由美国Kegel博士发明的运动，是一项通过自主地收缩骨盆底肌肉（群）而完成的、对所有成年女性来说是终身受益的运动。这项运动可以加强子宫下部支撑肌群、阴道括约肌、尿道括约肌的力量。如果在孕期每周固定做5次，未来的生产将变得更加容易，而且能减少分娩时会阴撕裂的概率。

Kegel练习可以随时随地进行，无论是站着、坐着还是卧着。具体做法是：在吸气的同时收紧会阴部肌肉，包括阴道、肛门的环状肌肉。这时，盆腔底部有被上提的感觉，当上提到顶点时，保持8～10秒，同时匀速吸气和吐气，不要屏气，然后放松。

309 孕中期准妈妈怎么盘腿坐

盘腿坐通过伸展肌肉，可松弛腰关节。

做法：起床和临睡时，盘腿坐于地板上；两手轻放于两腿上，用力将膝盖向下推压；待一呼一吸后把手放开；如此"推压－放"，反复练习2～3分钟。

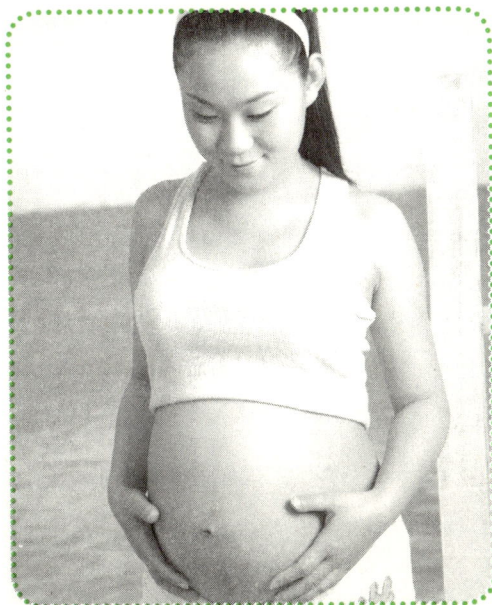

310 准妈妈怎么做骨盆扭转运动

此活动可以加强骨盆关节和腰部肌肉的柔软度。

做法：每晚临睡前仰卧；左腿伸直，右腿向上屈膝，右脚足后跟贴近臀部；右膝缓缓倒向左腿，腰随之向左扭转；接着右膝向外侧缓缓倒下，使右侧大腿贴近床面。如此左右交替，练习3～5分钟。

311 准妈妈怎么做振动骨盆运动

此活动可以松弛骨盆和腰部关节，使产道出口肌肉柔软，强健下腹肌肉，为顺利分娩做好准备

做法：仰卧、屈膝，腰背缓缓向上呈反弓状；缓缓复原，休息10秒钟再重复；两手掌和膝部着地，头向下垂，背呈弓状；边抬头，边伸背，使头背在同一水平上；仰头，使腰背呈反弓状；然后头向下垂，反复。每天练习3～5分钟。

312 准妈妈怎么做腹式呼吸练习

此练习可以增强腹部肌肉力量，使孕妇的心态变得更加安定。

做法：从卧位开始，分两步进行。第一步，用口吸气，使腹部鼓起；用口呼气，腹部收缩。第二步，用鼻吸气，使腹部鼓起；用鼻呼气，使腹部收缩。在练习时，应在熟练掌握第一步后再进行第二步。同时，练习可以在呼吸节拍一致的音乐伴奏下进行，这样更利于孕妇心态平和。

313 准妈妈怎么做腿部运动

此运动能够使孕妇腿部肌肉放松，提高阴道收缩力度。

● 平躺，让一条腿搭在另一条腿上，然后放下来，重复10次，每抬腿1次略微增加抬的高度；换另一条腿，重复10次。

● 平躺，两腿交叉向内侧夹紧，同时紧闭肛门；抬高臀部，然后恢复。重复10次后，把下面的腿搭到上面的腿上，再重复10次。

314 准妈妈怎么做腹肌运动

此运动可以锻炼支撑孕妇子宫的腹部肌肉。

● 平躺，单腿屈起，然后伸展，重复10次；换另一条腿，屈起、伸展，重复10次。

● 平躺，双膝屈起，单腿上抬，放下，重复10次；换另一条腿，上抬，放下，重复10次。

315 准妈妈怎么做骨盆运动

此运动可以让孕妇放松骨盆的关节与肌肉，使其柔韧，利于顺产。

● 平躺，单膝屈起，膝盖慢慢向外侧放下，重复10次；换另一条腿，再重复10次。

● 平躺，双膝屈起，左右摇摆至床面，慢慢放松，重复10次；换另一条腿，再重复10次。

316 孕中期体操应注意哪些事项

孕期体操也是运动胎教的重要内容，不仅对孕妇的健康有益，而且还利于顺产，不过，还需要注意以下细节：

（1）开始做的时候如果达不到要求，不可勉强，次数可依自身的身体状况而定。熟练动作之后，可渐渐增加次数。

（2）运动适量即可。适量的感觉为身体微微发热，略有睡意。

（3）如果肚子发胀，或者有其他身体不舒适的情况，可酌减体操的种类、次数、强度。

（4）做操的时间应在临睡前或沐浴后，早晨不要做。

（5）天天练习。孕期体操只有天天做才会起作用，所以准妈妈一定要坚持好，不要三天打鱼、两天晒网。

音乐艺术胎教
Yin Yue Yi Shu Tai Jiao

317 什么是"莫扎特效应"

音乐胎教，有一个所谓的"莫扎特效应"，这是20世纪90年代初美国科学家的研究结论。

莫扎特是古典音乐三巨头之一，他

3 岁成名，作品从室内乐到歌剧，涉猎广泛。美国加州大学艾文分校在 20 世纪 90 年代做了一个实验，让孕妇在孕期聆听莫扎特的音乐，并在她们的宝宝出生后进行跟踪调查。结果发现，这些宝宝 IQ 和 EQ 的平均值明显高于胎儿期未聆听音乐的宝宝。实验表明，音乐可以帮助大脑皮质发展思考机制。因为测试的曲目采用了莫扎特的音乐，所以这个实验报告又叫"莫扎特效应"。

那么，是不是莫扎特的所有音乐都适合当胎教音乐呢？

318 为何说莫扎特音乐不能全盘皆收

由于"莫扎特效应"选用了莫扎特的乐曲，所以有些人误认为莫扎特的所有音乐都能当做胎教音乐，有些发行商于是不加甄选地将莫扎特的曲目包装为胎教音乐，这实际上给胎宝宝带来了极大的危害。

莫扎特的一生创作颇丰，作品主题多样、风格各异，有些音乐并不太适合准妈妈聆听。比如那些表现强烈情感的音乐，或忧伤或狂热或悲壮，对准妈妈来说过于激烈了。其实，许多作曲家的作品也同样适合孕期聆听，比如巴赫的复调音乐能促进胎宝宝恬静、稳定。我国部分传统音乐对促进胎宝宝智力、情商的发展也很有好处。

另外，有些发行商只追求经济效益，并不注重质量，使许多名不符实的"胎教音乐"光盘在市面上销售。这些音乐，节奏与胎宝宝的心率不和谐，音量也难以掌握，不仅对胎宝宝起不到教育作用，还会让胎宝宝产生不安。

319 孕中期音乐胎教有哪些注意事项

1.选择合适的音乐种类

准妈妈应该听优美、宁静的音乐，这才能愉悦准妈妈的心情，稳定准妈妈的情绪；也可以选择一些轻松、活泼、明快的音乐，胎宝宝会喜欢它们。

2.选择合适的曲目

合适的胎教音乐曲目，我们在前面已有介绍，这里就不再复述了。

3.调整合适音量

播放音乐时，音量以准妈妈不感觉嘈杂为标准。市面上出售的打着"胎教音乐"招牌的 CD 很多，选择时要注意甄别优劣。有的 CD 录制杂音大，放音效果失真，这会降低音乐胎教的效果，甚至成为影响胎宝宝神经系统发育的噪声。

4.舒适的姿势

准妈妈在欣赏胎教音乐时，或坐或躺，以自己舒服为标准。另外要注意，不要长时间保持卧位，这样会加重子宫对下腔静脉的压迫，容易导致胎宝宝缺氧。

320 夏季音乐胎教为何要因时制宜

1.听节奏欢快的音乐

都说"春困秋乏夏打盹"，夏天特别容易犯困，准妈妈更是如此。这时，准妈妈可以用节奏欢快的胎教音乐来赶走"瞌睡虫"，以舒畅的心情和胎宝宝一起在美妙的音乐里徜徉。

2.进行室外音乐胎教

如果环境适宜，准爸爸可以牵着准妈妈的手，一起到室外用带有外放功能的音乐播放器做音乐胎教。

3.缩短音乐胎教的时间

夏天特别容易疲劳，尤其是大腹便便的孕妇。为了照顾孕妇的身体状况，进行音乐胎教可以适当缩短时间。每次播放2～3首音乐即可，不要超过15分钟。

321 音乐胎教为何需注意安全

胎宝宝听觉系统还非常稚嫩，对音量的承受能力也极其脆弱，要特别注意胎教音乐的音频。市场上销售的大多数"胎教音乐"CD虽然标明音频范围是500～2000赫兹，但检测的结果却不尽如人意，有的音频甚至高达5000赫兹以上，听这样的音乐肯定会对胎宝宝造成伤害。

有一些孕妈妈采取了不正确的聆听方式，也会对胎宝宝的听力造成损伤，比如把耳机贴在肚皮上。

322 准妈妈怎样在家进行音乐胎教

从怀孕4个月起，准妈妈可以在每天固定的时间聆听有利于胎宝宝的音乐。要特别注意多听一些舒缓的古典音乐。古典音乐的节奏与母亲的心跳音很相近，胎宝宝一直住在母亲的子宫里，对母亲每分钟72次左右的心跳音最有安全、亲密感。

注意：胎教音乐，必须重视音乐的质量，选择正规的专用胎教音乐，质量不过

关的音乐会伤害胎宝宝的大脑和听觉；频率过高、节奏过强的音乐对胎宝宝不利，不要选择。

323 准妈妈怎样唱歌给胎宝宝听

准妈妈也可以自己唱歌给宝宝听。唱给胎宝宝听时，准妈妈应该心情舒畅，饱含母爱，就像对着尚未谋面的可爱宝宝倾诉母爱一般轻轻哼唱，从而实现爱子心音的谐振。相信胎宝宝在妈妈肚子里也会感觉到妈妈的爱。

有乐谱识别基础的准妈妈则可以教一些简单的乐谱给胎宝宝。准妈妈的反复教唱，可让胎宝宝产生记忆印迹，培养其音乐才能。

注意：准妈妈轻声哼唱即可，不必放声大唱，以免伤害嗓子对胎宝宝和自己造成不好的影响。唱歌的时候，准妈妈还可以随着音乐节拍轻轻摆动，当然动作幅度不要过大，以保证安全。

324 准爸爸唱歌给宝宝听有何好处

准爸爸除了每天摸着准妈妈的肚皮和胎宝宝说说话之外，还可以尝试着唱歌给胎宝宝听。准爸爸的声音浑厚、深沉，富有磁性，这样的嗓音唱出来的歌肯定和准妈妈唱出来的完全不同。对于胎宝宝来说，这可是一种未曾有过的全新体验呢。

不过，准爸爸在给胎宝宝唱歌时，应回避男性比较喜欢的重金属音乐，选择一些舒缓的歌曲。

325 准妈妈可以参加剧院音乐会吗

有机会的话，准父母可以带胎宝宝去音乐厅听一场地道的现场音乐会。现场演奏大气磅礴，会让正在妈妈肚子里成长的宝宝享受音乐的熏陶。

但注意的是，不要选择节奏太过激烈的音乐会，孕期最好听曲风和缓的音乐会；如果听的过程中孕妈妈感觉疲劳即要离场。

326 准妈妈倾听大自然之音需注意什么

大自然的天籁之音也是胎宝宝喜欢的音乐会。小鸟啁啾，小溪哗啦，树叶沙沙，蛙鸣阵阵……这是无论制作得如何精良的 CD 都无法比拟的。准父母可以一边听一边告诉胎宝宝，什么样的小鸟在叫，什么样的溪水在流，树叶是什么形状的……

不过，在户外游玩时妈妈要注意休息，不能太过劳累。

327 音乐胎教有何方法

简单地说，准妈妈可以用四种方法来进行音乐胎教，它们是音乐熏陶法、母唱胎听法、母教胎唱法以及朗诵抒情法。

音乐熏陶法。 每天欣赏几支固定的音乐名曲或几段轻音乐，在欣赏与倾听当中准妈妈借曲移情，浮想联翩，和胎宝宝一起时而沉浸于春花如海的仙境，时而徜徉于碧海蓝天的美景。

爱好音乐并善于欣赏音乐的准妈妈都可以采用这种方法。喜欢音乐的人，一听到音乐就会进入音乐的世界，心情愉快、心境宁静。

母唱胎听法。 通过哼唱一些自己喜爱的歌曲，准妈妈把愉快的信息通过歌声传给胎宝宝，让胎宝宝一起来分享喜悦。

这是一种良好的音乐启智方式，适宜于每一个准妈妈采用。唱的时候准妈妈们不必在意嗓子好不好，只需在哼唱时凝神于腹内宝宝即可。

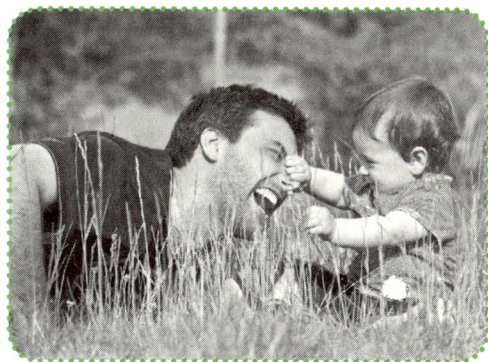

母教胎唱法。 准妈妈选择好曲子，想象着在教腹内的宝宝唱歌，自己唱一句然后想象着宝宝也跟着学唱了一句。这样，准妈妈就可以和宝宝进行互动了。

虽然宝宝还没有见面，但母胎之间是有"感通"作用的，准妈妈可不要忽视哦。

朗诵抒情法。 把听到的音乐讲给宝宝听，或者把自己的感受变成诗篇朗诵给宝宝听，这就是朗诵抒情音乐胎教。有条件的话，朗诵可以在音乐伴奏中进行。抑扬顿挫的诗篇配合乐曲，肯定能让胎宝宝和准妈妈一起感悟人生。

328 准妈妈哼唱有何益处

科学家发现再好的音乐也比不上出自

于准妈妈口中的歌声。因为胎宝宝能从准妈妈的歌声里获得感官与情感上的双重满足，这一点是音乐播放器无法带来的。播放出来的音乐，既没有妈妈对胎宝宝的深情母爱，更无法给胎宝宝机体带来物理的振动。

我们都知道，体育锻炼可以强健人身上的部分肌肉，但是体育锻炼并不能改善人的内脏平滑肌。要想影响这些肌肉，唯有声音能够做到。唱歌发出声音可以引起声带振动，通过振动，心、肝、脾、肺、肾等器官的功能都能得到增强。而随着肺部功能的增强，肺活量的增加，血液氧含量也会得到提高，未来的胎宝宝也会因此奠定良好的营养基础。

另外，唱歌可以让人保持心情愉悦，使体内神经内分泌系统处于正常状态。准妈妈在这种状态下，才能够为胎宝宝提供一个优越的生长环境。

正是基于这些原因，美国产前心理学会主席卡莱特教授说："孕期母亲经常唱歌，对胎宝宝相当于一种'产前免疫'，可为其提供重要的记忆印象，不仅有助于胎宝宝体格生长，也有益于智力发育。"

329 胎教歌曲选择有何原则

选择胎教歌曲也应该从宝宝的个性培养出发，同时强化宝宝对美的理解与感悟。在这种大原则下，胎教歌曲的选择可以从这三个方面来进行：

一是如果希望宝宝将来平和、文静，准妈妈可以多哼唱一些节奏舒缓的歌曲。

二是如果希望宝宝活泼、热情，准妈妈可以多哼唱一些节奏轻快的歌曲。

三是在有所侧重的情况下，舒缓和轻快的两种歌曲穿插进行。

科学家研究发现，胎宝宝喜欢听的歌曲有一个共同的特点，那就是旋律舒缓、优美，而那些激烈悲壮的音乐胎宝宝并不喜欢，会在母亲子宫内烦躁、乱动。因此，准妈妈要多哼唱一些舒缓、明快、类似于胎宝宝心音节奏的歌曲。这些歌曲包括《在希望的田野上》、《草原之夜》、《在那桃花盛开的地方》、《青年友谊圆舞曲》、《祖国颂》、《二月里来》、《红梅花开》、《莫斯科郊外的晚上》等。

330 什么是美育胎教

美育胎教包括对胎宝宝进行音美、色美、行美的信息刺激，是母亲通过自身对美的感受来实现的。

音美就是音乐胎教。色美是指孕妇通过欣赏一些有美感的绘画、书法、雕塑作品及戏剧、舞蹈、影视等文艺作品，接受美的艺术熏陶。观赏大自然的优美风光，把内心感受描述给腹内的胎宝宝也是色美胎教之一。所以准妈妈们可以尽可能地去领略大自然的美感，蓝色的大海、苍翠的山峦、灿烂的晚霞等，让胎宝宝也感受到美。行美是指孕妇美的言行举止。所以孕期，准妈妈应加强自身修养，使胎宝宝自然而然地受到美的教育。

331 美育胎教有何作用

要对胎宝宝进行美育胎教，先应该学一些美学知识。孕妇学点美学知识，不仅能提高审美能力，培养审美情趣，美化人的内心世界，还能陶冶情操，改善情绪，使胎宝宝能置身于美好的内外环境中，受到"美"的熏陶。

准妈妈可以学习的美育内容有很多，包括庭院绿化、家庭布置、宝宝装和孕妇装的设计、纺织、烹调、美容护肤等。在孕初期种一些花草；在房间里贴上美丽聪慧的婴儿像；自己设计、缝制宽松优雅的孕妇装婴儿服；利用家里的旧针织衣物给宝宝改做背心；利用闲暇时间给宝宝织毛衣、毛袜；学习烹调技术，做上一两道可口的饭菜，等等，这些都是美育胎教的内容，不仅容易做到，而且还会对母子产生一些好的深远影响。

尤其是编织工艺，更是孕妇妊娠期极好的一项活动。管理和支配手指活动的神经中枢在大脑皮层所占的面积最大，手指的动作精细、灵敏，可以促进大脑皮层相应部位的生理活动，提高人的思维能力。有研究表明，用筷子夹取食物时，会牵动肩、胳膊、手腕、手指等部位30多个关节和50多块肌肉，而更加灵巧的编织活动牵动的关节和肌肉也更多。如果准妈妈在孕期进行编织，通过信息传递的方式，可以促进胎宝宝大脑和手指精细动作的发育，使宝宝出生后"心灵手巧"。

332 准妈妈如何欣赏美术作品

欣赏美术作品需要做到下面的五项：

一是心理准备和审美态度。恰当的心理准备和审美态度，可以使欣赏者已有的美术认识、文化修养和审美经验调动起来，使欣赏者艺术地、审美地与美术作品进行交流和对话成为可能。

二是审美联想和想象。美术作品本身就是美术家联想和想象力的产物，欣赏者也只有以审美联想和想象为工具，才能将各视觉感受相融合，完整地把握和领悟美术作品中的美感和意蕴。

三是融入真实情感。美术欣赏过程是一个饱含情感体验的过程，欣赏者只有用自己真实的感情才能获得审美感动和审美体验，从而构成审美共鸣。

四是理性思维。美术欣赏是视觉感受的活动，但同时也是理解美术形象与内涵的活动。要想对美术进行深入完整的把握，就必须理性分析，这样才能深刻地把握作品的内涵和意义。

五是反复欣赏。欣赏美术作品需要反复感受、反复体验、不断玩味，从而不断深入地认识，并最终全面地把握作品的形式和内容，获得更高层次的审美享受。

333 古代有哪些美育胎教

汉代刘向的书中提到了周文王的母亲"不视恶色，耳不听淫声"、"食不邪味"、"夜则令瞽人诵诗"，并且常常静坐着观看美玉，特别注重美育的经验。宋代陈自明在他的书中说"欲子美好，玩白玉，观孔雀"，意思是说想要宝宝长得美丽漂亮，就常常把玩白玉、观看孔雀。他认为美玉的柔嫩性质会使观看的人情绪变得温柔美好，美玉的晶莹剔透会使人产生清明感；孔雀美丽大方，其羽毛灿烂缤纷，看了能使人兴奋欢喜，这样的美的情怀和对美的感悟会潜移默化地影响胎宝宝，使他不仅长得美长得端庄，对美也会有天生的感悟能力。这里体现的就是中国古代的美育胎教法。

我国的传统注重人与环境、大自然的感应，这在胎教上则体现为外像内感的理论。古人认为，孕妇每天看到、听到的东西美不美，对胎宝宝的方方面面都会产生深远的影响。宝宝的容貌漂不漂亮、情感能不能愉悦宁静、品格是否高尚、性格是否稳重健全、有没有较高的审美情趣等，都与此有着很大的关系。如果母亲感受到美与善，胎宝宝也会变得美与善；母亲感受邪与恶，胎宝宝也会变得邪恶。可以说，美育胎教是中国胎教理论中最关键的部分。基于这样的原因，古人提倡孕妇如果有条件，最好每日能"视美玉"、看

美画美文美诗、听美乐美诵，让孕妇沉浸在美好的情怀之中。

334 画画对胎宝宝有何益处

画画具有和音乐治疗一样的效果。心理学家认为，画画能够提高人的审美能力，使人产生美的感受，还能让人通过笔触和线条来释放内心情感，调节心绪平衡。

你可以持笔临摹美术作品，也可以随意地涂抹，只要感到自己是在从事艺术创作，并感受到快乐和满足，你就可以画下去。画的时候，你可以对宝宝解释所画的内容。当然，你也可以临摹一些儿童画，在这些充满童趣的绘画中步入儿童世界。

读到这里，有的孕妈妈会担心地问："我并不会画画呀。"没关系，即使不会画画，在涂涂抹抹之中你也能够自得其乐。也可以带着胎宝宝一起去美术馆感受一下美术作品的别样美感。

335 怎样通过剪纸做胎教

剪纸也是一种艺术胎教。准妈妈如果平常不太会剪可以先勾轮廓，而后再剪。剪纸内容可以与宝宝有关，比如胖娃娃，或宝宝的属相，如猪、狗、猴、兔等，也可以是一些喜庆的主题，如"双喜临门"、"喜鹊登梅"等，还可以剪自己喜欢的任何东西。不用担心剪得好不好，因为没有人会关注你剪得好不好，重要的是在剪纸的同时，你向胎宝宝传递的"美"的信息、传递的深深的"爱"意。

336 艺术胎教需遵循哪些原则

用艺术养胎绝对是有益的，无论孕妈妈在孕前是否喜欢艺术，接触文艺活动多不多。孕妈妈很快就会发现，经常进行艺术胎教会让自己保持良好的情绪，更重要的是还能培养宝宝的艺术气质。进行艺术胎教有这样的三个原则：

时刻与胎宝宝分享。当自己置身于艺术氛围当中而感觉舒适、愉快时，孕妈妈要及时地将自己所看所感通过和宝宝说话的方式与腹中胎宝宝分享。

定期参与。如果孕前较少地接触艺术，要想为胎宝宝来点艺术的熏陶，孕妈妈就要定期地进行艺术活动，比如定期看看演出、展览，听听讲座、才艺课程等。这些都是孕妈妈不错的选择。

没有地缘便利的妈妈可以多动手，在家画画或者剪纸，也可以对胎宝宝进行艺术胎教。

在生活中接触"美"。多听好听的音乐，多看漂亮的事物，只要孕妈妈善于发现，生活中会有许多的美。孕妈妈要善于发现美、接触美，让胎宝宝也感受到美。

337 美术胎教有哪些方法

欣赏名画。孕妈妈可以选择自己喜欢的画，与胎宝宝一起欣赏，以启迪胎宝宝对艺术的感觉和共鸣。注意，孕妈妈在选择画作时不必以名气为标准。有的画很有名，艺术价值也非常高，如果孕妈妈不喜欢，看了就会感觉枯燥，这样当然也不能唤起胎宝宝的兴致。

一边画画，一边向胎宝宝说明画的内容。画画时，孕妈妈可以在画的过程中向胎宝宝说明画的内容。通过这一过程，将会给胎宝宝许多有益的刺激。当然，画作完成之后再向胎宝宝说明也是可以的。孕妈妈想象一下吧，和自己的宝宝一起绘画，心情该多好呀！

画出想象中胎宝宝的脸庞。你的宝宝会像夫妻当中的谁多一点呢？可以和丈夫一起想象一下，然后画出来。在这个过程中，腹内的胎宝宝肯定会非常高兴，因为他感受到了爸爸妈妈的爱。

向胎宝宝讲述画册内容。这种方法可以在妊娠晚期进行。这时候身体变得非常臃肿，画画也变得艰难起来，看画展更是累，于是舒适地躺着翻阅画册是很好的艺术胎教法。孕妈妈在一边看的时候应当一边给宝宝讲述画册内容："宝宝，妈妈正在看一本介绍荷兰的画册。那里有风车在风中旋转，还有许多五颜六色的郁金香，真的很漂亮呀。"

338 如何让胎宝宝有文学细胞

宝宝的大脑发育主要在胎宝宝期，这时接受的良性刺激越多，大脑的发育就越完善。而且，胎宝宝的大脑会产生记忆。相关研究发现，接受语言胎教的宝宝智商较高，反应敏捷。所以，想让宝宝将来有文学细胞，准妈妈就要多给宝宝做语言胎教，给宝宝读优美的文章诗歌。

孕晚期

孕晚期准妈妈和胎宝宝的基本情况

孕期	准妈妈身体变化	胎宝宝发育状况	准妈妈的注意事项
孕七月	☆上腹部明显凸出、胀大，有妊娠纹；呼吸变得急促，容易腰酸背痛，下肢水肿、抽筋；子宫对各种刺激较为敏感，胎动频繁；乳房更加饱满。	☆生殖器官已很明显，男孩阴囊很清楚，女孩小阴唇、阴核也已经突起。大脑皮层已很发达，听力及视力得到发展。不断地吞咽羊水，"练习"呼吸动作。	☆准妈妈要注意摄取全面丰富的营养素，尤其是富含钙、铁、维生素E的食物要多吃，坚持低盐、低糖、低脂饮食。
孕八月	☆准妈妈身体更加沉重，尿频、腰疼情况更加严重，经常有烧心感。乳房高高隆起，妊娠纹还在增加。胎动频繁。	☆眼睛能够开闭，辨认和跟踪光源；听觉神经变得发达，皮肤触觉也已经发育完成，皮肤颜色由暗红变浅红色。手指甲和脚指甲已经清晰可见。肺和胃肠功能都已接近成熟，生殖器官进一步发育。	☆准妈妈需要摄入大量葡萄糖供胎宝宝迅速生长和体内糖原、脂肪储存。要饮食均衡，保证热量供给。并应大量补充不饱和脂肪酸，这有助于宝宝眼睛、大脑、血液和神经系统的发育。
孕九月	☆尿频尿急、胀气、便秘、水肿、气喘依然困扰准妈妈，胃口也不太好。无效宫缩也会经常出现，且频率越来越高。	☆有喜欢或厌烦表情，身体皮下脂肪较为丰富，皮肤皱纹减少，呈淡红色，指长到指尖部位。男孩睾丸已降至阴囊中，女孩大阴唇已隆起；内脏等器官发育已基本完成；并将身体转为头位，为分娩做好了准备。	☆准妈妈少盐少食多餐，合理补水。注意补充大量的维生素和充足的铁、钙，尤其是维生素B_1，它能以辅酶形式参与糖的分解代谢，有保护胎儿神经系统的作用，还能促进准妈妈肠胃蠕动，增加食欲。
孕十月	☆准妈妈体重达到孕期最高点，乳汁从乳头溢出，为分娩后的哺乳作准备。不规则阵痛、浮肿、静脉曲张等感觉在分娩前更加明显。	☆有"向光反应"，能敏锐感知母亲情绪以及母亲对自己的态度。手、脚肌肉已经相当发达，骨骼也开始变硬，头发有3~4厘米长。身体各器官已发育完成。	☆准妈妈尽量限制脂肪和碳水化合物等热量的摄入，以免胎宝宝过大，影响顺利分娩，并多吃富含蛋白质、维生素、铁等食品，为分娩储备能量。

营养胎教
Ying Yang Tai Jiao

339 准妈妈为何不宜吃太多青菜

大家知道多吃青菜有好处，它能够促进肠道蠕动，能为人体提供丰富的矿物质和维生素等等。但是，青菜并不是说吃得越多就越好。青菜吃得过多，容易出现这样的几个问题：

一是不易消化。有的蔬菜中粗纤维含量很高，比如春笋、芹菜，大量进食后很难消化，有胃肠疾病的人不宜多吃。而肝硬化患者吃得过多的话，则会造成食管静脉曲张出血、胃出血等情况，使病情更重。

二是草酸易形成结石。芹菜、番茄、菠菜等含有较多的草酸，与其他食物中的钙结合，容易形成草酸钙结石。

三是影响锌的吸收。妊娠期，准妈妈需要摄取充足的锌，以保证胎宝宝的健康成长，但是大量摄入蔬菜会阻碍体内对锌和钙的吸收。还有一部分人为了保持体形而大量食用蔬菜，少吃或者干脆不吃鱼、肉类。这样做危害很大，荤食中不但富含优质蛋白质、脂肪酸，还有丰富的铁、钙和锌等营养物质，长期不吃荤食，会造成营养不良。

340 准妈妈吃红枣有何益处

1. 红枣可促进胎宝宝大脑发育

红枣中含有十分丰富的叶酸及大量的微量元素锌，有利于胎宝宝的大脑发育。

2. 红枣可增强母体免疫力

红枣除含有丰富的碳水化合物、蛋白质外，还含有丰富的维生素和矿物质，对孕妇和胎宝宝的健康都大有好处。

3. 红枣可健脾益胃

红枣能补益脾胃和补中益气，多吃能显著改善肠胃功能，从而增强食欲。

4. 红枣有安神定志的功效

红枣可起到养血安神、舒肝解郁的作用，多食红枣可有效安抚孕妇经常出现的躁郁、心神不宁等情绪。

5. 红枣可以补血

红枣含有丰富的铁质，经常食用，不仅能防治缺铁性贫血，还有滋补强力的功效，对于气血亏损的孕妇特别有帮助。

6. 红枣可以降血压

红枣中的芦丁能够让血管软化、降低血压，能在一定程度上起到防治妊娠高血压的功效。

341 准妈妈可以吃葡萄干吗

我们先看葡萄干的营养素含量，这里指的是每 100 克食品中的含量：

热量 341.0 千卡、硫胺素 0.09 毫克、

钙 52 毫克、蛋白质 2.5 克、 镁 45 毫克、脂肪 0.4 克、铁 9.1 毫克、碳水化合物 81.8 克、维生素 C 5 毫克、锰 0.39 毫克、膳食纤维 1.6；锌 0.18 毫克、铜 0.48 毫克、胡萝卜素 2.1 微克、钾 995 毫克、磷 90 毫克、钠 19.1 毫克、硒 2.74 微克。

中医认为，葡萄具有"补血强智利筋骨，健胃生津除烦渴，益气逐水利小便，滋肾益肝好脸色"的功效。所以，准妈妈平常多吃葡萄干，可以缓解手脚冰冷、腰痛、贫血等症状，提高免疫力。

342 准妈妈可以吃牛肉吗

牛肉的营养成分因牛的种类、性别、年龄、生长地区、饲养方法、营养状况、体躯部位的不同而各有差异。一般来说，每 100 克牛肉中，含蛋白质 20.1 克、脂肪 10.2 克、维生素 B_1 0.07 毫克、钙 7 毫克、磷 170 毫克、铁 0.90 毫克、胆固醇 125 毫克。而且，牛肉还含有肌醇、黄嘌呤、次黄质、牛磺酸、分子量较低的蛋白质（如际类、胨类）、肽类（如肌肽、鹅肌肽）、氨基酸（如丙氨酸、谷氨酸、天门冬氨酸、亮氨酸）、尿酸、尿素氨等含氮物质的特殊成分；又含有不含氮的脂肪、乳酸、糖原、无机盐等化合物。正是因为牛肉有这样丰富的营养，它在餐桌上备受欢迎。

牛肉中的锌比植物中的锌更容易吸收。

人体对牛肉中锌的吸收率为 21% ～ 26%，而对全麦面包中的锌吸收率只有 14%。

343 准妈妈可以吃蜂蜜吗

蜂蜜可促进消化吸收，增进食欲，镇静安眠，提高机体抵抗力，热量特别高，所以尤为适合在冬天食用。下面我们先看看蜂蜜的营养成分：

每 100 克中含有：热量 321.0 千卡、碳水化合物 75.6 克、脂肪 1.9 克、蛋白质 0.4 克。

蜂蜜还能影响胃酸分泌。当胃酸分泌过多或过少时，蜂蜜可起到调节作用，使胃酸分泌活动正常化。所以孕期便秘，多饮用蜂蜜水是很有效的。

蜂蜜还有安神益智和改善睡眠的作用。妊娠进入晚期后，许多准妈妈都睡不好觉，如果每天睡觉前食用蜂蜜，则可以促进睡眠。

344 准妈妈可以吃虾吗

虾是一种蛋白质非常丰富、营养价值很高的食物，具体的营养成分如下： 每 100 克中含热量 90.0 千卡、蛋白质 18.9 克、脂肪 1.1 克、碳水化合物 1.0 克、核黄素 0.03 毫克、尼克酸 4.3 毫克、维生素 E 3.58 毫克、钙 21.0 毫克、磷 221.0 毫克、钠 190.0 毫克、镁 22.0 毫克、铁 1.3 毫克、锌 2.79 毫克、硒 39.36

微克、铜 0.54 毫克、钾 257.0 毫克。

所以,只要准妈妈在食用后没有过敏反应,就可以吃。

345 准妈妈可以吃羊肉吗

《千金方·食治卷》中载:"羊肉主暖中止痛,利产妇。"医圣张仲景创制的"当归羊肉汤方",即羊肉 500 克配当归、生姜各 18 克,共炖吃,治妇女产后血虚、月经不调、贫血、肢冷酸痛效果很好。羊血具有止血、祛淤功能,对妇女崩漏、胎中毒、产后血晕等具有治疗作用。

羊肉不仅对产妇有利,它丰富的营养价值对妊娠期女性同样大有好处。每 100 克羊肉含脂肪 4 克、蛋白质 18 克、热量 109 千卡、碳水化合物 2 克、钾 108 毫克、灰分 0.7 克、镁 9 毫克、钠 92 毫克、铁 2.3 毫克、钙 12 毫克、锌 2.14 毫克、磷 145 毫克、锰 0.08 毫克、铜 0.12 毫克、维生素 A16 毫克、硒 6.18 毫克、维生素 E 0.53 毫克。

冬天多吃羊肉大有裨益。在《本草纲目》中羊肉被称为补元阳、益血气的温热补品,可以祛湿气,避寒冷,暖心胃。

当然羊肉也并非吃得越多越好,无节制地摄入可能会助热伤阴。

346 准妈妈可以适当吃点巧克力吗

据有关研究发现,与不吃巧克力的准妈妈所生的宝宝相比,在妊娠期间爱吃巧克力的准妈妈所生的宝宝在出生 6 个月后,更喜欢微笑或者情绪更好。而那些容

易紧张的准妈妈,只要在妊娠期间经常食用巧克力,所生的宝宝就不太怕生人。

科学家们认为,喜欢吃巧克力的孕妇所生宝宝在情绪上更健康,这与巧克力中所含的某种化学成分有关。准妈妈在食用巧克力后,把巧克力中的这种化学物质传给了母体内的胎宝宝,从而使得宝宝出生后,特别是在 6 个月后,表现出更积极的情绪。

所以,孕妇吃一些巧克力对宝宝出生后的行为是有着积极影响的。但是,食用巧克力不宜过量,因为巧克力是高热量食物,每 100 克中含有 586 千卡的热量。

347 准妈妈吃猕猴桃有何好处

其维生素 C 含量在水果中名列前茅,被誉为"维 C 之王",一颗猕猴桃能提供一个人一日维生素 C 需求量的两倍多。同时,猕猴桃还含有丰富的食物纤维、维生素 B、维生素 D,以及钙、磷、钾等微量元素和矿物质。

维生素 C 能有效抑制皮肤内多巴醌的氧化作用,使皮肤中深色氧化型色素转化为还原型浅色素,从而干扰黑色素的形

成，预防色素沉淀，使皮肤白皙。

需要注意的是，猕猴桃性寒，脾胃虚寒的准妈妈不可多吃，容易腹泻。

348 准妈妈吃西红柿有何好处

西红柿也是富含维生素C的蔬菜，同样具有保养皮肤、消除雀斑的功效。有实验证明，常吃西红柿可以有效减少黑色素形成。

需要注意的是西红柿同属性寒食物，不可空腹食用，否则易造成腹痛。

349 准妈妈吃柠檬有何好处

柠檬也是抗斑美容水果。柠檬中含有丰富的钙、磷、铁及维生素B$_1$、维生素B$_2$、维生素C等多种营养成分，还有丰富的柠檬酸和黄酮类、挥发油、橙皮甙等。柠檬酸能防止和消除皮肤色素沉积。

需要注意的是，柠檬极酸，吃多了会损伤牙齿。

350 临产时孕妇吃什么好

临产孕妇的饮食以富含糖分、蛋白质、维生素，且易消化为佳。可以根据产妇的爱好，选择蛋糕、面汤、稀饭、肉粥、藕粉、点心、牛奶、果汁、苹果、西瓜、橘子、香蕉、巧克力等多样饮食。

产时，阵痛会影响产妇的胃口，所以产妇要学会阵痛间歇期抓紧时间进食。同时注意，不要暴饮暴食。

情绪胎教
Qing Xu Tai Jiac

351 工作期间想睡觉怎么办

一吃过午饭很多准妈妈会感觉眼皮很沉，全身软绵绵的，一点力气也没有，最渴望的就是一张睡床，除此以外什么事情都做不了。

这时候，准妈妈不妨放开一切，想睡就睡吧。孕期很容易疲倦，有时会特别想睡觉，这是很多准妈妈都会遇到的情况。这时候，准妈妈不必硬撑，最好先休息半小时。只有休息好才能工作好，还对肚子里的宝宝和自己的身体都有好处，何乐而不为呢？在状态好的时候迅速地把最重要的工作完成，然后在疲倦嗜睡的时候就休息片刻。

准妈妈可以把自己疲倦嗜睡的情况对公司领导和周边同事讲一讲，尽量说得让他们感同身受，得到他们的体谅。这样就可以避免公司领导和同事的误解了。

睡觉的时候，可以选择无人的小会议室。如果没有，也可以带上不会引人注意的小耳塞，靠在自己的座位上闭上眼睛休息一会儿。千万不要趴在桌子上睡，这样会压到宝宝的。

352 孕期记性不好怎么办

准妈妈的另一个苦恼就是记忆力不如从前了。但是不要担心，这也只是孕期的表现之一，产后是完全可以恢复的。

为了保证记住重要的事情，准妈妈可以多做一些备忘录。比如，用便利贴把要做的事贴在工位上；也可以用小笔记簿事先记下一天要做的事，然后随时翻开检查。

另外，一些特别重要的事情，除了写在备忘录里之外，还可以让同事提醒自己。这样就可以确保万无一失了。

353 孕期容易眼睛累怎么办

由于孕期激素的变化，妊娠期女性经常会出现眼干眼涩的情况。如果长时间地使用电脑，眼睛自然会很酸涩，注意力也没法集中。

通常情况下，遇到眼睛劳累我们会选择点眼药水。但这是孕期，药用的眼药水对宝宝是会有影响的，准妈妈不能随便使用。这时候，不妨工作一段时间就休息一下，起来活动活动，休息一下眼睛，也伸展一下胳膊、腿。

同时，尽量让自己坐得舒适点也可以缓解劳累。让头、身体和电脑屏幕保持一定的距离，不要弯腰驼背，也不要离得太近了，保持正确的坐姿，眼睛也不会那么容易累。

354 准妈妈何时停止工作好

进入孕晚期，关于什么时候停止工作待产的问题成为了准妈妈们关心的问题。

关于这个问题，要视准妈妈自身的情况而定。按照国家规定，育龄妇女可以享受不少于90天的产假，而这90天的产假实际上有两周是为产前准备的。如果说准妈妈健康状况良好，一切正常，工作又比较轻松，那么可以到预产期前2周，即怀孕满38周后再停止工作。这两周，准妈妈可以一边调整身体，一边为临产做一些准备工作。

还有一些准妈妈身体比较弱，或者从事的工作比较重，比如从事的是上夜班、长期站立、抬重物及运动量较大的工作，这时就要早一些回家待产。还有一种情况是准妈妈出现了早产、妊娠高血压综合征等异常情况，这时一定要遵从医生的建议停止工作，休息或住院监护。

当然，还有一部分准妈妈，身体特别好，工作条件也特别好，那么，她们工作到临产征兆出现时再休息也可以。

355 孕晚期呼吸困难怎么办

要改变或缓解这种状况，可参考如下建议。

要素一：改变姿势。一旦觉得喘不过气来，准妈妈应立刻改变姿势，这样就会使呼吸顺畅一些。

要素二：放慢动作。一旦发现上气不接下气，应立刻放慢手中正在做的事或者运动，掌握好动作的节奏，直至呼吸舒畅为止。

要素三：让肺部减压。可以在座椅上坐直，挺胸、肩膀向后，让肺部放松，不要总在躺椅上瘫软着，那样肺部不轻松。

要素四：经常运动。这样可以增加呼吸系统和循环系统的动作效率。

要素五：调整睡姿。半躺姿势会让呼吸顺畅一些的。在头部垫两个高枕头，左侧卧，在后背也垫一个枕头，然后蜷起右腿把两个枕头垫在右腿下。

要素六：改变呼吸方式。如果深度腹式呼吸感觉困难，准妈妈可以尝试胸式呼吸。站起来，深吸一口气，同时将双臂先向外伸直再向上举，头向上抬，慢慢地吐气，同时两手臂放回身体两侧，头向下看。

356 准妈妈为何会产前焦虑

据统计，98％的孕妇会在妊娠晚期产生焦虑情绪。为什么这么多的孕妇会出现产前焦虑呢？简单地说有这样几方面的原因：

1. 担心分娩的疼痛

由于许多孕妇为初产妇，对生产没有直接体验，又从电视、报刊等媒体上得知了许多人生产的痛苦经历，从而联想到自己即将到来的分娩，于是心生焦虑。

2. 担心宝宝的健康

虽然做过多次检查，但检查毕竟是通过机器和各种化验来进行，并不能百分百准确，准妈妈于是担心，怕自己的宝宝出现不健康问题。

3. 担心宝宝的性别

现在很多人对生男生女都能正确看待，但仍有一部分人会对胎宝宝性别存在好恶，或家人对宝宝的性别比较在意。这样就增加了对胎宝宝未知性别的担忧。

4. 担心身体原因不能顺利分娩

这种情况多出现在患有妊娠高血压综合征、妊娠合并心脏病等产前并发症的准妈妈身上。她们由于自身健康存在问题，总怕殃及胎宝宝，因此非常容易焦虑。

5. 孕期不适而产生的焦虑

孕晚期皮肤瘙痒、腹壁皮肤紧绷、水肿等各种孕期不适症状加重，使准妈妈心中烦躁，易焦虑。

6.因缺少交流而焦虑

由于行动不便，整日闭门在家，准妈妈容易将注意力集中到种种消极因素上，产生焦虑。

7.担心宝宝出生后的物质条件

有些准妈妈还会担心因宝宝出生而增加的经济压力及工作压力，从而产生焦虑。

357 产前焦虑有何危害

有些准妈妈善于自我调节，会使焦虑情绪得到缓解，有些准妈妈不会自我调节，焦虑情绪会越来越严重，甚至最后造成心理难产。

1.产前严重焦虑对孕妇的影响

● 有严重产前焦虑的孕妇剖宫产及阴道助产比正常孕妇高一倍。严重焦虑的孕妇常伴有恶性妊娠呕吐，并可导致早产、流产。

● 产前焦虑还可引起孕妇植物神经紊乱，导致分娩时宫缩无力造成难产。

● 产前焦虑会使孕妇得不到充分的休息和营养，从而在分娩时容易产力不足造成滞产。

2.孕妇产前焦虑也会对胎宝宝造成很大的影响

● 孕妇的心理焦虑易造成产程延长，新生儿窒息，产后易发生围产期并发症等，直接影响到分娩过程和胎宝宝状况。

● 会使孕妇肾上腺素分泌增加，从而导致代谢性酸中毒，引起胎宝宝宫内缺氧。

358 缓解产前焦虑有何方法

可见，临产前准妈妈的情绪调节也是当月胎教最重要的内容之一。严重的产前焦虑会对孕妇和胎儿造成严重的影响。那么，如何来缓解产前焦虑呢？下面这些方法或许可以试一试。

1.了解分娩的相关知识

让自己了解分娩的全过程以及可能出现的情况，这是准妈妈克服分娩恐惧的最好办法。准妈妈可以通过参加产前培训班来了解这一切。

丈夫最好和妻子一起学习这些知识，了解分娩全过程以及可能出现的情况，了解分娩时怎样配合，进行分娩前有关训练，这对减轻准妈妈的心理压力有很大的帮助。

2.做好充分准备

要做到这一点，定期做孕晚期检查是很重要的。丈夫应陪伴妻子一起接受产检，让妻子感受到家人对自己的关爱，感觉到有依靠。

3.进行积极的心理暗示

准妈妈要经常告诉自己，"我就要见

到日思夜想的宝宝了，这是一件让人高兴的事情"，"我的骨盆较宽，生宝宝没问题"，"我平时力气大，生宝宝时肯定有力"，"宝宝和我在一起努力"等。这些积极的心理暗示会让准妈妈信心大增。

4.适时入院待产

如果情况良好，准妈妈不宜提早入院待产。因为，医院会使准妈妈产生紧迫感，紧张自己什么时候分娩。这时候，如果看到其他的产妇，尤其是后来入院的产妇已经分娩，情绪会非常受影响。因此，在出现分娩征兆前，准妈妈应安心在家中待产，除非医生建议提前住院。

359 哪些细节帮助准妈妈保持产前好心情

● 保持好的饮食习惯，均衡饮食；

● 天天记录饮食情况，保证每日摄入所需营养；

● 照看朋友的宝宝，学习一些新生儿护理的方法；

● 学习分娩知识，参加分娩学习班；

● 看看母乳喂养，为即将来到的母乳喂养做好准备；

● 坚持锻炼，这会让你的分娩过程更顺利，产后恢复更迅速；

● 做好分娩计划，记下在你分娩过程中想要或需要的东西，并告之家人准备好；

● 准备一台照相机或者录像机，以便为宝宝拍下第一张相片，或录下宝宝初见世界的情景；

● 放松，再放松，不要紧张；

● 在分娩前照一张照片，留给宝宝以后看。

360 分娩时肌肉无力紧张怎么办

经常进行浅呼吸、短促呼吸以及肌肉松弛的练习，能够在分娩时有效缓解肌肉无力的状况。

浅呼吸：像分娩时那样平躺着，嘴唇微微张开，进行吸气和呼气间隔相等的轻而浅的呼吸。临产前每天练习半小时。

功效：此法可以解除腹部紧张。

短促呼吸方法：像分娩那样，双手挽在一起，集中体力连续做几次短促呼吸。临产前每天练习半小时。

功效：集中腹部力量，使宝宝的头慢慢娩出。

肌肉松弛法：肘和膝关节用力弯曲，接着伸直放松。临产前每天练习半小时。

功效：利用肌肉紧张感的差异进行放松肌肉的练习。

语言胎教
Yu Yan Tai Jiao

361 胎宝宝渴望与父母交流吗

法国科学家研究证实，自孕8月起，胎宝宝可以辨别声音、气味和味道，并且能够习惯于反复的刺激，甚至可以学习和记忆。在法国科学家的试验中，科研人员每天播放同一段音乐，持续6周。一开始胎宝宝会心率过快，但到了后期胎宝宝心率则开始放缓；这时若再换成另外一种音乐，胎宝宝心率又会加快。

该实验还证明，胎宝宝喜欢听人说话，尤其爱听妈妈说话，他甚至能够分清妈妈是在对他说话还是在跟别人说话。他不喜欢周围寂静无声，也不喜欢突然出现的刺耳噪声。

科学家们认为，妊娠晚期胎宝宝已经有了一定的感知能力，无论是母体内部还是外部，他已经发育成一个有感觉的人，而不是一个纯粹的生理结构体。因此，准父母们应该多多与宝宝进行交流与沟通。比如在轻柔的音乐中和宝宝说话，告诉他爸爸妈妈多爱他、多期待他的降临。

362 何谓"孕期一分钟交流法"

"一分钟交流法"是指准妈妈每天都要与宝宝进行交流，即使短短的一分钟，坚持下来也会取得意想不到的效果。当然，让这一分钟更有成效的办法是等到胎儿觉醒的时候就立即进行这一分钟。比如

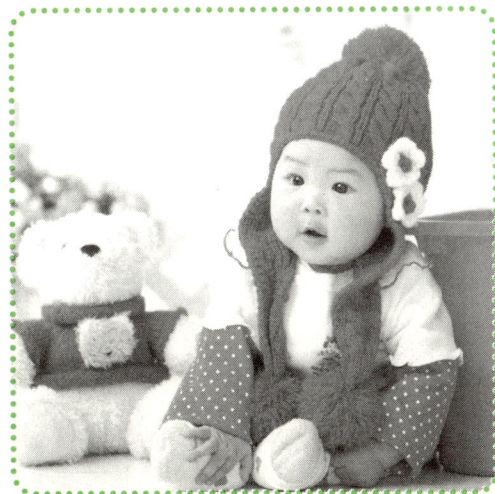

每当准妈妈感觉到胎动时，就轻轻地抚摸一下动的地方，并温柔地跟宝宝说："宝宝醒啦？妈妈正在……"、"妈妈真的很想看看宝宝呀"、"再等几个月，宝宝就可以看到妈妈啦"……

363 准妈妈怎样与胎宝宝交流

1.一边想象宝宝的具体长相一边与宝宝说话

人的大脑分左脑和右脑，左脑支配语言和理论方面的思考，右脑支配视觉和情感方面的思考。将宝宝的长相具体化，能刺激准妈妈的右脑，同时这种刺激也会通过脐带传递到胎宝宝的大脑中，从而激发宝宝的右脑发育。

2.以轻松平和的心情与胎宝宝说话

如果准妈妈心情不够放松，可试试这个办法。将屋内光线调暗；将身体上所有的饰物都摘下来，包括项链、耳环、手镯、手表等等；以最舒服的姿势坐下或卧倒；轻闭双眼半分钟后，告诉自己："心情放松→感觉两腕轻盈→心情放松→感觉两脚轻盈→心情特别放松→感觉全身轻盈。"

364 哪些时间段适合胎教阅读

科学家研究发现，如果准妈妈在固定的时间里反复给宝宝念同一则故事，宝宝出生后对语言会更加敏锐。因为，定时念故事给胎宝宝听，会让胎宝宝感觉安全与温暖。

同时，准妈妈也应该有固定的阅读时

间给宝宝读书。一般来说，有这样几个固定的时间段比较适合准妈妈阅读。

1.清晨

在吃完早饭后的 9 ~ 10 点，准妈妈可以找一个最舒适的地方坐下，最好是有阳光的阳台，轻轻给肚子里的宝宝读几页书。这种阅读方式最适合春秋季节，那时候气候温暖，阳光和煦，晒晒太阳真是太惬意了。

2.午后

下午 3 ~ 5 点是一天中适合阅读的第二时间段，夏季适合选择这个时间段来读书。此时已经睡过了午觉，暑热也在渐渐消退，端上一杯水，给宝宝读上几页书，相信宝宝会和你一样轻松愉快。

3.睡前

一年四季都可以用这段时间来阅读。穿着舒适的睡衣，躺在丈夫的怀抱里，一起给宝宝读书，好一幅夫妻和乐图。

相信肚子里的宝宝也会喜欢这样的家庭活动。

365 准妈妈不宜读哪些书籍

有些作品虽然很好，但不适合准妈妈和胎宝宝阅读。它们包括：

1.哀婉动人的悲情小说

悲情小说虽然不乏优秀作品，但其悲切幽婉的格调实在不适合情感脆弱的准妈妈阅读。尤其是一些性格偏内向、敏感的准妈妈，本来情绪就容易陷入低谷，如果阅读这类书籍无疑情绪会更坏，甚至会陷入产前抑郁症。

2.悬念迭起的悬疑小说

孕期阅读需要掌握一个度。悬念迭起的悬疑小说因为谜团重重、悬而未解，往往让人欲罢不能，会为了揭开谜底而一口气读完。这样，准妈妈就不能很好地控制自己的阅读时间，精力消耗过大。所以，这种沉迷式的阅读，完全起不到稳定情绪、陶冶性情的作用，而且还有可能让准妈妈更疲劳。

3.激动人心的惊险故事

惊险的故事情节会让准妈妈心跳加速，从而影响胎宝宝安全。所以，对于一些刺激性娱乐，准妈妈一定要远离，不管是看书还是看电影、电视。尤其是独自一人的时候，准妈妈更不能看，不然危险更大。

4.阅读旧书

旧书免不了存在着各种微生物，比如螨虫、细菌等。如果准妈妈阅读这些书籍，则必然会增加感染各种疾病的概率。也基于这样的原因，打扫书架、翻晒老书之类的事情孕妇也不宜做。

其实，如果喜欢看老书，不妨选择电子书。只要选择液晶显示器，并将电源变压器放在地面，电脑也不会产生很大的电子辐射。

366 准妈妈阅读时不宜同时做什么

1.不宜边阅读边吃零食

很多人喜欢边吃东西边看书，但准妈妈不宜这样读书。因为这样会在不知不觉中吃下超量的零食，到吃正餐的时候反而没有胃口，很容易导致营养失衡，不仅会影响孕妇的身体健康，还会影响到胎宝宝的发育。

2.不宜边阅读边不断走动

孕期，尤其是孕晚期，准妈妈的行动会因身体变化而极不灵便，如果一边阅读一边不断走动，极易摔倒。阅读时注意力都集中于书本上，从而就会忽视身边的环境，极容易被桌椅或者其他物品绊倒，严重的甚至会发生流产。安全的阅读方式，是舒适地坐着，然后开始读书。

367 准妈妈阅读时应注意哪些事项

1.保持平静的心境及注意力的集中。这样才能使母亲的感觉与思考和胎宝宝达到最充分的交流。

2.让阅读视觉化。所谓"视觉化"，指的是让鲜明的图画、单字、影像在脑海中留下鲜明的形象的行为。有科学家研究发现，准妈妈进行"视觉化"阅读，能够让信息更全面地传达给胎宝宝。所以，准妈妈可以将故事的内容在头脑里形成影像后再念，以便更生动地传达给胎宝宝。

3.进行广泛阅读。不要先入为主地以为宝宝会喜欢哪些书籍、讨厌哪些书籍，应尽量广泛地阅读各类书籍。

环境胎教
Huan Jing Tai Jiao

368 什么是光照胎教

光照胎教法是适时地给予胎宝宝光刺激，以促进胎宝宝视网膜光感受细胞的功能尽早完善的胎教方法。有关研究表明，光照对视网膜以及视神经有益无害。

早在孕13周开始，胎宝宝就能感知光线了。这时在母亲腹壁直接进行光照射，B超探测观察可以看到胎宝宝背过脸去，出现躲避反射，还有睁眼、闭眼的活动。同时，胎宝宝心率略有增加，脐动脉和脑动脉血流量亦均有所增加。从怀孕24周后，如果在母亲腹壁直接进行光照射，可以发现胎宝宝眼球活动次数增加，胎宝宝会安静下来。

369 光照胎教有何好处

只要操作得当，光照胎教是有百益而无一害的。光照胎教能促进宝宝视觉功能的建立和发育。因为光能够通过视神经刺激到胎宝宝大脑的视觉中枢。相关研究表明，孕期适当进行光照胎教的宝宝，出生后视觉敏锐，协调力、专注力、记忆力较没有进行光照胎教的宝宝发育更好。可见，适当的光照对宝宝的视网膜以及视神经的发育是有益的。

同时，光照胎教还能帮助胎宝宝形成昼夜周期节律，让宝宝晚上睡觉，白天觉醒。而且，光照胎教还可以促进宝宝动作行为的发展。

370 准妈妈怎样实施光照胎教

第一，准备工具。实施光照胎教，准备手电筒即可。用手电筒紧贴准妈妈腹壁，使光线射入子宫，羊水因光线而变为红色，这也正是小宝宝偏爱的一种颜色。

第二，开始时间。其实早在孕6月，准妈妈就可以实施光照胎教了。当然，孕7月，宝宝的视网膜也有了感光功能，对光有了反应，这时候进行光照胎教更适宜。

第三，具体步骤。每天在固定的时段，准妈妈用手电筒微光紧贴腹壁，在宝宝头部的位置上数次反复关闭、开启手电筒，一闪一灭地照射宝宝的头部。每天3次，每次持续5分钟。

至于哪里是宝宝头部的位置，可以在产检时间问医生。另外需要注意的是，不要用强光照射宝宝，手电筒的光亮度要合适，照射时间也不宜过长。

371 怎样通过光照调整胎宝宝作息

光照胎教的一个重要益处就是调整胎宝宝的作息，这可以促使宝宝出生后保持良好的作息。那么，如何利用光照胎教来调整胎宝宝的作息呢？

准妈妈可以每天在白天固定的时候用手电筒的微光照射腹部，来训练胎宝宝的昼夜节律，使胎宝宝夜间睡眠，白天觉醒。准妈妈可定于每日照射腹部3次。

372 光照时胎宝宝在做什么

如果胎宝宝处于觉醒的状态，用光照射准妈妈腹壁胎宝宝头部所在位置，B超显像仪上可以看到胎宝宝的眼睑、眼球都有活动，头部还会发生回转，如做躲避样的运动。

如果用手电筒的微光一闪一闪地来照射准妈妈的腹壁胎宝宝头部所在位置，胎宝宝会将头转向光源的位置，心搏数也会出现明显的变化。可见，宝宝很喜欢。

坚持一个月后，宝宝会记住每次做光照胎教的时间段，一到时间就会动起来，迎接微光。宝宝心情甜美，妈妈自然也会心情舒畅。

373 光照胎教为何要注意宝宝作息时间

光照胎教要配合宝宝的作息时间进行。胎动明显时，说明宝宝是醒着的，这时候可以做光照胎教，而在宝宝睡觉时则不宜进行光照胎教。经过与宝宝七个月的相处，准妈妈对宝宝的作息规律自然了然于胸，配合宝宝的作息时间也不是难事。

当然也有作息不太规律的宝宝，这时候，准妈妈就要细心体察了。

374 光照胎教可以和其他胎教方法一起进行吗

当然可以。光照胎教如果与音乐胎教、对话胎教结合在一起进行，效果将会更好。

选择胎宝宝觉醒、活跃的时候，妈妈一边播放胎教音乐，一边与宝宝讲话，一边对腹部进行微光照射。进行的时候，准妈妈可以对宝宝这样说："宝宝，现在是中午，天气很好，天空很蓝，一点儿云也没有，很舒服。宝贝你感觉到了吗？""这是手电筒发出的光，很好玩儿吧？你可以试试去抓它。"

375 家庭环境对胎宝宝自制力有何影响

有日本专家发现，刚出生的婴儿其行动存在着很大的差别，并不是一样的，而这种差别与准妈妈所处环境有关。

在子宫里的胎宝宝可以听到母体大动脉血流的声音及母亲说话的声音和来自子宫外的震动的声音。当声音刺激胎宝宝时，胎宝宝心跳明显加快，这说明胎宝宝对声音是有反应的。而对胎宝宝出生后的跟踪调查显示：妊娠期，妈妈身处嘈杂的环境下，生下来的宝宝的反应极为敏感，对门铃声、玩具碰击声、针刺激的疼痛以及光线刺激等都反应敏感，并且大都自制能力较差。如果出生在准父母经常吵架的家庭，宝宝也会发生这种状况。

376 准妈妈为何冬季需要日光浴

最近有研究表明，冬季准妈妈多晒太阳有很多好处。一是可以预防孕妇患上骨质疏松症，从而减少佝偻病儿的出生率；二是能够让孕妇的抵抗力增强，从而预防各种感染；三是有助于让孕妇保持心态平和，避免情绪波动，从而预防冬季抑郁症。

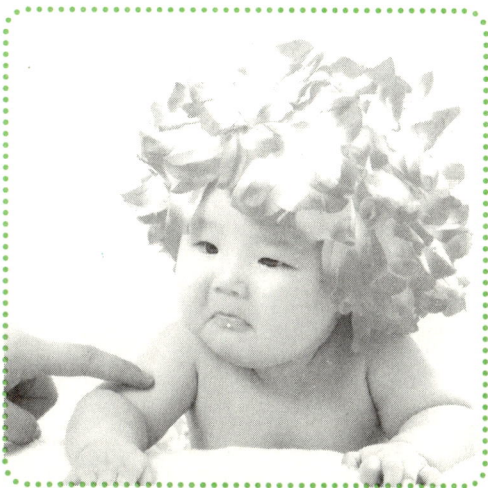

运 动 胎 教
Yun Dong Tai Jiao

377 准妈妈怎么做腹式呼吸

妊娠第七个月后期，胎宝宝进一步长大，子宫内的空间相对而言更为狭窄。这时候孕妇最好采用腹式呼吸法，以供给胎宝宝足够的新鲜空气，让胎宝宝健康成长。

对准妈妈来说，使用腹式呼吸法也是大有益处的。它会分泌微量的激素，使准妈妈心情愉快，这样也会使胎宝宝的心脏感觉非常舒服。腹式呼吸法可以随时随地进行。孕妇坐在椅子上，让背部挺直紧贴于椅背上，膝盖立起，全身放松，双手轻放于腹部，想象胎宝宝目前正居住在一个宽广的空间；然后，用鼻子吸气，直到腹部鼓起为止。接着吐气，稍微将嘴撅起，慢慢地、用力地将体内空气全部吐出。吐气时应比吸气更为缓慢、更为用力。腹式呼吸法每天做3次以上，可以在早上起床

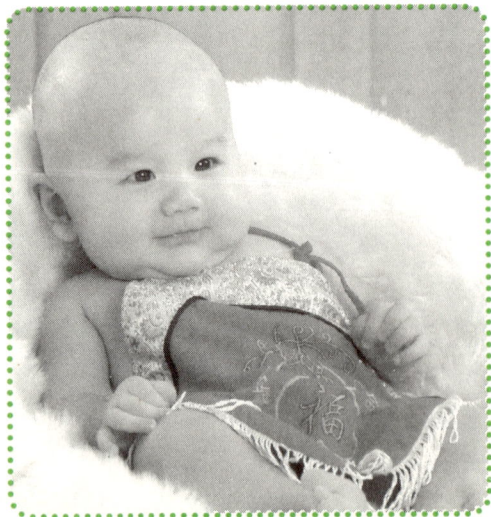

前、中午休息时、晚上睡觉前各做一次。做的时候尽量全身放松，并轻轻地告诉宝宝："妈妈现在就把新鲜空气传送给你！"以这种平静的心情练习，并持之以恒，将可以达到很好的效果。

378 准妈妈怎样正确行走

散步可以增强腿部肌肉的紧张度，预防静脉曲张，并增强腹腔肌肉，对孕妇很有益。但如果准妈妈感觉疲劳，则要马上停下来，找身边最近的凳子坐下休息片刻，恢复体力。如果没有条件在公园里散步，可以选择交通状况不太拥挤的街道。不要在车来车往的街道行走，以避免过多吸入有污染的汽车尾气。走的时候，身体要注意保持挺直，双肩放松。特别注意要选择舒适的鞋散步。

379 孕晚期准妈妈起身站立为何需小心

妊娠早期，子宫还小，孕妇的行动也算自如，起身更是轻松。但是到了孕晚期，孕妇身体逐渐笨重起来，起身也需要缓慢有序了。如果起身太快，会造成孕妇腹腔肌肉过分紧张，对胎宝宝不利，严重的甚至会引发早产。

特别是仰躺着，孕妇起身前要先侧身，肩部前倾，屈膝，然后再用肘关节支撑起身体，盘腿，以便腿部从床边移开并坐起来。

380 准妈妈腰部疼痛怎么办

首先要注意坐姿。准妈妈坐的时候抬

头挺胸，让耳朵平行于肩膀，屁股坐平，尽量使盆骨保持水平位置，就能够为自己分担脊柱所承受的重量，从而缓解腰部疼痛。

如果需要长期久坐，准妈妈可以尽量保持有依靠的坐姿，让屁股和下腰都靠着凳子，脚呈90度弯曲。准妈妈也可以将靠枕垫在背后，以减轻头部和颈部的压力。

其实，站的时候也有技巧。虽然我们经常提醒怀孕的女性不要长时间站立，但有时这种情况却是在所难免的。这时，准妈妈一定要穿着舒适的鞋子来减缓长期站立所带来的不适，也可以来回轻松地走两步。

381 产前运动有何好处

产科医生经常告诉临产的孕妇们，不要总躺在床上休息，适当的运动有利于分娩。那么，产前运动究竟对分娩有哪些好处呢？

- 产前运动能够减少阵痛时的疼痛。
- 产前运动能够缓解生产时情绪及全身肌肉的紧张。
- 产前运动能够增加产道肌肉的强韧性，以便生产顺利。
- 产前运动能够帮助缩短产程。

382 产前运动需注意哪些事项

当然，在让临产的准妈妈们做产前运动的同时，产科医生们还会叮嘱准妈妈们要特别注意自己的情况。那么，产前运动究竟有哪些注意事项呢？

- 做前先排空膀胱。
- 最好选择硬板床或铺有垫子的地面。
- 穿宽松的衣服（解开带扣）。
- 最好在就寝前和早餐前做。
- 方法要正确，注意安全。
- 次数应由少而多，不要过于劳累。

383 产前怎么做腰部运动

动作：手扶椅背慢吸气，同时手臂用力，脚尖立起，使身体向上；腰部挺直，使下腹部紧靠椅背；慢慢呼气，手臂放松脚还原。早晚各做 5～6 次。

功效：加强生产时的腹压及会阴部的弹性，让胎宝宝顺利娩出。

384 产前怎么做腿部运动

动作：以手扶椅背，右腿固定，左腿做 360 度划圈；还原，换腿继续做。早晚各做 5～6 次。

功效： 加强骨盆附近肌肉及会阴部弹性。

385 产前怎么做腹式呼吸运动

动作： 平卧，腿稍屈，闭口，用鼻吸长气，使腹部凸起，肺部不动，吸气越慢越好；然后慢慢呼出，使腹部渐平下。每日早晚各做 10 ~ 15 次即可。

功效： 能给胎宝宝输送新鲜的空气，可以镇静准妈妈的神经，消除紧张与不适；在分娩或阵痛时，还有助于缓解准妈妈的紧张心理。

386 产前怎么做闭气运动

动作： 平躺深吸两口气，立即闭口，努力把横膈膜向下压（如解大便状）。每日早晚各做 5 ~ 6 次。平时在家练习时不要太用力，以免出现危险情况。

功效： 生产时子宫口开全后做，此运动可加强腹压，助胎宝宝较快产出。

387 产前怎么做胸式浅呼吸运动

动作： 平躺，腿伸直，张口做浅速呼吸，每秒钟呼气 1 次，每呼吸 10 次必须休息一下，再继续做，早晚各做 3 ~ 4 回。

功效： 生产时，胎头娩出做此运动，可以避免胎宝宝快速冲出而损伤婴儿或致产妇会阴部严重裂伤。

388 产妇在分娩时怎么用力

当宫口开全时，产妇就可以用力了。

用力时要配合宫缩进行，在宫缩高峰的时候有意识地施加腹压。先深呼吸，待空气吸入胸腔后先憋住，然后像排便时一样，向肛门的方向用力。

当然，这时候，经过几个小时的阵痛，很多产妇已经没有力气再使劲了。你可以想象一下蹲厕所的姿势，稍微地蜷起身体，腹部会受到压力，产道的角度也会更有利于分娩。

在无法憋气时可以吐气，然后再吸气、用力。分娩时，医生和护士会给你指示，交互进行用力及放松，也就是在子宫收缩时用力，在收缩停止时放松。放松时要全身放松，使髋关节得到休息。如果髋关节太硬，对你的分娩过程没有好处。

注意： 不要让身体向后倾，这样会改变产道的弯曲角度，会给你的分娩增加难度。

在第二产程中，胎头露出后，宫缩强烈时，产妇不要再向下用力。应张口呼气，以解除过高的腹压，避免造成会阴严重裂伤。

宫缩间歇时，产妇再吸气，同时向下用力，使胎头缓缓娩出。

儿童的任何才能都不是与生俱来的。后天的积极培养和科学指导才是挖掘儿童潜能的最有力的方式。

——蒙台梭利（意大利幼儿教育学家）

Part 02. 早教篇

轻松培养优质宝宝

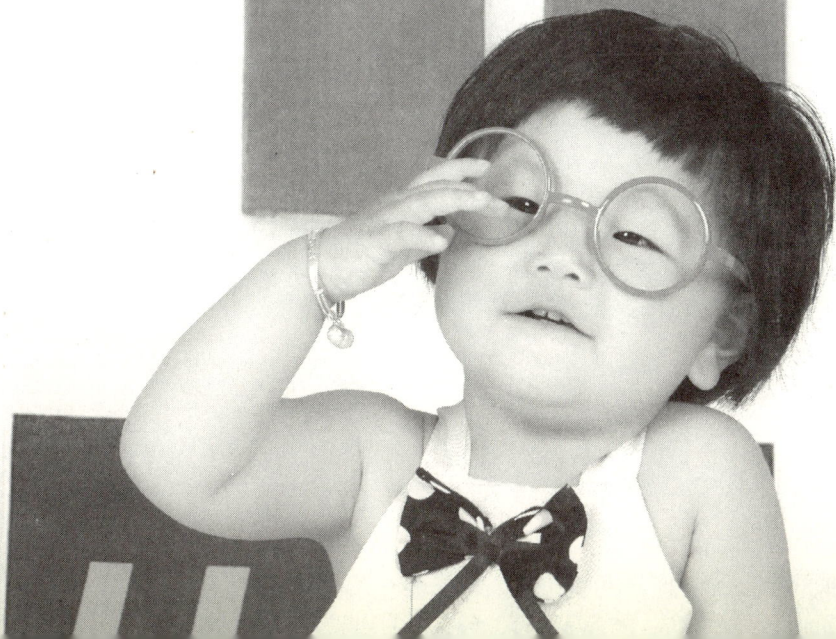

0~3 个 月 宝 宝

0~3个月宝宝发育水平表格

月龄	大运动	精细动作	适应能力	语言表达	社交行为
1个月宝宝	☆拉着手腕可以坐起，头可竖直片刻(2秒)	☆触碰手掌，他会紧握拳头	☆眼睛凝视，眼球会跟红球过中线(稍有移动即可)，听到声音有反应	☆自己会发出细小声音，倾听说话声	☆眼睛跟踪走动的人，抱着就安静
2个月宝宝	☆拉着手腕可以坐起、头可竖直短时(5秒)	☆俯卧时头可抬离床面，拨浪鼓在手中留握片刻	☆立刻注意大玩具，喜欢触摸身边的东西	☆能发出a、o、e等元音的声音，发音表示高兴	☆开始微笑，逗引时有反应
3个月宝宝	☆俯卧时可抬头45度，抱直时头稳	☆两手可握在一起，拨浪鼓在手中留握0.5秒，能抓住东西摇晃	☆眼睛跟红球可转180度，会追看物体	☆笑出声音	☆能分辨母亲，见人会笑

营养发育
Ying Yang Fa Yu

389 母乳喂养与婴儿智力发育有何关系

智力发育的物质基础是足够数量的、发育和功能良好的脑细胞。婴儿期是整个儿童期大脑发育黄金时期，此期最有利于婴儿脑细胞发育的食品是母乳，原因如下：

● 母乳中蛋白质主要是乳清蛋白、酪蛋白等，其中以乳清蛋白含量最高，其生物利用率高，能保证婴儿期神经细胞快速发育所需的蛋白供给，而且母乳中含有利于脑细胞发育的物质如牛磺酸等。

● 母乳中含有免疫球蛋白、补体、溶菌酶、乳铁蛋白等，这些物质能增强婴儿免疫能力，保证智力的正常发育。

● 母乳中含有多量的中枢神经系统的重要成分如不饱和必需脂肪酸、花生四烯酸、廿二碳酸等长链多价不饱和脂肪酸等，对脑发育、神经髓鞘形成、视网膜细胞发育具有重要作用。

● 乳糖是母乳中碳水化合物的主要成分，能保证脑细胞的能量供给，其能促进肠内钙的吸收，且母乳中钙磷比例适宜，从而可减少佝偻病的发生及其对智能的影响。

● 母乳中铜、铬含量及初乳锌的含量均较牛乳丰富，母乳中铁的含量虽不高，但其吸收利用率可高达50%，故比其他乳品喂养的婴儿患缺铁性贫血的少，从而避免缺铁对智力的影响。

● 通过喂乳，母亲可对婴儿进行启蒙教育，促进婴儿智力发育，而且哺乳时母子间的皮肤接触、目光交流、爱抚及哺乳前后语言和感情交流，都有利于婴儿感知觉的发育。

390 母乳喂养有何好处

简单来说，母乳喂养有这些好处：

1. 方便

只要宝宝饿了妈妈随时可以喂养。

2. 经济

绝对比奶粉便宜很多。

3. 有抗体

母乳中的免疫球蛋白等成分通过母乳传递给宝宝，可增加婴儿的抵抗力，相当于一个天然的抗病防护罩。

4. 高营养

母乳含有婴幼儿生长发育所需的各种营养成分，所含成分还会随着宝宝的发育而自然地调节搭配，是为宝宝量身定做的"营养食谱"。

5. 能够促进婴幼儿生长发育

联合国世界卫生组织、世界母乳协会表示，已经有大量研究表明，4～6个月纯母乳喂养的婴儿，在体重、身长、头围、胸围几方面显著优于非纯母乳喂养的婴儿。

6. 能够促进婴幼儿认知发育

母乳中含有一种蛋白质对婴儿的智力发育有明显促进作用。

7. 可以降低感染性疾病的发生

母乳喂养对于防止婴幼儿腹泻具有积

极作用。

8. 可以降低婴儿发生哮喘的风险

母乳喂养减少了摄入可能诱发过敏的食物，并且为婴儿提供免疫、抗炎和其他营养物质来预防哮喘的发作。

9. 促进子宫收缩，减少产后出血

宝宝有力的吸吮，能刺激妈妈的体内产生更多的催产素，帮助子宫恢复和排尽恶露，减少出血和其他感染性疾病的发生。

10. 消耗热量，有助产后身材恢复

给宝宝喂奶的时候，体内囤积的脂肪就被消耗，每天可以消耗掉数百卡路里的热量。

11. 有助于预防乳腺癌

研究发现，母乳喂养超过两年的妇女患癌症的概率要比喂养时间少于 6 个月的妇女小一半。

12. 推迟排卵，天然避孕

哺乳会刺激垂体前叶分泌的催乳素和垂体后叶分泌的催产素，抑制了促性腺激素释放因子的释放，促使卵巢功能低下，使子宫变小而且软，导致月经停止来潮。

所以，采用母乳喂养方式，得到的回报不仅仅是健康的宝宝，还有一位健康的妈妈和一颗健康亲子关系的种子。

391 什么时候开奶比较好

其实世界卫生组织和联合国儿童基金会 1989 年就指出：要帮助母亲在产后半小时内开奶。

当宝宝刚生下来经由医师评估完成，护士再将婴儿抱给母亲后，就可以让宝宝吸吮乳头，营造泌乳反射。

但是在乳腺未通之前不能用毛巾热敷，也不能没下奶就急着吃催奶的汤水，否则乳房会更加胀痛，严重时会淤积成包块，导致乳腺发炎。

392 为何需要按需哺乳

不分白天黑夜只要宝宝饿了就哺乳的方式，叫做"按需哺乳"。

有很多新妈妈抱怨说，这种方式让她们感到似乎整天总是在喂奶，非常疲惫。但是按需哺乳是实现母乳喂养的重要一步，通过较频繁的吸吮刺激脑下垂体分泌更多的催乳素，才能使奶量不断增多，不会因乳汁不够吃而引起紧张和焦虑。反之，糟糕的心情只会让奶水的分泌减少。

只要认真多吸就会有母乳，新妈妈们应该放下其他事情，在产后最初的一周内，专心做好按需哺乳这一件事。

393 奶水根本不够宝宝吃吗

有些妈妈以为自己没有足够的奶水，只好加奶粉。事实上她们的奶水供应是正常的。如果一开始就添加奶粉，会错失促

进母乳分泌黄金时机，结果只能让奶水越来越少。

首先要让宝宝勤吸吮，营造泌乳反射；然后要按需哺乳，宝宝饿了就喂，并坚持夜间哺乳；多喝水，多吃促进乳汁分泌的食物；最后是保证睡眠，维持愉快的心情。

394 妈妈生病就不能再给宝宝喂奶了吗

如果得的是伤风感冒仍可以喂奶，但要戴上口罩，并在喂奶前洗净双手，避免传染给宝宝；患慢性疾病的妈妈通常情况下也可以给宝宝喂奶，体力不行再考虑停喂；而患有肺结核、肝炎、急性乳腺炎等急性传染病的妈妈，则要等病好后再喂奶。

如果因生病不能哺乳，一定要把母乳挤出，否则母乳的分泌会在几日内明显减少，等病好后再哺乳，奶量就不够了。

395 怎样判断宝宝是否吃饱了

母乳是最容易消化的婴儿食物，所以宝宝有时显得容易饿是正常现象，吃母乳的宝宝本来就比吃奶粉的宝宝喂的次数多。

怎样知道宝宝是否吃饱了，可以根据宝宝的表情、大小便次数、体重增长情况来判断。若宝宝吃饱了，就会露出安静、满足的表情；他每天可能有 2 ~ 3 次大便，每天换 6 ~ 7 次很湿的尿片；根据生长图检测他的体重，一个健康的宝宝至少每星期增重 125 克。

另外，你需要了解宝宝的习惯，每个婴儿都是独立的个体，有个别的差异。有的宝宝饭量大，有的则睡眠多，吃的次数多少也不同，只要体重正常增加就行。

可能你突然发现某段时间你的宝宝需要时常喂奶，时间也比平日要长，这时你的宝宝可能正经历"猛长期"呢。这个时间段通常在出生三个星期、六个星期、三个月大时，这时他需要更加频繁地吃奶。

也有可能你的宝宝突然喂奶时间缩短了，这实际是因为宝宝吃奶的经验丰富了，吸得更快了。

396 新生儿能喂鲜牛奶吗

鲜牛奶含有丰富的钙，是很好的乳品，但不适合给新生儿喝。因为新生宝宝消化能力较弱，喝牛奶容易消化不良。

新生儿最好喝配方奶粉。目前市面上配方奶粉种类很多，一定要选择质量有保证的奶粉。有些妈妈认为国外的配方奶粉更好、营养价值更高。这种想法并不完全正确，因为国内的配方奶粉是根据我国幼儿发育状况而定制的，营养成分的比例较适合中国的宝宝。

397 新生儿要多久喂一次呢

采用人工喂养的新生儿，每隔 3 ~ 4 小时喂一次，一天喂 6 ~ 8 次。但每个宝宝都有个体差异，有些爱睡觉吃的次数少，有些则饭量大吃的多，妈妈们在喂养过程中可摸索出自己宝贝吃奶的规律，只要体重增长正常，就说明宝宝吃饱了。

对付爱睡觉的宝宝可以采用轻轻抚

摸，或者利用换尿布的机会叫醒，饭量大的宝宝则需要增加喂奶次数，而不是一次喂的量加大，会加重宝宝消化系统的负担。

398 宝宝用奶瓶喝奶被呛是怎么回事

呛奶有两个可能的原因：奶嘴的吸孔太大，奶流速过快过猛，宝宝吞咽不及；或宝宝得了支气管炎、喉炎等疾病。

把奶瓶倒过来，如果几秒钟才能形成一滴，说明孔过小；如果奶水像一线一样流出，说明孔过大，一般以 1 滴／秒为宜。

喂奶时把宝宝的头抬高一些，拿奶瓶的那只手缓缓抬起，这样做能减轻宝宝吞咽的压力。

如果宝宝还是容易呛奶，即使没有症状表明他患了疾病，也应该做好防备，多准备几个不同材质、形状的奶嘴。因为频繁呛奶会诱发呼吸体统的感染。

399 用奶瓶喂奶时应注意哪些细节

给小宝宝喂奶绝对是项有趣的技术活儿。

洗净双手拿出消毒好的奶瓶、奶嘴，把提前凉好的白水倒入瓶中，再兑入热水直到需要的刻度。如果先倒热水的话，你将无法正确判断水温。

按照配方奶包装上的说明倒入适量奶粉，左右晃动奶瓶让奶粉融化。如果上下晃动将产生泡沫，宝宝吃到的头几口会是气泡。

把瓶身倒过来，先看看流速是否合适，再滴几滴奶水在手臂内侧，不要用你的嘴去尝。如果感到和体温差不多就说明热度正好，不会烫伤宝宝的口腔，也不会太凉造成肠胃负担。

现在选一个舒服的姿势坐好，让宝宝的头枕着一条胳膊。要记住：这条胳膊应该能随时调节高度以改善奶水的流速。

奶瓶中的奶水越喝越少，奶瓶也要随之倾斜，保持奶水充满奶嘴和瓶口，防止宝宝吸入空气。

400 冲好的奶粉能存放吗

冲好的奶粉如果没有喝完，妈妈们可千万不要下次加热后再喂。因为残留的奶水中细菌极易繁殖，特别在夏季，也许只需要一、两个小时就会产生大量细菌，宝宝喝了会腹泻、呕吐。

如果宝宝一次总是喝不完，下次冲调时你就要减少些奶量；如果只是偶尔喝不完，可以先停止喂食，把他竖起轻拍后背，等胃里的空气排出后再接着喂。

401 宝宝缺乏维生素 E 有何危害

● 神经系统改变，进行性神经病和视网膜病。维生素 E 缺乏症会引起脊髓小脑共济失调伴深部腱反射消失，躯干和四肢共济失调，振动和位置感觉消失，眼肌麻痹，视野障碍、视网膜病也称晶状体后纤维组织形成，肌肉衰弱，上睑下垂和构音障碍，对宝宝的认知能力和运动发育具有不良影响。

● 贫血，维生素 E 缺乏症多发生在出

生体重小于 1500 克的早产宝宝，发病多在 4～6 周出现溶血性贫血，口服维生素 E 后溶血即可停止。

● 水肿，缺乏维生素 E 的宝宝易出现全身水肿，其中以下肢为主。早产宝宝易发生新生儿硬肿症，用维生素 E3 天后大多可缓解。

402 宝宝缺乏维生素 E 怎么办

1.平衡膳食是预防营养缺乏病最好的方法。

维生素 E 只能在植物中合成。植物的叶子和其他绿色部分均含有维生素 E。绿色植物中的维生素 E 含量高于黄色植物。麦胚、向日葵及其油富含 RRR－α－生育酚，而玉米和大豆中主要含 γ－生育酚。

2.补充维生素E：

正常需要量：每天维生素 E 生理需要量儿童为 3～8 毫克，少年与成年人为 10 毫克，孕妇、乳母与老人为 12 毫克。对婴儿来说，每天推荐的维生素 E 适宜摄入量以母乳的提供量为基础，大约 2 毫克／日。维生素 E 在小肠吸收。维生素 E 补充剂在餐后服用，有助于吸收。

非母乳喂养儿：对非母乳喂养儿，可口服维生素 E0.5～1.5 毫克／日，以预防缺乏。

早产儿：体重低于 1500 克的早产儿和脂肪吸收不良的病儿，最好用水溶性维生素 E5 毫克／日，以预防缺乏。

维生素 E 吸收和转运缺陷：对维生素 E 吸收和转运缺陷的患儿需遵医嘱给予更

大的剂量，这些治疗能缓解症状并能防止神经病的后遗症。

403 蛋白质供给不当对宝宝智力有何危害

出生后第一年的婴儿期是生长发育最旺盛的时期，也是脑组织发育的关键时期，而脑是智力发育的物质基础。在脑细胞中蛋白质的合成和氨基酸的代谢非常活跃，这些都是以恰当的蛋白质和氨基酸供给为基础的。

若蛋白质的供给不足则可影响脑细胞的新陈代谢，使婴儿智力发育受阻；若供给过多不仅会将多余的排出体外造成浪费，而且会加重肾脏负荷，导致高氮血症，而高氮血症对脑可造成危害。若膳食中过量补充苯丙氨酸、支链氨基酸等还可造成脑细胞中毒，发生与遗传性氨基酸代谢缺陷病相似的症状，出现智力低下。

404 怎样避免宝宝蛋白质供给不足

婴儿需要蛋白质的量相对较成人多，因为他们不但需要补充蛋白质流失，还需要增长和构成新组织。母乳喂养的婴儿，每千克体重每日需要蛋白质 2.0 克（100

毫升母乳中蛋白质含量为 1.2 克），而牛乳喂养者约需 3.5 克（100 毫升牛乳中蛋白质含量为 3.5 克），其他代乳品或植物蛋白因其生物学价值较低，需要量更高，为每日每千克体重 4.0 克。动物蛋白质所含氨基酸较植物蛋白质为优，故动物蛋白质为首选；米、麦等植物蛋白质缺乏赖氨酸，豆类蛋白质缺乏蛋氨酸和胱氨酸，故动物蛋白质供给不足时，混合多种植物蛋白质供给是恰当的。据此应根据婴儿喂养的具体食物类型，保证每日蛋白质的供给，避免不足或过量，以预防蛋白质供给不当对智力发育的危害。

405 婴幼儿智力发育为何离不开必需脂肪酸

脂肪是人类赖以生存的重要营养成分之一，由各种脂肪酸组成，其中一部分人体不能自行合成，必须由食物供给，称

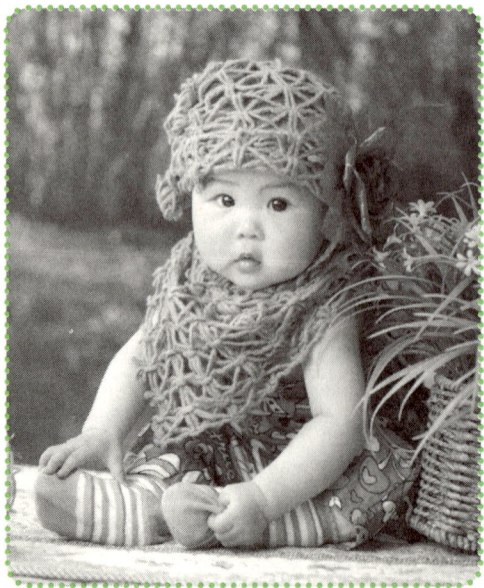

为必需脂肪酸，如亚油酸、亚麻酸及其衍生物花生四烯酸、二十二碳六烯酸等。必需脂肪酸是儿童生长发育所必需的，对神经髓鞘的形成和脑的发育有极其重要的作用，并具有维持细胞膜的完整性，维护皮肤的屏障功能，而且有利于婴幼儿视力的发育。婴幼儿期是出生后脑发育最快的时期，也是神经髓鞘形成的关键时期，此期必需脂肪酸的供给极为重要。

婴幼儿常因饮食中必需脂肪酸的供给不足、胃肠道疾患使之吸收减少而造成必需脂肪酸不足，从而影响神经系统的发育，造成智力缺陷。

406 怎样确保婴幼儿摄入足量必需脂肪酸

母乳中含亚油酸高于牛乳 4～5 倍，其中各种脂肪酸的比例符合婴儿生长发育所需，故对于婴儿母乳为最佳食品。哺乳母亲进食不饱和脂肪酸含量高的膳食时，可供给含不饱和脂肪酸成分高的母乳，故乳母应注意进食含不饱和脂肪酸高的食品。

牛乳中必需脂肪酸含量少，且牛乳中含较多的乳酸，而乳酸会影响肝脏脂类代谢，故牛乳喂养儿应注意必需脂肪酸的供给。亚油酸是必需脂肪酸的主要来源，植物油中以向日葵子油、大豆油、玉米油等中含量较多，动物脂肪中含量较少，故应保证植物油的供给，一般亚油酸摄入量至少不低于总热量的 1%(脂肪所供的热量约为总热量的 35%)，以保证必需脂肪酸的

供给。

407 宝宝生下来体重越重越好吗

实际上，这是一个误区。新生儿的正常体重应为2500～4000克，体重过重或过轻都会给宝宝将来的成长造成一些不良的影响，如肥胖儿将来可能增加高血压、高血脂、高血糖、心脑血管疾病的患病概率，生命质量受到不良影响。

在发达国家，科学家一直在采取各种措施对宝宝体重进行控制，以达到提高出生人口素质的目的，其中进行孕妇营养指导是一种非常有效的方法。这一方法是通过调查每位孕妇的膳食和运动情况、辅助检查以及了解相关症状和体征，全面分析孕妇的饮食结构和习惯，个体化地确定每种营养成分的需求量、安全范围及摄入量，从而给孕妇健康和胎儿发育创造一个最佳的营养环境。

408 新生宝宝很容易脱水吗

这种说法是正确的。与成人相比，新生儿体内的水分所占体重比例更大，达75%～80%。因此，新生儿比成人更容易发生脱水的危险。而且，宝宝体内新陈代谢的速度比成人快2～3倍，所以他们的身体需要更多的水分参与新陈代谢，供身体排泄废物所用。

如果想检查宝宝是否缺水，可以把小手指伸进宝宝的嘴里探一探，里面若是湿润的，就说明一切正常；里面若是干的，而且发黏，就说明宝宝需要补水了。

409 宝宝总打嗝是吃得太多吗

这种说法是不对的。宝宝总是打嗝，与横膈膜痉挛有关。横膈膜是人体内与呼吸密切相关的一块肌肉，如果它发生痉挛，人就会打嗝。宝宝在出生后的几个月，若频繁打嗝，一种可能是宝宝受到了强烈刺激，另一种可能是喂奶时吸入了空气，这都很正常。等到了四五个月后，宝宝的横膈膜发育更成熟，可以更有效地工作，打嗝的现象就会减少了。

410 为何宝宝每天吃了又吃却总是饿

许多刚做了妈妈的人都有这样的担心：宝宝每一两个小时就吃一次，宝宝每次到底吃饱了没有？因为宝宝的胃非常袖珍，大约只是一个成人胃的1/50大小，所以宝宝需要频繁地进食，以保证身体发育的营养需求。等到了1岁，宝宝的胃长到了成人胃大小的1/3，也就可以养成和成人相似的饮食规律了。

411 太过于偏食的宝宝肯定长不好吗

首先妈妈不要替宝宝决定好恶，但是不好吃的食物当然要做得好吃一点。寻找偏食的原因通常要考虑食物是否引起过敏而无法吃，以及宝宝心理上对食物的厌恶这两种情况。

心理厌恶引起的偏食大都是妈妈的原因。为了宝宝的营养而花时间做出来的食物宝宝却不肯吃，于是妈妈勉强地将食物塞进宝宝的嘴里，认为如果不吃宝宝就会营养失调而拼命地逼宝宝吃，这样反而会变成宝宝的压力来源。

另外，一旦认为"宝宝讨厌这种食物"，以后就完全不让他（她）吃这种食物，这样导致宝宝偏食的情况也经常可见。

这时，妈妈可以将宝宝带到同龄宝宝聚集的地方，大家一起进食，原本认为讨厌的食物，宝宝也会吃得津津有味。这种情形往往就是因为妈妈的勉强造成了宝宝的偏食，所以宝宝在没有压力的时候就能吃了。也有报道指出，把原本认为是偏食的宝宝长期放在团体中，发现宝宝就不再那么偏食了。

宝宝对食物的好恶不会持续一辈子，最好均衡地进食动物性蛋白质和植物性蛋白质。

412 为何早产宝宝不能暴饮暴食

大多数早产宝宝在1周岁内，身高和体重都能赶上正常水平。事实上，很多早产宝宝出生后几个月内都能跳跃到较高的成长曲线上。

然而，有少数早产宝宝一辈子都赶不上足月出生应该能达到的水平。他们的体征值一直都略低于平均值。有时，这是因为有明确的病因。比如，如果宝宝出生后的前几个月由于生病或产后并发症没有获得足够的营养，就可能会停留在较低的成长曲线上。

虽然早产宝宝需要足够的营养，但也不能因此而让宝宝暴饮暴食，应该找专业医生咨询宝宝的喂养问题（早产宝宝通常都会有这方面的问题）。强迫宝宝多吃，

只能让其养成不健康的饮食习惯，甚至可能导致其长大后出现健康问题，比如肥胖、糖尿病和心脏病等。

413 哪种情况宝宝需要补充鱼肝油

当发生以下情况时，需要为宝宝补充鱼肝油：母乳不足，宝宝患有慢性腹泻、肝胆疾病等，会影响维生素A、维生素D的吸收；宝宝患有慢性消耗性疾病会使维生素A、维生素D的消耗增多；宝宝缺少日照；宝宝生长过快致使维生素A、维生素D的需求量增多等。

母乳中维生素A的含量高于牛乳。如果妈妈营养充足、膳食平衡，则乳汁中的维生素A大多能满足宝宝的需要。而维生素D在母乳和牛乳中的含量都较少，所以无论是母乳喂养还是配方奶喂养的宝宝，出生后2～3周起，需每日补充400国际单位的维生素D，连续服用2～3年，尤其是早产儿、双胞胎和因上述原因可能引起维生素A、维生素D缺乏的宝宝，更需要额外补充维生素A、维生素D。2～3岁后，宝宝生长速度减慢、饮食品种和户外活动增多，一般无须再额外补充鱼肝油。

414 为何补充鱼肝油并非多多益善

缺乏维生素会致病，但补充需有度，补充过量也会致病。维生素A的每日推荐摄入量为2500～5000国际单位，维生素D的每日推荐摄入量为400～800国际单位。如果短时间内摄入大剂量，或者长时

间每日摄入过量维生素A、维生素D都可引起中毒，表现为食欲下降、体重不增、烦躁、多汗、头疼、呕吐、嗜睡、关节痛、肌肉痛等。市场上销售的浓缩维生素AD滴剂（即浓缩鱼肝油滴剂）每克含维生素A为50000国际单位、维生素D为5000国际单位，1克约30滴，所以每日3～5滴便足够。

父母在给宝宝喂食各种婴儿配方奶及强化食品时，一定要仔细查阅配方中维生素A和D的含量，应注意宝宝每日摄入的总量，包括来自各种维生素强化食品中的维生素A和维生素D的含量，避免用量过大，甚至引起中毒的情况。

如果是母乳喂养且乳汁充足，宝宝又能经常晒太阳，可以不服用鱼肝油。如果宝宝吃的是配方奶、冬天出生未晒太阳、虽然吃母乳但妈妈的营养欠佳或宝宝的胃肠道消化功能差，都应该给宝宝加服鱼肝油。

认知能力
Ren Zhi Neng Li

415 为何需给宝宝一个光线充足的房间

阳光对宝宝的成长有非常重要的作用，新生儿期因为视觉还未发育完全，宝宝的眼睛只能感觉到光，而看不清东西，所以宝宝常常会盯着头顶的灯"出神"。

爸妈最好让宝宝住在朝南的房间，这种房间阳光充足，能刺激宝宝的视觉发育。

经常打开窗户让宝宝晒晒太阳，阳光中的紫外线能杀菌，还能促进钙质吸收，但要避免阳光直接照射在眼睛上，适当的做法是让阳光照在宝宝的后脑和背部。

需注意的是，室内的光线不要太暗或者太亮。有些人在屋里挂上厚厚的窗帘，认为在保护新生儿的眼睛，其实是不对的，应该让宝宝在自然光线里慢慢适应。

416 为何宝宝需要有自然声音的空间

和很多新手爸爸妈妈想的不同，比起安静的空间，其实宝宝适合待在一个充满声音的地方。家庭成员的谈话声、笑声，开关家具发出的嘎嘎声，热闹的炒菜声，以及电视机和音响的声音，都是宝宝感兴趣的东西。

声音对宝宝感官的刺激，就是对大脑的训练；除非是太嘈杂的噪音，否则不需要刻意隔离。

除了自然声音外，你还可以给宝宝播放优美的音乐，音乐能使人精神愉快。即使是新生儿，听到美妙的音乐时，大脑皮层相应位置也会产生生理变化，说明他正在享受！

在这样的环境中生活，宝宝很快就会熟悉周围的一切。

爸爸妈妈不必担心吵到而把宝宝放在安静的屋内，应该多带他出来活动，宝宝才会更快地熟悉周围的声音。

当宝宝睡觉时，也不用太紧张会吵到他，只要不是巨大的响声，宝宝更喜欢在令他感到安全的声音当中熟睡。

417 宝宝听力障碍表现在哪些方面

1～3个月的宝宝，你在他耳边大声拍手，他没有任何反应；或者是宝宝睡着时，不能被大声惊醒。

8～12个月宝宝，听到熟悉的声音并没有转过头去，或者听到人们的说话声没有对应地牙牙学语。

1岁半的宝宝，还不能说出一些很容易发音的字，比如"妈"、"爸"，或者你让他做那些你教过的动作，他一直不会做。

2岁的宝宝，如果在不用眼睛看，就不能按照你说出的一些简单命令去做动作。

418 听力训练有什么好处

1.有助于语言学习

妈妈的声音是宝宝听力发育的"营养素"，虽然新生宝宝还不会发声，他却一直在听周围的声音。宝宝牙牙学语时，说话声对他的智力发育相当重要，宝宝最早的智力活动就是学习语言，宝宝通过学习语言来实现对周围世界的认识，形成思维

能力。

2.有助于智力开发

听觉训练有利于智力开发，听力对语言的发育起决定性作用。宝宝出生后6个月内，主要是以听言语为主，这个阶段若不接触声音、没有言语交流，或听力出现问题，会造成语言发育障碍，导致日后学习和人际交往的困难，影响智力发育。

3.有助于培养音乐灵感

宝宝天生对节奏和悦耳的音调或语调敏感。宝宝天生就能辨清音阶，最初学说话的时候能比成年人分辨出更多的语句。

419 训练宝宝听觉有何妙招

刚出生的宝宝，中耳里还有羊水残留，几天后才能被完全吸收，此时宝宝并不能听到微弱的声音，但能听到较大的声响。

如果突然出现60分贝以上的声音，宝宝很容易受惊吓，会全身抖动、眨眼、皱眉头、前臂急速屈曲、两手握拳、哭闹、喘气甚至停止进食。

那么，该如何训练新生儿听力呢？家长可以从三点入手：

一是给新生儿一个有声响的环境，家人的日常生活活动会产生各种声音，如走路声、开门声、水声、炒菜声、说话声等，可帮助新生儿逐渐区分不同的声响，有利于让新生儿适应周围的环境；

二是让新生儿听有节奏的乐曲，但放音乐的时间不宜过长，也不宜选择过于吵闹的音乐；

三是妈妈和家人最好能和婴儿说话，亲热和温馨的话语，能让婴儿感觉到初步的感情交流。

420 怎样刺激宝宝视觉发育

所有的发育都要经过一定的阶段。在视力还未完全发育的宝宝出生1个月前后，沿着水平方向摇晃小铃铛，就能稳定地刺激宝宝的视觉发育。在这个时期，宝宝的色觉还不发达，因为最好使用黑白或者单纯而鲜明的颜色的铃铛。

游戏方法：

● 带着能发出声音的玩具，坐在宝宝的头部上方。

● 在宝宝的视觉不疲劳的状态下，沿着水平方向摇晃玩具。

● 熟悉水平方向的摇晃后，就可以开始沿着垂直方向摇晃玩具。

421 怎样促进宝宝大脑神经细胞发育

每天盯着宝宝的眼睛1分钟以上，就能促进宝宝大脑神经细胞的发育。如果宝宝注视妈妈的眼睛，妈妈的脸就应该慢慢地左右移动。

游戏方法：

● 稍微抬起宝宝的头。

● 隔20～30厘米注视宝宝的眼睛，同时轻轻地微笑或对话。

● 在日常生活中，要经常和宝宝说："你尿尿啦！"、"我们吃饭好吗？"等。

422 怎样利用音乐促进宝宝想象力和创造力

音乐是通过声音来表达感情的一门艺术，在表现人的感情变化、心理活动、思维走向等方面有着很好的效果。让宝宝欣赏音乐、演唱歌曲、参加音乐活动等，对宝宝的心理可以产生其他学科无法比拟的刺激，使得宝宝的情感激发表现得更为直接和强烈。而这种情感的冲动，正是对宝宝智力的启迪和促进，能够激发出他们巨大的创新思维潜能。

423 怎样利用音乐促进宝宝听力和记忆力

音乐是一门听觉艺术。在宝宝欣赏音乐时，会对节奏、音高、力度、音色等方面有一定的辨别能力，这就使宝宝在听觉方面有很好的提高和加强。当然，在这个过程中不单单是要靠听，宝宝在学习歌曲和律动练习时必须在记住歌词和动作的前提下才能够进行，这又有效地促进了宝宝记忆力的发展。

424 "音乐浴"对开发宝宝智力有何好处

科学实践证明，在早期教育中，音乐

对婴幼儿智力的开发有着特殊的作用，音乐可以说是儿童大脑极好的精神营养品。据专家介绍：音乐能调节大脑功能，提高宝宝们的思维能力和想象能力，常听音乐除了能帮助宝宝增强和恢复记忆力外，还可陶冶其美好心灵，培养高尚情操，给人以鼓舞和力量。

专家认为，经常进行音乐熏陶的婴幼儿会有以下特点：总是笑眯眯，不怕生人，提早说话，脸蛋秀丽可爱，眼神聪慧明亮，左右脑综合发展，长大以后智商高、情商高，创造性强。

日本幼儿教育协会的追踪调查也表明，从婴儿起开始接受并喜欢音乐的宝宝，长大了在品行上很少有劣迹，他们会变得更善良，道德上更纯洁。

425 父母日常生活中怎样给宝宝做"音乐浴"

父母对宝宝进行音乐训练，应贯穿在日常生活中，如宝宝刚起床时，可以给他听较为轻快、活泼的音乐，播放时音量从小慢慢放大，等到宝宝彻底醒来后，可以让音乐继续播放一段时间；给宝宝喂奶时，可以播放些悠扬的音乐当背景音乐，这样能激起宝宝的食欲；哄宝宝睡觉时，可选用舒缓的《摇篮曲》，音量逐渐变小，待小宝宝睡着后，再让音乐渐渐消失。这些音乐的播放和安排，时间和程序都应当相对固定，以便让宝宝形成有规律的条件反射，假若小宝宝不生病却哭闹不止，不妨试着用音乐安慰他，这时抱着宝宝随着音乐的旋律和节奏摇晃，容易让宝宝停止哭闹。

日本幼儿开发协会的母亲们曾做试验：她们的宝宝出生时，容貌和神态与普通宝宝没多大差别，然而在给宝宝听了四个月的莫扎特小夜曲之后，宝宝的表情和动作比别的宝宝显得活泼些，眼睛特别亮，很有神，因而显得容貌更漂亮。

值得注意的是，对宝宝进行"音乐浴"时，一定不要用爵士乐、流行的摇滚乐，而应该选用欧美名曲及古典音乐，并且整个音量应小于成年人适宜的音量。

426 小宝宝跟随音乐手舞足蹈就是有音乐天赋吗

小宝宝听到音乐就会自动地随着音乐的节奏手舞足蹈起来，虽然他们的这种"舞蹈动作"并不标准，但是可爱的样子让人捧腹，可这并不能说明宝宝有音乐天赋。

原因一：宝宝在这个年龄的神经发育与音乐的旋律有相吻合之处，所以宝宝听到音乐后就会"舞蹈起来"。

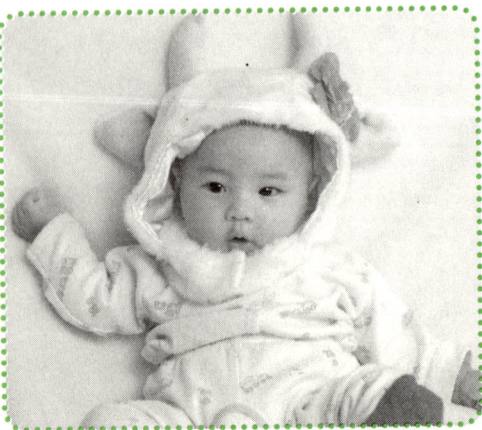

原因二：音乐使宝宝可以得到释放和愉悦，因为宝宝能感受到成人对音乐的愉悦和放松的情感。

427 音乐天赋和音乐成就是相同的概念吗

音乐天赋和音乐成就是两个不同的概念。音乐天赋是指一个人能够成为音乐家所具有的与生俱来的潜在能力。音乐成就是指一个人可以利用音乐做到什么。判定一个人的音乐成就最普遍的方式是看他如何演奏好一种乐器。天赋与成就间有一种相辅相成的关系。

428 什么时候开发宝宝音乐天赋最合适

作为家长，对宝宝早期音乐天赋的开发所给予的关注意义重大。原因很简单：宝宝年幼时周围音乐环境对其音乐天赋会产生相当程度的影响。研究表明，宝宝的音乐天赋在九岁之前有可开发性。环境的不确定因素对于幼童天生潜力的影响可导致宝宝未来不同的走向。

429 宝宝的音乐天赋涉及哪些方面

宝宝的音乐天赋涉及两个相互作用的方面：外界音乐灌输和其自身的天性。因此，天赋会由于上述两者作用结果的不同而产生反复的变化。在九岁左右，宝宝的天赋趋向稳定并在其一生中始终保持一个衡量。因此，作为家长，应在宝宝天赋形成的过程中尽力增加其可塑性。在学龄前对宝宝音乐意识灌输得越多，宝宝天赋的有效值就越大。

430 音乐有利于提高宝宝德育吗

任何的思想品德教育如果没有情感的基础，都只能成为空谈。对宝宝进行音乐启蒙教育可以为他们培养良好的情感基础。音乐在实现思想教育作用的时候，并不是靠强制的方式，而是以鲜明生动的音乐本身，潜移默化地产生作用。

431 父母音乐启蒙教育存在什么误区

很多父母受速成心态唆使刻意追求"望子成龙"、"望女成凤"，不少父母盲目地希望宝宝能够有一技之长，能一鸣惊人、光宗耀祖。父母在省吃俭用为宝宝购置昂贵的乐器，希望自己的宝贝能成为当代的莫扎特、贝多芬时，却忽视了宝宝在特定的年龄阶段里，有探索周围世界的多元化、广泛性的正当需求。一些父母不以宝宝的兴趣为先导，不了解宝宝的爱好特长，看见别人家宝宝学乐器，不管自己宝宝想不想学，以及他的音乐基础如何，都要跟风逼迫宝宝继续练习。父母们必须明白，对宝宝进行音乐启蒙教育，如果脱离实际，如果缺乏兴趣带来的愉悦，将是不成功的教育；同样，违背宝宝的意愿逼迫他学习，不但学不到什么东西，反而会影响他们的身心健康。

432 众多幼教机构音乐启蒙教育存在什么误区

当今社会的音乐普及教育机构众多，有些机构做不到因材施教，他们不分宝宝年龄大小，千篇一律采用单一的教学方法。这样教育的结果是只有极少数有天赋的宝宝能够最终走向成功，而其他大多数宝宝都无功而返。家长搭进了大量的时间、精力、财力，宝宝还只能在音乐殿堂的门前徘徊，始终走进不了音乐的广阔世界。宝宝的潜在感知和接受能力不同，教师需要清楚地了解每个宝宝的兴趣特点，挖掘并发挥宝宝的潜能，开拓他们自由想象的空间。在教学过程中如果能做到避免单一和枯燥，由浅入深、由简到繁地培养宝宝的兴趣，才能增强宝宝的乐感，拓展他们的音乐思维，培养他们的审美能力。

433 宝宝认识颜色有何规律

宝宝认识颜色是有一个科学的发展规律的：红—黑—白—绿—黄—蓝—紫—灰—棕（褐色）。父母教宝宝认识颜色时，若按这个顺序去认识颜色将事半功倍。同时教宝宝认识这些颜色时还需要讲究方法，由于宝宝还小，接受能力较弱，我们不能一次把全部颜色都教给他，而是应该在某一段时间内只教他认一种颜色，同

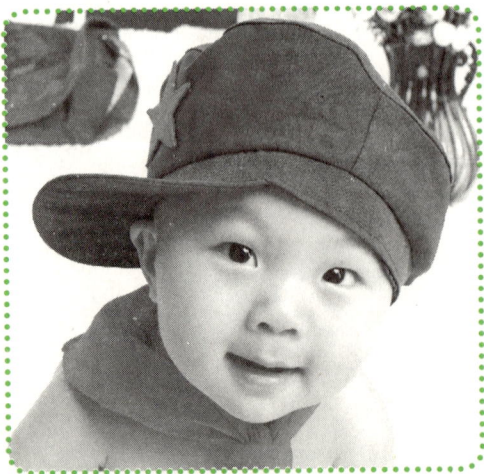

时，生活中就只指一切包含此颜色的物体给他认，比如，在另一段时间内只认蓝色，认识生活中所有含蓝色的事物，以此类推，他才能掌握全部颜色并不易忘记。用这种方法，有些宝宝快满两岁时就已经认识了十种颜色了，进而推广到粉红等中间色的分辨也没问题。

434 宝宝对色彩有什么感觉

刚出生的宝宝，对光产生了感觉，有了辨认光亮与黑暗的能力，随后开始识别白色、灰色和黑色。新生儿更喜欢粉红色、浅黄色等偏淡的色彩，这些颜色更接近于白色或乳白色，因此可以通过多让宝宝看这些颜色来培养宝宝的色彩感。

宝宝出生后1个月时，可以大致看清物体的形状。宝宝2个月大时，能够分清一些不同的色彩，并能使目光渐渐稳定、聚焦在颜色鲜艳或者移动的物体上。

当宝宝长到3个月大时，就能够注视周围的环境，注视的时间会增长。这一时期，宝宝的视觉和动觉能够协调起来，目光追随移动物体时年速度可达10米/秒，同时，宝宝有了初步的色彩识别能力，可以在白色的背景上分辨出红色和绿色。

435 宝宝何时对颜色有感知能力

视觉是人成熟最晚、发展最慢的一种感觉。虽然基本视觉皮层能在妈妈怀孕7个月时从胎儿眼中接收讯号，但视觉通道的神经细胞在出生后数月仍不成熟。

出生三四个月的宝宝对色彩有了感受

力。0～3个月的宝宝会对鲜艳的色彩、强烈的黑白对比感兴趣，对于这个年龄段的宝宝而言，色彩是有一种难以抗拒的吸引力。随着宝宝视觉系统的发育成熟，到了4个月左右，宝宝对色彩就有了感受能力，可以通过认识色彩、感知色彩，来享受美的世界。

年轻的父母要利用最早时期用较好的方法帮助宝宝辨认颜色，让宝宝感受色彩，培养敏锐的色彩感觉，非常有利于宝宝的智力发展和培养绘画兴趣。

436 宝宝颜色认知有何重要性

4个月的宝宝已能在光谱上辨认各种颜色，即4个月的宝宝色彩视觉发展已接近成人的水平了，同时宝宝是通过颜色、形状、大小来区分周围的物品的，颜色是三种属性中最容易辨认的一种，宝宝很容易就能学会利用颜色来对物体进行分类。

在早期教育中，颜色的教育非常有利于发展宝宝的辨别力、欣赏力、美的感受力，以及想象力、绘画能力。另外，通过辨认颜色让宝宝更容易养成好的观察的能力和习惯。

437 训练宝宝认知颜色需遵循哪些原则

● 从三原色红黄蓝开始，这些颜色纯度高，易于辨认。

● 用配对归类的方式。通常来说，宝宝用视觉感受和分辨颜色的能力早于听懂和说出颜色名称的能力。所以让宝宝在玩具中，选一个和红皮球一样颜色的玩具

比较容易，而口述要求宝宝选一个红色玩具，宝宝则常常因为弄不懂而做错。

● 在宝宝辨认颜色的基础上，教宝宝说颜色的名称。教宝宝说颜色的名称应结合具体事物来进行，如像指着红领巾让宝宝认识红色。研究发现，宝宝说出颜色的名称与辨认颜色的次序不完全一样。最容易说出的颜色是红色，其次是白色和黑色，再次是黄、绿、蓝。最不容易掌握的颜色名称是橙色和紫色。但是要注意区别物体的外部特征与名称。不能拿起红领巾简单地说"这是红色的"，很多时候宝宝会理解为这个物体的名字叫"红色"，而无法理解为那是"红色的红领巾"。所以父母首先要告诉宝宝这个物体名称，然后说红色的红领巾，红色的积木，红色的玩具等，接着还要让宝宝认知不同名称，不同环境的相同颜色物体来让宝宝建立特征概念从而达到颜色认知的目的，举一反三。

● 宝宝学会说出颜色的名称以后，再教宝宝认识间色。甚至是开始把不同的颜料混在一起看新的颜色产生的过程来认识间色。

438 训练宝宝认知颜色需注意哪些细节

第一，不要在宝宝面前摆过多花花绿绿的东西，或者一次教他辨认太多种颜色，这样容易造成他视觉疲劳，抑制状态，这对大脑发育是极其不利的。

第二，3岁以前宝宝在进行艺术绘画等创作的时候，家长不必每次提供所有颜色给宝宝用，而是每次提供一至两种颜

色，每次都不一样。

同时要注意，如果想问宝宝"今天用的是什么颜色"之类的问题，最好在宝宝专心进入艺术绘画创作之前提问，这样可以避免中断宝宝的创作思路和专注力。

439 刺激宝宝色彩敏感度有哪些妙招

1.装饰宝宝房来让他爱上颜色

心理学家研究发现，婴儿一般比较喜欢黄色、橙色、浅蓝、浅绿等较为明快的颜色，在这种色彩环境中成长的宝宝往往智商较高。由此可见，父母在居家布置上，应充分考虑色彩效应，给宝宝布置一个欢快、明朗的色彩环境。比如，在宝宝房的墙上贴一些色彩协调的图画，经常换一些颜色清爽的床单和被套，小床的墙边还可以画上美丽的七色彩虹，或摆放些色彩鲜艳的彩球、塑料玩具等，充分利用色彩对他进行视觉刺激。

2.通过多彩着装让他爱上颜色

宝宝衣服的色彩应该多一点，灰暗色调的、明亮色调的服装都要有，不然很可能因为长期看同一色系，导致视觉迟钝。但注意，选择颜色鲜艳、浓重的衣服，或经过抗皱处理的或漂白的童装时要谨慎，因为这类衣物的甲醛含量较高，有可能不利于宝宝身体健康。

3.通过游戏来刺激宝宝的色彩敏感度

父母还可以拿着玩具和宝宝玩"躲猫猫"。先在在宝宝眼前摇着彩色玩具，然后将玩具藏到身后。在宝宝疑惑时，再猛地将玩具在宝宝眼前亮出来。当玩具瞬间

出现在宝宝眼前，他会一下子变得高兴，这个过程对视觉刺激效果是非常好的。

440 为何说爱笑的宝宝更聪明

美国华盛顿大学的专家研究发现，聪明宝宝对外界事物发笑的年龄比一般宝宝要早，笑的次数也更多。

从宝宝的发育进程看，一般长到3个月左右出现发笑反应，醒着看到家人熟悉的面孔或新奇的玩具时，就会高兴地笑起来。另外，当他吃饱睡足，精神状态良好时，无外界刺激，也会自动发出微笑。前一种笑被称为"天真快乐效应"，后一种则称为"无人自笑"。

研究表明，天真快乐效应是婴儿与他人交往的第一步，在精神发育方面是一次飞跃，对大脑发育是一种良性刺激，被誉为智慧的一缕曙光。至于无人自笑，则是婴儿在生理需要方面获得满足后的一种心理反应，这两种笑均有益于大脑的发育。

441 0～2个月宝宝适合玩哪些玩具

1.摇响玩具（拨浪鼓、花铃棒等）

摇动拨浪鼓，让宝宝寻找声源，可训练宝宝听觉能力；让宝宝抓握拨浪鼓并摇动，可训练宝宝精细动作。

2.音乐玩具

让宝宝倾听声音，可训练宝宝听觉能力，并愉悦情绪；移动音乐

玩具，可吸引宝宝的视线，训练宝宝追随玩具的活动视觉能力。

3.镜子

让宝宝照镜子，观察自己，培养自我意识。

4.视觉图片（人像、有一定模式的黑白图片）

将图片悬挂在床头或贴在墙上让宝宝观看，可刺激宝宝视觉发育，令其初步感知颜色。

动作能力
Dong Zuo Neng Li

442 剖宫产宝宝有何特点

研究表明，剖宫产的宝宝在出生的时候没有经过产道的挤压，缺乏生命中第一次触觉和本体感的体验和学习。这种体验的缺乏虽然不会影响宝宝的智商，但却容易让宝宝产生情绪敏感、注意力不集中、手脚笨拙等问题。

443 怎样对剖宫产宝宝进行大脑平衡功能训练

胎儿存在胎位不正、脐带缠绕、体重过大等不适合顺产的因素时，多数要选择剖宫产。而这些因素又常常会造成胎儿大脑前庭功能发育不足、在母体内的活动不充分，甚至还会出现胎儿窒息的情况。这些情况必然会影响宝宝出生后注意力方面的能力。

父母应该在宝宝出生后3个月内，经

常并且适度地抱着宝宝轻轻摇晃，让宝宝的大脑平衡能力得到最初的锻炼；在宝宝8个月左右时，开始训练宝宝的爬行能力，爬行对锻炼宝宝的手脚协调能力很有帮助；当宝宝再大一些的时候，父母要让宝宝多走平衡木，或者多做荡秋千、旋转木马等游戏。

444 怎样对剖宫产宝宝进行本体感训练

由于缺乏产道挤压这一最自然的本体感训练，剖宫产出生的宝宝容易对自己的身体感觉反应比较迟钝，身体的协调能力相对较差；到了一定的年龄以后容易出现做事拖拉磨蹭、做作业时间拖得过长等毛病，还有的宝宝会出现语言表达有障碍和尿床等问题。

父母要让宝宝多进行各种体育活动：从小就可以让宝宝翻跟斗，再大一点让宝宝拍皮球、跳绳、游泳、打羽毛球等。

445 怎样对剖宫产宝宝进行触觉训练

剖宫产出生的宝宝由于缺少人生中第

一次触觉的机会，在两三岁以后还是很喜欢吮自己的手，除了吮手以外，他们还喜欢咬指甲、咬笔头或者玩自己的生殖器。在性格上，这类宝宝比较容易发脾气、胆小、紧张、爱哭、偏食，喜欢招惹人等等。

父母应该让宝宝多进行触觉方面的训练，可以多让宝宝玩沙、玩泥土；学习游泳；经常让宝宝光着脚走路；让宝宝玩羊角球；给宝宝洗完澡以后用比较粗糙的毛巾给宝宝擦身体；经常用毛刷子给宝宝刷身体；用毛巾把宝宝卷起来和宝宝一起游戏；和宝宝玩一切需要身体接触的游戏。

446 何谓握物反射

新生宝宝就已有握力，大约有40%的新生宝宝能用手握着大人的食指，把自己的身体悬吊起来。当外物接触手心时，宝宝马上抓握，这称为握物反射，是先天具备的生存本能。　父母可以经常握宝宝的小手，捏他的小手指，以促进小手机能的灵活性。这种能力在80天前后淡化，120天前后再出现有意识的握物能力。

因此在这段时间里，教宝宝握东西可帮助他用拇指与其他四指相对的方法来握住，除了妈妈的手指之外，还可以让他握玩具、圆珠笔等，以锻炼他用手握物的能力。

447 宝宝握物入口好不好

宝宝三个月时视野已经可达180度，可看到自己的手，能够感觉到"自己"的存在。他喜欢玩自己的小手，也会有时候他还会伸手抓人、抓任何伸手可及的东西，并送进口中。握物入口是宝宝进行物我联系的开始，应该鼓励宝宝这一行为。

需提醒爸妈注意的是，为防病从口入，要勤给宝宝洗洗小手。另外，注意异物进入宝宝的食道和呼吸道，发生危险。

448 宝宝为何喜欢玩小手

婴儿最早的游戏就是玩手。出生后一开始大多数的婴儿都有吸吮小手的兴趣，他们将整个小手放进嘴里吸吮，津津有味，感到极大的满足，有时拉都拉不出来。心理学家认为手指是"智慧的前哨"。

满3个月的婴儿会看自己的小手，常常很认真地凝视小手，两只手相互触碰，或者用小手抚摸他所接触到的小被子、小衣服和小床的边缘。——这是宝宝手部发育的出发点。这个时期，手成了宝宝最好的玩具，他常常把自己的小手举到眼前凝视，左看右看，热衷于玩自己的手，忽而手指头一张一合，忽而两只小手缠绕在一起，忽而又把自己的手送到嘴巴那里舔一舔。

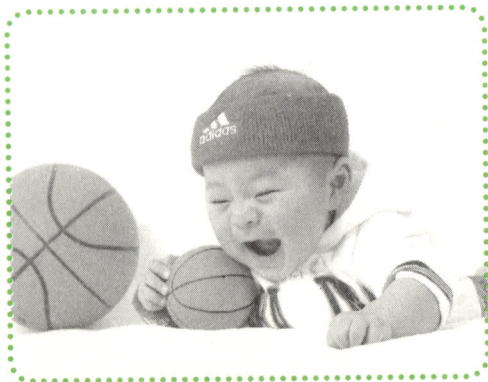

449 何时是宝宝翻身能力发展关键期

3～4个月是宝宝翻身能力发展的关键期。在这个时期，宝宝开始学习翻身，但是这个时期的宝宝自主翻身能力很差，需要家长多方面的帮助和训练。这个时期对于宝宝身体协调性和腰、臂力量的发展，特别是对于宝宝初级平衡能力的发展非常重要，对于宝宝双手和双脚力量的发展也十分有益。

450 爸妈如何训练宝宝俯卧抬头

训练宝宝俯卧头进，要在宝宝清醒空腹情况下进行，即喂奶前1小时。训练用的床面要平坦、舒适且有一定的硬度，让宝宝俯卧在床上，父母拿着色彩鲜艳能发声的玩具如摇铃在宝宝正前方，轻柔地逗宝宝说："宝宝，看在这里有漂亮的玩具。"通过摇响玩具使宝宝努力抬头寻找。

宝宝抬头的动作会从刚开始抬起头与床面成45度到3个月时能稳定地抬起90度，在这个过程中，父母可将玩具从宝宝的眼前慢慢移动到头部的左边，再慢慢地移到宝宝头部的右边，让宝宝的头随着玩具的方向转，每次训练自30秒钟开始逐渐延长，每天练习3～4次，每次俯卧时间不宜超过2分钟。

451 宝宝练习抬头有何好处

宝宝自出生后几天就可以俯卧，但1个月内的宝宝还不能自己俯卧抬头，他只能本能地挣扎着使脸转向一边，宝宝2个月时能稍稍抬起头和前胸部，3个月时头能抬得很稳。

俯卧抬头练习锻炼婴儿颈部、背部的肌肉力量，有助于增加婴儿肺活量，还能使他较早地面对外部世界，接受较多的外部刺激。

452 为何不要大幅度摇晃宝宝

当宝宝哭闹或不肯睡觉时，父母往往采取摇晃的方法来安抚。当摇晃、抖动宝宝身体时，宝宝的头部会来回晃动，易导致大脑组织受损。轻者可引发烦躁不安、厌食和倦怠等症状；重者会导致呼吸困难、失明、瘫痪和昏迷等现象，甚至导致宝宝智力低下。

语言能力
Yu Yan Neng Li

453 3岁前宝宝语言发展有何规律

3岁前婴宝宝言语的发展是一个连续的、有次序、有规律的过程，是一个不断由量变到质变的过程，既有连续性，又有规律性。根据实际的发展，它可分为六个阶段：

- 出生到3个月——简单发音阶段。
- 4个月到8个月——连续音节阶段。
- 9个月到12个月——学话萌芽阶段。
- 12个月到18个月——正式开始学话、单词阶段。
- 18个月到2岁——简单句阶段，掌握最初步的言语阶段。
- 2岁到3岁——复合句子的发展，掌握最基本的言语阶段。

454 开发宝宝语言能力时为何要符合"最近发展区"

宝宝语言发展具有阶段性和顺序性。依据苏联著名的心理学家维果斯基提出的"最近发展区"的概念，认为教学的内容应在学生的最近发展区内。过于超前，学生不能接受；过于滞后，会失去开发的意义。宝宝语言能力也是一样，首先明确宝宝当前所处水平，依照宝宝语言发展的顺序性确定宝宝语言发展的最近发展区。

455 怎样开发0～3个月宝宝的语言能力

日常生活中，在宝宝醒着的时候，妈妈用缓慢、柔和的语调对他说话。如"好宝宝，你醒啦？"、"××，我是妈妈，妈妈喜欢你"等等。

同时家长应模仿宝宝那些无意义的发音，如宝宝说："啊—嘟嘟"。家长也学他同样的发音。此时的宝宝尚不会说话，父母学他重叠发音可激发他对语言的兴趣，这与"宝宝腔"是完全不同的两回事。因为宝宝听到有声音反馈会高兴地"咿咿呀

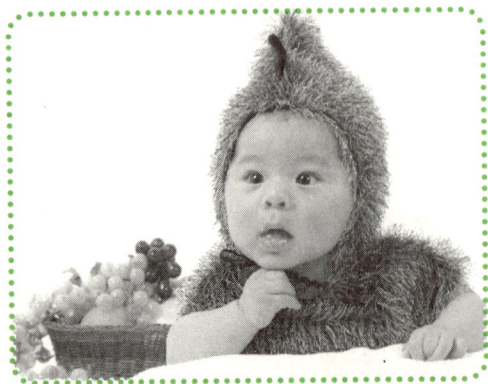

呀"起来，多开口发音是很有益的练习。

父母也可以对着他两边的耳朵说话，让他感觉到声音从不同的方向传来。

在喂奶、搂抱或摇宝宝入睡时，对他哼唱摇篮曲或播放轻柔的音乐。注意不要给宝宝听很多不同的曲子，一段乐曲一天中可以反复放几次，每次十几分钟，过几周后换另一段曲子。

也利用手摇铃、铃铛或挤后发出声音的玩具，让宝宝借声音和触摸来体验世界。为确保宝宝听觉的正常发育，尽量避免强烈的声音刺激。但也不必过于谨慎，以防降低宝宝的适应能力。

456 怎样为宝宝创造有利的发音条件

三个月的宝宝可以倾听周围人们发出的语音，但不能听懂人们说话的意思；可以自发地发出一些语音，但不能主动模仿别人的发音。一直到四个月，他都处在自发的语音发声练习阶段。

哭叫是小儿发音器官为言语发展所做的最初的发声准备。两个多月后，宝宝除了哭叫外，开始发音，但只有在情绪良好的时候才出现。发出的音，大都是一张嘴气流从口腔中出来就能发出的音，如o、i、ei、d、e、ou等。

为了给宝宝创造发音的条件，并鼓励他发音，可采取下面的措施。

1. 精心地护理，使宝宝保持良好的情绪

如果宝宝总处于饥饿、潮湿和疼痛等不良状态下，则只会有哭喊，不会有语言

发声练习。为此，必须注意给宝宝适时哺喂，换尿布，安排好他的睡眠和玩耍，以保持良好情绪。

2. 多用愉快的口气和表情对宝宝说话

首先，宝宝可以看到父母说话时的口型，听到你发出的语音，这些有助于他以后模仿发音。其次，当父母以愉快的口气和表情对宝宝说话时，常常会引起他愉快的交往情绪，有时他会以简单的发音作出回应，有助于他自发的发音练习。

457 怎样使宝宝保持对语言的好奇心和敏感性

语言智力高的人有一个突出的特征：对语言有强烈的好奇心，他们喜欢语言，表现出极好的语感和对语言的鉴赏力。事实上，出生几个月的宝宝就对语言刺激十分敏感，当亲人对他说话时，会以微笑、手脚活动等方式做出积极反应。语言智力高的宝宝表现出对语音、节奏、语调反应灵敏，爱涂鸦，喜欢听、读、讲故事，说话清晰有条理。

家长若对这些语言智力品质给予关注和引导，并及时鼓励和强化，让宝宝多接触不同的人、事、物，例如：去超市购物、逛公园、探视朋友……经常扩展其生活圈，进而将各种事物、动作介绍给他，教他模仿，便能使宝宝保持对语言的好奇心和敏感性。

458 怎样为宝宝营造理想发展语言的家庭环境

婴幼儿的语言环境是成人和宝宝共同构成的相互交流情境，成人对婴幼儿语言智力发展的关注和宝宝自身言语活动的自发倾向创造了一个动态的、宝宝自己也参与其中的环境。理想的发展语言的家庭环境包括：

● 摆放宝宝感兴趣的玩具、物品等，让他们边探索边学习说出它们的名称和功能。

● 带宝宝走出家门去商店、动物园、公园，从多种场合观察、体验、丰富和充实其经验。增加学习和表达的愿望。

社交行为能力
She Jiao Xing Wei Neng Li

459 新生儿有何特别能力

新生宝宝有一些特别能力，可能你以前从未听说过：

抓取反射。把你的一根手指放在新生儿的掌心，他会立刻握住；当左右手的手指分别被宝宝握住时，只要你轻轻提起胳膊，小小的婴儿也会被悬空吊起来，这就是抓取反射现象。

爬行反射。让宝宝趴在床上，用手掌抵住宝宝的脚掌，他就会向前爬行，这种爬行并非自主意识下的活动而是一种先天能力，叫做爬行反射。

防卫反射。在出生头几天，当皮肤遭到强烈刺激时宝宝会抽动手脚；如果眼前有光闪烁，还会眯起眼睛，这叫做防卫反射。

这三种反射现象由人类的祖先遗传下来的，是为了保护刚出生的宝宝适应生存，它们会随着身体的发育慢慢消失，而宝宝也将学会新的能力来武装自己。

460 新生儿如何表达自身需求

0～1个月的宝宝还不能自如活动，但会对声音、光线、皮肤接触等外界刺激做出反应。新生儿虽然不能像成人一样正确表达自己的所有感情，但他已经能明确地感觉好坏，因此在肚子饿、口渴、身体不舒服、热、冷、尿湿等情况下，可以用哭声来表达自己的感受。所以，对于新生儿来说，哭是唯一的表达手段。

461 触觉交流对宝宝有何好处

母婴间的触觉交流，最常见的是母亲为宝宝授乳。因为，授乳已不单是为宝宝提供生长发育的营养，而且为宝宝大脑的触觉产生和发展提供条件。宝宝以其最为敏感的口角、唇边和脸蛋，依偎着母亲温暖的乳房，能在大脑中产生安全、甜蜜的信息刺激，这对其智力发育起催化作用。母亲经常抚摸、拥抱宝宝所产生的肌肤接触，也会获得同样的效果。

日本医学博士高桥悦二郎的研究发现，一生下来就失去上述交流的宝宝，在成长过程中会表情冷淡，发育迟缓，性格孤僻而难以与同龄儿和睦相处。

462 视觉交流对宝宝有何好处

宝宝出生一个月左右，视网膜已经形成，但中心凹尚未发育成熟，故其可见距离不会超过40厘米，可见区限于45度，

几乎只能见到眼睛正前方。不过，此时他们对于人脸，特别是人眼已有识别能力。

母亲在授乳时，总会发现宝宝边吃边用眼睛直视着自己的眼睛，这是宝宝情感发育过程中的视觉需要。因此，这种视觉交流，宝宝可在吃奶速度和进奶量上，达到所需要的标准。如果失去这种交流，其吃乳时会频繁转身摇头，甚至烦躁不安。

当然，除授乳以外，平时多与宝宝做对视交流，大多会得到宝宝甜蜜的微笑，从而有益于其心理健康发育。对于人工喂养的宝宝，母亲在使用奶瓶授乳时，更应有这种视觉交流。

463 嗅觉交流对宝宝有何好处

生物学研究证实，人类在视觉相当发达后，嗅觉便开始退化了。但是，宝宝的嗅觉却相当灵敏。刚出生几天的宝宝，便能闻出气味的好坏。在试验中，如果把浸过母乳的布片靠近宝宝一端，宝宝会顿时止哭而做出寻乳的姿态。

由于宝宝能嗅出是不是母亲，故日本医学博士高桥悦二郎提出，宝宝期由母亲陪睡可产生良性刺激，有利于其智

力发育。

他指出，那种不停更换陪睡者的宝宝，心理常处于紧张状态，睡眠时间和质量均大幅度下降。这对其身心发育不利，严重者可导致宝宝发育迟缓和宝宝期心理障碍。

464 听觉交流对宝宝有何好处

研究表明，宝宝出生一周后，即能分辨出人声或物声。这是因为，宝宝自出生起，便有声响需求，并能从各种声响中产生"诱发效应"，从而很快以声音辨别是不是母亲。

可别小看母亲与宝宝间毫无意义的"对话"，细心的母亲会发现，在对宝宝说话时，他会动手动足，一副满足的模样。更重要的是，多与宝宝"对话"，可使大脑正处在急剧发育中的宝宝，很快牙牙学语，为日后语言发展奠定良好的基础。

事实上，缺乏母婴语言交流的宝宝，语言发展均迟于有母婴语言交流的同龄儿，且发音不清，表情不活泼。

465 调动宝宝愉悦情绪有何好处

情绪和情感属非智力因素，但对宝宝的健康成长非常重要。新生儿时期，由于需要适应新的环境，宝宝呈消极情绪状态较多。2个月以后，宝宝积极情绪逐渐增多。当吃饱而又温暖的时候，会有比较活泼和微笑的表情。特别是对妈妈或亲近的人有一种特有的愉悦表情。

一位早慧儿童的母亲曾说："我曾苦思索，什么是六个月以前婴儿最理想的教育。时光远去，我猛然醒悟——六个月前最理想的教育就是调动情绪的活力，首先是笑，笑里面包含着面向世界，舒展心理空间的极大开放性。"

466 宝宝爱笑有何好处

从宝宝出生起，父母就要用各种方式与宝宝进行互动，同时伴以四肢活动，逗引宝宝发笑。父母可以通过经常抱着宝宝亲吻、抚摸，对宝宝说话和唱歌，来逐步建立亲子感情。父母还可以抱宝宝到公园或者人们常散步及休息的地方，大人同邻居们交流，宝宝可以接触生人。当其他人逗宝宝笑时，宝宝也会报以微笑。次数多了以后，再遇到这些邻居时，宝宝就会主动见人就笑，招人喜爱。

学会用笑同人打招呼，这是宝宝社会化训练的第一步。从来不见生人的宝宝害怕陌生人，不敢正面看人，将会逐渐养成害羞的性格。所以有目的地训练宝宝多笑，可以帮助宝宝学会主动招呼人，养成大方开朗的良好性格。

467 父母如何对宝宝进行"逗笑"

从宝宝出生第一天起，父母就可以同他逗笑。父母抱着宝宝，挠挠他的身体，摸摸他的脸蛋，用轻松快乐的声音、表情和动作去感染宝宝。宝宝的目光由起初的紧张渐渐地变得柔和，伴着眼角细小的皱纹，嘴角微微向上，他就有了快乐的笑容。这与宝宝入睡前面部肌肉不自主地放松的笑不同。以笑来回答大人的逗乐才算逗笑，真正的逗笑一般出现在宝宝生后14～21天，个别宝宝会早些或迟一些。经常有人逗笑，生活在这种轻松快乐环境下的宝宝会笑得早一些。

许多父母都知道自己的宝宝在什么情况下容易笑，有些宝宝喜欢大人抓抓后背，另一些宝宝喜欢大人挠挠胳肢窝，就像人们常说"我家宝宝有块痒痒肉，一摸就笑"。另一些宝宝喜欢看大人做各种奇怪的表情，或看某一种玩具的怪动作。找到了宝宝喜欢的逗笑方式，就能经常让宝宝开怀大笑。

宝宝对逗笑的条件反射，是他的第一条通过学习得来的神经回路，笑所引起的快乐情绪又能同时促进宝宝的大脑发育。

早教环境
Zao Jiao Huan Jing

468 哪些疾病可能影响新生儿智力

新生儿核黄疸： 由于新生儿体内胆红素过高，可和脑细胞结合，从而使脑细胞功能发生故障，影响新生儿将来的智力。

新生儿脑膜炎： 这是一种死亡率较高的疾病，由于细菌及毒素直接侵犯到脑细胞组织，可使脑细胞受到严重破坏。

产伤引起的颅内出血： 由于颅内受压使脑血管破裂出血，出血部位脑组织血液循环受阻碍，使细胞变性坏死，从而影响宝宝的智力。

新生儿轻度窒息： 即新生儿出生时没

有呼吸或心跳很慢，若抢救不得力，随时有可能造成死亡，若是存活了也会因为脑缺氧时间过长而损伤脑细胞，引起了缺氧缺血性脑病，影响以后的智力，甚至会出现脑瘫。

新生儿低血糖： 尤其是早产儿更为多见，由于神经组织在一般情况下几乎完全利用糖作为代谢能源，若是不能及时进行喂养，低血糖反复发生或时间过长，均可导致持久性的脑功能障碍，从而影响到智力发育。

新生儿营养不良： 宝宝出生后的6个月，是大脑发育的关键期之一，若喂养不当，造成营养不良，脑细胞突触的形成和联结就会发生不可补偿的减少，同时也将影响到脑细胞的体积增大和髓鞘形成，使智力发育发生障碍。

469 宝宝的噪音和听力怎样保护

宝宝的咽部耐受力差，为使宝宝将来能有一副好嗓子，早期保护嗓音首先要正确对待宝宝的哭。不能不让宝宝哭，但长时间的哭喊会造成声带边缘变粗、变厚，致使声音沙哑。应防止疾病的发生，慎用药物（有的可导致耳聋），避免噪声，不让耳朵进水及细小物品，少去嘈杂的公共场所。

470 怎样判断宝宝有无耳聋

宝宝不会说话，不能自诉听力状况，若想鉴别宝宝有无耳聋，只有靠家长们平日细心的观察。下面是几种简单的判别方法：

- 出生两个月以上的宝宝，听到巨大的声响可出现拥抱反射，即双拳紧握，上肢抱拢，下肢屈曲。
- 三个月以上的宝宝，在其背后摇响小铃时，观察宝宝是否眨眼或转头转身。
- 六个月以上的宝宝，睡着了能被叫醒，听到妈妈的说话声能转头寻找，对较大的声响有吃惊的表情。

471 怎样及早发现婴儿智力低下

婴儿早期智力低下主要有以下几点表现：

- 不会笑或很晚才会笑，正常宝宝2个月时就会笑，4个月时能放声大笑。如3个月才会笑，6个月还很少笑，1周岁还不会笑则是智力低下的一种信号。
- 眼睛功能发育不全，一般来说1个月的婴儿就会用眼睛注意周围环境，智力低下的婴儿则对周围的人或事物不注视。
- 咀嚼晚喂养困难，吃固体食物不易咽下并且致使呕吐。
- 能力较低语言能力、思维能力、记忆能力、计算能力和分析比较能力均差于

同龄儿童。

472 如何提高宝宝的免疫力

- 按期给宝宝接种疫苗，预防婴儿传染病的发生。
- 保证宝宝的营养，提高抵抗能力。
- 充足的睡眠可以增强宝宝的体质。
- 进行体格训练也是增强体质的重要方法。
- 要多带宝宝到户外活动，多晒太阳，多呼吸新鲜空气。

473 宝宝的脑袋能随便拍吗

宝宝娇嫩的大脑封闭在坚硬的颅骨里面。因为宝宝的大脑动脉和毛细血管发育不完善，倘若成人用手或棍棒敲打宝宝头颅骨，轻则可能致颅内毛细血管破裂出血，重则可引起颅内血肿，宝宝会出现头痛、恶心、呕吐，甚至昏迷等严重症状，如不及时抢救可危及生命。

近年来，小儿神经学家研究发现，如果宝宝在童年时头部经常受到外力打击，即使打击力度远远没有造成颅内微细血管破裂出血，也没有造成颅内血肿等器质性病灶，也同样会破坏和干扰大脑神经内环境的稳定，导致神经细胞生化代谢异常，从而诱发癫痫。为了保护好宝宝的大脑，切记任何时候都不要拍打宝宝的头部。

474 睡眠与智力有何关系

人的一生中有三分之一的时间是在睡眠中度过的。缺少睡眠或睡眠过多，均会

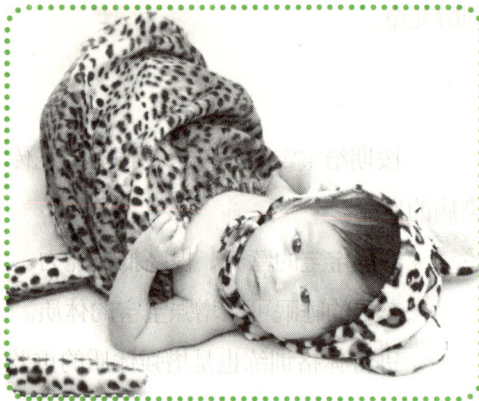

对智力发育产生不良的影响；正常的睡眠，才是有利人体解除疲劳，恢复体力和脑力的生理现象。

人的大脑和其他器官一样，需要有张有弛，有兴奋有抑制，才能正常进行智力活动。白天用脑造成疲劳，夜间睡眠时全身肌肉松弛，各种代谢降低，体温降低，有利于体内合成营养物质，积蓄大量氧气和其他营养物质，就可以为第二天的脑力运动供应大量的物质基础；睡眠时大脑组织对葡萄糖的需要量减少，代谢产物随血液循环带走，从而有利于防止神经细胞的功能衰退。此外，神经生理学认为，人在白天所遇到的事情、接受到的刺激都非常多，只有在睡眠中才能对汇集在脑海里的无数信息进行过滤，淘汰无用的信息，并将有用的信息加以深化巩固，形成永久的"记忆"。

475 睡眠不足会影响宝宝智力吗

婴儿睡眠少和父母习惯、环境因素有关，直接影响宝宝今后发育、智力和学习，睡眠不足的宝宝多动、好斗、易怒，学习问题多。

研究发现，晚间睡眠不足而白天嗜睡的宝宝不仅发育缓慢，学习问题突出，注意力、记忆力、组织能力、创造力和运动技巧相对较差。特别是在行为问题上，夜间晚睡的宝宝更容易出现好斗，同时还可能伴有多动症、自我控制能力差、精神不集中等症状，在情绪调节上，更容易被激怒。

此外，在生长发育中，夜间睡眠缺乏还会扰乱生长激素的正常分泌，使得免疫系统受损、内分泌失调，代谢出现问题，易发胖。

大脑消除疲劳的主要方式是睡眠。长期睡眠不足或质量太差，只会加速脑细胞的衰退，聪明的人也会变得糊涂起来。

476 如何让宝宝健康睡眠

睡眠是一个十分复杂的状态，是神经系统发育成熟的重要标志。通过对宝宝睡眠的观察，能够预测其大脑在发育方面的改变，可以了解其身体是否健康。宝宝睡后安静、呼吸轻而均匀、头部略有汗、面部舒展、时而有微笑的表情，这些都表明宝宝大脑发育良好且身体健康。

由于初生宝宝还没有自己控制和调整睡眠姿势的能力，所以父母在护理宝宝睡眠时应多注意观察，要经常帮助宝宝变换睡眠姿势。父母除了要为宝宝创造良好的睡眠环境外，还应该使宝宝养成良好的睡眠习惯，促进和实现宝宝的健康睡眠。

477 趴着睡觉的宝宝更聪明吗

胎儿在母亲的子宫内就是腹部朝内，背部朝外的蜷曲姿势，这种姿势是最自然的自我保护姿势，所以宝宝趴睡时更有安全感，容易睡得熟，不易惊醒，有利于宝宝神经系统的发育。趴睡还能使宝宝抬头挺胸，锻炼颈部、胸部、背部及四肢等大肌肉群，促进宝宝肌肉张力的发展。趴睡还能防止因胃部食物倒流到食道及口中引发的呕吐及窒息，消除胀气。

478 哪些宝宝不适合趴睡

患先天性心脏病、先天性喘鸣、肺炎、感冒咳嗽时痰多、脑性麻痹的宝宝，以及某些病态腹胀的宝宝，例如患先天肥大性幽门狭窄、十二指肠阻塞、先天性巨结肠症、胎便阻塞、坏死性肠炎、肠套叠和其他如腹水、血液肿瘤、肾脏疾病及腹部肿块等疾病的宝宝，不适合趴睡。

479 哪些宝宝适合趴睡

患胃食道逆流、阻塞性呼吸道异常、斜颈等的宝宝，可以尝试趴睡，以帮助缓解病情。下巴小、舌头大、呕吐情形严重的小孩，必须趴睡。另一种状况要特别注意，幼儿有痰时，常常会呕吐，一旦有呕吐，要让幼儿趴下，使食物流出，才可再躺下，否则容易引起窒息。

480 宝宝睡得时间长怎么办

如果宝宝特别能睡，你可能因担心吃奶次数不够而叫醒他。其实有些宝宝天生就是爱睡觉，只要醒来后精神良好，喂奶也肯吃，体重增长在标准之内就可放心。

但是为了避免宝宝白天睡太多，晚上睡不着，你也可以试着唤醒他。

那么，该怎么做呢？

- 用手指轻触宝宝的嘴巴。
- 抚摸他（她）的身体，抓住小腿轻轻晃动。
- 轻轻捏小耳垂。
- 给宝宝换尿布。

这些办法如果都没效果，还可以抱起宝宝，在他（她）耳边轻声说话，同时用手沿着脊柱按摩背部。

481 宝宝睡得时间短怎么办

另一些新生宝宝睡觉时间很短，这没什么好担心的，宝宝困了自己会睡，不困哄也不会睡。和睡眠少的宝宝一样，只要吃奶好、精神好没异常，体重增长也符合标准就没问题。

睡眠少的宝宝最折腾大人，他不睡的时候你也别想睡，尤其是半夜醒来哭闹的宝宝更让人烦恼，可惜并没有什么特别有效的办法能让这类宝宝睡觉，只有几个小技巧来帮助改善。

那么，该怎么做呢？

- 将屋内的灯光调暗。
- 当宝宝明明有些犯困，却迟迟不愿入睡的时候，抱起他在房间里来回走动是个不错的选择。
- 假如他还是很清醒而你已经累了，你可以找一个舒服的姿势坐下，把他放在

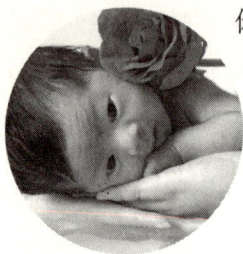

你的胸口上，耳朵贴在你心脏的位置，听到熟悉的节奏能让他感到放松而比较容易入睡。

● 让家人帮帮你，否则连续几晚都睡不够会让你感到沮丧并充满挫败感。

482 宝宝睡觉很容易惊醒是怎么回事

新生儿睡觉时两小手突然举到头顶，甚至惊醒大哭，这种现象叫做惊跳，是新生儿特有的一种生理现象。

刚出生的宝宝中枢神经发育不全，当睡着时遇到一点外界刺激，比如突然发出的声音、震动等都会使他惊跳。

那么，该怎么做呢？手放在宝宝身上轻微用力按压，宝宝就会安静下来；另外，入睡前用一块被单把宝宝紧裹住，也有助于减少惊跳。

惊跳是正常现象，一般不需要治疗，待神经系统发育成熟后这种现象就会逐渐消失。但是如果宝宝惊跳次数太频繁，你就要带宝宝上医院就诊。

483 新生儿睡觉不安稳是什么原因

宝宝睡着了却容易醒，而且一醒就哭，总是睡不安稳，造成新生儿不能安睡的原因很多，包括外在和内在两方面的因素：

原因1: 肚子饿了。一般来说母乳喂养的宝宝胃排空时间为3个小时，人工喂养的宝宝为3～4小时，他们常常会因为肚子饿而醒来。

原因2: 被子盖太多。妈妈们常担心宝宝睡着后着凉，尤其遇到睡得满头大汗的时候，其实盖太多被子反而使宝宝因为太热而烦躁。

原因3: 尿湿。屁股下湿湿的感觉令宝宝很不舒服，所以他常因尿湿而惊醒。

原因4: 缺钙。有的宝宝长得太快，因为缺钙而睡不安稳。

原因5: 不适合的环境。睡眠环境对宝宝的影响也存在一定可能性，干燥的、缺少新鲜空气的房间肯定不适合睡觉。

原因6: 睡前太过于兴奋。由于新生宝宝的神经系统发育尚不完善，神经的兴奋与抑制功能不够协调，因此在睡觉前如果太过于兴奋就不容易安睡。你可以每隔2～3小时轻拍或抚摸宝宝，能使宝宝重新入睡。

排除了以上因素还不能解决问题，或者同时伴有其他异常情况，则可能是潜在的疾病造成的，需到医院请医生诊断。

484 灯光颜色影响宝宝智力发育吗

美国有研究表明，蓝色灯光有利于提高宝宝的智商。当眼睛感受到蓝光时，大脑就会受到刺激。即使双眼闭合也是如此。一些研究也显示，蓝光能激发人的情绪，有助于保持旺盛精力和驱除睡意。颜色对儿童的智力是有影响的，因为不同的色彩通过影响儿童的视觉来影响儿童的智商、情商和性格。长时间接触黑白色会对儿童的性格产生不良影响。

4~6个月宝宝

4～6个月宝宝发育水平表格

月龄	大运动	精细动作	适应能力	语言表达	社交行为
4个月宝宝	☆俯卧时可抬头90度，按摩呈游泳的姿势，扶腋可站片刻	☆摇动并注视拨浪鼓，两手一起舞弄	☆会把玩具放入口中，找到声源	☆高声叫，咿呀作声，分辨生气或温和的声调	☆大声笑
5个月宝宝	☆轻拉腕部即可坐起，独坐头身向前倾	☆抓住近处玩具，伸手触摸（悬吊杆）	☆拿住一积木，注视另一积木，会看着动的东西（电动玩具等）	☆对人及物发声，注视说话者的口型	☆见到食物兴奋
6个月宝宝	☆俯卧翻身，伸展脚踢	☆会撕纸，摆弄桌上积木，用整个手掌握物	☆两手同时拿住两块积木，玩具失落会找	☆叫名字转头，开始咿呀学语	☆自己吃饼干，会找躲猫猫（手绢挡脸）的人的脸

营养发育
Ying Yang Fa Yu

485 六个月后奶水就没有营养了吗

有人认为六个月后奶水就没有营养了，应该给宝宝断奶，这个说法是错误的。在宝宝成长的不同阶段母乳的营养成分也不同，脂肪含量逐步增加，而蛋白质与矿物质含量逐步减少。一般来说，新生儿从出生到六个月，采用纯母乳喂养就能够获得成长所需的全部营养，出生十个月后乳汁的量和各种营养较前更减少。

母乳始终都有营养，只是在逐渐减少，可在宝宝六个月之后添加辅食，以保证营养全面。

486 宝宝何时添加辅食好

宝宝出生后 4～6 个月，是婴儿舌头上的味蕾（起味道感觉作用）发育和功能完善最迅速的时期，对食物味道的任何变化都会表现出非常敏感的反应并留下"记忆"，小宝宝就比较容易接受新的食物，因此，这个阶段最适合给宝宝添加适当的辅食。

487 添加辅食要注意哪些细节

父母要有计划地给宝宝添加适当辅食，不一定要求宝宝吃很多，有时甚至仅仅是让宝宝尝尝味道而已，以便宝宝适应各种新食物，一般到宝宝出生 6 个月末时，各种味道的食品都应该给宝宝添加或者尝过味道，这可以防止宝宝长大后挑食。

488 为何蛋黄不宜作为宝宝添加辅食的首选

很多家长在给宝宝添加辅食时会选择蛋黄。他们认为蛋黄营养丰富，把蛋黄碾碎或者用水调成糊状喂给宝宝。虽然蛋黄营养丰富，尤其含铁量很高，但是对于这时期的宝宝来说却不容易吸收，甚至会导致过敏反应。最好还是给宝宝添加米糊等谷类辅食。

489 如何喂宝宝谷类食品

当宝宝开始初尝谷类食品时，你有多种食物可以选择，但要记住以下几点：

● 从米粥开始喂养，因为米粥引发的食物过敏问题最少。

● 买单一成分的谷类，如米、小麦、大麦或燕麦。等宝宝习惯吃不同的食物，而且没有过敏反应后，就可以在宝宝的谷类食品中加入别的食物，或选择含有其他食物的谷类食品。

● 开始喂养时谷类食品要调稀一些，调制少量即可，因为宝宝的食量有限，剩余的将会被浪费掉。

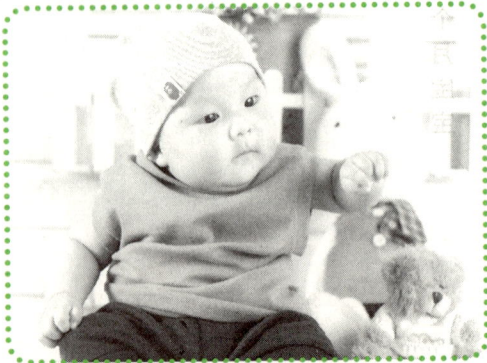

● 等宝宝学会将食物推到喉咙后并吞下去时，就可以将谷类食品调稠一些。

● 每天只让宝宝吃 1 次谷类食品，可选择在早餐或者晚餐时喂养。

● 等宝宝适应吃谷类食品时，可以逐步增加喂养次数。

490 宝宝喝豆浆会过敏吗

没错。也有人在母乳不足、牛奶又不合格的条件下，从一开始就采用豆浆哺育。殊不知，婴儿如果过早喝豆浆，易引起大豆过敏。但是，一般过敏会自然消失，曾经发生过大豆过敏的人在过敏消失后仍然可以饮用豆制品。宝宝到六七个月的时候，肠道已经可以对豆制品进行分解消化。但每次喂豆浆还是应当少量，一周 2~3 次即可，让宝宝慢慢地习惯。

491 宝宝营养均衡对早教有何作用

食物的多样化是保证宝宝获得全面营养的基础，可以让宝宝获得丰富的味觉、嗅觉、视觉、触觉的感知刺激，有利于宝宝早期发展。另外，多样化的食物还可以避免宝宝日后的挑食、偏食等不良习惯的形成。

● 先让宝宝尽早尝到同一类食物的不同口味，如，同是蔬菜，可以品尝胡萝卜、黄瓜、西红柿等"不同口味"。每加一种新的食物，先观察 3~5 天，不要几种食物同时加入。

● 总量控制是关键。摄入的营养既要能满足宝宝肌体的需要量，又不危及健康。喂养不当容易导致营养紊乱，出现消化系统的疾病。消化不良可导致生长发育迟缓；过度喂养，则可导致肥胖。

● 父母不要强迫宝宝进食，哄宝宝进食，鼓励宝宝快速进食，不分时间、场合地给宝宝食物都会干扰宝宝自身调节系统，从而使他失去食欲。

492 智力低下与营养不足有关吗

人的大脑只有 1400 克左右，儿童的大脑更轻，一般来说，大脑重量只占人体重量的 1/40 ~ 1/50，但它每天消耗的能量，却占全身消耗能量的 1/5。科学家们在对青少年进行的智力测验中看到，凡记忆力差，观察力减退的宝宝，与儿童期或青春期长期营养不良有直接的关系。

493 智力发育需要什么营养成分

维生素：科学家认为，儿童大脑畸形的发生原因，是母亲在怀孕初期缺乏维生素所造成的。在所有的维生素中，对智力影响最大的是 B 族维生素、维生素 C、维生素 D 和维生素 E。人的神经系统对缺乏 B 族维生素尤其敏感。如果缺乏维生素 B_1，会导致神经细胞衰退，功能变弱。

蛋白质：在一个神经细胞和另一个神经细胞进行联系，互相传递信息的时候，需要一种传递介质来沟通两个神经细胞。这种传递介质是由组成蛋白质的氨基酸制造的。因此，经常补充蛋白质，是维持智力活动的必需条件。

脂肪：神经细胞的膜主要是由脂肪制造的，大脑的脂肪含量最多，所需要的脂肪供应也最多。人的身体有合成脂肪的功能，但是，制造神经细胞膜所必需的两种脂肪酸——亚油酸、α-亚油酸，人体却不能自行合成，必须从饮食中摄取。研究证明，缺乏这两种必需脂肪酸，会引起大脑功能紊乱，即使只缺乏 α-亚油酸，也会使智力明显减退。

糖：经过测试，大脑每小时要消耗 4～5 克糖，每天需 100～120 克相当于 24 块糖果或 240 克面包的含糖量。与全身对糖的消耗量相比，这是非常可观的。

微量元素：几乎所有的微量无机元素都与智力的发育有关，但有些是直接的，有些是间接的。

对智力来说，锌、铁、铜这三种微量元素最重要。英国的一份研究报告说，患有诵读困难症的儿童往往缺锌。缺铁不仅会造成贫血，影响身体发育，还会使大脑的运转降低速度。缺乏铜元素，会使人变得智力迟钝。

494 什么时期是补脑黄金期

相对于大脑发育的其他时期来说，宝宝出生后的头 12 个月的营养显得更加重要。因为在这个时期大脑发育的速度比其他时期都要快，被称为脑部发育的黄金期，因此需要及时补充充足的营养。根据脑部发育曲线，12 个月时脑部发育比刚出生时增长 175%，而在 18 个月之后增长速度大大减慢只有 18% 了。若错过黄金期，宝宝中枢神经系统的发育基本定格，再补充任何营养都会事倍功半。

495 宝宝大脑最需要补充什么营养

除了注意黄金期外，妈妈给宝宝补充的脑部营养里应含有帮助聪明的营养素，如 DHA（二十二碳六烯酸）和 ARA（花生四烯酸）。DHA 是大脑的重要构成成分，占大脑总脂肪含量的 35%～40%。ARA 与婴幼儿的智力水平、行为水平、视觉敏锐度、生长发育状况、抗感染功能、皮肤柔嫩程度等全身的生理机能状况等有很重大的关系。

美国贝兹教授的实验发现，婴儿期补充科学验证水平的 DHA 和 ARA，18 个月时智力发育指数高 7 分，4 岁时 IQ 也高 7 分。

所以，妈妈要切记在黄金期给宝宝充足的 DHA 和 ARA 等脑部营养。

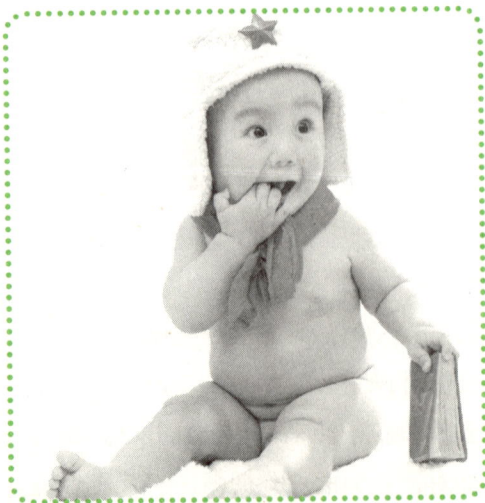

496　核桃油对宝宝大脑发育有何好处

核桃被列为世界四大干果之一，具有"大力士食品"以及"营养丰富的坚果"之美称。核桃油不但营养价值丰富，且具有卓著的健脑效果及保健功能。

核桃油中丰富的磷脂，是大脑必不可少的重要营养素，这一成分对促进宝宝的智力发展，维持神经系统机能的正常运转大有好处。核桃油中还有丰富的维生素和不饱和脂肪酸、维生素E及多种微量元素，极易消化吸收并容易贮存。核桃油中还含有角鲨烯及多酚等抗氧化物质，可以有效促进宝宝的生长发育，促进钙质吸收，还可保护皮肤，防辐射，增强免疫力，对婴幼儿来说还具有于平衡新陈代谢、改善消化系统的功效。

497　茶子油对宝宝大脑发育有何好处

山茶子油是我国传统的木本食用植物油之一，由于油脂组成及营养成分与橄榄油极其相似，所以被称为"东方橄榄油"。

山茶子油含有丰富的单不饱和脂肪酸、独特的生物活性成分角鲨烯、茶多酚等物质，不但可以降低胆固醇，还有助于提高宝宝免疫力，增强胃肠道的消化吸收功能。另外，山茶子油是一种接近人奶的自然脂肪，很适合婴儿进食，而其中的维生素E和抗氧化成分，可以预防疾病。

498　花生油对宝宝大脑发育有何好处

花生（又名长生果）属于高蛋白作物，富含脂肪、卵磷脂、维生素A、维生素B、维生素E、维生素K以及锌、钙、磷、铁等元素，营养丰富。

花生油成分中有五分之四以上都是人体所必需的亚油酸、亚麻酸、花生油四烯酸等多种不饱和脂肪酸，对调节人体机能、促进宝宝的生长发育及预防疾病方面都有重要的作用。其中微量元素锌的含量在食用油类中属最高，每百克花生油含锌元素8.48毫克，是色拉油的37倍，菜子油的16倍，豆油的7倍。

宝宝如果缺锌，就会出现发育不良，智力缺陷等症状，而花生油中所含有的脑磷脂、卵磷脂和胆碱也可以有效地改善记忆力，花生油对宝宝的智力开发益处多多。

499　葵花子油对宝宝大脑发育有何好处

葵花子油不含芥酸、不含胆固醇和黄曲霉素，现代医学分析，葵花籽能治失眠，增强记忆力，是保健价值比较高的一种食物油。

葵花子油中亚油酸的含量与维生素E的含量比例均衡，亚油酸在血管中起到清道夫的作用，而维生素E则有助于宝宝的健康发育，具有治疗失眠，增强记忆力等健脑益智的功效。新妈妈可通过常食用葵花子油来增多母乳分泌。葵花子油对准妈妈的"孕期糖尿病"还有辅助治疗的作用。

500 芝麻油对宝宝大脑发育有何好处

芝麻油的消化吸收率极高，不含对人体有害的成分，富含特别丰富的维生素 E 和比较丰富的亚油酸。

常食芝麻油可以调节毛细血管的渗透作用，改善血液循环，使宝宝摄入的营养可以有效地被吸收和利用，有利于宝宝新陈代谢的顺畅。。用芝麻油调出的菜品味道清香可口，可以有效刺激宝宝的食欲。

501 大豆油对宝宝大脑发育有何好处

大豆油中富含卵磷脂和不饱和脂肪酸，易于消化吸收。

卵磷脂被誉为与蛋白质、维生素并列的三大营养素之一，可以增强脑细胞活性，帮助维持脑细胞的结构，减缓记忆力衰退，有助于增强宝宝的记忆力。而不饱和脂肪酸可以降低胆固醇，保护宝宝的血液循环畅通。但很多不饱和脂肪酸也会降低好的胆固醇，在高温下还易产生油烟和有毒物质，因此，在食用的时候要低温或小于200℃的高温烹调，注意安全。

502 橄榄油对宝宝大脑发育有何好处

橄榄油含有丰富的不饱和脂肪酸、矿物质和维生素。

橄榄油中的不饱和脂肪酸可以降低低密度胆固醇，同时不会伤害人体其他有

益成分。橄榄油被公认为是"迄今所发现的油脂中最适合人体营养的油脂"，具有非常高的营养价值。橄榄油中的抗氧化成分，可以防止许多慢性疾病，而橄榄油不经过任何化学处理的生产过程，将其天然的营养成分保持得非常完好，正好适合小宝宝食用。

503 哪些蔬菜有益健脑?

- 韭菜含有挥发油及硫化物、蛋白质、脂肪、糖类、维生素 B、维生素 C 等。

- 据测定，小白菜是蔬菜中含矿物质和维生素最丰富的菜。

- 菠菜中含有大量的 β 胡萝卜素和铁，也是维生素 B6、叶酸、铁和钾的极佳来源。

- 营养学家曾对芹菜的茎和叶片进行过 13 项营养成分的测试，发现芹菜叶含有丰富胡萝卜素、维生素 C、维生素 B1、蛋白质、钙等。

- 菜椒也叫青椒，含有抗氧化的维生素和微量元素。

- 西红柿含糖类（葡萄糖、果糖）、蛋白质、脂肪、苹果酸、柠檬酸、胡萝卜素、维生素 B1、维生素 B2、维生素 C，烟酸、钙、磷、锌、铁、硼、锰、铜、碘、腺嘌呤、胆碱、番茄碱等成分，能补血养血增进食欲。

504 你知道新鲜玉米的特别之处吗

玉米中含有大量的营养保健物质，除了碳水化合物、蛋白质、脂肪、胡萝卜素

外，还含有核黄素等。相比稻米和小麦等主食，玉米中的维生素含量是稻米、小麦的5～10倍，每100克玉米能提供近300毫克的钙，几乎与乳制品中所含的钙差不多。

玉米所含的谷氨酸较高，谷氨酸能促进脑细胞代谢，有一定的健脑功能。玉米脂肪中的维生素比较多，也有益于宝宝智力的发展。

另外，玉米脂肪中的脂肪酸主要是亚油酸、油酸等不饱和脂肪酸，这些也都是对宝宝智力发展有利的营养物质。

505 吃奶时间过长影响宝宝智力发育吗

母乳或者配方奶粉的营养成分有其局限，宝宝在成长过程中越来越需要各种维生素、氨基酸和微量元素，吃奶时间过长不利于体内其他营养成分的摄取。宝宝吃奶时间过长也不利于体内器官的生长，就消化系统而言，胃的消化功能、肠的吸收功能、消化系统的免疫功能不能得到锻炼，容易引起消化系统的疾病。

如果没有及时得到必需的养分，大脑发育缺乏必要的营养，将不利于宝宝智力发展。另外吃奶时间过长也不利宝宝早日用牙和正确用牙。

506 何时让宝宝断奶最好

很多妈妈喂哺母乳超过一年。世界卫生组织的建议是纯母乳喂哺6个月，母乳可持续两年或以上。随着宝宝逐渐长大，母乳所供给的各种营养成分已不能满足小儿生长发育的需要，一般在9～12个月时可以断奶，在奶制品或其他代乳品缺乏的地区，断奶可适当延迟至1岁半左右。最好是按宝宝的需要断母乳，这样宝宝才较容易适应。妈妈可以考虑在宝宝已经进食固体食物，或开始使用杯饮用时才开始断母乳。

但断奶的月龄没有硬性规定，如果母亲奶多可多喂一段时间，一般到1岁左右断奶。母乳少，但小儿愿意同时吃奶制品或其他食品，也可多吃一段时间，如果母乳少，而小儿又不愿吃奶制品及其他食品的，则应早一点断奶，可提前到6个月就断奶了。

语言能力
Yu Yan Neng Li

507 4～6个月宝宝听觉发育有何特点

4个月以后的宝宝，已经能够集中注意倾听音乐，会对柔和的音乐声表现出愉悦的情绪，能够随着音乐拍拍手，蹬蹬腿，而对于嘈杂或强烈的声音会表现出不快，甚至会哇哇大哭。听到声音，宝宝会很快地转头，已能区分爸爸、妈妈的声音，听见妈妈的声音就会高兴起来，并且开始发出一些声音，似乎是对成人的回答，也好似表明自己的存在，有时甚至会发出频率很快的哼哼声，表示强烈的渴求妈妈温暖的怀抱。

这时的宝宝已经知道自己的名字了，大人叫他名字的时候，他会给以一个甜甜的笑做出应答的表示。爸爸妈妈在另一个房间大声叫他，他会把头转向发出声音的方向。他会从一大堆他还听不懂的废话中听出自己的名字，并且表现出兴奋关注的神情：大家在谈论我呢！

508 4～6个月宝宝观察能力有何特点

4～6个月的宝宝，白天睡眠时间逐渐缩短，同时，宝宝的头能自由转动，视野扩大，手眼协调能力加强，对人们的活动、周围环境及事物开始感兴趣。宝宝的调节焦距的能力已经和大人差不多了，虽然他对复杂的图形观察力还是很弱，但他有很强的学习欲望，总是喜欢关注复杂图形的区域。不过，宝宝观察能力发展并不都是均衡的，存在个体差异，有的宝宝发展较快，有的宝宝慢些，父母们不要以此来判断宝宝是否聪明。

509 怎样培养宝宝的观察能力

父母可以采取以下几种手段来培养宝宝的观察能力：

1.通过兴趣来培养

父母可以从兴趣入手，找出宝宝最爱看的东西让他学习，如宝宝对妈妈的眼镜感兴趣，总喜欢盯着看，还试图用小手抓住它，妈妈可把眼镜摘下来拿到他的眼前，再让他的小手摸摸，然后对着宝宝一字一顿地说"眼镜"，再把眼镜戴上，指着它说"眼镜"，这样不断的强调宝宝就会认识这个事物。

2.通过语言引导

培养观察力与语言能力要结合。语言能力的发育过程是先听懂后才会说的，指认物名能练习听声音与物品的联系，并记住看过的东西。平时做事也可以对宝宝边做边说，特别是对他日常接触的事物、经常看到的物体均可用语言强调，如"鼻子"、"奶瓶"、"水"、"香蕉"等，并可告诉宝宝这些事物的颜色、形状、作用等，训练宝宝逐渐听熟这些名称，将词和物联系起来。这样不仅扩大了宝宝的认识范围，而且还可以促进宝宝语言理解能力。还可以鼓励宝宝在听到物名后不但用眼睛看，而且要用手去指，指认物名是宝宝出生5～6个月的训练重点。开始时扶着宝宝的手去指，去触摸，慢慢地让宝宝自己去做，以促进手眼脑的协调发展。

3.日常生活中巧妙刺激

宝宝多接触和观察大自然，对促进身心发育很有益处，父母应多带宝宝到色彩缤纷的户外去培养他的观察能力。美的环境能给宝宝美的享受，可陶冶宝宝的性情。父母应尽量把宝宝的生活环境布置的安静整洁、丰富多彩。

在户外，花草树木，大汽车、小动物都会大大地吸引宝宝的眼球，这时父母可用语言和动作引导宝宝观察。引导宝宝看看蔚蓝的天空、漂浮的彩云、公园里五颜六色的鲜花等较远距离的物体，可以用来发展小儿视觉。让宝宝从小接触绚丽多彩的颜色，能给他产生一个良好的刺激，促进大脑发育，使宝宝更加聪明、机敏。

510 如何在日常生活中刺激宝宝感知能力发展

让宝宝多看、多听、多摸、多嗅、多尝以锻炼完整的感知能力。

1.抓握玩具

家长准备几种颜色鲜艳、可发声、质地不同的玩具。让宝宝双手各拿一个玩具训练抓握，促进宝宝视觉、听觉和触觉的发展。漂亮的摇铃是很好的选择。

2.接触各种水果蔬菜

家长找不同形状、不同颜色、不同香味的水果和蔬菜（如绿色的黄瓜、红色的番茄、紫色的茄子、黄色的香蕉等等）让宝宝看、闻、摸、尝，并指着它说出颜色和名字，这样宝宝的视觉、嗅觉、触觉、味觉、听觉得到全方位的综合训练。

511 宝宝具有记忆能力源于何时

研究表明：宝宝出生后两三天就有一定的记忆能力，而明显地出现记忆现象是大约在婴儿生后4～5个月时，表现为再认。这时的宝宝已经能认出自己熟悉的人和物品了，但是再认保持的时间极短，只能再认相隔几天的事物。随着生活环境的扩大，记忆的对象增多，保持的时间不断延长。例如，当宝宝见到妈妈和奶瓶时，显得非常高兴；而到了陌生的环境接触到陌生的人，他会局促不安甚至哭闹。

512 宝宝最初记忆有何特点

4～6个月的宝宝已经有了最初的记忆，可是记忆内容在头脑中保留时间较短，据研究表明：宝宝见过的事物重新出现在眼前时，1岁以内的宝宝只能认得几天以前的事物；宝宝见过的事物不在眼前时，1岁以内的宝宝不能回忆起来。对于刚刚萌发记忆的宝宝来说，他们的记忆更短暂。所以，如果不是妈妈或其他亲近的护理者，只要几天不见，宝宝就有可能不记得了。

另外，宝宝最初的记忆是无意记忆，即带有很大的随意性，没有目的和意图，在无意中不知不觉记住了很多东西。他们的记忆还很明显地带着情感色彩，色彩鲜艳或活动的事物，能引起婴儿强烈的情绪而容易记住并保持下来；对于引起强烈的消极情绪的事物，如害怕、委屈、痛苦等，也容易被宝宝记住；而对于平淡、枯燥的事物则不容易记住。

513 如何开发宝宝记忆潜力

宝宝的记忆能力会随年龄的增长而自

然发展。有效地挖掘宝宝的记忆潜力是非常重要的。训练提高宝宝的记忆力，要根据他记忆的特点有目的、有计划地开展。

越熟悉的事物宝宝越容易记住，重复的办法可以让宝宝加深对事物的印象。日常生活中，父母见到什么物品告诉宝宝这是什么，这是什么颜色，物体的名字和颜色多说几遍宝宝就能记住。

以认识红色为例，当看到红色的花时，告诉宝宝："这些红色的花儿好漂亮，这些花是红色的。"给宝宝吃苹果时，要跟他强调："宝宝，你正在吃苹果，红苹果。"还有，讲故事时多讲几遍，宝宝可能自然而然就记住了。

重复法是增强4～6个月的宝宝记忆的好办法，可是，重复的次数要适度，以宝宝仍有兴趣为准，当宝宝对重复厌烦或已经能够记住时就不要再重复了。

514 音乐熏陶对宝宝有什么好处

在宝宝做抚触或宝宝做婴儿被动操的时候，若能配有合适的音乐，对于宝宝身体和智力发育都有益处，同时也可增进亲子互动。

大多数的宝宝们都会喜欢用动作来表达他所感受到的音乐情绪，听到音乐，他就会逐渐跟着音乐摇摆身体或手舞足蹈，然后就自然而然地培养出节奏感。4～6个月的宝宝，听到欢快的音乐，可以作出较大的动作，腿脚把床蹬的"咚咚"响，妈妈可以给宝宝听各种节奏的乐曲，让宝宝随着音乐的节拍晃动身体，全身都

动起来。

家长要给宝宝唱歌或放歌给宝宝听，不仅是一种音乐熏陶的好方法，还可以拉近亲子关系，其中的歌词更能促进宝宝语言能力的发展。

515 给宝宝听哪种音乐最理想

宝宝听音乐完全是处于被动的地位，因为他们太小，不能选择音乐，选择权在成人身上。给宝宝选择的曲子以旋律优美，节奏舒缓的轻音乐最为理想。因此，宝宝婴儿期的音乐应以睡眠音乐为主。

所谓睡眠音乐，其实就是除了摇篮曲外，所有旋律优美、节奏缓慢的曲子。婴儿期的宝宝大部分时间都在睡眠，睡眠是他们健康发育和成长的必要条件，柔和优美的睡眠音乐恰好可以辅助睡眠习惯的养成。所以，在婴儿入睡前也可给宝宝播放睡眠音乐。

516 宝宝什么时间听音乐合适

除了睡觉时间，宝宝的生活起居时，都可以适时地给宝宝提供音乐信息的刺激，来强化宝宝对各种音乐情绪和音乐旋律的感受和记忆。

宝宝吃奶时，优美抒情、节奏平缓的曲子响起，进食就成了一件愉悦又放松的事情；亲子游戏中，放一些轻快活泼、节奏跳跃的音乐，宝宝会很自然地把音乐中所表达的情绪和自己当时的心情联系在一起，如此的音乐感受又会很自然地被记忆；哄宝宝睡觉，给他听安静柔和、节奏

舒缓的音乐，轻柔的摇篮曲是最佳选择；妈妈也可以轻拍着宝宝轻唱甜美的摇篮曲催他入睡。对宝宝来说，妈妈的歌声就是天籁之音，轻轻地拍也可以让宝宝感受到音乐的节奏。

517 怎样判断宝宝有没有乐感

衡量宝宝音乐感受能力的大小，主要应从几个方面加以考虑：

● 看宝宝歌唱时的音调，唱得准不准确。有音乐才能的宝宝唱出来的歌，每个音的高度都是十分准确的，不会跑调。

● 看音调的节奏掌握得准确不准确。音调的节奏是衡量宝宝基本音乐感受能力优劣的标准。此外，还可以从宝宝对所唱歌曲的内容、情感表达的深浅和正确与否，作出进一步的判断。如果对各种不同的音乐内容，都能正确而鲜明地表达出来，那就是具有较好的音乐感受能力。

● 看基本乐感，通过考察宝宝对音高、节奏的模唱（即用钢琴弹出一个一个的音，或一组一组的音，让宝宝模仿它的音高唱出来。用手打出一组一组的节奏型，让宝宝也照样打出来）确定其对音乐的感受能力、模仿能力和记忆能力的高低。

518 哪些训练方法可开发宝宝智能

父母可以通过基本训练来发展宝宝的感知能力、动作技能、语言能力、社交能力。其具体训练方法有：

1.视觉训练

在宝宝眼前晃动色彩鲜艳的玩具，以训练宝宝眼睛的灵活性和追视物件的能力。

2.听觉训练

用摇鼓、摇铃等的声音来训练宝宝寻找声源。也可通过与小宝宝对话或让小宝宝听音乐来训练听觉能力。

3.触觉训练

父母可能经常触摸宝宝皮肤，给宝宝做按摩操，按摩宝宝手脚及四肢，顺着脊柱从头部向臀部按摩背部，再按摩胸腹部。

4.动作训练

主要是训练宝宝抬头、坐、翻身、站、走等动作，以促进粗大运动的发育。让宝宝用手抓握玩具，训练手的精细动作和手眼协调能力。

5.语言训练

逗宝宝笑，对他说话，为其储存语言信息。也可以给小宝宝念儿歌、读诗、指认物品和画片等。

6.社交训练

经常让宝宝与邻居、陌生人接近，与其他小朋友一起玩，常带小宝宝到户外，培养小宝宝的好奇心，并注意训练宝宝的日常生活自理能力。

519 4～6个月宝宝颜色认知能力有何特点

宝宝的视觉发展并没有输给听觉，功能已比较完善了，开始能辨认不同的颜色，喜欢红、黄、橙等暖色，对绿和蓝等亮色也很感兴趣，特别是红色的物品和玩具最能引起宝宝的兴奋。温暖亮丽的颜色会让宝宝轻松愉悦，灰暗沉闷的颜色让宝宝烦躁不安，这些足以表明宝宝的视觉感官正在走向成熟。

5～6个月起，宝宝就可以注视远距离的物体了，如天上的飞机、路上的汽车、阳台上的花等。这个时候，视觉条件反射已经形成，如看见奶瓶会伸手要，嘴里会发出一些声音，意思是：我要喝奶！最喜欢的一件事情就是注视着镜子中的自己，并乐此不疲。

520 4～6个月宝宝嗅觉能力有何特点

父母们可千万不要认为4～6个月的宝宝还是香臭不分，实际上，到了这个月龄，宝宝已经能比较稳定地区分好的气味和不好的气味了，也能够比较明确而精细的区别酸、甜、苦、辣、咸等不同的味道，对食物的任何细微的变化都会非常敏感。比如，因为习惯母乳，极强烈的拒绝牛奶和奶粉，对于味道香甜的米粉和水果泥表现出浓厚的兴趣。

521 4～6个月宝宝适合玩哪些玩具

1.家庭相册

让宝宝认识自己、父母，刺激视觉能力和社会情绪的发育。

2.适合悬挂婴儿床拱架上的各种玩具

这类玩具便于宝宝抓握、踢打，可调动宝宝全身的动作，训练其手眼协调能力；另外，摇响抓握类玩具，能够训练宝宝

抓握和手眼协调能力，同时刺激听觉能力。

3.能发出声音的手镯、脚环

带在宝宝的手腕、脚腕上的能发出声音的手镯、脚环，能刺激宝宝听觉能力，增加宝宝活动的兴趣全身的动作。

4.适合宝宝的图书

如图案清晰、色调鲜艳的实物图卡，能让宝宝撕咬的图书，可以刺激宝宝的触觉能力，以及引导宝宝书的认识，激发早期阅读的兴趣。

5. 浴室玩具（包括沉、浮玩具）

洗澡时放在澡盆或浴缸里，便于宝宝抓握，锻炼宝宝的手眼协调能力认知能力，增加洗澡的乐趣。

6. 软性积木和球类

家长给宝宝搭积木，做出新的造型，引导宝宝认识积木，练习抓握积木能训练宝宝的手眼协调能力和认知能力。

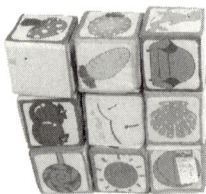

7. 能够发出声音的填充玩具

宝宝抱着填充玩具让它发出声音，认识填充玩具的名称，如娃娃、小猫等，训练宝宝的认知能力和社会行为。

522 给4～6个月宝宝挑选玩具需注意哪些细节

3个月以前的宝宝，对世界的感知能力还很弱，玩具对于他们来说还不是生活的必需品。到了4个月，宝宝的视觉、听觉和触觉都有了很大的发展，对周围事物的关心也越来越强烈。他们会对身边的一切都产生好奇，他们喜欢有人逗他玩，给他东西，喜欢用小手摸摸他们能抓到的所有东西，并且喜欢放到嘴里尝一尝这些东西的味道。

4个月龄的宝宝，已经有了一定的抓握能力，他会抓住放在自己面前的玩具，但手眼协调能力有限，常常要在玩具旁边绕几圈才能抓到。坐在桌边时，他们喜欢用手抓挠桌面，够桌上的物品。他们喜欢撕纸，会摇动和敲打玩具，能够记住不同的玩具有不同的玩法和功能。玩具掉了，他们会顺着掉的方向去看。他们可以用两只手同时抓住两个玩具。

这个时候，可以给他准备一些质地良好、色彩丰富、便于抓握的玩具。例如各种浴室玩具，可以在洗澡时放在澡盆或浴缸里，便于宝宝抓握，增加洗澡的乐趣。还可以是一些能够滚动的塑料球，可击打、抓握，可发声的塑料玩具等。

动作能力
Dong Zuo Neng Li

523 宝宝双手协作能力发展关键期是什么时候

5～6个月是宝宝双手协作能力产生发展的关键期。这个时期，宝宝开始学习双手递物品或协作拿取或抱持物品。这个时期对于培养宝宝双手的不同分工合作能力非常重要。

524 宝宝何时能自己抓玩具玩

宝宝到了4个月时，那种手指触及物体时能紧握着不放的"握持反射"已经逐渐消失，宝宝的两手可以自由地张开再合拢，可以很灵活地把自己喜欢的玩具抓到手里来玩耍。到5～6个月，伸手动作就更多了，只要是在视线范围内的东西，宝宝都想尝试着去抓，想要拿过来感觉一下。这时，已经能够两手同时去抓东西了，只是只能用手掌和全部手指生硬地抓，还不会用手指尖来捏东西这样的精细动作。

525 宝宝何时开始发展手眼协调运动

手眼协调运动的发展对促进儿童心理发育有着非常重要的作用。宝宝通过玩弄物品，可以从中感觉到物体的大小、形状、颜色、质地等特点，从而加深对物体特征的认识，也能提高宝宝的观察能力，让宝宝在玩耍中增长不少见识。

4个月以后的宝宝，随着视觉和运动能力的不断发展，不仅能用眼睛观察周围的物体，而且会在眼睛的支配下，准确地抓住东西。一看到新奇的东西，马上就伸手去抓，一面拿在手里玩弄，一面目不转睛地盯着看，好像在进行研究，有时甚至还会把东西抓到另一只手上，这标志着宝宝的手和眼的反应已经相当协调一致了。

526 父母如何帮助宝宝训练手眼协调性

在关注并训练宝宝的运动能力的同时，父母要注意引导宝宝手眼协调的功能的发展。下面这个简单的方法就可以对宝宝手眼协调进行训练：在宝宝的视野范围内，先吸引他注意床上的一件有趣玩具，再吸引他用手去摸，然后问宝宝："玩具在哪儿？"经过多次训练，宝宝就会用眼睛来巡视定位，然后很自然把玩具抓到手里。

527 宝宝玩纸有何好处

4～6个月的宝宝对纸非常感兴趣，父母可以利用宝宝这一好奇心理，提供各种各样大小、厚薄、软硬、形状等不相同的的纸让宝宝随意欣赏、玩弄、撕扯，并且要正确指导宝宝玩纸，从而发展宝宝手指动作的协调能力。

● 玩弄纸的过程中，宝宝可初步感知纸张的不同特点，也可以激发他的创造力。

● 撕纸可以锻炼宝宝双手的协调性，也可以增强手部肌肉的运动能力。

● 三角形、圆形、方形等不同形状的纸，可作为宝宝的一种视觉经验储存，有

益智作用。

528 宝宝翻身训练有何好处

有的宝宝从3个月以后就开始尝试侧身翻了，到4个月以后这种尝试不断增加，但还是很难独自翻过去，需要大人助一臂之力才可成功。5个月以后很多宝宝就可以翻身了，但很多时候还只是会侧翻，即从仰卧位翻到侧卧位，或从俯卧位翻到侧卧位。6～7个月时，翻身动作就已经比较灵活了，能迅速地从仰卧位翻到俯卧位，或者从俯卧位翻到仰卧位。

宝宝发育存在个体差异，有的宝宝会很晚才会翻身，有的宝宝甚至一直到会坐都不会翻身，家长不必因此而担忧，却需要给宝宝以帮助和培养。

宝宝自出生后一直仰卧在床上，看到的东西及画面很局限。宝宝趴着抬起头以后，就能看到完全不同的另一幅新鲜画面，可以用同大人一样的视线看这个世界。这样的变化会让宝宝更积极地拓展自己的兴趣范围，促进其智力及其他各方面能力的发展。因此，这段时期经常帮助宝宝练习翻身动作很有必要。

529 怎样读懂宝宝不同的翻身信号

帮助或训练宝宝要选准时机，切不可揠苗助长，家长一定要细心观察，留意宝宝发出的各种想要翻身的信号，适时地帮宝宝一把，会让他更容易掌握翻身的要领。

● 宝宝仰卧时，脚向上扬，或者总是

抬起脚摇晃。这是宝宝已经有了翻身意愿的信号。要想让宝宝体验能翻过去的过程和乐趣，这时还需要成人的一臂之力。大人不妨轻轻地推一下宝宝的屁股，宝宝就能够翻过去。之后，要帮他把压住的手抽出来。

● 宝宝俯卧时，能自觉自如地抬起头，并且能将胸部抬起，离开水平面。这是宝宝即将要翻身的重要信号，因为这时宝宝的颈部和背部肌肉都已经具有了翻身的力量。

● 宝宝总喜欢向一个自己感兴趣的方向侧躺着，这是一个很明显翻身信号。虽然宝宝已经有了翻身的意识，可是他还没有掌握翻身动作的基本要领，要翻过去，还是需要大人们的帮助。

530 宝宝学会翻身后要注意哪些细节

宝宝会翻身后，安全问题尤为重要，这时父母需要做好防范措施。

● 宝宝床褥一定要平整，周围不能有塑料布之类的东西，防止引起窒息。

● 床上不要放坚硬物品和体积小于宝宝嘴的东西，以免宝宝翻身硌伤或误食。

● 离开宝宝时，要把宝宝放在有护栏的床或有安全带的童车上；无以上设施，可用大的枕头挡在容易摔下去的那边。

531 宝宝何时可以练习拉坐

当宝宝4个月时，父母可以给宝宝练习拉坐。让宝宝躺在床上，大人轻轻握着宝宝的手腕，让他双手伸直前举，掌心相对，双手之间的距离与肩同宽；然后轻轻向前拉起宝宝的小手，使之头、肩膀轻轻抬起离开床面；此时宝宝屈肘用力想要坐起来，此姿势保持5～6秒后再慢慢地让宝宝躺下。父母也可以给宝宝做适当的拉坐被动操训练，每天坚持做几次，活动颈部、腹部和腰部的肌肉以加强它的功能，为宝宝坐立打下良好的基础。

拉坐练习是让小儿借助家长的帮助自己用力坐起。如果小儿被成人拉坐起来时，手无力屈肘，头部低垂，表示还不宜做这个动作，颈背肌肉及上肢肌肉力量仍需强化。

532 父母怎样帮助宝宝练习靠坐

父母可以将宝宝放在舒适的儿童车上，让宝宝靠坐着玩；也可让宝宝坐在妈妈的腿上，背靠着妈妈的胸，先双手环抱靠坐，以后逐渐放手让宝宝独自靠坐；喂饭时，宝宝可坐在大人腿上或小车子里；风和日丽的日子，可让宝宝坐在小童车子里大人推着到户外散步，环视周围事物，练坐的同时还可以看看风景。

533 宝宝何时可以独坐

靠坐练习之后，要逐渐减少宝宝身后可以依靠的东西，慢慢的，宝宝仅有一点支持即可坐住或独坐片刻。刚开始独坐时，宝宝协调能力还不好，身体前倾或后仰现象时常发生，此时坐的时间不宜长，需一点一点地延长，直到能稳定的坐着。

语言能力
Yu Yan Neng Li

534 4～6个月宝宝语言智能评估有哪些指标

4～6个月宝宝在语言能力上应该能做到以下几点：

● 有人跟他说话后能停止哭泣。

● 能够持续注意并寻找声音的来源。

● 对熟悉的人微笑并能笑出声来。

● 能对成人语言中不同的语气内容做出相应的反应，如被愤怒的语言惊吓，对亲切的语言微笑。

● 愿意玩那些能发出声音的玩具。

● 活动时口中经常发出一些成串的语音，如"babbba，dadadada"等。

● 对镜中自己的影像说话。

● 用语音来吸引别人注意，或拒绝某事，或表示愿意做某事，或想要什么。

535 怎样开发4～6个月宝宝的语言能力

家长可带宝宝做些游戏，训练其协调他人语言和动作的能力。可以教他把两个食指尖对拢又分开，同时说："逗逗飞"，进行反复，宝宝会很开心。还可做些藏猫猫、找声音的游戏。

家长应多用准确而又易懂的语言和宝宝对话，宝宝是在反复观看和倾听大人说话并逐步建立词语与动作的联系中学会说话的。当宝宝无意识发出"a—ba"、"a—ma"的声音时，父母应及时应答，并用正确音调重复发"爸爸"、"妈妈"，让其看口形模仿、强化。这样可促使宝宝提前说话和正确发音。

还可用一本构图简单、色彩鲜艳、故事情节单一、内容有趣的宝宝画册，边指边有声有色地讲。无论宝宝是否听懂，都是促进其语言发展与智力开发的好办法。

536 怎样训练4～6个月宝宝语言能力

儿童的语言能力和智力的发展在很大程度上取决于出生后的早期语言训练。所以，父母亲尽早地利用一切机会多和宝宝说话，并且把动作和语言结合起来。

比如，在喂奶和护理时，教他认识奶瓶、小被子、衣服、手绢等，开灯时教他认识灯，坐小车时教他认识小车，和宝宝一起玩耍时教他认识各种玩具等。

成人最好能指着各种物品用清楚缓慢的语言对他说这是什么，那是什么，要像对已经懂事会说话的宝宝那样给他讲各种各样的事情，让他感觉，让他看，让他听。不仅多跟他说话，而且还可以多给他唱唱歌，念念童谣，甚至讲点故事，朗读一些文学作品等，可多用几种语言。

不要以为这样做是"对牛弹琴"，实践已经证明，宝宝虽然不会说话，但却有着惊人的接受语言的能力，宝宝在听话的过程中，通过潜意识的作用，在接受大量的语言信息的同时，大量的语言刺激能促进宝宝听觉和发音器官的发展和健全，使宝宝早说话。

相反，如果宝宝从小听不到大人说话

或很少听到，那么宝宝根本就不会说话或说话很晚，并且说得不好，这样就会影响宝宝智力水平的发展。

537 4～6个月宝宝语言接受能力有何特点

语言是智力发展的重要标志之一。语言能力发展经历接受－学习－表达的过程。

语言表达能力强的宝宝理解力强，很自信，在以后的社会交往中也会更受欢迎。反过来，语言理解能力强的宝宝表达能力也不会差，而接受语言是为语言表达做最基本的准备。

4～6月的宝宝，还不会说话，可是他却已经有了惊人的语言接受能力。其中，最有力的证据就是，许多这个月龄的宝宝已经能够知道自己的名字了，当别人叫他名字的时候，婴儿能做出应答的表示；当家里人在房间里说话时，他能在一席话中听出自己的名字，而且一旦听到、认出自己的名字就会表现出兴奋关注的神情。

538 4～6个月宝宝的发音是真说话吗

宝宝4个月大以后，清醒或精神饱满、心满意足的时候，总会滔滔不绝地重复发出各种声音。发出的声音多是各种简单的辅音和元音，如"ma—ma—ma"、"da—da—da"、"bi—bi—bi"等。如果父母跟着说"ma—ma"，宝宝还会回应地说"ma—ma—"，如此的一唱一和很让人开心，爸爸妈妈还以为宝宝是在和他对话。

事实上，宝宝的这些声音只是宝宝的探索，是不小心发出来的，而且并无实在的意义；他还不明白"妈妈"是什么意思，咿咿呀呀所说并不是真的有意识开口说话。

539 常和宝宝对话有何好处

让宝宝的语言获得良好发展，并不需要父母做特别多的事情，只需每天拿出几十分钟的时间，认认真真地和宝宝"对话"，父母就会有意想不到的收获。

"对话"可以在日常的喂养中进行，也可通过和宝宝一起玩游戏来完成，能把动作和语言联系起来会更好。

比如，在喂奶或做其他护理的时候，教他认识奶瓶、童车、衣服、小碗等物品；念儿歌时教他认识书；带宝宝外出时，可告诉他什么是树，什么是花；和婴儿一起玩的时候教他认识自己身边各种各样的玩具。

教的过程中，最好是要在宝宝面前做出张嘴、吐舌或其他各种表情，并用亲切温柔的声音和宝宝"谈话"，让他注意到你的口型和面部表情，逗他发音。逐渐地，宝宝就会发出应答似的声音来和你"交谈"，这是增进亲子感情的好方法。

父母指着不同物品，要用清晰缓慢的语言对宝宝说"这是什么"、"那是什么"，让他感觉、让他看，让他听；也可以亲切的声音、变化的语调，跟宝宝讲他当前面对的事物和事情。比如对他说"宝宝在摇小铃铛"，"妈妈正给你换尿布呢"

等等。这可以教宝宝在情景中理解语言，父母也会养成和宝宝说话的好习惯。

540 父母如何和宝宝做语言游戏

一些语言游戏，对于宝宝接受、理解乃至学习语言都很有帮助。父母不妨用夸张的表情，模仿小动物的叫声给宝宝听。拟声词很容易引起宝宝的兴趣，如果再模仿不同小动物的动作，这样更能引起宝宝的注意。

父母可以和宝宝面对面坐好，握住他的两只小手，教他对拍。边拍边说："拍拍手。"然后不握他的手，看他能不能自己拍。同样的方法，可以教宝宝做点头的动作。这可以锻炼宝宝理解语言的能力和模仿力。

7个月以后的宝宝，在听到一些特定的语言信号时，就能用动作表示出来了，因此不妨多和宝宝玩玩类似这样的游戏。

541 为什么说模仿和学习对宝宝很重要

宝宝的咿呀学语会让他体会到无限的乐趣，于是不停地发声，这样的声音让爸爸妈妈感到高兴，情不自禁地给予回应。

这样的唱和在无形之中对宝宝学语起到了强化作用，会使婴儿从没有意义的咿呀学语过渡到富有意义的说话。

这个月龄的耳聋的婴儿也会像正常婴儿一样的咿呀学语，可因为听不到自己和别人发出的声音，发音的兴趣就会消失，语言的发展因此而受到了限制。由此可见，模仿和学习对宝宝的语言发展很重要。

542 笑与哭对宝宝的语言发展有何作用

宝宝已能发出较多的自发音，并能清晰地发出一些元音的时候，是父母培养宝宝的发音的好时机。宝宝情绪愉快时多与宝宝说笑，能促进宝宝发音和语言发展，而宝宝哭的时候也是不可错过的训练机会。

有时宝宝哭个不停，哭泣时，妈妈可以轻轻抱起宝宝，用手指在他嘴上轻拍，让他发出"哇、哇、哇"的声音，也可以将宝宝的手放在妈妈的嘴上，拍出"哇、哇、哇"的声音。这可以作为宝宝发音的基本训练，也可促进宝宝对语言的感知能力。

543 哪些日常训练能帮助宝宝发展语言能力

我们生活中，就地取材就可以对4～6个月的宝宝进行一些口腔肌肉协调性的训练。

使用吸管：可以教宝宝用软吸管喝水，让宝宝把嘴唇的力量集中在距离吸管头部半寸的位置上，鼓励他多用力。

吸面条：经常给宝宝做一些意大利面或者是手擀面作为辅食，可以让宝宝用手抓着吃，然后用嘴把面条吸进去，但要注意不要呛到宝宝。

544 父母的谈话方式也会影响宝宝智力吗

伦敦语言和听力中心的莎莉博士对140名9个月大的婴儿进行的研究得出了结论：在婴儿9～13个月大的时候，父母与婴儿的谈话方式对他们日后的智力发展至关重要。

实验把140名婴儿分为两组，指导干预组父母如何谈话，对照组的父母以其自己的方式进行。7年后的智力测验表明，干预组有9名儿童的智商超过130，另一组没有儿童智商超过130。干预组的语言技巧及总体智力都比对照组的明显为高（干预组的平均智力比对照组早15个月）。

实验期间，语言治疗学家在婴儿前4个月的语言发展关键期里，指导父母如何与婴儿谈话以取得最佳效果。以下是研究者给出的建议：

● 在婴儿出生的最初几个月里，尽管婴儿不会回应，也要不断地和他们谈话。

● 尽量减弱能使婴儿分神的背景噪音。

● 根据婴儿的成长阶段，谈些婴儿感兴趣的东西。

● 每天至少和婴儿谈话半小时。

545 为何说语言智力开发越早越好

胎教工作者主张在怀孕五个月胎儿听觉出现时就与胎儿说话，呼唤他的名字。早教工作者建议从宝宝出生第一天起，就将语言交流渗透到生活照料中，如喂奶时讲"宝宝饿了，要吃奶了"，洗澡时讲"这是宝宝的手、腿、身体……"虽然新生儿宝宝还不能听懂这些话语，但却有重要的潜在作用。与3～5个月宝宝"交谈"时，他能做出口部模仿及出声反应。8～9个月宝宝开始咿呀学语时，成人更要积极与其交流，如当他指着玩具发声时，父母可以说："宝宝要玩摇铃！"1岁时，要不断鼓励他说出单词、电报式语词，并逐渐要求说出简单句、复杂句直到完整语句。

婴幼儿期是口语发展的关键期，从单词句（15～20个月）到双词句（18～24个月）到简单句及语法掌握（2～3岁）的语言发展过程，一刻也离不开成人的引导，因为在没有语声的环境里绝不可能发展语言智力。

546 哪些原因会影响宝宝正常语言发展

影响宝宝语言发展的因素，大致分为自身因素及环境因素两个部分。

自身因素是指宝宝身体的健康状况。健康情形良好的宝宝，语言发展较好，反之，体弱多病的宝宝，其语言发展能力会受到影响而变慢，如智能不足、先天性器官缺损、脑性麻痹等患儿，必须以特殊的渠道，帮助他们发展语言能力。

环境因素则是指外在的各种环境，如学习环境、家庭关系良好、互动语言较多的宝宝，语言发展较好。父母不可忽略给予宝宝学习语言的机会及环境。

547 宝宝说话晚就不聪明吗

正常情况下，每个宝宝说话的早晚大不相同，有的宝宝八个月就开始说单个的词，不到一周岁就能说简单的句子。也有些宝宝智力发育很正常，但三四岁才会说话，有的还要晚。一般来说，女孩比男孩说话要早一些。

不同的宝宝使用语言的能力也各不相同。比如，一个2岁的宝宝可能不停地说"明明要妈妈，明明有球"，而另一个相同年龄的宝宝则可能更早就会使用"我"这个代词了。

宝宝理解一个词比说出这个词要早得多，和宝宝一起看画册时，父母说出画中的物品，他能指出来，但不一定能说出来。所以不能简单地用说话早晚来判断宝宝是否聪明。

548 用"奶话"教宝宝说话好不好

"奶话"，也就是儿语，指4～10个月的宝宝，在大人的语音刺激下，发出的

"咿咿呀呀、哇哇哦哦噢噢"的声音。看到宝宝想要说话的有趣模样，一些家长便教起了诸如"汪汪（狗）"、"喵喵"（猫）、"呜呜"（小火车）、"吧唧吧唧（吃东西）"之类的奶话。

这种教宝宝说话的方法虽然生动形象，好玩有趣，符合宝宝这一阶段的发育特点，有助于宝宝形象思维和想象力的开发，但是却容易忽略掉宝宝抽象思维能力的发展。所以，不可长期如此教宝宝说话，而应注意将理性词汇和感性词汇相结合，通过正确的教育引导宝宝的语言逐渐规范化。

若父母或其他大人认为宝宝只能听懂这些"奶话"或觉得有趣，也长期用同样的语言同宝宝讲话交流，就不但会延迟宝宝过渡到说完整话的阶段，还会极大地影响宝宝语言表达能力的提高。

社交行为能力
She Jiao Xing Wei Neng Li

549 宝宝是怎样学会认人的

辨别别人面孔的能力并不是与生俱来的，"认人"能力是后天发展起来的。宝宝出生3～4个月后，母亲或其他亲近的人在宝宝眼前多次反复出现，这些面孔就作为同一图谱不断地传入宝宝的大脑并留下印象，最初的记忆形成了。

以后，当熟悉的面孔再现时，宝宝就会认出来并很快乐，甚至会对与之形象相近、年龄相仿、穿着打扮相似的人也会表

示好感。

陌生的面孔出现时，陌生人的图谱和宝宝大脑中熟悉人的图谱差别太大了，他就会"认生"，拒绝陌生人的接近和拥抱，甚至又哭又闹。

550 宝宝何时开始"认生"

4～6个月的宝宝对周围环境的认识又近了一步，他已经能认识母亲的脸，一看见母亲就笑，母亲要是突然从婴儿身边离开他就会哭。一般出生后6个月，小儿对周围的人开始有了选择的态度，以前谁抱跟谁笑的宝宝，突然之间变得异常粘妈妈，而和不常在一起的人显得生分多了。这就是平日里听到人们经常说到的"认生"现象。

看到陌生人或到了陌生环境，宝宝就会变得敏感、躲避，甚至哭闹，即使看到的是态度温和、笑容满面的陌生人也会如此，这种行为称作"认人"或"认生"。通常情况下，宝宝认生的状况会持续几周，甚至半年左右。50%～80%的宝宝都会"认生"，有的宝宝在四五个月的时候就开始对陌生人哇哇大叫，更不喜欢陌生人来抱他；有的则到了一岁左右才后知后觉。认识能力的逐步提高，"认生"的现象也就会逐步好转。

551 怎样正确看待宝宝"认生"现象

"认生"现象出现，说明宝宝开始认识到陌生人与家人是不同的个体，他们的激烈反应在表明自己的态度，他们很

害怕被陌生人带走，害怕离开妈妈的怀抱。这样看来，"认生"也是宝宝一种自我保护意识的萌芽。

宝宝的"认生"是他在扩大社会交往面的过程中的一种学习和保护机制，正如我们成人在不熟悉的圈子里会表现得比较害羞、寡言和退缩一样，是一种很正常的行为表现，会随着成长过程中认识能力的提高而消失。

552 什么样的宝宝更容易"认生"

虽然"认生"既不是先天的气质问题，也不是后天的性格问题，可是"认生"也存在个体差异。有的宝宝就不怎么"认生"，有的宝宝却非常"认生"。

一般情况下，以下几类宝宝更容易"认生"：

● 性格内向孤僻、不爱说话的宝宝，比外向活泼的淘气宝宝更容易"认生"。

● 体弱多病，接触人少的宝宝，比身体健壮，家中人口多的宝宝更容易"认生"。

● 平时在家里时间长，生活圈狭窄、缺少陌生环境刺激的宝宝，比经常出去玩、见多识广的宝宝更容易"认生"。

● 过分依恋母亲，或者一直由某个人抚育的宝宝，比依恋正常及依恋程度较低的宝宝更容易"认生"。

另外，有的宝宝只对具有某种特征的人，如穿白大褂的大夫、戴黑色墨镜或化浓妆的人，表现出害怕的反应。这可能是因为宝宝受过具有这种特征的人的强烈刺

激、斥责或恐吓的缘故。

553 怎样帮宝宝消除"认生"情绪

当宝宝在另一个场合或见到陌生人显示得很认生的时候，父母要做到接纳、认同并辅以一定的协助。这个时候不要紧催或者紧逼着宝宝融入环境，而是可以抱着宝宝在旁边看着，然后带着宝宝熟悉，直到宝宝消除"认生"情绪。总之，妈妈或亲近的人在宝宝身边，会给宝宝带来安全感和接触陌生人和环境的勇气。

● 到了陌生环境，拥抱和亲吻会给宝宝十足的安全感。

● 不要强迫宝宝见陌生人，甚至强迫他去讨好别人。

● 宝宝"认生"哭闹时，不可责怪、甚至打他，要耐心安慰。多抽空陪陪宝宝，对宝宝的态度、情感也要稳定，不要忽冷忽热。

● 要多带宝宝到户外，接触不同的环境、不同的人与事，感受不同的生活气息，对克服宝宝"认生"非常有帮助。

● "认生"不是性格懦弱的表现，也不是"认生"早的宝宝就聪明。

554 宝宝完全不"认生"也有问题吗

宝宝非常"认生"，父母会很担心，但如果宝宝完全不"认生"，父母就不要太过于轻心了。宝宝完全不"认生"，可能是宝宝和妈妈之间没有形成稳定的依恋关系，也就是说，宝宝可能出现了"依恋障碍"。这种障碍是由于宝宝不信任社会，

对身边的人没有任何感觉造成的，父母或者亲密护理人应该反思这种依恋关系是否存在问题。

还有一种情况就是，一些患自闭症的宝宝，也表现出完全不认生。这种宝宝由于患自闭症，不能正常形成与妈妈的互动，也无法正常地认识世界，严重缺乏社会性，这些宝宝就不知道"认生"。

另外，智力水平低下的宝宝由于脑部发育迟缓，尚未达到自然区分妈妈和其他人的程度，"认生"出现的情况比较晚或者比较轻。

555 有必要对宝宝强调陌生人的危险吗

并不是所有的宝宝都有明显的"认生"表现，而且宝宝一出生并不"认生"，他的"认生"更多的是在环境的影响下逐步发展起来的。所以，父母除了多带宝宝出去接触陌生环境和人外，还要切忌用陌生人来吓唬他，如果在家里父母经常对宝宝讲"外面有坏人，会把你抱走"之类的话，就不利于他和陌生人交往。

当宝宝对一个陌生的环境或者陌生人感到恐惧时，更是要及时给宝宝关爱和安全感，如不时地亲吻宝宝一下、紧搂宝宝一下等，同时用温柔、平和的语调给宝宝介绍他所在的陌生环境和人，比如"漂亮姐姐很喜欢宝宝哦"、"妈妈和宝宝在一起，妈妈保护宝宝呢"等等，帮助宝宝逐步减少怯生，迈出和陌生人交往的第一步。

556 父母常常抱抱宝宝有什么好处

传统观念认为宝宝不能抱，抱多了容易惯坏宝宝，总让抱着，会形成抱癖。其实，这种观点是有偏见的。

经常被抱着的宝宝体形会变得优美，而且身体发育也会明显超过同龄宝宝。这是因为父母抱着宝宝活动时，他的视野更开阔，受周围环境的刺激也更多；而且，父母会同宝宝说话、唱歌，用眼睛温柔地注视宝宝，轻轻地晃动，这种感情交流，对宝宝的大脑发育，精神发育以及身体生长都有着极大的好处。

整日躺着的宝宝，父母虽说省心了，但与宝宝的交流少，会失去早期教育的最佳时机，而且因为总是躺着，只能看见天花板和房顶，缺乏神经发育必需的各种丰富的刺激，不利于他的生长和发育。

557 抱着长大的宝宝更聪明有理论依据吗

刚出世的新生儿，脑髓发育已为接受外界刺激提供了生理基础。在后天环境刺激下，大脑皮质进一步发育成熟。沐浴在母亲的爱河中，会促使小儿身心发育，故抱大的宝宝更聪明。

儿科专家以600对母婴进行的研究显示，出生后即投入母亲怀抱的婴儿比其他婴儿啼哭少，睡得熟，喂养更顺利，有利于生长发育。该项研究选择了两组母婴，一组出生后由母亲自己喂；另一组由别人喂。在前一组中，婴儿因经常得到母亲拥抱、抚摸和亲昵，在体格发育、智力增长、抗病能力方面，明显优于后一组婴儿。

558 照镜子也能培养宝宝的社会性吗

照镜子是宝宝进行自我认识过程的开始。当宝宝长到4～5个月大时，宝宝对和自己差不多大小的宝宝很感兴趣，但他们还不能意识到镜子里的宝宝就是自己，出于好奇，他们会用手去摸甚至用手拍打镜子里的宝宝；他们还模仿镜子里宝宝的动作来吸引"对方"的注意。

镜子有利于发展宝宝的情感和社交能力。当宝宝触摸着镜中的"自己"，对着镜中的人物喃喃自语，进行友爱的抚摸，这些都是宝宝初步学会对他人关爱，和周围环境交流和信任的体现。

宝宝第一次看到镜子可能会紧张，慢慢地，宝宝就对镜子里人物感兴趣了。可以利用镜子来培养6个月以前的宝宝的社会性。因为，宝宝对镜中人物的亲昵、友爱的反应，实际上就是宝宝对他人、对周围环境的信任感和安全感的体现，这些正是社会性内容的一部分，父母给宝宝提供的镜子，实际上也是提供了一个"玩伴"，在宝宝与"玩伴"玩耍的过程中，他的社会性也得到发展。

559 哪些原因导致宝宝爱吃手

缓解情绪。宝宝感到饿了、疲劳、生气等情绪不好的时候，吮吸手指是让宝宝的情绪放松并逐渐稳定的最佳方式；在婴儿期，吮指是作为吃奶反射的一种表现。在宝宝饥饿时，90%的婴儿会将自己的手指放在口中吸吮。

喂奶方式不当。有些婴儿的吸吮欲望较强，却又得不到注意和满足。母亲喂奶时的方法不正确，或速度太快，未能满足宝宝吸吮的欲望。宝宝肚子虽然饱，但心理上还未满足，便会以吸吮手指来代替。

婴儿感到寂寞。有些婴儿并不爱整天睡觉，若母亲过分忙碌，或忽略了婴儿与外界交流的需要，婴儿便会自然地玩弄自己的手指和吸吮手指来解闷。

缓解牙齿痒感。宝宝到了萌芽期，牙床会痒，咬东西也是缓减不适的好办法。

了解外界需要。宝宝认识这个世界，首先是通过嘴开始的。手指或咬东西，是宝宝了解自己的表现，也是进行积极探索外部世界的方法。

560 小宝宝吃手有何好处

感觉舒适，心理满足。吃手指一方面能给宝宝带来舒服感，另一方面，能满足本能的吸吮反射和需求。

促进神经功能发展。宝宝"吃手"的时候能加强触觉、嗅觉和味觉刺激，促进

神经功能发展，提高吸吮水平。

智力发展的信号。当宝宝真正能把手放在嘴巴里啃的时候，则说明宝宝的运动肌群与肌肉控制能力已经相互配合、相互协调了。

锻炼手眼协调性。很小的婴儿不能准确地把手放到嘴里，而吃手指的过程能够锻炼宝宝手的灵活性和手眼的协调性。

消除烦躁，带来快感。著名心理学家弗洛伊德和埃里克森认为，在宝宝吃手的活动中还包含了人类性快感需要的自然反映。吃手可以消除宝宝的不安、烦躁、紧张，具有镇静作用。

561 小宝宝吃手有何不良影响

细菌入侵。宝宝的手指上存在细菌，吃手指时免不了把这些细菌一并吃了进去。如果这个时候正赶上宝宝的免疫力不足，就有可能发生肠胃感染或者其他病症。

影响生长，颜面变形。宝宝吃手指时，手指在口腔内会产生向上、向下、向前、向后的外力。吮吸拇指时间久了，婴儿在生长发育过程中，上下颌的正常生长就受到干扰，逐渐形成上颌前突、下颌后缩、噘嘴畸形等。导致上下前牙不能接触，影响切咬食物。更重要的是影响宝宝外表的美观。

手指受伤。如果宝宝长期吃手指，也会影响到他们手指骨骼的正常发育，有可能出现手指弯曲畸形。长了牙的宝宝如果还继续常吃手指，容易造成手指脱皮、肿

胀等外伤，严重时甚至感染。

影响牙齿生长。在吃手指的过程中，如果刚好遇到牙齿生长，因为吃手指时所用力的方向，会让牙齿照着不正确的方向生长，进而影响牙齿的排列、咬合，也容易引发口腔问题。

不利于宝宝个性发展。宝宝一旦吃上手指，就满足于吃手指的乐趣，不愿参加其他活动，对智力和心理也有影响。而且有关调查显示，缺少亲人关爱和心灵上慰藉不够的宝宝易养成吃手、吮手习惯，若长期得不到正确引导则会影响宝宝将来个性的发展。

562 预防宝宝吃手有哪些诀窍

吸吮手指最好的预防方法，当然是在婴儿时期，吃奶的时候开始注意：

● 母亲在喂哺时，要留意不单只给宝宝营养，还要提供足够的爱和温暖。母乳喂哺更是最佳的选择。

● 奶嘴洞口的大小要适中，不可太大，要让婴儿有足够的时间，满足吸吮的需要。

● 母亲在喂哺时，心境要保持平和，不急不躁，以免给婴儿造成压力。

● 当婴儿睡醒后，不要让他单独留在床上太久，以免宝宝感到无聊而把手放进嘴里，因而养成吸吮手指的习惯。

● 当婴儿有吸吮手指的倾向时，尽量把他（她）的手指轻轻拿开，并用玩具或其他东西吸引他（她）的注意力。

● 为宝宝着想，父母应利用空闲时间

和他谈话、唱儿歌、玩积木或看图书等，让幼儿在游戏活动中忘记吮手指。

563 预防宝宝吃手需注意哪些细节

在宝宝刚有吸吮手指的倾向初期，把衣袖拉长遮盖着手指也是可行的措施。但在手指上涂上苦、辣味的药，使宝宝放弃吮手指的方法，不是不可行，但要特别留神，因为有很多外用的药物是不能舔食的，因此使用时要特别小心，以免发生意外。

有些婴儿的吸吮欲特别强烈，父母用了许多方法都不能满足的话，父母不妨借助奶嘴，一般也能避免宝宝养成吮手指的习惯。

不过，奶嘴绝不能代替父母的爱和照顾，当婴儿一哭闹，就把奶嘴塞进口里，而不去探究宝宝的需要，反而会促使宝宝凡事更依赖奶嘴来自我安慰，有碍宝宝的成长。

564 如何改掉宝宝吃手行为

面对宝宝吃手指的情况，家长要细心观察并分析其原因，没有必要强行制止，还要想一些办法来引导宝宝纠正。在宝宝情绪不好的时候，要多陪陪宝宝，去戏逗他，分散其注意力，不需要自我安慰的时候，宝宝就不会去吸吮指头了。到8~9个月的时候，宝宝就会自然而然告别吃指头、咬东西的旧喜好。不过，父母还是要注意以下几点：

● 宝宝手可触及的范围，不能有硬的、

锐利的、小的东西（如纽扣、别针、大豆、花生等），避免宝宝因误食而发生窒息。

● 经常保持宝宝双手的清洁。

● 教宝宝用匙吃辅食，可锻炼其手和臂的力量，也可增强手、眼、口的协调性。

生活自理能力
Sheng Huo Zi Li Neng Li

565 宝宝何时会喂自己吃东西

宝宝给自己喂东西吃，是一个逐渐发展的过程。宝宝看到自己喜欢的东西，有一种要抓过来的欲望；抓握成功后，宝宝会观察手中的东西，然后捏着玩；嗅觉和味觉已经很灵敏的宝宝会把这些东西送到嘴里，一边吃一边玩，吃得津津有味，玩得乐在其中，只是"粮食"浪费了不少。到6～7个月的时候，食物的利用量会提高不少，有的宝宝还学会了关心他人，会把饼干送到爸爸妈妈的嘴里，让他们也来分享美食。

4～6个月的宝宝喂自己东西，关键还是满足于"吃"这样的形式，而不是注重吃的内容，不会关心是饼干还是面包。因此，我们会发现很大一部分宝宝还是经常吃手指、咬东西，这是宝宝成长经历中必然要出现的过程和现象，父母不必埋怨宝宝。

566 宝宝何时会自己抱奶瓶喝奶

当宝宝长到4个月以后，手和口的协调能力发展良好，手部肌肉的力量也增强了，这时，许多宝宝都能够自己抱奶瓶了，这一动作的出现，说明宝宝有了自主能力。这个时期，父母在喂宝宝喝水或者喝奶的时候，可以有意识地让宝宝的小手靠近奶瓶，让他参与扶奶瓶，然后逐渐过渡到由参与到扶奶瓶，最后学会抱奶瓶，这个过程中练习了宝宝双手的力量，也鼓励他多参与自主练习。

567 何时对宝宝进行咀嚼训练

咀嚼是人的本性之一，但却不是先天固有的。磨牙萌出和有效的咀嚼动作才算真正开始咀嚼。宝宝在出生后6个月起开始萌出的前面门牙，这时只可以啃食物，但是还不能磨碎食物，因此不能参与咀嚼。

对于磨牙萌出前的宝宝，父母要有意地先训练宝宝的咀嚼动作。比如，喂宝宝米粉等泥糊状辅食时，父母嘴里也同时进行夸张地咀嚼动作。利用这种表演式的行为诱导，宝宝会逐渐意识到吃固体食物要先进行咀嚼，才能吞咽。即使宝宝学会了咀嚼，在磨牙萌出之前，仍然不能给宝宝吃带有小块状的食物。否则，细微的咀嚼动作不能对食物进行有效的研磨，这些食物被直接吞进胃肠，会造成食物消化和吸收障碍。既增加了食物残渣量，也减少了营养素的吸收，长时间还可造成生长缓慢，达不到预期的效果。

早教环境
Zao Jiao Huan Jing

568 为何说婴儿期的宝宝最聪明

研究表明，婴儿期的宝宝大脑最聪明。刚出生的宝宝大脑有惊人的吸收能力。著名幼儿教育家蒙台梭利，把它称为"胎生的吸收精神"。越是接近零岁，这种吸收能力就越强。在0~2岁的宝宝的大脑，是任何大人也无法与之相提并论的。不论难易，他们都能够对给予的教育性刺激理解、接受，并且所记忆的图象之清晰高于高清晰度的计算机。而且，此时输入的信息将原原本本地进入到深层意识，即潜在意识。宝宝学习说话，靠的不仅是单纯的记忆，更多得益于这种"吸收精神"。

569 如何知道自己的宝宝聪明与否

宝宝是否聪明，是有客观标准的，其智力发展的水平可以通过智力测验来测试。目前国内常用的智力测验有斯丹福一比奈智力量表和韦克斯勒智力量表。用于学龄前儿童的还有格赛尔发展量表、CDCC智能发育量表等。

除了标准的智力测验，父母们在日常生活中也可能通过细致的观察了解宝宝的智力状况。宝宝的智力水平有一些最基本的指标，如宝宝生下来一个月内能认出成年人的脸，并能对成年人的逗引作出反应，一个月后，听到铃声应能转头跟随，能用眼睛盯着移动的物体。

再长大一些时，动作的发展遵循抬头、翻身、坐起、站立、走路等顺序出现，进度与其他宝宝相比应相差不超过4个月。3岁左右，宝宝开始发展小肌肉运动，能顺利地完成折纸、剪东西、拣小颗粒一类的精细动作。在语言方面，1岁前对大人的语言能有"嗯、呀"的反应声；2岁前对大人说出的他熟悉的词能响应，比如爸爸说"妈妈回来了"，他能转头去找；3岁时能说简单的句子。4~6岁能由简单叙述几句话的事发展到能连续地、较系统地讲一段小故事。如果在这些项目上宝宝能够成功，就说明他们智力发展的水平良好。如果这些能力大部分落后于同龄人，则需要找专家咨询，进一步为宝宝创造好的教育环境。

570 夸奖也能让宝宝变聪明吗

研究结果显示，家庭环境也能影响宝宝的智力发育。有些父母不让宝宝做任何事情，而且不管宝宝做什么事情都不会夸奖，有些父母却充分认可宝宝的能力，而且经常夸奖宝宝。总而言之，经常受夸奖的宝宝或在稳定家庭环境中成长的宝宝，智商明显高于得不到夸奖的宝宝。另外，情绪稳定的宝宝比较乐观，遇到困难也不容易气馁，因此能够充分发挥自己的潜力和才能。

571 智力与遗传是否有关

遗传对智力发展的作用是客观存在的。据统计，父母的智力高、宝宝的智力往往也高；父母智力平常，宝宝智力也一般；父母智力有缺陷，宝宝有可能智力发育不全。有人长期研究过一群智商在140分以上的宝宝，发现这些宝宝长大后一直保持优秀的才智。他们子女的智商平均为128分，也远远超过一般宝宝的水平。而对于精神缺陷者，他们的宝宝有59%精神缺陷或智力迟钝。

但是，智力的实际表现还要受到主观努力和社会环境的很大影响，后天的教育，训练以及营养等因素起到相当大的作用。

572 要想培养出聪明宝宝，妈妈应该怎么做

在宝宝生命的最初几年，能自觉地接受大量信息和学习丰富的知识，如他是个很聪明的宝宝，效果会特别显著。因而，妈妈所能做的最重要的事情，就是为宝宝创造一个轻松友爱的环境，让他感到在这样的环境中学习是一种乐趣。同时，尽可能给他提供在游戏中学习的机会，如拼图、阅读和玩角色游戏。教育学家指出："你没必要花大钱购买昂贵的玩具，但要设法让他充分发挥他的想象力，即使周围除了纸板盒、羊毛毯、枕头和衣服之外没其他东西，也没关系。"有创意的游戏对宝宝的成长尤为重要，天才宝宝尤其需要机会表现自己，他会自觉地通过他的想象力去探索世界。

573 宝宝看清世界需要多少年

从睁开眼睛到看清世界，宝宝需要6

年的时间。在这个过程中，宝宝的视觉发育会经历黑白期、彩色期、立体期和空间期这几个阶段。

研究证明，大脑的发育与视觉的发育是密不可分的，人靠各种感官功能从外界摄取信息供大脑加工、处理、储存，进而又不断促使大脑向更高级形式发展，其中83%的信息来自于视觉系统。有效的视觉刺激能极大提升宝宝的视觉敏感度，让宝宝更清晰精确地接受外界的信息与刺激，从而进一步帮助智力潜能的养成，促进脑部发育，提升宝宝的智能发展指数。而视觉的发育有赖于有效的视觉训练。利用更为完善的视觉功能和技巧，宝宝可以感知、接受、加工更多的信息，在大脑皮层形成更多的视觉记忆，从而促进大脑的开发，提升宝宝的智力水平。

574 过早学步会危害宝宝视力发育吗

1岁之前，最适合宝宝的大动作是学习爬行。其原因有二，一是因为学爬行可以发展宝宝的平衡能力，防止感觉统合失调的产生；二是宝宝在这一阶段还不适合学习行走。

宝宝出生后视力发育还不完全，眼睛比较娇嫩。6个月时大约为0.1，1～1.5岁时为0.2～0.4，直到2岁还在0.33～0.8内徘徊，可以说还是个标准的"近视眼"。而爬行可使宝宝自由移动到自己想看清的东西的附近，不必费劲去调整眼睛来看，从而有利于宝宝视力健康正常地发育。

与此相反，若过早地让宝宝学习走路，宝宝因看不清前面较远的景物，便会努力调整眼睛的屈光度和焦距来注视景物，很容易使宝宝的眼睛感到疲劳。长期如此，便会损伤视力，影响视力的正常发育。

575 宝宝缺乏安全感有哪些表现

如何才能知道宝宝缺乏安全感？下面列出宝宝在生活中缺乏安全感的常见表现，家长可借以参考。

● 保姆或其他亲人照顾时，宝宝还表现得特别乖，可一看见到妈妈，就粘着不放；还表现出委屈的样子，甚至会泪水涟涟；之后，只要妈妈一动就紧张得大哭大闹，拽着妈妈的衣服不让离开。

● 稍有不顺心的地方，就会和周围的小朋友发生冲突，动辄拳脚相加，家长劝说，把"攻击"目标转向家长，或者用哭闹来"抗议"。

● 陌生人面前就不敢抬头，小手拽着衣角或不停摆动，神情紧张。

● 宝宝吃大拇指很重要的目的是为了寻求安慰，显然是缺少安全感的表现。

● 睡觉时辗转反侧，睡不踏实，还不时摸摸身边是否有人在或把陪他睡的大人抱得很紧。

576 婴幼儿最需要学习的是什么

科学研究表明，宝宝成长的前4年，要发展出一生50%的学习能力，构建主要的学习途径，作为以后的学习的基础。这部分最关键的学习能力，并不是通过学习认字和数学这些抽象知识培养出来的。

宝宝在婴幼儿阶段，需要完成包括：感官、语言、大动作和细微动作、秩序、社会规范等很多方面的探索和学习，宝宝在婴幼儿阶段要渡过感官敏感期、语言敏感期、动作敏感期、细小事物敏感期、秩序敏感期、社会规范敏感期等几大敏感期。这些敏感期中相应的发展内容才是婴幼儿最需要学习的。

577 宝宝能像海绵一样吸收知识吗

任何人都不能像海绵一样将知识吸收干净。大脑中的存储器是有限的，而且这种限制是有益的，因为只有这样我们才能将精力集中在事物的本质上。人们试图通过早期的智力开发，用各种知识来填满宝宝的大脑是行不通的。有位女心理学家在接受某杂志记者的采访时说："母亲一整天都陪着宝宝坐在小屋里玩玩具——这并不是最佳的办法。如果宝宝不用说什么，母亲就能理解宝宝的想法，这样反而让宝宝学不会如何表达自己。而在幼儿园里，宝宝经常要和大家交谈，他必须解释自己的想法，必须能够进行表述。所以家长应该向宝宝提供这种形式的早期教育。"

7~9个月宝宝

7～9个月宝宝发育水平表格

月龄	大运动	精细动作	适应能力	语言表达	社交行为
7个月宝宝	☆独坐自如，玩弄双脚	☆摆弄玩具(直径约0.5厘米)，会两手分别抓东西	☆积木换手，伸手够远处玩具	☆ 发da-da、ma-ma音，但无所指，会改变声音的高低、强弱	☆让喜欢的人抱，对镜有游戏反应，能分辨出生人
8个月宝宝	☆双手扶物可站立	☆拇指、无名指捏住小丸(直径0.5厘米);手中拿两个积木，并试图取第三块积木(正方形，边长2厘米)	☆持续用手追逐玩具，有意识地摇铃，对照镜子感兴趣	☆模仿声音，会发现低声调的声音(自言自语)	☆懂得成人面部表情，双手捧杯子喝水，跟母亲撒娇
9个月宝宝	☆会爬，拉双手会走	☆拇指、食指捏住玩具，丢掉手里的东西(抛球)	☆从杯中取出积木(正方形，边长2厘米)、积木对敲，会把东西塞入容器中，对微小的声音感兴趣(铃铛)	☆会欢迎、再见(手势)，清晰的复音节	☆会表达"不要"的意思

营养发育
Ying Yang Fa Yu

578 益智保健品能提高宝宝智力吗

到目前为止，医学界还未发现能提高正常儿童智力和记忆力的任何药物。对一个发育正常的宝宝来说，药物是不能提高其智力和记忆力的。专家们告诫家长，发育正常的宝宝不需要服用那些所谓提高智力的药品或者保健品，服用不当还引起不良后果。

对有病症和缺乏某种营养元素的儿童来说，对症用药是必要的。如儿童多动症患儿出现小动作多，思想不集中，做事不专心，学习成绩差等情况，在医生的指导下，这些患儿对症服用必要的药物是有益处的。

有的儿童因地域或饮食习惯造成某种营养缺乏，经确诊后可适当补充相应的食物或药物。

对于出生时颅外伤、遗传代谢障碍、母亲孕期受病毒感染等造成的儿童智力低下，在医生的指导下，可服用对症的药物改善智力。

579 碳水化合物与宝宝智力发育有何关系

碳水化合物分为单糖、双糖、多糖等数种，宝宝所接触的饮食中所含的糖类一般为乳糖、蔗糖及淀粉类。碳水化合物为人体提供大约占一半总热量的热能。饮食中适当量的碳水化合物能保证机体随时应用的热能，同时还构成身体组织成分，能保证脑细胞代谢所需的蛋白质不作为能源被大量消耗，是保证智力发育所需的营养素。

580 碳水化合物供给不当有何危害

我国许多地方偏重碳水化合物的喂养，很多地方甚至在宝宝满月后就开始喂淀粉类食物，这种饮食结构使宝宝能量供给构成比例失调，造成蛋白质的供给不足。

这一阶段如果宝宝摄入的碳水化合物过多，会出现体重超标的假象，特别是起初体重增长较快，而事实上此时宝宝已经有低蛋白性营养不良病况。

相比于这一阶段的发育情况，宝宝的大脑发育快，蛋白质需要量大，供给不足将使脑细胞营养不良，从而限制宝宝智力的发育。

581 如何恰当地供给婴幼儿所需的碳水化合物

乳糖为乳类所含的糖，适合新生宝宝的胃肠消化吸收，因此适用于需要热量较高的宝宝。宝宝6个月前饮食结构单一，因而所需的碳水化合物相对比成人多，1岁以内婴儿，每天每千克体重需12克，2岁以上约需10克，根据碳水化合物在热量中所占比例（约为50%）合理地调整饮食结构，是预防供给不当的重要措施。

582 铁元素缺乏对宝宝智能发育有何影响

就算宝宝没有真正的到了贫血状态，

缺铁仍可损害婴幼儿行为，对智能发育产生影响。铁元素缺乏的宝宝心智发育指数、运动发育指数和行为发育均低于或落后于正常发育宝宝，会出现反应迟钝、对周围环境失去兴趣、倦怠、语言发育落后等。缺铁的宝宝的手灵活度、平衡能力和跳跃能力都落后于正常宝宝，相关脑波形图显示大脑发育落后于正常儿。另一严重影响就是，婴幼儿的缺铁补充铁剂虽然能完全恢复血液学改变并治愈贫血，但不能彻底逆转相应的行为、智能异常，对于病程长、病情重的缺铁患儿来说预后更差。婴幼儿期缺铁会导致宝宝早年学习记忆能力受损害，因而在学龄期时出现学习困难等现象。

583 如何预防宝宝铁元素缺乏

引起婴幼儿缺铁的主要原因有铁的供给不足和吸收利用率低。预防缺铁的措施包括以下几方面：

● 婴儿期应尽可能用母乳喂养，因为母乳中铁含量不仅与牛奶相近，而且易于宝宝吸收，利用率比牛奶高数倍。

● 不论是母乳喂养还是人工喂养，早

产宝宝或双胞胎宝宝应从 2 个月左右开始补铁，足月宝宝应于 4 个月左右开始补铁；可以给宝宝吃含铁丰富的食品如蛋黄、鱼、肝等，同时注意食品合理搭配以利于铁的吸收。

● 补充维生素 C 含量丰富的膳食如鲜果汁、菜泥等或维生素 C 片剂以利铁的吸收。

● 准妈妈妊娠期均应注意铁元素的供给，每天膳食中含或服用 40 ～ 60 毫克元素铁，可有良好的预防效果。

584 何种饮食结构有利于宝宝注意力提高

大脑活动的能源是葡萄糖，但摄取过多的糖，会导致精神活动过度，容易出现散漫或者冲动的行为。研究结果显示，注意力散漫和宝宝的饮食有一定的关联，为了刺激大脑的功能，父母应该在宝宝的饮食结构上注意调整。

首先，零食会妨碍注意力的集中；不管做什么事情，如果经常给宝宝吃零食，就会影响注意力，如果要吃零食必须在规定的时间内。

其次，避免给宝宝吃有刺激性的食品；含有咖啡因的碳酸饮料和辛辣食品会让宝宝过度兴奋，因此应该回避带有刺激性的食品。

最后，应该多吃新鲜的蔬菜和水果；维生素能稳定宝宝的情绪，而新鲜的蔬菜和水果中富含各种维生素，因此有利于宝宝注意力的提高。

585 宝宝免疫能力为何会降低

一般从出生后 7 个月开始，宝宝身上来自母体的抗体水平逐渐下降，而自身合成抗体的能力还很差。因此随着免疫物质的逐步耗尽，宝宝的免疫力越来越弱，6 ~ 7 个月以后的宝宝较容易患感冒、支气管炎、肺炎、腹泻等感染性疾病。因此，家长要积极采取措施增强宝宝的体质，来提高其抵抗疾病的能力。

认知能力
Ren Zhi Neng Li

586 7 ~ 9 个月宝宝模仿行为有何特点

7 ~ 9 个月的宝宝，控制能力较差，自我意识还处于萌芽状态，模仿能力还不是很强，初步的模仿能力已经萌生了。宝宝在不断地模仿过程中学到了很多东西，出生 7 ~ 9 个月后，有将近一半的婴儿已能模仿着乱画，能模仿着摇铃，能模仿成人摆手表示再见；有的宝宝已能把小方木放入茶杯中。

这个时期，宝宝在不经意之间就学会了很多的本事，如模仿大人拍手、挥手再见和摇头等动作，甚至还学会玩"虫虫飞"的游戏。有好些家长喜欢晾晒自己宝宝学来的本事，在众人面前能展示，增加了父母的骄傲和宝宝的自信。

这时，如果父母在喂宝宝东西吃的时候，反复说"啊，张嘴，张嘴"并且做张嘴状，有的宝宝会学着说"啊——啊——"

并且会学着父母的样子张开嘴。像这样的模仿已经是动作和语言同步进行了，表明宝宝的模仿能力已经提高了。

587 父母怎样帮助宝宝发展模仿能力

父母要尽早给宝宝提供模仿的环境。宝宝能坐时，用童车每天带他到户外 2 ~ 3 小时，接触空气、阳光。也可铺一块小毯子在草地上，放些玩具让他在毯子上挪动身体，伸手抓物、自由活动，这是模仿的早期准备。

还要正确引导宝宝模仿。宝宝对周围的事物极感兴趣，什么都想模仿，而宝宝的模仿能力和他的生长发育、认知能力有很大的关系，父母是宝宝的直接模仿对象，一定要特别注意自己的言行。

588 帮助宝宝发展模仿能力时要注意哪些细节

7 ~ 9 个月的宝宝，模仿能力才刚萌芽，他们的模仿行为还只是一种纯模仿性的行为，只会用学来的动作语言来表达自己的感觉，还不能理解其真实含义，还不会对模仿对象进行一番选择后再模仿。

所以，家长在帮助宝宝提高模仿能力时，一定要注意自己语言的准确性和动作的准确性。平时的言行也要文明，千万不能以为宝宝还小就不在意，否则"近墨者黑"会在以后宝宝的成长中体现出来。

589 宝宝何时萌芽观察力

7 ~ 9 个月的婴儿，对周围环境的兴

趣大为提高，能注视周围更多的人和物体，随不同的事物表现出不同的表情；会把注意力集中到他感兴趣的事物和颜色鲜艳的玩具上，并采取相应的活动；宝宝的远距离直觉开始发展，能注意远处活动的东西，如天上的飞机、飞鸟等。这时，视觉有了一定的细察能力，听觉上已具倾听能力，呈现出观察力的最初形态。

7～9个月的宝宝观察力的萌芽还表现为，拿到东西后会翻来覆去地看看、摸摸、摇摇，表现出积极的感知倾向，这种观察不仅和动作发展的配合来完成，可以扩大宝宝的认知范围，引起快乐情绪，对发展语言也有很大的作用。

590 父母怎样发展宝宝观察力

家长应要利用日常生活中的各种环境及方法，来激发宝宝的观察兴趣，引导他运用各种感官去观察事物，进一步发展他的观察力。

凡是具有色彩的或处于动态的自然景物都能引起婴儿的注意，成人应该充分利用婴儿的这一兴趣特点，选择适合婴儿观看的对象，多让宝宝看，以扩大他的认知范围。

应经常带宝宝到大自然中去，可以到稍微远离住所的地方，去公园等地方看树、看花草、看蝴蝶、蜻蜓、飞蛾、蚂蚁等，这些都是小宝宝有兴趣观看的对象。

猫、狗、鸡、鸭子、小鸟等也会吸引宝宝的注意力，还可以让宝宝看看下雨，看刮风，看树叶摇动，看街上的行人和车辆。

591 为何新鲜感能促进宝宝观察力发展

宝宝的好奇心很强，家长要努力创造一些条件，让宝宝每天的生活都有新的变化，给他增加一些新鲜感来引其集中注意力观察，满足他的好奇心。带宝宝到户外去接触更多的人和事物是最好的办法，如此精心地创造观察新鲜点还可发展宝宝的有意注意，让他的观察有更好效果，得到更大的收获。

宝宝观察的稳定性还不强，因此要让宝宝经常变换观察的方式，不仅注重多视角观察，还要调动宝宝的多个感觉器官，让他通过眼看、耳听、鼻闻、嘴尝等多种方式观察事物、认识事物。这样，宝宝的兴奋中心会不断转移，就不会疲劳，也会逐渐形成多角度观察事物的习惯。

592 培养宝宝观察力要注意哪些细节

培养宝宝的观察力要掌握由易到难，由简单到复杂的原则和适时的原则。7～9个月的宝宝还很小，观察往往不准确、不完全，而且随意性强，不能服从于一定的目的和任务。父母应该在了解此阶段宝宝观察力的基础上对其观察力进行引导并促其发展，切不可揠苗助长。

593 宝宝何时开始有注意力

刚出生的新生儿，一睁开眼睛就会盯着眼前的东西看或东张西望，一些特别的或新奇的外界刺激会引起新生儿的生理反应改变，如心率、脑电的改变，并表现出外在的躯体活动。如，正在吃奶的时候新生儿，耳旁响起清脆的声音，他会减慢吸吮速度甚至停下来，但1个月内的新生儿对物体的注意时间为十几秒。

一般情况下，出生2~3个月，宝宝开始关心周围的声音；从出生4个月开始，可以随着晃动的物件移动视线，也会朝着声音传来的方向转头；出生5~6个月，宝宝开始注视的事物或玩具，有时还想伸手去抓；之后，宝宝会经常注视手中的玩具，而且逐渐形成稳定的注意力。

594 宝宝的注意力能持续多长时间

注意能力与儿童神经系统的发展密切相关，并和具体的对象、活动、兴趣、情绪等因素有关。

根据有关研究显示，宝宝年龄越小，注意力集中的时间越短，集中注意的时间是随年龄增长而延长的。1岁以下的宝宝集中注意力的时间不超过15秒，1岁半的宝宝对感兴趣的事物，可集中注意5分钟以上，而2岁的儿童，平均注意力集中的时间长度大概为7分钟，3岁平均约为9分钟，4岁平均约为12分钟，5岁平均约为14分钟。

当然，对自己感兴趣的事情往往集中注意的时间更长。3岁前，幼儿控制注意的能力较弱，注意是被动的，只有新奇的、令其感兴趣的东西或事情出现在眼前才会被吸引并多看些时间。

595 怎样测试宝宝注意力情况

听音乐。一般情况下，宝宝对各种声音尤其是音乐比较敏感，因而家长可以播放一首动听悦耳、韵律悠扬的乐曲让宝宝听，然后掐表计算宝宝从对音乐产生兴趣到失去兴趣之间的时间长短，从中可以得出宝宝注意力的强弱。

照镜子。3个月以上的宝宝对镜子很感兴趣，尤其喜欢镜子中的影像，所以家长可以把一面大小合适的镜子递给宝宝（小宝宝可由妈妈抱着照），看看他从开始注视镜子到把目光移开，共照了多长时间，从而判断出宝宝注意力集中了多久。

看图画。4个月以上的宝宝，特别喜欢注视一些颜色鲜艳、图案清晰的画，因而家长可以找一幅宝宝喜欢的图画递给他，然后掐表计算一下宝宝从开始注视到扭头不看之间的时间长短。

玩具测试。7个月以上的宝宝，喜欢独自玩玩具。家长可以把宝宝置于一个安

静、不受干扰的空间，只给他一种玩具，观察他在玩玩具时的反应，计算一下玩的时间，如果他能够持续地一直玩，就代表着他拥有很优良的注意力。如果不到3分钟就表现出厌倦、烦躁的情绪，就说明他的注意力不够。

596 训练宝宝注意力需注意哪些要点

0~1岁的宝宝以无意识注意力为主，可以不必进行专门的注意力训练，大人只要在各种日常活动之中，有意识地引导宝宝适当延长一下关注事物的时间即可，从而让宝宝的注意力逐步走向稳定。

父母在训练宝宝的注意力时要注意做到以下几点：

- 动作缓慢。
- 多次重复。
- 不要给太多玩具。
- 距离适中。
- 选择适当的刺激物。
- 动态的物体，特别是情感互动更能吸引宝宝的注意力。
- 增加趣味性。
- 培养良好的习惯。
- 多听音乐。
- 交替用脑。

597 训练宝宝注意力需遵循哪些原则

宝宝的注意力不容易持续太久，也很容易被转移。因此，当宝宝坐不住时，父母不要忙着指责宝宝，而必须要先查明自己是不是打扰了宝宝的注意力。一般而言，要培养宝宝的注意力，父母需要遵守以下7个基本原则：

- 不要轻易打扰宝宝。
- 保持安静的游戏环境。
- 以身作则。
- 巧妙引导。
- 让宝宝自己摸索。
- 对宝宝的要求难度要适中。
- 不要"疲劳轰炸"。

对于宝宝，特别是3岁以前的宝宝，父母不能过分苛求他保持很长时间的注意力，应以平和的心态，科学地、慢慢地培养宝宝的注意力。

598 自然兴趣更能吸引注意力吗

随着兴趣的不同，宝宝的注意力也不同。在达到一定年龄之前，大部分宝宝很难自觉地关心某一件事物，但当他们对某一事物自然地产生兴趣时，就会表现出惊人的注意力。正因为如此，在学会说话之前，很多宝宝对画面快速变化的电视广告感兴趣，或者注意聆听周围的各种声音。

有关机构对宝宝集中注意力玩一种游戏的时间，进行了定量研究。研究结果显示，1周岁的宝宝能持续玩21分钟，2周岁的宝宝能持续玩27分钟，3周岁的宝宝能持续玩50分钟，4周岁的宝宝能持续玩83分钟，5周岁的宝宝能持续玩97分钟。

由此可见，面对自己感兴趣的事物，宝宝就能长时间集中注意力，而且3周岁以后，集中注意力的时间明显变得更长。

动作能力
Dong Zuo Neng Li

599 为何手指训练能促宝宝智力发展

宝宝手部能力的获得和发展也是需要锻炼的，家长平时要注意经常提供玩具和物品让宝宝抓握、摆弄，还要训练他捏取细小的东西，如让他捏取小块饼干、花生米、豆子、米粒等。同时，家长要注意安全，避免宝宝把东西放入口中。

训练手部动作对其智力发育有相当的好处。宝宝在摆弄东西时，能体验到物体的软硬、轻重、深浅、大小、形状等物理特征，还能发现事物之间的简单联系。所以只要没有危险，家长要让宝宝尽情摆弄。可以给宝宝准备积木、纸张、塑料瓶和瓶盖、彩色蜡笔等。

600 宝宝爬行能力发展关键期是什么时候

7~9个月是宝宝爬行能力发展的关键期。在这个时期，宝宝开始学习爬行，但其自主爬行的能力较差，需要家长多方面的帮助和训练。

601 宝宝单手抓住多物能力发展关键期是什么时候

7~8个月是宝宝单手抓住多物能力发展的关键期。这个时期，宝宝开始学习单手同时抓握两个或多个物品（一般是较大的物品，如小核桃、大枣、玻璃球等）。这个时期对于培养宝宝手指的握力和灵活

性，以及手指控制物品的能力非常重要。

602 宝宝学坐有什么好处

坐着看东西时，宝宝的视角和视线与所注视的物体处于相对平行的位置上（不像仰卧时只能面向房顶，婴儿注视物体只能处于斜位方向，也不再像趴着的时候看东西时需要费劲地抬头），有利于双眼的协调以及视觉的发展。

● 宝宝坐着时，双耳与外界物体处于对称的位置，头部的转动也有助于宝宝确定声音的方位，使听觉更加灵敏。

● 宝宝坐着时，双手更好地解放出来，能更自由地进行手眼协调练习，手指的精细动作发展会更快。能坐以后，宝宝有了新的自由，他会慢慢地探索出两手有许多新用途，他可以转来转去，俯身去捡东西，再把东西往下扔，在不断地重复中体会着新生活的乐趣。

603 宝宝何时开始学站

宝宝坐的稳当后，他的动作就开始向竖立发展，到了生后7个月时，约有半数的宝宝能扶着小床、围栏或大人的手自

已站立，到了 8 个月末时，绝大多数小儿都能扶着东西站立了，一般到了 8 个月左右，部分小儿已能拉着栏杆等东西自己站立起来了，到了 9 个月末，多数小儿已经能自己站立起来了，少部分小儿甚至能在上述扶站的基础上开始扶着小床迈步"摸走"了。

604 怎样训练宝宝扶站能力

当宝宝 7 个月后，出现站立意识时，家长可帮助宝宝进行扶站练习，锤炼小儿腿部的力量，为以后独站、行走做好过渡。

家长可扶着小儿腋下让他练习站立，或让他扶着小车栏杆、沙发及床栏杆等物体站立；大人是小儿扶站的最好"拐棍"，必要时可站在小儿旁边，让小儿捉住成人的手站起来；也可在小儿坐的处所放一张椅子，椅子上放一个玩具，大人逗引他去拿玩具，鼓励其先爬到椅子旁边，再扶着椅子站起来；成人可用玩具或小食品吸引小儿的注意力，延长其站立时间。在以上练习完成较好的基础上，可让宝宝不扶物独站片刻。

605 宝宝怎样学习爬行

爬行是宝宝在成长过程中必须经历的一种本能，婴儿爬行动作的发展大体可分为三个步骤：

第一阶段是匍匐爬行，以腹部蠕动，四肢不规则地划动，往往不是向前，而是后退，或者在原地转动，这样的爬行大约在生后 7 个月时开始。

第二阶段发展为四肢爬行，用手和膝盖爬行，约在生后 8 ~ 9 个月时开始。

第三阶段发展为两臂和两脚都伸直，用手和脚爬行。

606 爬行可以让宝宝更聪明吗

爬行中，宝宝的左右手与左右脚相互协调配合前进，视觉则在"由坐姿转到爬行，由爬行转到站立"过程中起着重要的调整作用。宝宝的爬行，会整合影响姿势及平衡能力的视觉、前庭感觉以及肢体感觉，达到四肢、躯干和眼、脑以及神经的协调，对大脑的发育和智力的开发有非常重要的意义。

学习爬行是对脑神经系统功能的一次强化训练。爬行需要大脑和小脑之间的密切配合，多爬能够丰富大脑和小脑之间的神经联系，促进脑的生长；爬行还会刺激左右脑均衡发展，有助于理解与记忆力的发展。

607 爬行可以让宝宝更强壮吗

爬行能锻炼宝宝肌力，增强全身肌肉活动的力量，尤其是四肢的协调性和灵活性。宝宝在爬行时，必须头、颈抬起来，胸腹离地，用四肢支撑身体的重量，使手、脚、胸、腹、背、手臂和腿的肌肉得到锻炼而逐步发达起来。同时，宝宝在爬行中消耗能量较大，新陈代谢加强，他就会吃得多，睡得好，体重、身长长得快。

608 爬行能提高宝宝手、眼、脚协调能力吗

爬行过程中，需手、眼、脚配合并统合感官讯息，经过对周围环境的熟悉、分析才能前进，手眼协调有助维持平衡感。

爬行中，感官刺激可发展幼儿的空间概念及距离感。

爬行中，幼儿判断自己在什么地方，以及如何避开障碍物，有助抽象概念的形成。

爬行中，宝宝不断地用自己的身体探索周围的世界，视听范围大幅度扩大。

爬行中，颈部运动最多，对视觉焦距的形成有很大的帮助，可促进视力的发展。

609 爬行对语言及思维能力有促进吗

宝宝的爬行，增大了刺激量，思维、语言与想象能力也会得到发展与提高。爬行训练中，宝宝在父母不断的语言提示与自己的肢体语言、行为结果的互动中，语言理解的准确性、肢体语言回答的合理性比不会爬行的婴儿发展要快得多。

610 如何通过拉绳玩具锻炼宝宝手眼协调能力

把拉绳音乐盒捆在婴儿车上，任由宝宝随意拉扯和敲打，能满足宝宝手的动作

的需要，同时进行给宝宝听觉刺激，还能锻炼手眼协调能力。

成人用积木搭出造型拖拉玩具，利用玩具上拴的绳进行推拉时能练习抓握能力和手眼协调能力。

语言能力
Yu Yan Neng Li

611 7～9个月宝宝语言智能评估有何指标

这一阶段的宝宝，可以做到以下几点：

● 听得懂他的名字，听到叫他会扭头看你。

● 理解成人用强调语气说出的"不"或"别碰它"等要求，并能做出正确反应。

● 能够辨别家里人的名字和一些熟悉物体的名称。

● 能够和成人玩一些语言游戏。

● 会舌头和嘴唇发出一些非语言的声音。

● 努力模仿别人发出的语音。

● 把一些语音连在一起发着玩，如Ma-Ma、Ba-Ba。

● 能够发出些非常像单词的音节。

● 开始用动作进行交流，如挥手表示再见。

612 怎样训练7～9个月宝宝的语言能力

对7～9个月宝宝进行语言训练，除在日常生活中多对宝宝说话之外，还可以将教说话和教宝宝认识环境的活动结合起来。

1.教宝宝认识日常生活用品

反复教宝宝认识他熟悉并喜爱的各种日常生活用品的名称,如起床时可以教他认识小被子、衣服;喂奶时教他认识奶瓶、纸巾;开灯时教他认识灯;坐小车时认识车等。

2.教宝宝认识玩具

结合当时的活动内容来反复教。和宝宝一起玩耍,利用宝宝喜爱的玩具和活动来教宝宝,如玩娃娃时把娃娃藏起来,引逗他找。玩的同时多和他说玩具的名称,让他记。

3.确认自己的名字

在日常生活中成人多叫他的名字,经过一段时间后,成人以同样语调叫他的名字,如果宝宝回头或微笑,说明他已确认,如不能确认可继续多叫他,逐渐使他确认自己的名字。这个时期宝宝还不会说话,但是语言训练对于他日后的语言发展有重要作用。

613 7～9个月宝宝能听懂大人话吗

7～9个月的宝宝虽然还不会说话,却已经能够把感知的事物和动作、语言建立起联系。大人平常不断地用语言对宝宝生活的环境和接触的事物进行描述,慢慢地宝宝就熟悉了这些声音,并开始把这些声音与当时能够感觉到的事物联系起来。因此,这个阶段,宝宝对大人发出的一些声音能做出应答;当大人说到一些常见的物品时,婴儿会用眼睛看或者用手指该物品。

614 为何说多沟通能促进宝宝语言发展

学会了听话,或者说具有了理解简单字句的能力,已经意味着宝宝进入了说话的第一阶段,是宝宝在语言发展上很关键的一步。这个阶段,家长要多和宝宝进行语言交流,交流时要尽量用耳语,可以表情和肢体语言相配合,以便于宝宝理解、学习。听懂成人对话,对婴儿心理的发展具有很大的意义,也为今后语言的发展打下基础。因此,父母应该多和宝宝说话,并注意将语言、物体和动作联系起来,通过婴儿的视觉、听觉及触觉等来帮助婴儿进一步理解语言。如,妈妈拿一个小熊让宝宝摸一摸,抱一抱,并且慢慢地告诉宝宝:"小熊!宝宝这是可爱的小熊,你认识吗?"多重复几遍,以后宝宝就知道小熊是什么了,当你要他寻找的时候,他会指给你它在哪里。

615 宝宝能有意识地叫"爸爸妈妈"了吗

7～9个月的宝贝,嘴里常常会滔滔不绝、大声地叫着"爸——爸"、"妈——妈"。做父母的听了心里很高兴,以为自己的宝宝能叫爸爸妈妈了。实际上,父母仔细观察就会发现,宝宝不管看见谁,都会这样喊着爸爸妈妈。这时候,宝宝嘴里喊出的"爸爸"和"妈妈"还只是最简单的声音符号,只是宝宝在练习发声,并没有真正的意义。自然,这个时期的宝宝并不知道"爸爸"、"妈妈"有什么内涵,各是什么样的角色。随着语言理解能力的提高，宝宝在大人不断地重复引导下，慢慢地才会把"爸爸"和"妈妈"这样的发音与真实的父母身份对上号。

616 引导宝宝说话有何规律可循

7～9个月的宝宝语言刚刚处于萌芽阶段，开始进入单词句阶段，宝宝经常发出一些重叠的音，也只是简单的"ba—ba"、"ma—ma"。父母对宝宝进行教育时，应遵循一定的规律，通过正确的教育引导宝宝的语言向更高阶段发展。

每天从睁眼起，就不停地跟宝宝保持交流说话，是此时家长教宝宝说话的最好方法。一定要注意和宝宝说话要用儿语，如"抱抱"、"饭饭"、"打打"，并要结合身体动作、表情来表达，努力让他先理解然后开始学，如妈妈说抱抱时，宝宝懂了，就张开双臂面向妈妈，表示要妈妈抱。

617 开发宝宝语言能力需注意哪些细节

幼儿语言能力的开发是一项技术性工作，要做到以下几点：

1.信息量大

家长反复灌输下，宝宝能听到不同发音，虽然他现在不会开口说话，可嘴里有意识或无意识的声响是正在为说话做准备；

2.给予鼓励

对宝宝发出的每一个新音节要给予掌声与拥抱，让他知道表达是一件很开心的事，这样便会勇于尝试；

3.需要耐心

宝宝对语言的理解是通过成人在固

定环境下用固定手势与固定发音的反复刺激而达到理解的。因此，家长的耐心就显得尤为重要，同样的词或句子每天多次重复，有时甚至重复上千次。

社交行为能力
She Jiao Xing Wei Neng Li

618 温柔抚触对宝宝有何好处

抚触是父母与宝宝之间充满爱的一种极佳的情感交流方式。爸爸或妈妈一边温柔地微笑着和宝宝说着话，一边按照正确的手法来做，把自己的浓浓爱意与关怀传递给宝宝，它将为宝宝带来极大的安全感和满足感。

另外，通过抚触，还可以促进宝宝各处肌肉的协调性，使宝宝全身感到舒适万分，从而容易安静地入睡。在触摸的过程中，母子间或者父子间直接的身体接触和情感的传递，能极强地增进彼此的感情，有利于家庭的和睦团结。

619 如何温柔地抚触宝宝

经常给宝宝按摩、进行抚触，增加接

触的机会，最大限度地满足宝宝的情感需求，这十分有利于今后宝宝的人生经验的积累，形成健康的心理以及良好的人际关系。爸爸妈妈可参考以下手法随时随地为宝宝进行抚触。如：

1.头面部

爸爸或妈妈取适量婴儿按摩油或婴儿润肤乳液，从宝宝的前额中心处用双手拇指往外推压，并在下额同样用双手拇指推压向耳前划出一个微笑状。这一抚触手法可有效地舒缓宝宝脸部紧绷的肌肉，还能减缓宝宝出牙期间的各种不适症状。

2.胸部

爸爸或妈妈把双手分别放在宝宝两侧肋缘，右手向右斜上方滑向宝宝右肩，复原，左手以同样方法进行。这一抚触手法可有效地帮助宝宝顺畅地进行呼吸。

3.腹部

爸爸或妈妈用右手按顺时针方向按摩宝宝腹部，注意避脐眼。这一抚触手法有助于宝宝的肠胃活动，促进消化，防止便秘，并能有效减缓便秘症状。

4.上肢

爸爸或妈妈将宝宝双手自然下垂，用一只手捏住他的胳膊，从上臂到手腕部轻轻来回挤捏按摩。另外，在确保宝宝手部不受伤害的前提下，用四指按摩宝宝手背，并用拇指从手掌心按摩至手指。这一抚触手法可有效地增强宝宝上肢的动作灵活性和协调性。

5.下肢

爸爸或妈妈用双手握住宝宝的腿，从大腿、膝部、小腿至踝部轻轻来回挤捏按摩。另外，在确保脚踝不受伤害的前提下，用拇指从宝宝脚后跟按摩足心至脚趾。这一抚触手法可有效地增强宝宝的运动协调能力。

6.背部

爸爸或妈妈将双手平放在宝宝背部脊柱两侧，从宝宝颈部向下按摩至骶尾部。这一抚触手法可有效舒缓宝宝背部的肌肉，有利于宝宝身高的增长。

620 父母怎样与宝宝进行目光交流

眼睛是人类重要的信息传递通道，妈妈利用眼睛和宝宝进行亲子互动，是一种非常有效的情感交流方式。

当宝宝睡醒后，把注意力集中在妈妈的面孔上时，妈妈可以一边注视着宝宝的眼睛一边和宝宝说话，目光要自然、柔和、亲切、真诚。这时，宝宝会好奇地看着你，并能从你的目光里感受到你想传达给他的关爱与喜欢。和宝宝对视的最佳距离是 20 ～ 30 厘米。

注意，不要一直目不转睛地盯着宝宝的眼睛，否则，会使宝宝感到极不自在而

大哭起来。另外，也不要在宝宝脸部的某一局部区域内上下乱看，否则会使宝宝感到莫名其妙，从而烦躁起来。妈妈也不能东张西望、左顾右盼，显得心不在焉，这样宝宝会觉得妈妈在敷衍他，从而不利于其身心的健康发展。

621 父母怎样与宝宝进行语言交流

父母和宝宝进行情感沟通的另外一个重要方式就是语言交流。虽然宝宝还不会说话，父母也应该在各种不同的场合下对其说话，以便潜移默化地增加宝宝的生活体验。

在日常的照料中，都可以和宝宝说说话。比如给宝宝洗澡的时候可以说"我们现在开始洗澡喽"，给宝宝喂奶的时候可以说"宝宝，你的小肚子饿不饿啊？妈妈要喂你奶了"，给宝宝换尿布的时候可以说"宝宝好乖啊"，给宝宝穿衣服的时候可以说"宝宝，爸爸要给你穿衣服了，今天的衣服好漂亮啊，上面有个可爱的小熊猫哦！"等等。

虽然宝宝还不能和父母交谈，但是能从父母的亲切的语气和疼爱的表情中，感觉到父母对他的浓浓爱意。

622 为何说爸爸与宝宝情感交流很重要

父母都希望自己的宝宝聪明可爱，其实，聪明宝宝的重要养成秘诀很简单，即学会和宝宝交流，满足宝宝的情感需求。

在日常生活中，很多爸爸都认为妈妈比较适合与宝宝进行情感交流，事实上，

相比于妈妈喜欢的语言交流和温柔抚触等，爸爸更喜欢在嬉玩中与宝宝交流。比如爸爸的拥抱能给宝宝更多的安全感；爸爸用带有胡须的脸能让宝宝有不一样的皮肤触觉……这都是妈妈无法代替的。

通过切切实实地接触、照顾宝宝，爸爸能真正感受到宝宝和自己的联系和亲密程度，有利于父子间产生情感共鸣。

更为重要的是，如果宝宝的情感世界里，总缺少爸爸的身影，他的情感需求很难得到圆满满足，这就会导致宝宝的幸福感很难健全发展，从而影响他的身心发育。

623 宝宝为什么会哭

1岁以内的宝宝还不会说话或表达不清楚，因而爸爸妈妈不能及时发现宝宝的情感需求。当宝宝的需求不能及时得到满足的时候，他们最常采用的表达方式就是哭。

一般情况下，宝宝之哭的原因有很多，譬如饥饿、尿湿，不舒服等等。但有时候父母检查过后，发现他既不是饿了，也不是尿布湿了，身体也没有不舒服，遇到这种情况，往往就会一筹莫展。当家长排除宝宝不是因为生理的原因哭闹时，便可以抱起宝宝，给予温柔的安慰。根据研究发现，抱起正在大声哭闹的宝宝，有80%的宝宝会从哭闹中趋向安静。可见，宝宝的哭声，很多时候传递着这样一个信息：爸爸妈妈，我想你们抱抱我，陪我玩一会儿。

宝宝的情感需求得到满足后，就能保持愉快情绪，从而有利于促进宝宝的健康发育。

624 宝宝有何情感需求

宝宝出生后，随着大脑的迅速发育以及与外界的广泛接触，不仅身体在长大，他们的感觉、知觉、情感和语言等也开始萌芽并迅速丰富起来，就有了最初的情感需求，如果此时的宝宝一直处于"情感饥饿"状态的话，就会影响他的身心发育。

宝宝对父母的情感需求，包罗万象，需要父母细心观察，针对宝宝的具体需要，及时给予满足。比如：清晨睁开眼后，宝宝最想看到父母的笑脸，得到父母充满爱意的亲吻；吃饱喝足后，会希望父母能陪他一起说话，一块玩耍；有时，即使不需要吃奶，躺在妈妈的怀抱里也让他觉得非常满足；如果家人平和乐观，氛围和睦温馨，会让宝宝觉得更开心。反之，如果父母之间争吵不断，宝宝就会害怕大哭；宝宝的情感需求还包括父母对他的肯定和表扬等。

625 何谓自我意识

所谓自我意识，是人对自己以及自己与客观世界关系的一种意识，由知、情、意三方面统一构成。"知"即自我认识，包括自我感觉、自我理解、自我概念等；"情"指自我的情绪体验，包括自我感受、自尊、自爱等；"意"指自我控制和调节，包括自我控制和自我掌握等。自我意识是知、情、意三方面的统一，儿童自我意识的发生同样表现为三方面交错进行。

626 宝宝何时会出现自我意识

自我意识的核心是"我"，对于宝宝来说，"我"这个概念不是与生俱来，而是从无到有逐渐发展起来。初生的婴儿意识是混沌的没有明确的主体和客体的区分，基本没有自我意识，只有生理需求提示着自我的存在。宝宝生后的 7～9 个月，自我意识有了最初的表现。这是一个质的变化，意味着宝宝的独立性开始增长。

627 为何说积极养育能增强宝宝的自我意识

婴儿的自我意识的认识过程，是一个由模糊混沌逐渐走向清晰的过程。而对自我认识是否清晰很大程度上取决于外界事物对宝宝的不同刺激：积极的环境和状态下，婴儿能较快地伶俐活泼起来；反之，婴儿却长久处于混沌蒙昧状态。积极的养育可以在促进婴儿身体发育和心理发展的基础上，使其尽快摆脱混沌状态，逐渐耳聪目明，区别自我和自我以外的世界，分清主客体，增强自我意识。

628 如何通过视觉、听觉、触觉刺激来增强宝宝的自我意识

要让处于混沌状态中的宝宝尽快启蒙，就要想办法从视觉、听觉、触觉诸方面对宝宝进行适当且丰富的良性刺激。

1.视觉的冲击效果很好

要想办法以形象生动的事物来引起宝

宝的注意，让他因感兴趣而喜欢看，因喜欢看而多看，并慢慢地让宝宝意识到那么有趣的东西是他自己看见的，以此加强自我意识。

2.给宝宝良好的听觉刺激也很重要

大人要多对他说话，为了引起其注意最好配合夸张的动作和表情，也可以用各种好听的声音或优美的音乐来吸引宝宝。对声音感兴趣了，宝宝就会逐渐意识到"感受到这些美妙声音的正是我自己"。

3. 动动小手和小脚

运动的同时也是宝宝在感知，不同的方式，不同的动作，或触摸或抓握，结果却是一样的：增强自我意识。

生活自理能力
Sheng Huo Zi Li Neng Li

629 怎样训练宝宝控制大小便

9个月份的宝宝已经接受使用坐便盆了，如果父母能够掌握宝宝的排便习惯，有意识地训练宝宝坐便盆，大部分宝宝能够把大便排在便盆中。这个阶段，没有经过训练的宝宝往往没有任何表示或发愣、停止活动后即拉出大小便，而如果父母在把大小便时，嘴发出声音：如小便时"嘘"、大便时"唔"，并反复练习，经过一段时间后宝宝也会通过类似的发声加上动作来表示便意。

这个训练主要是让宝宝学会自理，先要在便前作出表示，同时要自己控制等待妈妈把持后才排泄。这个阶段的婴儿还不具备控制大便的能力，尽管一直能把大便排在便盆中，也不能说明妈妈已经成功地训练出婴儿的排便能力。

630 怎么训练宝宝配合穿衣

妈妈在给宝宝穿衣时，告诉宝宝要"伸手"、"抬脚"、"抬头"等。每天重复边做边说，宝宝就会渐渐掌握这种程序，等宝宝把这种穿衣意识掌握后，妈妈不必开口，宝宝就会伸出手让你穿上衣袖，伸头套上领口，伸腿穿上裤子。宝宝学会主动地按次序做相应动作，以配合妈妈穿衣服，为将来更主动地自己穿衣做准备。

631 怎样训练宝宝捧杯喝水

宝宝学会用杯子喝水，不仅方便饮水用具的消毒和清洁，也有利于他的成长发育。宝宝自己捧杯喝水能让他早日摆脱沉醉在吸吮状态的日子，还能有效地预防龋齿的发生。

父母可以给宝宝准备有两个手柄的杯子，在其中倒入20毫升温开水，让宝宝双手扶手柄捧杯喝水，待他喝完再加少量，防止水洒出。开始可帮他托住杯底，他拿稳后即可放手。熟练后可练习用杯喝奶，让宝宝学会自己进食，增强自理能力。父母鼓励宝宝自己捧杯喝水时，要逐步地从洒漏过渡到不漏。

10~12个月宝宝

10~12个月宝宝发育水平表格

月龄	大运动	精细动作	适应能力	语言表达	社交行为
10个月宝宝	☆会拉住栏杆站起身，挟住栏杆可以走	☆拇指、食指动作熟练，双手协调运动（撕开毛毡扣）	☆玩积木、寻找盒内东西，模仿别人的动作，对细小东西感兴趣	☆模仿发语音，根据语意而行动，使用母子互知的词语对话	☆懂得并会表示常见物及名称，认生，反复做受夸奖的动作
11个月宝宝	☆挟物，蹲下取物，独站片刻，四肢爬行（爬台阶）	☆打开包积木的纸，用两个手指捏东西	☆积木放入杯中，模仿推玩具小车，认知东西的关联性	☆有意识地发一个字音，模仿母亲说话，知道制止和命令，发出有意义的音节	☆懂得"不"，模仿拍娃娃，用手抓东西吃，双手端杯子喝水
12个月宝宝	☆独自站立稳，牵一只手可以走	☆试把小球投入小瓶，全掌握笔，把东西递给别人	☆能独自盖上瓶盖	☆叫妈妈、爸爸有所指，向他/她要东西知道给，理解要求，儿语的开始	☆穿衣知配合，会捉人游戏，会咀嚼食物

营养发育
Ying Yang Fa Yu

632 宝宝为何要及时断奶

宝宝长到 1 岁左右时，母乳不仅量开始减少，所含营养也不如前期奶水那么充足、全面，因而无法继续满足宝宝生长发育的需要。如果断奶过晚，又没有同时以其他形式给宝宝补充足够的营养，会导致宝宝营养不足，逐渐消瘦，多病，最常见的是宝宝容易患上营养不良性贫血。但如果断奶过早，宝宝消化功能尚不健全，过多地增加辅食，也会引起消化不良、腹泻或营养不良等后果。

长期哺乳对母亲自身也十分不利，会引起内分泌的紊乱，如全身无力、食欲不振、消瘦、以致闭经、子宫萎缩等。

因此恰当地、及时断奶是不可忽视的问题。

633 宝宝断奶期妈妈如何做

在断奶的过程中，妈妈既要让宝宝逐步适应饮食的改变，又要态度果断坚决，不可因宝宝一时哭闹，就下不了决心，从而拖延断奶时间。也不可突然断一次，让他吃几天，再突然断一次。这样反反复复只会带给宝宝不良的情绪刺激，造成宝宝情绪不稳、夜惊、拒食，甚至为日后患心理疾病留下隐患。

国际母乳会认为，处于断奶期的宝宝需要妈妈更多的关爱、更多的身体抚慰。所以，在断奶期间，妈妈不应回避，否则会给宝宝带来心理上的痛苦。在这期间，妈妈反而要对宝宝格外关心和照料，花费更多的时间和精力陪伴宝宝。

妈妈可以采取多拥抱、爱抚宝宝，和宝宝在一起玩他感兴趣的游戏，陪宝宝吃饭，哄宝宝入睡等方法，与宝宝进行感情交流，抚慰宝宝的不安情绪，用以补偿宝宝由于失去母乳而感觉失去的母爱。切忌为了快速断奶躲出去，将宝宝交其他家人喂养。

634 宝宝断奶期爸爸如何做

在准备断奶前，妈妈可有意识地减少与宝宝相处的时间，增加爸爸照料宝宝的时间，给宝宝一个心理上的适应过程，提前减少宝宝对妈妈的依赖。

同时，其他家人也应有意识地多与宝宝接触，如带宝宝去公园，接触大自然，开阔眼界；跟宝宝一起做游戏，使宝宝感到身边的人都爱他，都跟他玩，使他高兴……关键是要让宝宝有安全感、信任感。

635 宝宝缺乏维生素 A 有何表现

维生素 A 主要分布在肝脏，其次在肾脏，肾上腺和眼睛里，参与性激素的合成，促进生长，保护皮肤，增强免疫。缺乏维生素 A 时会出现皮肤变得干涩、粗糙症状，如浑身起小疙瘩，形同鸡皮；头发稀疏、发质干枯、缺乏光泽，指甲变脆、变形；眼睛结膜与角膜（俗称黑眼仁）也会发生病变，症状轻的出现眼干、畏光、夜盲现象，重的出现黑眼仁混浊、溃疡形成，最后导致穿孔而失明。一般情况下，维生素 A 缺乏的人免疫功能较差，易患感冒等呼吸道疾病。

636 宝宝缺乏维生素 A 怎么办

维生素 A 的最佳来源是动物性食品，尤其是动物肝脏。有机食品中的维生素 A 的含量比普通食品高出 25% 以上。最安全的方法是补充 β-胡萝卜素，这是一种没有毒性的"维生素 A 原"。当维生素 A 不足时，它可以转化为维生素 A。β-胡萝卜素只是几百种类胡萝卜素中的一种。类胡萝卜素拥有很强的抗氧化作用，它们首要存在于橘红色的蔬菜水果中。

β-胡萝卜素补充剂非常安全，儿童要遵医嘱，可以根据体重比例调节。因为 β-胡萝卜素不能在水中消融，只能在油中消融，如果饮食中没有脂肪，β-胡萝卜素的吸收效果不好。所以，吃胡萝卜或补充 β-胡萝卜素时，应当同时食用油脂食品。

认 知 能 力
Ren Zhi Neng Li

637 为何说宝宝玩游戏是最佳学习方法

游戏是起于娱乐，终于智慧的一种最佳学习方式。让宝宝从游戏中学习，非常适合宝宝好学、好动、好玩的特点。宝宝在玩得开心时，他的智力将得到充分的刺激，从而才有充分发挥其潜在智能的可能，并能使潜能达到发展的最高阶段。那么，父母如何引导宝宝在玩游戏的时候学到东西呢？

和宝宝一起玩新玩具时，爸爸妈妈将新玩具递给宝宝，先让他自由地探索一会，边观察边和宝宝说话，积极给宝宝介绍这是什么玩具，它叫什么名字等。等宝宝对这个玩具感兴趣了，再由爸爸或妈妈认真、缓慢地演示玩法。

和宝宝一起玩旧玩具时，要鼓励他们探索新玩法，如玩积木时，可以让宝宝两手各拿一个积木，相互敲打，聆听积木发出的声音；也可以让宝宝在爸爸妈妈的示范下，学习如何将积木一层层垒起来的能力；或者为同一种颜色的积木分类，等等。

与宝宝一起玩游戏时，要注意与宝宝之间的合作、交流，引发宝宝的兴趣，产生母子、父子共乐的效果，如父母在宝宝成功完成一项游戏时，可以拍手表扬宝宝，或亲一下宝宝，营造出共乐的氛围。

638 宝宝何时具有回忆能力

宝宝出生后 6 个月左右就出现了形象记忆，到了 10 个月到 1 岁时，宝宝记忆力较以前更是明显增强了。快要到 1 岁的宝宝已开始有回忆能力，这是记忆力增强的标志。此时，宝宝不仅能经过记忆的分辨找出自己的玩具、衣物，指出鼻子、眼睛、口、头等自己身上的器官分别在哪里，还能按成人的要求用手准确地指出某件物品放置的位置。

639 10～12个月宝宝记忆力有何特点

这个月龄的宝宝，虽然已比较容易记住事物了，可是记忆仍以无意记忆、形象记忆为主，带有很大的随意性，没有目的和意图，记忆保持的时间也很短。一个10个月的宝宝，在大人指导下已经认识的一个东西，两个星期以后可能就忘记了。

640 增强宝宝记忆力有何窍门

父母可以采用形象生动、有声有色、颜色鲜艳分明的东西作为记忆材料来吸引宝宝，并选用宝宝感兴趣的形式来加强记忆，如此记住的东西宝宝就不会很容易忘记。

1.反复重复

多次重复想让宝宝记住的东西，并在语言中强调出来。这样，记忆会被强化。

2.让宝宝心情保持愉快

宝宝自我控制能力比较差，情绪会影响到记忆的效果，因此要选择在宝宝心情愉快的时候培养他的记忆力。

3.利用睡眠前时间

宝宝一天中记忆力最好的时间是在睡觉前，这时给他讲故事或讲一些生活常识，学习效果最佳。

4.和宝宝玩游戏

游戏对开发儿童短暂性记忆很有效，父母可以经常与宝宝玩"躲猫猫"的游戏，可以是玩具躲猫猫，也可以玩成人与宝宝相互躲猫猫的游戏。在游戏中要提示宝宝关注玩具放置（或人躲藏）的不同位置。这样的游戏有利于婴幼儿短暂性记忆的发展。

5.抓住宝宝兴趣点

宝宝的记忆同兴趣有很大关系，宝宝会注意感兴趣的事物，而对不感兴趣的事物则视而不见、听而不闻、更别说记住了。因此，要根据这一特点来培养宝宝的记忆力。可以采取讲故事、念儿歌或做游戏等让宝宝感兴趣的形式来进行，之后还要通过多种感觉途径及多次重复来增强宝宝的记忆力。

641 为何要训练宝宝听力

听力对宝宝的智力开发和语言学习有着举足轻重的作用。宝宝学习语言的黄金时期是3岁之前。在10～12个月阶段，宝宝主要是以"听"为主，若此时不能充分接触各种声音、不与人多做言语交流，或听力出现问题，宝宝就会出现语言发育障碍，导致日后生活、学习和人际交往的困难，影响智力发育。因而，妈妈要注意多训练宝宝的听力。

642 怎样提高宝宝听觉能力

根据11～12个月的宝宝听力发育特

点，爸爸妈妈应从以下几个方面着手来训练和促进宝宝听觉能力的发育。

- 多和宝宝说话。
- 给宝宝唱歌。
- 为宝宝朗读诗歌或故事。
- 和宝宝一起看画册，边看边讲。
- 为宝宝解释外界的各种声音。
- 引导他有意识地发出单个的字音，来表示一个特定的动作如"吃"、"喝"、"走"、"坐"、"拿"等，帮助宝宝清晰地表达自己的意思。
- 和宝宝进行简单的对话时，若宝宝能回答大人的提问，要及时给予表扬，鼓励他继续开口说话。

643 父母为何要了解宝宝空间敏感期

空间的敏感期是 0 ～ 6 岁持续发展的，宝宝最早的空间智能感受是把这个物体和那个物体分离开。起初，宝宝对细小的空间感兴趣，喜欢对着小容器把里面的东西取出来，把外面的东西塞进去，喜欢躲到大衣柜里、到桌子底下玩耍等等这些行为，都是对空间的一个感知。快 1 岁左右的时候宝宝会非常频繁地重复这样的活动。

了解宝宝的敏感期能让父母更好帮助宝宝健康快乐成长。宝宝还没有学会行走时，先是用口和手来探索世界。当他们开始行走的时候，他们的世界就变得立体化了，宝宝喜欢不停地往地面扔东西；对下水道井盖的洞洞里特别感兴趣，并喜欢不断地往里面塞东西；下楼梯时喜欢用各种不同的姿式，这一切行为都源于正处于空间敏感期宝宝对外界世界的探索。

644 空间敏感期宝宝有何表现

宝宝在空间敏感期时表现是多种多样的，宝宝通过身体来感知物体位置的变化，从而不断地扩大对空间的感知，进而探索出来这是个立体的世界。

宝宝在空间敏感期刚开始的时候，他宝宝对爬很感兴趣，喜欢爬到某个物体上去，比如爬窗台、爬桌子、爬楼梯、爬栏杆，越大的空间，对他来说就越有吸引力。在爬行兴趣期过后，宝宝的行为能力得到了提升，他开始喜欢从高处往下跳，在此期间除了感受空间有多大以外，宝宝还用身体、肌肉、皮肤、重量来感受空间的高、远、大。这些空间感为宝宝未来的发展打下重要的基础。所以说 0 ～ 6 岁宝宝所有的学习都是靠感觉得来的，这个感受是儿童智能发展的关键。

645 空间敏感期与宝宝的空间智能发展有何关系

父母认为宝宝的空间智能是靠想象得来的，其实最早的空间智能是通过感觉得来的。宝宝对于物体之间的距离并没有确切的概念，他必须通过置身其中去感受才知道。很多父母看见宝宝从高处往下跳，就会担心宝宝对空间还没感知力，因而没有自我保护能力。

科学家的一个试实验中得出，宝宝对于适应环境有很强的思维模式，即使是从视觉上看到低洼的地方他都不会爬过去。

所以父母要克服过分的恐惧心理，不要在宝宝刚想跳下来时，就伸手去协助，因为这很容易破坏宝宝自身的思维模式，不利于他形成自我保护能力。

宝宝出生前就是在妈妈子宫里，和外界空间所不同的是，妈妈的子宫狭小又安全，而外界空间大且充满各种意外，这就需要宝宝不断的探索，才能够建立安全感。宝宝在空间敏感期的探索是自我创造的过程，也是超越极限的过程。

在成人眼里，上下楼梯、往下水道井盖小洞洞里塞东西等都是很细小的事情，对宝宝来说，却是眼、手、脑腿协调配合的重要过程。刚开始的时候，宝宝需要付出很大的努力才能完成这样的事情。

父母可以通过一些轻松的亲子游戏，参与宝宝的探索与开发自我的过程，去帮助他们构建空间智能。

646 宝宝何时开始认识物体客观存在

客体永存性的获得是儿童早期发展的一个重要里程碑，它标志着儿童从局限于当时当地的身体动作中解放出来，已经认识到物体的永久存在性和位置转换。

一般情况下，几个月的小婴儿对身边物体的客观存在没有任何概念，而大约到1岁时，宝宝就能认识物体的客观存在性或永久性了。

宝宝在几个月的时候，只有物体确实呈现在他面前被感知，他才能意识到物体的存在，而那些看不到、听不到、嗅不到或尝不到的物体，在宝宝那里就是不存在

的。比如，握在手里的东西掉下去了，宝宝就会认为它不存在了；看到奶瓶，就哭着想吃奶，奶瓶被拿开了，他的想法也跟着消失了。

快到1岁的时候，宝宝的心理和认知能力都有了较快的发展。如果你把一样东西藏起来时，宝宝会意识到平日里自己感兴趣的那件东西不见了，继而会到他最后看到它的地方去寻找。可见，这时的婴儿已经懂得物体是独立存在的了。

647 如何测验宝宝客观认知能力

儿童心理学家皮亚杰和汤姆·鲍尔等人都进行过一系列令人印象深刻的实验，来证明婴儿对物体永久性存在的认识。生活中，我们也可以通过游戏的形式进行测验。实验对象当然是将近1岁的宝宝。

让宝宝坐在桌前，面前放一个可爱的玩具，父母在吸引宝宝注视玩具的时候用一块隔板从玩具前穿过，穿过时把玩具取走。结果，我们会发现宝宝在玩具消失时会表现得很惊奇。这种惊奇正是婴儿意识到客体永存性的表现。

如此的测验游戏，也可以锻炼宝宝对客观物体的认知能力。

648 怎样锻炼宝宝认知能力

父母还可以做一些有趣的找东西的游戏，让宝宝认识物体的客观存在性，知道看不见的物体并不是消失了。

让宝宝坐在地毯上，拿一个他喜欢的玩具如橡皮鸭给他玩，当宝宝把橡皮鸭放

在地上时,家长趁宝宝不注意,用衣服盖住小兔子。接下来我们观察宝宝,看他是否能发现小鸭丢了。如果发现了,我们可引导他去寻找。

我们也可以先把一个布娃娃藏在一块布下面,然后让宝宝看着将它移到另一块布下。这时,宝宝会准确地到第二块布下面找到布娃娃。

这样游戏能让宝宝观察到物体位置的变化,而找物的成功感更会加强宝宝的认知。

649 如何通过游戏让宝宝理解因果关系

妈妈可以准备一些电动小火车、电动小汽车等玩具,或一些可以上发条的玩具鸭子、兔子、青蛙等。游戏时,妈妈先拿出一个电动小火车,随着小火车的发动,妈妈就以丰富生动的语言,配合玩具的特点来对宝宝说话:"呜——呜,小火车动起来了……""小火车跑远了……"

重复几次后,再拿出一个发条玩具如小鸭子,妈妈将小鸭子上足发条,放到地上,鸭子有节奏地向前走去,妈妈则可以对宝宝说:"嘎嘎,小鸭子,嘎、嘎,扁扁嘴,大脚丫,游到水里吃鱼虾……"

这一游戏可以帮助宝宝发展语言能力,并让宝宝学会理解简单的因果关系。

650 宝宝好奇心表现在哪些方面

宝宝十个月以后,更加活泼了,也开始捣蛋了,不像以前那么乖了。

在家时,还不能独立行走的小宝宝,会在你吃饭的时候,悄悄地推着学步车走进厨房,摸摸这看看那,甚至还能拉开碗架柜,观察完之后再关上。在卧室和客厅里,宝宝也喜欢伸手去够东西,把东西翻得到处都是,对家里环境的破坏力在逐日增强。

外出时,宝宝要么拔小草,要么踩落叶,喜欢听落叶被踩到的响声;甚至还要拨弄流水,还试图要打开蹦跳的皮球,看看里面究竟装着什么……所有这些表现,都源于宝宝的好奇心,它是宝宝探求知识的力量源泉。

651 家有好奇宝宝怎么办

好奇是宝宝学习的最佳方式,周围的环境是宝宝好奇的对象。1～2岁的宝宝开始主动尝试探究事物的因果关系,并通过这种探索活动获得更多的生活常识;2～3岁宝宝有了比较丰富的生活经验,他开始尝试采取各种方式验证自己关于周围事物的认识;宝宝对周围的一切都很好奇,甚至会有一些比较过激的行为:比如砸坏新买的玩具、打破冰箱里的鸡蛋、捞起鱼缸里的金鱼等等。

父母对宝宝的好奇心是感到厌烦、阻止还是理解、支持、激发?父母的态度可能对他的一生产生深刻的影响。

如果不想让自己宝宝的好奇天性在无形中被压制,家长就在宝宝面前做个童心未泯的大宝宝吧,和宝宝一起观察事物,一起发现问题,一起寻找解决问题的答案。家长的参与会满足宝宝的好奇心,也会极大调动宝宝探求的积极性，同时让这样的亲子互动更其乐融融，更有意义。

家里的客厅、厨房、阳台，户外的公园、马路、随便哪个小角落，都蕴涵着丰富的可供探索的资源，都会引发宝宝的好奇心。聪明的父母要采取一些方法来鼓励他们去观察，去动手体验，进一步引导宝宝深入探究事物的奥秘，可是，引导的过程中切不可以成人的思维限制宝宝的想象力。总之，父母要尽量做到：

- 尽可能满足宝宝的好奇心。
- 不要以成人的思维约束宝宝。
- 创设满足宝宝好奇心的环境。
- 亲身示范。
- 和宝宝一同探究事物的奥秘。

652 怎样营造良好环境满足宝宝好奇心

世界上千姿百态的事物具体地呈现在面前时，宝宝的好奇心就被激发了，他们会试着主动去探索其中的奥秘。父母要想办法给宝宝创设能满足其好奇心的良好环境。

要多带宝宝到超市、电影院、公园等公共场所或郊外，其中的新鲜事物与花草树木、鸟兽虫鱼等自然景观有着无穷的吸

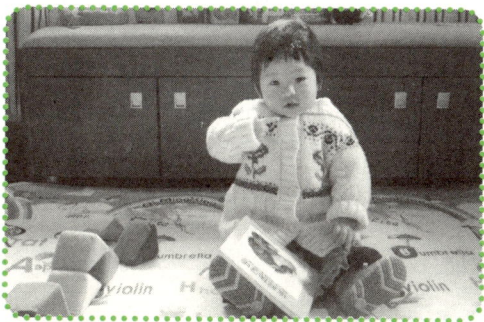

引力，能有效刺激宝宝的感官，也给了宝宝探索和认识外界的机会。只要不危险，我们要让宝宝亲自去看看、听听、闻闻、尝尝、摸摸。

宝宝模仿性强、爱动，家长要鼓励宝宝充分运用各种感官，自己观察外界事物，自己动手操作，甚至可以允许宝宝把一些东西掰开、拆开，进而让他体验其中的乐趣与成就感。

聪明的妈妈是不会拒绝宝宝到厨房的，她会让宝宝摸摸黄瓜、西红柿等蔬菜，这样不仅让宝宝的好奇心得到足够的满足，还能让宝宝了解一些蔬菜的特性。如此做法，有助于宝宝更好地积累生活经验，还有可能激发宝宝更深层次的好奇心。

653 10～12个月宝宝喜欢什么样的玩具

最能吸引宝宝的玩具往往是色彩鲜艳、声音悦耳、形象逼真的，各种形象生动的小动物、洋娃娃、小汽车等玩具不仅会吸引宝宝的眼球，更会让宝宝爱不释手，产生强烈的拥有欲。宝宝还会看上家里一些小巧漂亮的日用品，家长不妨把它们拿来给宝宝做玩具，既经济又实惠，而且可以让宝宝在玩耍的过程中知道此物的用处，真是一品多用，一举多得！

654 为什么宝宝喜欢重复玩扔东西游戏

此时的宝宝，小手小脚已经初具力量，手指动作也已相当灵活。他们常爱玩的一种"游戏"，就是把手里抓到的东西

扔出去，等父母帮他们捡回来再扔出去。父母捡得快，宝宝就扔得快，这种游戏对大人来说很无聊，往往捡着捡着就不耐烦了。殊不知，反反复复的过程中，宝宝在获得空间感的同时，还粗浅地理解到了事物存在恒常性：东西不见了，又出来了！

在理解事物恒常性这一点上，更为典型的游戏当属"躲猫猫"。宝宝通过反复玩这种类型的游戏，努力地理解和接受重要照料者有时会暂时离开一会儿，但总会回到自己身边。

655 宝宝玩玩具有何好处

玩具会给宝宝带来快乐是众所周知的，除此之外，它还能给宝宝带来什么好处呢？

● 玩具可以帮助宝宝认识事物的名称和用途。比如，宝宝通过玩具汽车可以知道一些交通工具的名称、用途、特征及发动的声音。

● 既有形象又有声音的玩具能增强宝宝的记忆力。比如，有电动猫玩具的宝宝当大人说到小猫的时候，他不用看实物或图片就能明白是什么，还会学出"喵喵"的叫声。

● 爸爸妈妈和宝宝一起玩玩具，还可以增进亲子间的感情互动，促进宝宝语言能力的发展，有利于开发宝宝的智力。

● 一些如学步车、小推车、拖拉玩具等

能动的玩具，还可以锻炼宝宝走路能力并提高宝宝走路的兴趣，促进了宝宝智能与动作能力的发展。

656 选择宝宝玩具应注意哪些细节

父母给宝宝选择玩具时应注意以下几点：

● 要安全，应无毒无异味，光滑无锐角；音量最大限度不可超过 50 分贝。

● 既卫生又经济，结实耐用、易洗涤消毒。

● 形象生动美观且有艺术性，能引起宝宝的兴趣，给宝宝带来欢乐。

● 考虑宝宝的性别。比如男宝宝多会选择小汽车飞机等，而女宝宝多喜欢布娃娃。

● 最好可以一物多用，玩法灵活，可随意改造组合变化，引发宝宝产生丰富的联想。

657 如何用图片来教宝宝认识事物

到了 10 个月～ 1 岁的时候，宝宝有了个性特征的倾向，在看图片的时候也开始表现出不同的爱好。有些宝宝对交通工具类图片感兴趣，有的宝宝对各种动物类的图片感兴趣，还有的宝宝喜欢植物风光类图片。不同性别的宝宝对图片的喜好也会有差异。女孩儿对人物像和动物图片比较感兴趣，男孩儿则更喜欢小汽车、大飞机等图片。

宝宝的接触范围还很有限，认知能力也会因此受限，我们可以用图片来扩充宝宝的生活内容，让他认识一些眼前看不到的东西。可是，仅仅局限于看还远远不够，更重要的是让宝宝通过仔细观察进而认识它们。

图片的选择要以色彩鲜艳、形象逼真、生动准确为标准，这样的图片会吸引宝宝的注意。在宝宝感兴趣的基础上，家长教他们指认图片会收到意想不到的效果。当然，还可以选择一些识图卡片或绘本来教宝宝认识事物。需要注意的是，讲解要生动，富有感染力。

每天教1～2次，每次时间不宜太长，要多反复，逐渐积累。教的时候一定要告诉他事物正确的名称，而且要先讲名称，待宝宝熟悉之后再教用途、特征等，避免宝宝将名称和用途混淆。

658 给宝宝看实物照片效果有何好处

一项来自美国和澳大利亚的心理学研究表明，那些有彩色插图或者有漫画风格插图的书，对大人或者大一点的儿童的吸引力和作用较大，对幼儿来说吸引力不及实物图；有实物照片的书籍不仅能给幼儿带来很多乐趣，还能帮助他们了解世界、认识事物。10个月～1岁宝宝，正处于向幼儿期过渡的阶段，看实物照片的效果会更好，因为照片与实物关联度更大，更便于宝宝认识事物。

心理学家们发现，儿童年龄越小，就越难理解实物与图片之间的关系。如果图片中的物体与实物有出入，小宝宝很难看出两者之间的关联。

因此，我们给宝宝选择图片时，要尽量选择和实物接近的，最好是选择根据照片制成的图片。现在许多儿童书籍的出版商都会选择出版一些有照片的图书或用照片制成的图片，也是基于此科学考虑。

动作能力
Dong Zuo Neng Li

659 10～12个月宝宝运动能力发展有哪些关键期

年龄段	运动能力发展关键期	内容
10～11个月	独自站立	在这个时期，宝宝开始学习独自站立，逐渐摆脱了成人扶持和扶物站立的阶段。这个时期是宝宝身体平衡能力真正开始建立发展的时期，同时也是腰腹力量和双腿力量发展的重要时期。四肢的协调配合能力也进一步发展
11～12个月	放物入孔	在这个时期，婴儿开始学习把一些小物品放在能容下它们的孔中，如把小糖块放入瓶中，把铅笔放入笔筒中等。这个时期对于培养婴儿对实物距离、体积以及空间概念的把握非常重要
12个月宝宝	独自行走	在这个时期，宝宝能独自行走，逐渐摆脱了成人扶持和扶物行走的阶段。这是宝宝身体平衡能力发展的又一个飞跃，同时也是宝宝身体与四肢协调能力发展的重要时期。宝宝学会行走，对于宝宝心理的发展是一个重要环节，扩大了宝宝接触环境，同时为宝宝独自完成自己的意愿，摆脱对成人的部分依赖创造了一个重要的条件

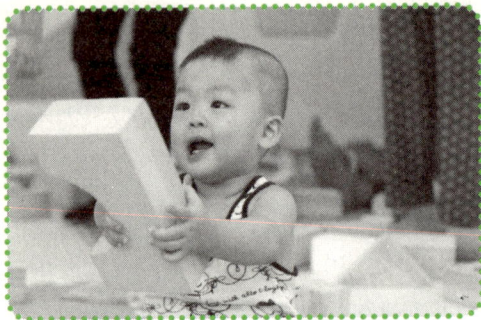

660 12个月宝宝精细动作发育水平如何

● 给宝宝一粒小丸，他会学着捏起往瓶子里投放，但不一定准确。

● 能用全掌握笔在白纸上画出道道。

● 将球先抛给宝宝，再让他将球抛还给大人，经过数次训练，宝宝能掌握抛球的动作，但平衡和协调能力还不够好。

● 手和前臂能抬离桌面，和大人一样用拇指和食指（或中指）的指端捏小丸。

661 宝宝手势动作怎样训练

教宝宝说话时妈妈还可以把手势动作和相应的词联系起来，比如一边说"再见"时一边让宝宝摆手，而大人在说"再见"时也向宝宝摆手，让宝宝把摆手的动作和"再见"这个词联系起来，逐渐理解这个词的意思；还可以一边说"欢迎"的时候一边让宝宝拍手，一边说"谢谢"的时候一边让宝宝拱手……训练他按照大人的话做出相应动作，以加深宝宝对语言的感悟。

另外，在训练的过程中，妈妈要随时对宝宝每一个小小的进步给予表扬，使宝宝更加乐意表达，从而进一步促进宝宝的言语动作及智力发展。

662 宝宝扶站能力怎样训练

宝宝10个月以后，家长可在其生活区安置小栏杆，或有意识地让宝宝多去沙发、床沿等可以凭借物的旁边活动，这些都有利于他学习扶站。家长也可在不同的位置用有趣的玩具逗引他，鼓励他扶着栏杆迈步，在扶站的基础上帮助宝宝尝试扶走。

成人的双手是宝宝最富人情味又最有力的站立凭借物。家长不妨随时把你的双手伸向你的宝宝，不仅是给予怀抱，更重要的是可训练宝宝站立。训练时要由易到难逐渐进行。

刚开始时，家长把双手放在宝宝的腋下，让他以此为支撑练习站立。要注意的是，家长的手要逐渐由腋下转到手臂，手上的劲儿也要有意识地逐渐减弱，促使宝宝腿上的力量逐渐加强。宝宝两手扶站较稳以后，家长就可以松开一只手，继而彻底抽离，只给宝宝一只手作支撑，让他一手扶站。

663 宝宝独站能力怎样训练

宝宝熟练的扶站之后，便开始尝试独站了，家长可抓住机会帮帮他。

家长在宝宝扶站的时候，可以用一些有趣的玩具吸引他，诱使他把那只扶东西的手也慢慢放开。可是，家长不要离他太远，防止宝宝摔跤磕碰。家长也可把宝宝放到墙边，让其背和臀部靠墙，两足跟稍离墙，双下肢稍分开站稳，然后慢慢放手，并拍手鼓励宝宝独站。

664 宝宝扶走能力怎样训练

在宝宝学独站的时候，往往已经能扶着东西走了。此时，家长可以趁热打铁，因势利导。在他前方拿宝宝喜爱的玩具戏逗他，让他学会挪步，移动身体；推着椅子或小推车走也是婴儿迈步行走的好方法；在平坦的地面上，家长双手分别握住宝宝的手一步步后退，让宝宝练习迈步行走，以后可用小木棍或粗绳子代替双手，逐渐强化宝宝的扶走能力。

宝宝具备了独站、扶走的能力后，就离会走路不远了。

665 宝宝独走能力怎样训练

独走训练必须建立在扶走的基础上，为了宝宝独站做准备，不妨和宝宝一起做做游戏式的走路练习。

宝宝和家长面对面，让宝宝的双脚分别站在家长的双脚背上，然后家长拽着宝宝的双手，并左右交替迈开步子一步一步向后退，带动宝宝左右交替一步一步向前迈步。

宝宝扶着床沿或者沙发站立的时候，家长可以在距他不远处用玩具吸引他，用语言去鼓励宝宝，让他勇敢地走过来，等他快走近时可再加长距离。

还可用下面的亲子训练，加强宝宝走路的能力：父母面面相对蹲下，伸展双手相接，形成一个长方形的安全范围，让宝宝在这段距离内自己独立行走，慢慢地不断加长距离。

666 宝宝身体平衡能力怎样训练

这个阶段的绝大多数宝宝都可以扶物站稳了，父母可以通过训练宝宝蹲下捡物来练习他的身体平衡性：父母牵着宝宝的一只小手，等他站稳后渐渐把手松开。宝宝已能扶着凳子站立时，可把玩具推到宝宝身边，让宝宝一手扶凳子，另一手将玩具捡起。在捡物时宝宝学会一手扶凳子，弯腰后仍能保持平衡再站起来。

让宝宝练习从双手扶物进步到单手扶物，且弯腰移动后能保持身体平衡。宝宝逐渐学会单手扶物，身体与走路方向一致，而不再是横行跨步了。

667 宝宝精细动作能力怎样训练

搭积木： 父母和宝宝一起搭积木，手把手地教他将积木一块一块向上搭，练习多次后，让他自己学着搭，他能向上搭两块积木。

翻书： 给宝宝一本大开本图画书，边讲边帮助他自己翻看，然后让他自己练习独立翻书，训练他按顺序每次翻一页看。如果宝宝不能按顺序翻看，可以通过让宝宝认识简单图形提高他的空间知觉能力逐渐加以纠正。

668 宝宝眼手协调能力怎样训练

家长可找来一些花生豆和红豆等豆子混在一起，放在一边，然后准备好两个杯子。大人先给宝宝做示范，用拇指和食指捏稳花生，拿到宝宝眼前让他看清楚，并告诉他"这是花生"，然后把它拿到杯口时对宝宝说："把花生放进去！"随即把花生扔进杯里；然后，再也同样的方法和顺序把红豆放入另一个杯子里。接下来让宝宝也用同样的方法和顺序分别把花生和红豆放入两个杯子里。宝宝成功后，家长要及时表扬和鼓励。如果豆子比较少，宝宝还愿意玩这个游戏，可以让宝宝再把那些豆子倒出来，重复进行游戏。

这种游戏可以训练宝宝手—眼—脑的协调配合能力，反复做这样的游戏宝宝可得到多重锻炼：可练手、练脑、练观察力、练分类能力等。有一点需家长特别注意：不能让宝宝单独玩，一定要陪在他身边，以免发生宝宝把豆子放到嘴里被噎住或把豆子塞入鼻孔等危险事件。

语言能力
Yu Yan Neng Li

669 10～12个月宝宝语言智能评估有何指标

这一阶段的宝宝，在语言能力发展上，应该能够做到以下几点：

- 能懂得一些词语的意义。
- 能按要求指向自己的耳朵、眼睛和鼻子。

- 能说出最基本的语言，如"爸爸、妈妈"，而且有所指。
- 出现难懂的话，自创一些词语来指称事物。
- 同意点头，不同意摇头、摇手，会讲出单词句。

670 9～12个月宝宝语言怎样训练

宝宝学习语言是从自然发声和听懂语言开始的。要为宝宝创造一个良好的学习语言的环境，在照顾宝宝时要经常伴用语言，如喂饭时说："吃粥了"、"香香"、"宝宝吃了"……抱宝宝外出前说："穿上衣服"、"戴帽帽"、"开开门"、"走了，再见"……每天要有一定的时间和宝宝玩，边玩边说话，用语言逗引宝宝活动和玩玩具。

抱宝宝到户外时，可用语言伴随宝宝观看周围环境中的人或物。还可说儿歌、唱歌曲给宝宝听。在宝宝发声喊叫或喃喃学语时，要和他对话，以示鼓励强化。还可经常对着宝宝发出一些语音，为宝宝做发音示范。

总之，这个月龄段的宝宝虽然尚不会说话，但如果为之积极创造语言环境，可促进婴儿更多地听到语言、熟悉语言和渐渐理解语言，也可促进宝宝更积极地发出语音，这些是言语发展的重要准备，也是心理发育健全的基础。

671 宝宝语言学习中模仿有何重要性

模仿在宝宝的语言学习中颇为重要。在最初的几年中，应注意给宝宝提供较好的语言模仿的榜样，只有典型而良好的榜样，才可促进宝宝语言的顺利发展。

曾经有一个宝宝在讲话讲到高兴时，就会夹杂出一些地方方言，他的父母很奇怪，因为他们都不会讲那种方言。后来父母才想起，这个宝宝在会说话以前曾由会说方言的祖母带过一段时间。在那时，祖母的语言刺激已经在他的记忆中留下了痕迹，以后在适当的时机就表现出来了。

由此可见，成人对宝宝讲话时应注意语音语调的正确和语言的规范化，不要去模仿和强化宝宝的非正式的儿语，应尽量给宝宝使用书面语。宝宝书面语的形成对他以后概括能力的发展不无裨益。宝宝在学习运用词汇、语法以及语言表达方面，既有模仿，有时也有自己的创造。他们对于半懂不懂的词句很乐意模仿，但对于自己根本不懂的词句则很少模仿。

672 吃饭训练能发展宝宝语言能力吗

“吃”的能力训练和口腔动作游戏就是口语表达及构音的基础，所以营造愉快的吃饭气氛，诱发成熟口腔动作，提供均衡食物，给予不同食物经验，是宝宝咿呀学语时父母的重大责任。

1. 双唇动作游戏

喂食时，勺放进宝宝口中后，可用食指轻压宝宝的上唇来诱发“抿”的动作，逐渐让他自己抿，这样可促进宝宝双唇闭合能力。大约满周岁时，宝宝学会用双唇包住杯子喝水时，可以教宝宝“吸”的动作，此项动作不可被吸奶瓶动作所取代。

2. 舌头动作游戏

让宝宝学扮鬼脸、在嘴角涂少许食物让宝宝用舌头去舔、发舌音让宝宝学，都可以促进舌头的灵活度。

3. 咀嚼动作游戏

父母要为1岁左右的宝宝提供利用易溶解的宝宝饼干让宝宝练习咬，以促进其咀嚼能力的发展。

673 吹泡泡有助于宝宝学说话吗

颚咽肌肉与气流控制训练的游戏——吹。让宝宝学着父母的样子噘起小嘴吹一下，他可能只会噘嘴而不会吹，可利用吹起撕碎的面巾纸、吹动乒乓球、在水中吹动浮动的小纸船、吹小风车等活动来诱发。当宝宝学会吹后，就可以练习吹肥皂泡，吹泡泡的气流需长而轻，较难控制，还能够增加肺活量和唇部用力。

674 为何要为宝宝提供一个良好的语言环境

宝宝身处的语言环境十分重要。语言环境不需刻意创设，在日常例行的活动中，有很多教宝宝学习说话的机会，爸爸

和妈妈要做的就是多些耐心，多用些时间和宝宝说话、交流。

因而无论父母手边做着什么事，或者照料宝宝穿衣、吃喝，或者陪伴他玩耍，都可以边做边清晰简洁地告诉宝宝。宝宝听到的词汇越多，越能帮助宝宝发展自己的语言能力。

教宝宝说话很重要的原则是要让宝宝掌握语义。爸爸妈妈对宝宝说当下正在发生的事，就有助于宝宝理解语义，让宝宝把他看到、听到、摸到、闻到、尝到的东西和爸爸妈妈所说的话联系起来。在问宝宝问题时，不要满足于他点头、摇手，而要让他说出来。

675 重复和强化对宝宝学习说话有何重要性

在日复一日的日常活动中，和宝宝长期说话交流时，多对宝宝重复相同的话、唱同样的歌谣、朗读相同的故事，能有效地增强宝宝的记忆，逐渐地提高宝宝的语言理解能力。比如喂宝宝吃苹果时，可以给宝宝说："这是苹果，苹——果——。"重复很多遍后，宝宝才能将"苹果"这个词和吃的这个东西联系起来，最后自己说出"苹果"这个词。

676 为何要有意识地扩展宝宝的词汇

在日常生活中，爸爸妈妈有意识地扩展词汇，是一种有效的提升宝宝认知能力的方法。扩展词汇时，爸爸妈妈可以采用描述事物的颜色、形状、大小之类的方法。

比如可以告诉宝宝说："这是小汽车。红色的小汽车。"也可以采用比较事物的大小、长短、多少之类的方法，如告诉宝宝说："这是苹果，好大的一个苹果啊！"或者"这是葡萄，好小的一颗葡萄啊！"

通过这样有意识地扩展语言，可以让宝宝了解到事物的性质和特点，提升宝宝对事物的认知能力，进一步扩大宝宝的词汇量。

677 怎样指物教宝宝说话

在日常生活中，妈妈可以从教宝宝认识周围的常见物品，如衣服、奶瓶、勺子、椅子等，开始训练宝宝说话。妈妈先提醒宝宝用眼睛观察这些物品，然后用反复提问的方式，让宝宝指出，或用眼睛去找，初步培养他听懂大人说话的意思，并认识常见物品。

比如，取下宝宝帽子时，要告诉他"妈妈把宝宝的帽子取下来了"，然后抱着他走到放帽子的地方，放好后，重复向他发问："你的帽子呢？"让宝宝指向帽子。宝宝刚开始若没有反应，妈妈可握着他的手教他指向帽子。又如吃东西或喝奶时，反复对宝宝说："这是勺子，这是奶瓶……"等等。

678 父母在教宝宝说话时有何作用

妈妈的儿语容易让宝宝理解语义。一般情况下，妈妈倾向于使用语义简单、单词重复性强、表达方式多样化和音调夸张的儿语来和宝宝交流感情，教宝宝说话。

儿语符合宝宝的发音特点，便于宝宝理解，容易使宝宝接受和学习。但长期只接触儿语不利于宝宝学习规范化的语言。

爸爸可以促进宝宝的语言更加规范。相对于妈妈语言的感性化和形象化，爸爸的语言更理性客观和规范；和宝宝说话时，所用的词汇也更加丰富，并且很少使用儿语。这对促进宝宝语言的规范化大有裨益。

679 如何引发宝宝说话兴趣

教宝宝说话时，父母可以带着宝宝到屋外随处转转，当宝宝对某些东西表现出浓厚兴趣，想进一步知道、了解时，父母就可以抓住时机用简洁的语言为宝宝做介绍，引导他说话。

在这一过程中，要注意观察宝宝的反应，只要宝宝在听，就可以不断地跟他说话、和他玩，语言和手势都要集中在他正在注意的东西上，不要岔开话题说其他事。而一旦宝宝表现出不耐烦，或者不感兴趣时，父母就应该停止，不要强迫宝宝继续学说话。

680 重复宝宝错误发音有何不良影响

宝宝刚学说话时，难免会有发音不准的现象，如把"吃饭"说成"七饭"，把"苹果"说成"平朵"等等。这时，父母千万不要觉得好玩有趣，就学宝宝的错误发音，逗宝宝玩。

宝宝之所以发音不准，是因为他的发音器官发育还不够完善，听觉的分辨能力和发音器官的调节能力都还比较弱。遇到这种情况，爸爸妈妈应该用正确的发音来教宝宝说话，渐渐地宝宝的发音就会正确了。

681 过多纠正宝宝语言错误有何不良影响

宝宝语言发展中出现的语言错误不同于成人的语言错误。因为：

● 它是宝宝语言学习具有创造性的表现。不犯语言错误的宝宝，其语言就不可能有较好的发展。凡错误最多的时候，就是面临语言能力飞速发展的时期。

● 宝宝的语言错误是不可避免的，成人纠正往往无效。随着宝宝语言的发展，错误会自动调整。

● 宝宝的语言错误往往是有规律的，是对某种规则的泛化。应用这些错误有许多正是宝宝掌握了某种语法规则的体现。

因此，家长对宝宝语言错误的过多地不合理纠正，不仅不会产生多大的效果，而且还会扼杀宝宝的语言创造力，破坏宝宝已经形成的有积极意义的语言系统。严重时还可能造成宝宝语言学习的心理障碍。

682 不注意倾听宝宝说话有何危害

促进宝宝语言学习的第一步就是"倾听"，因为宝宝尝试做出的任何表达和交流都是建立在你肯倾听——正确倾听的基础上。当宝宝急于表达自己时，妈妈若漫不经心地敷衍，或不耐烦地拒绝，就会严重打击宝宝说话的热情。经常如此，宝宝就会渐渐没了交流的欲望，变得不爱说话，或者以后在听别人讲话时也学着妈妈那样漫不经心。

语言是思维的工具，思维能力又是智力的核心。所以，早期语言训练是开启宝宝智能大门的钥匙，爸爸妈妈要想把自己的宝宝培养得更聪明，就要避免走进训练宝宝语言能力的各种误区。

683 怎么促进宝宝被动语言发展

以是否能说话表达为界，人们把儿童的语言分为主动语言和被动语言。主动语言是指宝宝能说话表达自己的意愿、思想，与人进行沟通。关于被动语言的解释一般有两种，一是指经过大人教一句，才说一句的语言形式；另一种是指儿童自己还不会说话，却能听懂别人讲话，具有了一定的语言理解能力。

宝宝的语言发展是通过不断地模仿、练习获得的，而被动语言的发展来自认知能力的提高。父母不妨多给宝宝提供接触不同的人、事、物的机会，从而增加生活经验，发展宝宝的认知能力，促进语言的发展。

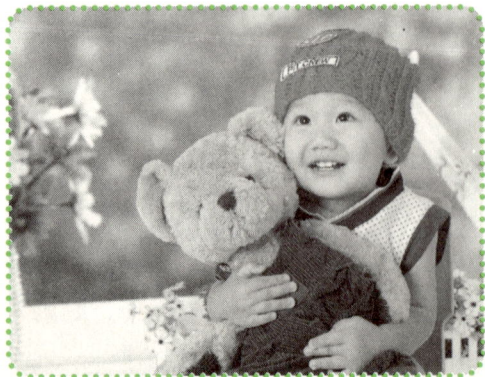

684 宝宝需要什么样的语言学习环境

宝宝学习语言，关键在于模仿，模仿源于观察与倾听，而学会听，听得准确，听得懂，然后才有条件正确地模仿。

家长要给宝宝积极创设多种多样听的环境，帮助他们发展倾听和区别周围声响的能力，训练听觉器官，加强对语言的声音结构分析。如给幼儿听录音故事，听别人讲故事，听乐器的声音、动物的声音，听后让他们想象、模仿。父母还要提供一个安全环境，让宝宝去接触、去操作他所看到的东西，幼儿会借由操作他拿到的东西，来获得更多的知识。

685 帮助宝宝积累词汇需注意哪些细节

词汇是宝宝自我表达的基础，只有积累尽可能多的词汇，宝宝以后的语言表达才会更准确，更流畅。为此，父母要善于用丰富的语言对宝宝说话，要尽可能多地给他讲述他所看到的、所听到的、所触摸到的、所感受到的一切，以此来拓展宝宝的词汇量。

给宝宝一个美好的语言环境很重要。同一个意思，可以有很多种表示方法，语言不仅是运用词汇的能力，也反映了一个人的表达习惯，甚至个性特点。

所以，父母在生活中要避免使用消极的词汇，如"笨"、"不行"、"不好"、"不能"等，要多用积极乐观的词汇。否则，不仅会增大宝宝的语言中消极词汇出现的概率，也会影响其人格的健康发展。

社交行为能力

686 宝宝能记住小朋友姓名吗

带着宝宝在外面遇到小朋友时，父母要给宝宝做个榜样，亲热并主动地和小朋友他的父母打招呼，问小朋友的姓名，介绍宝宝和小朋友互相认识。这样既给宝宝创造了好的机会，又能锻炼宝宝的主动记忆能力。10个月宝宝如果能够记住经常一起玩的小朋友的姓名，说明宝宝的记忆交流能力又有了新的进步，他在主动地有意识地想加入到同龄人中去。

687 为何不要强迫宝宝学习

父母要明白喜爱玩具是宝宝热爱生活的重要表现形式，让宝宝玩玩具，是开发其潜能和智力的不可缺少的方法。过早地强迫宝宝读书识字，进行抽象的学习，违背了婴幼儿智力发育的特点和人脑认识客观世界的固有规律，是有百害无一利的。

688 宝宝为何需要表情刺激

宝宝十个月以后，情感需求大大增强，情绪也变得复杂起来。这时，爸爸妈妈亲切的微笑、温暖的拥抱和乐观的精神状态等正面情绪，就能轻易地感染宝宝，让他觉得爸爸妈妈了解了他的需求，并且给予了他想要的回馈，从而更加愉快地和你交流。

爸爸妈妈与宝宝之间的情感交流，是父子、母子之间自然真情和亲情的流露，是父母和宝宝的心灵需要。宝宝的行为、感情的发育发展，需要爸爸妈妈细心的关怀和诱导。

所以，作为父母，除了用心养育宝宝外，更要用自己的爱心与耐心与宝宝进行情感交流，对宝宝进行早期智力开发和行为锻炼，从而培育出聪明和健康的宝宝。

作为父母，一定要重视和学会有技巧地、正确地和宝宝进行交往，从而为宝宝今后形成良好的人际关系创造一个好的开端。爸爸妈妈可以通过对视、倾听、说话、拥抱等方法，最大程度地满足宝宝最初感情交流的需要，帮助宝宝建立起安全感。

689 怎样给宝宝合适的表情刺激

当宝宝到了八九个月的时候，模仿能力已经比较强了，父母平时和宝宝相处的时候，可以适当地做一些夸张的表情，比如朝宝宝做眨眼睛、吐舌头之类的动作，并配合语言，如："宝宝，看着妈妈，妈妈在眨眼睛。""宝宝，你看，妈妈在吐舌头。"然后微笑地"表演"给宝宝看，坚持几次，你会发现宝宝也会尽其所能地来模仿你的表情，跟着你一起玩！

690 宝宝何时开始显现个性特点

宝宝长到10个月以后，就进入到婴儿期的最后阶段，这时，他们的个性特征已经开始显现：有的活泼，有的沉静；有的灵活，有的呆板；有的爱动，有的爱静……

生活中，我们经常会发现，宝宝们呈现出的不同个性。面对一件自己喜爱的玩具或食物，有的宝宝会"自私"地拒绝与别人分享，显得很霸道，别人碰一下就会哭闹；有的宝宝却会很高兴地把它递给其它小朋友或身边的成人。同样月龄的宝宝，有的看到陌生人到了陌生环境里都不会拘束害怕，而有的一遇到生人就会因恐惧而啼哭。同样友好的戏逗，有的宝宝会微笑或大笑；有的宝宝则不理不睬，面无表情。同样的环境里，有的宝宝大喊大叫，有的宝宝安静沉稳……总之每个宝宝都会有与众不同的特点。

691 家长对宝宝个性发展有何重要作用

宝宝显示出的个性倾向并不是固定不变的，因此，如何引导宝宝形成积极健康的个性，是父母们需要好好学习的课题。

1.不同个性表现要区别对待

好的行为要多加表扬，鼓励其继续保持并发扬；而不好的行为则要表示明确的不满和反对，并要以"这样做不好"、"这样别人会不喜欢宝宝的"等话来警告宝宝。

2.榜样的力量是伟大的

10个月～1岁的宝宝，模仿能力很强，身边的父母及其他亲人的一言一行都是他模仿的重要对象。所以，为了使宝宝形成良好的个性，家长一定要给宝宝树立一个好的榜样。在生活中，要以积极健康、乐观向上的态度影响自己的宝宝，在宝宝面前要注意自己的言行举止。言谈要文明，不可动辄歇斯底里，更不可恶语伤人。

692 父母为何需揣摩宝宝想法

有时候宝宝发脾气或哭闹或打人，其实在试探大人对他的态度。如果他觉得以这样的方式可以制服大人，进而满足他的需求，那么他会认定这才是实现目的的最好手段，以后关键时候就会使出这个杀手锏。

可是，有的宝宝想自己走、自己穿衣服拒绝大人的帮助，也许正期盼着父母的一句表扬，他的大喊大叫也许只是要引起大人们的注意。

所以，大人们一定要细心揣摩宝宝的内心，根据宝宝不同的想法，有时要告诉宝宝无理要求不能满足，有时又要对宝宝多加关注，多加鼓励。

生活自理能力
Sheng Huo Zi Li Neng Li

693 怎样培养宝宝条理性

有关专家指出，宝宝在 10 ～ 12 个月已经学会取东西和放东西，父母可以抓住这个肢体发育时期，锻炼宝宝的条理性。

宝宝在 10 个月大的时候，四肢发育得比较好，肢体协调也不错，他已经能快速灵活地爬到自己想去的地方，还能独自站立一段时间，也可以推着推车走几步，动手意识也很强。因此，这时的宝宝可以灵活地拿起各种东西，和随意的把东西放

下，再拿其他的东西，而且还可以把东西自由摆放玩乐。

刚开始，可能很多妈妈都没有注意到让宝宝自行"收拾"这个概念，放任自流地让宝宝随便把玩具放在地上，甚至乱扔。但如果父母能在这时候稍微注意，就可以帮助宝宝养成自己收拾东西的习惯，从而培养宝宝的条理性。

694 如何耐心引导宝宝养成条理好习惯

为宝宝的玩具准备一个箱子，告诉宝宝这个箱子就是玩具的"家"，如果宝宝不把玩具放回箱子，"无家可归"的玩具就会"哭"了。

如果宝宝喜爱自己的玩具，就会表现出紧张和担心。这时候父母应该提醒宝宝，让他尽快收拾好自己的玩具，给"玩具"一个"温暖的家"，当宝宝开始动手收拾的时候，父母还可以夸奖宝宝是个好

主人。如果宝宝依然不理睬，妈妈可以收起宝宝最喜爱的玩具，告诉宝宝玩具已经"离家出走"了，等到宝宝表现紧张并答应以后一定会收拾，才把玩具还给宝宝，并为故事编一个完美的结局。

695 如何以身作则教导宝宝收拾玩具

宝宝喜欢观察和模仿父母的行为。父母们可以根据宝宝这个特点，特意在宝宝面前收拾玩具，并尝试邀请宝宝一起加入。这时喜欢模仿的宝宝，会愿意和妈妈一起收拾玩具，妈妈也应该好好享受这个亲子过程，并且对宝宝的主动参与给予赞扬和鼓励。

如果宝宝太淘气，还是不愿意参加收拾的话，也没关系，不用太责备宝宝，否则宝宝就会厌恶收拾这种行为，因为自己总是要挨骂。但一定要让宝宝观察妈妈收拾整理玩具的行为。这样将有助于培养宝宝自己收拾东西的好习惯。

696 如何用醒目标记来增加宝宝条理性

为了使宝宝记住物品的位置，父母可以在物品上贴一些色彩鲜艳的标记，并且相对应的在柜子、书架、书桌、盒子上也贴上和物品所贴颜色相同的醒目标记，并告诉宝宝让他通过带颜色的标识来放置各种玩具及物品，这种做法有意地增强宝宝的记忆力，同时也能提高宝宝的观察力和归纳分类的能力。

如，娃娃是放在椅子上的，可以贴一张小的红色的标记在娃娃上，再贴一张红

色的标记在椅子上，一段时间后，当宝宝记住位置了，就可以更换其他物品了。

早教环境
Zao Jiao Huan Jing

697 体罚会影响宝宝心智发育吗

美国健康生活新闻网报道，体罚可能影响宝宝智商。他们认为，打得越多，宝宝心智发展越慢。这一发现源自惩戒与家庭暴力专家默里·施特劳斯与同事的跟踪调查。

两人调查美国806名2～4岁儿童与704名5～9岁儿童的智力测试分数，4年后经二次测试发现，前一个年龄组中未遭体罚过的儿童智商平均得分比经常挨打者高5分；后一组内这一差距为2.8分。

"这与家长打宝宝次数也有关系，"施特劳斯说，"打得越多，宝宝心智发展越慢。哪怕是打得很少也有影响。"

"你如果打宝宝，就等于告诉他们这是一种处理问题的方法，"布里格斯说，"但如果你使用其他管教方法，就能教授宝宝更高级的认知技巧、自制力、因果以及逻辑思维能力。"

698 环境是如何影响宝宝智力发育的

人的生活环境和学习工作环境，包括社会环境和自然环境。人的心理和智能发展，主要受社会环境影响，包括周围的人物、场所、风俗和社会制度、人际关系、经济生活、文化教育等。有关专家还通过

实验研究，将一部分双胞胎分开，放在不同的环境中进行培养。结果，这些双胞胎儿童的智力发育的相似程度，远远不如与他们生活在同一环境中的非双胞胎儿童。古人说"近朱者赤，近墨者黑"。国外有位心理学家甚至说"我可以按照不同的要求，用不同的方法把一群健全的儿童随意培养成医生、律师，或者乞丐、盗贼"。这说明，在肯定遗传因素的前提下，环境因素对一个人的成长、智力发育和学习确实起着潜移默化的作用。

699 少言寡语也会影响宝宝智力吗

大脑中有专司语言的叶区，经常说话也会促进大脑的发育和锻炼大脑的功能。

● 让宝宝观赏花草、听音乐、逛公园、动手做家务，有利于开启宝宝的心智。

● 看电视大奖赛、戏曲或智力比赛、浏览报刊、集体旅游、参加演唱会、演讲会及辩论会等，可培养宝宝观察、欣赏、鉴别及语言表达能力。

● 集邮、摄影、下棋、收藏、插花、剪报、饲养小动物等，可以磨炼宝宝的耐心和鼓励开动脑筋。

● 吟诗、作画、木刻、石雕、泥塑、演奏乐器、练武术、踢足球、搞小发明及航模等，可培养宝宝的求知欲、应急能力和创造精神。

700 溺水对小儿智力有影响吗

溺水是小宝宝常见的意外事故。儿童溺水后会出现寒战、体温降低、双眼充血

发红、面部浮肿、四肢冰冷、发青，严重时会呼吸暂停，呛咳、呕吐严重可出现将水分再次吸入呼吸道，引起窒息、紫绀，逐渐意识丧失，进入昏迷，心跳先快后慢，血压下降。由于窒息、缺氧引起脑水肿，可出现头痛、呕吐、谵妄、狂躁，最终记忆力减退、丧失，对小儿智力有明显影响。

溺水儿童常因窒息致死，所以对溺水儿童的抢救要分秒必争。先将溺水儿童抢救到岸边，抢救人员用双手托住宝宝的腰部并高举过头，让宝宝脸朝地面、头脚下垂，使呛在呼吸道中的水分流出，同时不时地颠颤双臂，一方面促进水分流出；另一方面起到人工呼吸的作用。也可将宝宝俯面扛在肩上，头脚下垂，来回跑动，促进水分流出和帮助呼吸。如果情况仍不好转要进行人工呼吸，心脏按压，针刺人中、合谷、内关等穴位。现场急救有效后，立即将宝宝送往医院进一步抢救，观察呼吸、心跳、血压，给氧或用呼吸机纠正缺氧，治疗肺水肿和脑水肿，减轻对脑细胞的损害。

701 触电和雷击会影响小儿智力吗

电流对人体的损伤主要表现为全身反应和局部灼伤。人体瞬间接触电压低、电流小的电源时，出现头晕、心悸、惊恐、面色苍白、表情呆滞甚至昏倒等情况，这种现象称为全身反应。一旦触电时间稍长或接触到高压电时，宝宝很快就会出现心律不齐、血压下降、昏迷。此时，若不能及时脱离电源，会很快发生电休克、持续

抽筋、呼吸不规则，甚至呼吸停止、心律失常，最后心跳停止而死亡。触高压电和雷击可抑制呼吸中枢，导致脑细胞严重缺氧、坏死，由此影响宝宝的智力发育。局部灼伤见于电源接触部位，面积大小不等。

发现宝宝触电时应立即抢救。为尽快使触电宝宝脱离电源，可用身边不导电物体，如干燥的棍、竹竿来挑开电线，然后关闭电闸。切不可用手直接去拉或推触电者，也不能用潮湿的或导电物去挑开电线，以防止自身触电。如果呼吸、心跳停止应在人工呼吸的同时行心外按压。情况稍好转应送到附近医院抢救，加压给氧，用人工呼吸器代替呼吸，纠正缺氧，同时应快速使心脏复跳。呼吸、心跳恢复后仍要密切观察，防止再次发生心脏停搏，维持血压，头部降温，使用脱水剂防止脑水肿。局部灼伤按烧伤处理。

702 宝宝发烧会影响智力吗

发烧是小儿患病时常见的症状。宝宝发烧时，不少家长生怕"烧坏"宝宝的大脑，影响宝宝的智力，常常急于给宝宝

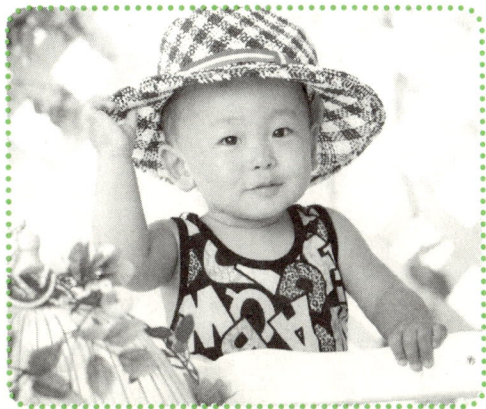

用解热药。一般情况下，宝宝发生高烧抽搐时，如果处理得当，不会造成宝宝的大脑损伤，只有极少数宝宝由于抽搐过久而有缺氧，才有可能造成脑部的损伤，日后影响智力。另外，由于引起发烧的原因很多，某些疾病本身就有可能侵犯脑部，如脑炎、脑膜炎等，直接引起脑部病变。对于一般发烧的宝宝，不宜急于解热，主要应针对物质代谢的加强和大汗脱水等情况，予以补充足够的营养物质、维生素和水。若急于盲目解热，有可能掩盖病情，延误原发病的诊断和治疗。

小孩一般体温都比大人要高，因此，在 39℃ 以内不算高热，39℃ 以上要及时治疗，并采取降温措施以防对智力有影响。39℃ 内的低热，虽然不影响智力，但也应该及时治疗。

703 麻醉药会影响宝宝的智力吗

有关专家指出：只要麻醉过程操作正确，药物用量准确，手术麻醉不会影响宝宝的智力。外科手术所用的麻醉药品，无论是吸入性麻醉药，还是静脉点滴的麻醉

药，都是通过进入血液，待血液中达到一定浓度，选择性地抑制大脑皮层与神经末梢的联络通路，产生麻醉镇痛作用。一般不会影响呼吸及循环功能，更不会引起脑缺氧。在麻醉过程中，虽然患儿有时会暂时失去意识，但麻醉过后会立即清醒，如同睡觉醒一样，对智力不会产生影响。再者，为了防止手术麻醉过深而抑制呼吸，导致脑缺氧，麻醉科医生会严密监测，不断调节麻醉深度，并配合吸氧，从而使患儿的麻醉深度始终维持在既有利于手术，又不造成脑缺氧损害的水平。对于手术后麻醉清醒过程中出现的暂时性精神恍惚或嗜睡现象，都是一些正常反应。

704 如何引导宝宝有效用脑

一要引导宝宝聚精会神。勤用脑不是胡思乱想，用脑学习时要聚精会神，把思路集中在学习范围之内，排除无关杂念。这样才不会损伤大脑功能。古人认为：用脑时"戒杂，杂则分，分则劳"，只有专心致志，才能"用而不劳"。

二是激发宝宝的学习兴趣。浓厚的兴趣能给宝宝的学习带来一种良好的心理状态。每当宝宝们面对五彩缤纷的知识世界时，他们大脑的活动就会灵活异常，产生各种与学习内容有关的联想，从而提高大脑的创造性。

三是提倡宝宝学习时五官、五体并用。大脑与身体是一个整体，可以互相促进。宝宝们好动，"动"也是促进大脑功能活跃的一种方式。学习知识虽然以用脑

为主，但眼看、耳听、口诵，甚至手舞足蹈，都能令大脑接受更多的信息和刺激。因此，家长对宝宝进行用脑诱导时，应有意识地让宝宝多听、多读、多写、多提问，做作业时不要强迫他们保持单一的姿势，不要刻意追求安静的氛围。

705 宝宝越淘气就越聪明吗

每个宝宝都淘气，只是程度不一而已。淘气宝宝那些看似不听话的举动常惹火父母，但这正是宝宝聪明的表现，此时的父母一定要走出"听话教育"的误区。

常言道："淘气的男孩是好的，淘气的女孩是巧的。"过分听话的宝宝往往是缺乏独立性的表现，很多父母会认为宝宝学习成绩好、听话守纪律才是聪明，因此忽略了对宝宝的创造力及其潜能的开发与培养。顽皮是宝宝的天性，是任何一个宝宝生理、心理发展到一定程度出现的必然现象。顽皮的宝宝往往比较聪明，有个人主见，意志比较坚强，父母只要善于引导，顽皮的宝宝更有可能成为一个极具创造力的人。

706 宝宝为什么会淘气

宝宝淘气是有原因的，常见的原因有以下几种：

1.下意识的淘气行为

- 幼儿期的宝宝不会辨别是非。他们以为一切的东西都属于自己，所以，有两个以上幼儿存在的地方，如果有玩具，抢玩具的情况一定会非常"惨烈"。

- 不了解别人的思想、感觉，对大人叮嘱及道理根本听不懂。

- 活在自己的想象世界中，把一些自己向往的事情编造出来，在大人眼中，难免认为宝宝在说谎。

- 认知能力不足，故常有固执的行为发生。例如宝宝会固执地认为穿鞋子一定先穿左脚然后再穿右脚，一旦不符合规则他便会要求重新开始。这种不明事理的情形会在5岁左右消失。

2.好奇心驱使的淘气行为

在很强的好奇心的驱使下，宝宝往往爱到处乱跑，到处动手摸；对什么问题都爱问"为什么？"看到同伴有些"新奇"的举动，也爱偷偷模仿。这些行为很多被父母认为是捣蛋行为。

3.恶作剧式的淘气行为

有些宝宝发现，他可以从一些捣蛋、恶作剧的行为中获得"整人"的乐趣。如，有些宝宝会拿橡胶蛇放到姐姐桌上，吓得姐姐哇哇叫，他则在旁边乐不可支。

4.挑战成人权威的淘气行为

当父母不在身边时，宝宝常喜欢用一些新点子和调皮捣蛋的做法，显示自己比"大人"强。他可能将一个一个汽车模型用强力胶黏在一起，自制了火车，也可能将你心爱的大衣或外套拿出来，架成一顶露营帐篷。此时加以严厉处罚，很可能扼杀宝宝的独立思考能力。

5.不正确教育方法引发的淘气行为

有的父母过于顺从宝宝，宝宝自然会把父母的话当做耳旁风而不加理睬。还有的父母对宝宝要求过高，并且违背宝宝的兴趣和愿望，宝宝不愿意照着做也属事出有因。

707 如何正确引导淘气宝宝

既然顽皮是宝宝的天性，父母也了解宝宝淘气的原因所在，那么父母应该如果引导淘气的宝宝成为真正的聪明人呢？有以下三点建议以供参考：

1.让宝宝在想象中发挥创造力

宝宝小时候喜欢到处涂抹画画，或爱无中生有，将向往的事栩栩如生描述出来，就是想象与创造力的萌芽。做父母的要容许宝宝天花乱坠地想一想，这时和他谈谈，分享他的内心世界，也是很奇妙好玩的事。对于爱涂鸦的宝宝，不要禁止，也不要对宝宝的涂鸦做不必要的批评如"这哪里像狗？""大笨象哪有紫色的？"等等。要训练宝宝创作，就请他把自己心目中的树、屋、花、草画出来，不必规定花就是如实物般的样子。

2.让宝宝充分思考

大脑不活动，不思考，就会"生锈"。所以绝对不能让脑袋荒废，要培养宝宝有思考力，就要让他们多想。能独立思考，才能自己处理事情，判断是非。因此，父母不要抱怨宝宝犯错误，因为宝宝可以在错误中思考及学习，锻炼和提高思考能力。

3.让宝宝从错误中成长

父母不要介意自己的宝宝常常犯错误惹自己生气，也不要埋怨宝宝顽皮，浪费自己的时间。其实，宝宝多碰钉，多尝试，才有更多的学习机会。宝宝在碰钉子后得到父母的启发，才是真正的"吃一堑长一智"。

708 怎样让淘气宝宝变得更聪明

想让宝宝由淘气变聪明，父母除了要有正确的态度以外，还要在行为上给宝宝以支持：

1.给予改过机会

父母接纳宝宝已犯的错误，注重事后的辅导，是十分重要的。给予宝宝改过的机会，才能从改过的过程中领悟出道理；

2.与宝宝共同承担责任

替宝宝负担一小部分责任，可以减轻他们的心理负担，同时有助于他们反省。父母对宝宝进行教育的目的只在于给他们认错、思考、吸取教训的机会。

3.注意培养和发展宝宝的智能

一架漂亮的玩具车到了小宝宝的手中，不到半小时，可能变成一堆支离破碎的小零件。这时，父母不必动怒教训宝宝。事实上，宝宝受好奇心的驱使，希望知道玩具的"真相"而已。对于宝宝这种"破坏"行为，父母只要适当指导并从旁协助宝宝在破坏后重新组合玩具，使他在了解内部构造后，才能增进了智能的发展。

709 父母如何陪宝宝一起玩玩具

父母要适当地抽时间和宝宝一起玩玩具，用平等友好的语气与宝宝交流，不要用冷淡的语言或手势搪塞宝贝，更不能借口没时间将宝宝丢给玩具去"照料"。那么，父母如何陪宝宝一起玩玩具呢？

1.给宝宝提供探索机会

在陪宝宝玩玩具时，要给他提供探索的机会，而不是一味地为包办代替。即便宝宝在玩玩具过程中操作出现明显错误，也不要轻易地打断宝宝的行为，可以让宝贝在错误中学习，并对宝贝付出的努力与尝试及时给予鼓励与赞扬。

2.鼓励宝宝表述他的感受与要求

父母陪宝宝玩玩具时，可以帮助宝宝用语言把感官上的感觉准确地描述出来，如手中的玩具看起来（听起来、闻起来、摸起来）怎么样？宝贝手中的玩具是光滑的、尖尖的、香香的还是毛绒绒的？

父母可以和宝宝一起玩木偶游戏、表演小戏剧或玩过家家等，宝宝会在这些游戏过程中学会处于别人的位置体验不同角色的感受。

710 男女宝宝的智力有什么不同

许多家长都认为男孩比女孩聪明，或者说小时候女孩可能比男孩聪明，但长大女孩在许多方面都不如男孩。对此，许多专家进行了反复研究讨论，认为虽然男女儿童在身体结构、体质等方面有一定的差异但性别的差异并不影响人的智力的高低，就整体而言，智力在男女儿童之间并不存在差异。

人的智力活动的物质基础，也就是大脑结构与其机能，它们在男女之间都是相同的，既然进行智力活动的物质基础是相同的，男女之间的智力也就不会有必然的明显差异。但却会在某些方面有不同的特点，主要表现在以下几个方面：

1.男孩、女孩智力分布情况稍有差异

从整体上看，在男孩群体中不同的智力水平悬殊较大，而女性智力比较平均。

2.在智力活动的某些方面，男女儿童各有所长

一般来说女孩的触觉、痛觉及听觉分辨能力比较敏锐，尤其是手指尖的感觉发展较快，精细的动作发展会较早，而男孩则擅长于视觉分辨及视觉空间能力。女孩的语言表达能力常优于男孩，词汇比较丰富，语言缺陷较少，口吃患者以男孩多见，而男孩在判断推理能力以及摆弄拆装物体的能力常胜于女孩。另外，女孩的形象思维比较好，考虑问题周到、细致，男孩表现为抽象思维和创造思维较强。

3.男女儿童之间存在特殊才能的差异

一般来说，女孩表演才能占优势，而男孩操作和运动方面的才能占优势。

1～2岁宝宝

1～2岁宝宝发育水平表格

月龄	大运动	精细动作	适应能力	语言表达	社交行为
13～15个月宝宝	☆独走自如，用力推物走，爬阶梯	☆自发乱画，从瓶中拿到小球，喜欢把东西拿出（抽屉），弯曲手臂丢东西，能在小棍上插东西	☆捏蜡笔信手涂鸦，会认识形状、颜色、声音的差异，翻书两次，盖上圆盖	☆发da-da、ma-ma音，但无所指，会改变声音的高低、强弱	☆理解成人要求，会指眼、耳、鼻、口、手，会发叠音，说简单的句子
16～18个月宝宝	☆跑步（约3米），爬坡，会溜滑梯，摇摆身体，扔球无方向	☆敲打物体、由上方大把握汤匙、模仿画道道	☆会玩形状箱、正放圆积木入型板、随音乐节奏摆动身体、积木搭高4块	☆懂得三个投向、说十个字、知道物品都有名称	☆白天会控制大小便，无故发脾气，开拉门，喜欢模仿大人的动作、会脱内裤、用汤匙吃东西
19～21个月宝宝	☆踮脚尖走、扶墙上楼、拉单杠、拖重物行走	☆控制手腕（如倒米）、端托盘、硬质绳穿过扣眼、三指捏物、扣毛毡扣	☆倒放圆积木入型板、积木搭高7～8块	☆回答简单问题 说3～5个字句子，能理解大人说的话和行动的含义	☆开口表示个人需要，对动物感兴趣，把相同的餐具叠在一起、会浇花，能等待用餐，会洗手
22～24个月宝宝	☆双脚跳离地面掷球，踢球，四肢着地前进	☆手指、手腕灵活运动（如拼图、贴贴纸）、穿扣后拉过线，使用夹子夹物，插牙签。	☆一页页翻书，式样板放准3块，会画线条（蜡笔），能辨别各种味觉和嗅觉	☆说两句以上儿歌，问"这是什么"，喜欢听故事	☆说常见物用途，模仿年长同伴的动作，会自己穿鞋，会用毛巾擦手，会解扣子，会扣一个扣子

营养发育
Ying Yang Fa Yu

711 常吃果冻会影响智力吗

五颜六色的糖果、色彩缤纷的果冻很惹宝宝喜爱，但长期摄入人工色素会损害儿童的智力。英国最新研究显示，令食品颜色变得鲜艳的人工色素对宝宝的危害程度不亚于含铅汽油，人工色素除了会导致多动症等行为障碍外，长期摄入柠檬黄、日落黄等 6 种人工色素还会损害儿童的智力，严重时会令其智商值下降 5.5 分。

712 哪些食物会损害宝宝大脑影响智力

● **爆米花、松花蛋**：爆米花在制作过程中，容易沾染到制作仪器中的铅，而铅是具有神经毒性的重金属元素，进入血液后，可引起机体代谢过程的障碍，损害神经系统，还可使中枢神经系统乙酰胆碱释放减少，从而造成学习困难和智力低下。

● **油条、粉丝、油饼、糕点、面包及饼干等**：油条是由天然明矾和小苏打混合后加入面粉中制成的，成品中的含铝量较高。人体摄铝过多，会造成神经质传导阻滞，引起记忆力衰退、痴呆、智力发育障碍等症状。

● **煎炸食品、熏制食品如熏肉、烧鸭、烧鹅等**：炸过的食物在经放置之后，不久后就会生成过氧脂质，过氧脂质进入人体后，会对人体内的酸系统以及维生素等产生极大破坏作用，从而造成大脑早衰和痴呆。

● **味精**：味精的主要成分为谷氨酸钠，在消化过程中能分解出谷氨酸，一旦过高就会转变成一种抑制性神经递质。当宝宝吃了过量味精后，还容易导致体内缺锌。

713 哪些食物能增强宝宝智力

能激发创造力的食品：生姜中含有姜辣素和挥发油，能够使人体内血液得到稀释，流动更加畅通，从而向大脑提供更多的营养物质和氧气，有助于激发人的想象力和创造力。

能增强记忆力的食物：黄豆含有丰富的卵磷脂，能在人体内释放乙酸胆碱，是脑神经细胞间传递信息的桥梁，对增强记忆力大有裨益。

常吃胡萝卜有助于加强大脑的新陈代谢。菠萝含有很多维生素 C 和微量元素，且热量小，有助于提高记忆力。

能提高灵敏度的食物：核桃含有较多的优质蛋白质和脂肪酸，对脑细胞生长有益。栗子含有丰富的卵磷脂、蛋白质和锌，有助于提高思维的灵敏性。

能集中精力的食物：洋葱能稀释血液，改善大脑的血液供应，从而消除心理疲劳和过度紧张。每天吃半个洋葱可收到良好的效果。

能提高分析能力的食物：花生含有人体所必需的氨基酸，可防止过早衰老和提高智力，促进脑细胞的新陈代谢，保护血管，防止脑功能衰退。

能促进睡眠的食物：小米有显著的催眠效果，若睡前半小时适量进食小米粥，可帮助入睡。

能提高效率的食物：糖能顺利地通过大脑的各道屏障进入脑组织而被吸收，可提高人的学习和工作效率。

714 肥胖对宝宝智力有影响吗

"胖"并不意味着身体"结实健康"，太胖反而会增加疾病危险。据中国医促会专家介绍，儿童肥胖导致的不良后果直接表现在：智力降低，动手操作能力和运动协调性差、性格孤僻、缺乏自信心，影响青少年正常的心理发育。

医学研究证明，肥胖和糖尿病、高血压、高脂血症、动脉粥样硬化等多种疾病有关系，这些疾病又被统称为"代谢综合征"。北京大学青少年卫生研究所副所长马军指出：虽然在青少年时期，代谢综合

征的表现一般并不严重，但是儿童时期的肥胖，可以使发生代谢综合征的各种危险因素聚集，给他们成人以后的健康带来不良后果。

肥胖青少年慢性疾病的发病率也显著上升，呈现低龄化趋势。一项调查显示，超重和肥胖的 15 ~ 17 岁少年代谢综合征的患病率比正常少年分别高 10 ~ 20 倍。依据最新发布的"中国学龄儿童少年营养与健康状况调查报告"推测目前在我国学龄儿童少年中糖尿病患者达 59 万人，空腹血糖异常者达 70 万人，血脂异常者达 563 万人，高血压患者达 1790 万人。

715 长期饱食也会影响宝宝智力吗

现代营养学研究发现，进食过饱后，大脑中被称为"纤维芽细胞生长因子"的物质会明显增多。这些纤维芽细胞生长因子能使毛细血管内皮细胞和脂肪增多，促使动脉粥样硬化发生。如果长期饱食的话，势必导致脑动脉硬化，出现大脑早衰和智力减退等现象。

716 不吃早餐也会影响宝宝智力吗

不吃早餐使人的血糖低于正常供给，对大脑的营养供应不足，久之对大脑有害。此外，早餐质量与智力发展也有密切联系。据研究，一般吃高蛋白早餐的儿童在课堂上的最佳思维普遍相对延长，而食素的儿童情绪和精力下降相对较快。

营养师说，香肠、火腿、芝士、牛肉等薄饼料，大都含有盐分，不宜常吃。营

养专家介绍，科学的宝宝早餐应该由三部分组成，蛋白质、脂肪和碳水化合物。比如，早餐如果只是喝牛奶吃鸡蛋是不够的，还要有提供热量的淀粉类食品，再吃几片面包营养就全面了。

717 甜食过量如何影响宝宝智力

儿童脑部的发育离不开食物中充足的蛋白质和维生素，而甜食会损害胃口，降低食欲，减少对高蛋白和多种维生素的摄入，导致机体营养不良，从而影响大脑发育。

甜食还容易引起龋齿，甜食形成的酸性物质会破坏牙齿表面的釉质，而其中的某些细菌又会使牙齿中的蛋白质溶解形成龋洞。

机体需要消耗大量的维生素 B_1 对糖进行氧化，造成含维生素 B_1 的食物供应不足，最终影响宝宝中枢神经的活动，使宝宝精神烦躁，出现精力不集中、情绪不稳定、爱哭闹、好发脾气等症状。

食入过多的糖和碳水化合物，人体内的代谢过程中就会产生大量的中间产物如丙酮酸，由于酸碱中和作用，宝宝体内的钙质会减少，会使宝宝的骨骼因为脱钙而

出现骨质疏松，使宝宝眼球弹力减弱，容易使宝宝患近视眼或者加重宝宝近视的程度。还有可能出现肌肉硬化、血管平滑肌收缩、调节血压的机制紊乱等症状。

研究证明，过多甜食对睡眠有不良的影响，还会降低人体的免疫力，引发许多潜在的内分泌疾病。

718 厌食对宝宝智力有影响吗

饮食不仅与宝宝身体发育有关，与智力发展也密切相关。食欲障碍是有碍于智力发展的因素之一。由于厌食会引起宝宝营养不足，导致身体及智力发育不良。父母应尽量避免对小儿急性精神刺激。如果为了断奶或工作需要，应提前给宝宝一个过渡期，让他与护理人员多接触，建立良好的关系，同时母亲也应尽量腾出时间关心宝宝，防止小儿精神性厌食发生。同时应正确育儿，少吃零食，养成定时吃饭的习惯，不要强迫进食，以免增加小儿反感，加重厌食。

719 宝宝营养不良分几种

Ⅰ度营养不良 15%～25%，腹部皮下脂肪减少，厚度 0.4～0.8 厘米，肌肉松弛，面色正常或稍发白，一般情况好。

Ⅱ度营养不良 26%～40%，腹部皮下脂肪近消失，厚度 <0.4 厘米，皮肤弹性差，面色苍白，抑郁不安，食欲下降。

Ⅲ度营养不良 >40%，肌肉明显松弛，腹部皮下脂肪消失。肌肉消瘦或萎缩，精神萎靡，反应低下，烦躁不安，晚期高度

抑制，拒食。

720 维生素 B₁ 缺乏症有何表现

干性脚气病：食欲不振、烦躁、全身无力、下肢沉重、四肢末端感觉麻木。肌肉酸痛，压有痛感，其中以小腿肚的腓肠肌最明显，上、下肢肌无力，出现手、足下垂，严重者出现肌肉萎缩、麻木，膝反射降低或消失，常表现为对称性。婴幼儿还可引起声音嘶哑和失音。

湿性脚气病：表现为浮肿，多见于足踝，严重者整个下肢水肿。同时出现活动后心悸、气短，并有右心室扩大，常可导致心力衰竭。

婴儿型脚气病（脑型）：食欲不佳、呕吐、呼吸急促、面色苍白、心率快甚至突然死亡。

721 维生素 B₁ 缺乏症的原因有哪些

维生素 B₁ 缺乏症又名脚气病，以消化、神经、循环系统症状为主要表现。母乳喂养的宝宝常见病因是母亲饮食缺乏维生素 B₁。较大宝宝饮食长期以精制米为主食，不及时加粗粮，做饭时淘米次数过多，蔬菜被切开并浸泡过长时间，煮豆类加放过多的碱，都会使食物中的维生素 B₁ 流失失，造成 B₁ 缺乏。另外，一些生理原因如患腹泻、呕吐等病阻碍维生素 B₁ 吸收。有些宝宝长期发热，感染，代谢旺盛，对维生素 B₁ 需要量增加，如不及时添加富含维生素 B₁ 的食物，也可造成维生素 B₁ 缺乏。

722 维生素 B₁ 缺乏症有何对策

● 了解宝宝每天应该摄取多少维生素 B₁：正常宝贝的需要量为 0.4 毫克。

● 让宝宝多吃含维生素 B₁ 的食物。维生素 B₁ 存在于谷类，豆类，坚果，猪肉，动物肝脏等。

● 不要让宝宝长期吃精米和面，最好适当掺杂一些杂粮和粗粮，因为维生素 B₁ 多存在于谷类的外皮和胚芽中。

● 做饭的时候，特别是煮粥时不要加碱，否则会破坏维生素 B₁。

723 维生素 B₆ 缺乏病及依赖病有何表现

1 岁以内宝宝维生素 B₆ 缺乏病的主要表现为全身抽搐，还会导致智力迟钝。同时还伴有胃肠道症状如呕吐、腹泻等。除了这些症状外，还有末梢神经炎、皮炎及贫血等表现。幼儿缺乏维生素 B₆，会出现性情烦躁、肌肉抽搐和惊厥；呕吐、腹痛，以及体重下降等。婴儿长期维生素 B₆ 缺乏，还会造成体重停止增长，低血色素性贫血。

维生素 B₆ 依赖综合征在婴儿出生后 3 小时至 2 周即可发生抽搐，同时还可出现贫血等表现。

724 维生素 B₆ 缺乏病及依赖病的原因有哪些

维生素 B₆ 是一种水溶性维生素，遇光或碱易破坏，不耐高温。维生素 B₆ 广泛存在于动、植物中，其中肉、肝、肾、

全麦、花生以及大豆中含量为高。人奶、牛奶及谷类食物中都含有适当于人体需要的维生素 B_6。维生素 B_6 缺乏主要是由于食物烹调不当或品种过于单调所致，另外吸收不良也可致维生素 B_6 缺乏。

维生素 B_6 依赖综合征是一种先天代谢酶——犬尿氨酸酶的结构及功能缺陷，此时维生素 B_6 的需要量是正常宝宝所需的 $5 \sim 10$ 倍，极易出现维生素 B_6 缺乏。

725 维生素 B_6 缺乏病及依赖病有何对策

预防维生素 B_6 缺乏主要措施是注意食物平衡，常食用高蛋白食物时，应适当加维生素 B_6，另外还要注意食物的烹调方法，加热时间不宜太长，避免反复煮沸，以免影响维生素 B_6 的有效价值。当宝宝出现反复抽搐、贫血、慢性腹泻时，应及时到医院就诊，诊断明确后应及早进行治疗，补充维生素 B_6，减少抽搐发生，以减轻对宝宝智力的影响。

726 维生素 B_{12} 缺乏的表现如何

维生素 B_{12} 是红细胞生成不可缺少的物质，维生素 B_{12} 缺乏时红细胞生成速度减慢，同时巨幼红细胞在骨髓中易被破坏，进入外周血中寿命也较短，因而引起贫血。维生素 B_{12} 缺乏所致的营养性巨幼细胞性贫血，就是维生素 B_{12} 缺乏所致的贫血，血中红细胞较正常红细胞大，骨髓检查幼稚红细胞也比正常的幼稚红细胞大。

维生素 B_{12} 缺乏所致的贫血在婴幼儿多见，急性感染常为诱因。病儿可出现面色蜡黄、疲倦无力、头发细黄干燥、颜面轻度浮肿、厌食、恶心、呕吐等症状。病儿还可出现表情呆滞、嗜睡、对外界反应迟钝、少哭、少笑、哭时泪少、不出汗、智力及动作发育落后甚至倒退。还经常出现头部、肢体或全身颤抖等精神、神经症状。重病患儿可出现心脏扩大、心功能不全。

727 维生素 B_{12} 缺乏的原因有哪些

引起体内维生素 B_{12} 缺乏的原因有以下几种：从食物中所摄入的维生素 B_{12} 量少；慢性腹泻、局限性肠炎、手术切除回肠等肠道疾病引起的维生素 B_{12} 吸收不良；肝脏疾病影响维生素 B_{12} 贮存；宝宝生长发育快，维生素 B_{12} 需要量增大，而补充不足；严重感染（如肝炎）时维生素 B_{12} 消耗增加。

728 维生素 B_{12} 缺乏有何对策

维生素 B_{12} 缺乏所导致的贫血精神、神经症状较重，父母应积极加以预防。母乳喂养的母亲要多食动物食品如肉类、肝、肾、海产品及禽蛋类等含维生素B12较多的食品；大点的宝宝可添加上述辅食；及时治疗腹泻及肝脏疾病；预防感染，有感染的宝宝要补充维生素B12。如果宝宝出现贫血，确诊为维生素B12缺乏引起，可以肌注维生素B12，到血象恢复正常为止。同时注意防止感染，补充营养，恢复期应补充铁剂，防止铁缺乏。

729 维生素C缺乏有何表现

　　维生素C主要分布在肾上腺和脑垂体，参与多巴胺的合成，并进一步形成肾上腺素。多巴胺和肾上腺素是使大脑兴奋的化学物质，所以缺少维生素C的人会表现得抑郁或不能面对压力。维生素C具有很强的抗氧化作用，可以保护维生素E，增加铁的吸收。维生素C不足时，宝宝容易感冒，感染和流血。严重缺少维生素C时，"坏胆固醇"会升高而且氧化，呈现坏血症。维生素C在造血、保护血管、促进脑发育方面的作用突出。若摄取不足，首先出现的是食量减少，贫血，牙龈、鼻黏膜及皮肤出血等症状。对宝宝的智商也有不利影响，其发育较同龄儿童落后。

730 维生素C缺乏有何对策

　　维生素C大量存在于新鲜的生果和生菜中，新鲜的生肉也含有维生素C。有机食物中的维生素C含量比普通食物丰富。维生素C很不稳定，加热烹调就易

破坏其有效性，因此常见的熟食和包装食物中几乎没有什么维生素C。维生素C在体内的保存时间很短，大约只有2个小时，它可以在水中就消融，随着尿液流失。因此，宝宝应当多吃有机水果，醒着的时候最好每隔2小时一次，至少不低于4次。维生素C补充剂非常安全，宝宝可以根据体重比例调节。补充维生素C的同时，最好补充生物类黄酮，也叫维生素P。生物类黄酮可以帮助维生素C吸收，防止维生素C氧化。

731 如何合理给宝宝补钙

　　合理膳食能为宝宝提供大量的钙。进食牛奶或乳制品的确是钙质最好的来源，每天最好饮奶400毫升；同时注意给宝宝安排骨头汤、小虾皮、鱼类等富钙食物；豆类和种子食物也有丰富的钙质，像黄豆、芝麻、莲子、红枣、黑枣、葡萄干和枸杞子，都能给宝宝提供钙质。

　　补钙最安全、最好方法是让宝宝晒晒太阳。一周3次，每次晒10～15分钟，就能获得所需要的维生素D进而促进钙的吸收，而维生素D在食物中含量很少。

认知能力
Ren Zhi Neng Li

732 宝宝为何喜欢重复听一个故事

很多宝宝都喜欢不停地让父母重复讲同一个故事，这一行为在有些父母看来是无意义的重复，而事实上，对宝宝来说，重复做一件事情，反复听一个故事，是一个不断深化学习的过程，对其心智成长过程具有非常重要的意义。

宝宝听一个故事的过程实际上是这样的：听妈妈讲第一遍时产生好感，第二遍开始听情节，第三遍听细节，第四遍听语言，第五遍体会人物角色心理，第六遍，第七遍……每反复听一次，宝宝都会有新的收获。等宝宝对一个故事充分熟悉了，智能才会在此基础上稳定发展，并展开想象的翅膀去联想、去创造。

蒙台梭利曾说过："如果反复进行练习，就会完善儿童的心理感觉过程。""反复练习是儿童的智力体操。"

733 重复讲同一个故事父母如何做

父母需要把同一个故事的重复变得有趣一些，比如可以用不同的语气，不同的音调，进行不一样的表演。还可以引导宝宝在每一次重复中发现新的东西，比如画面上以前不曾注意过的细节。

在熟悉老故事的同时，父母也可以尝试给宝宝介绍新的故事，新故事有与老故事同样的角色，或者同样的作者、同样的插图，能让宝宝更容易接受。父母也可以

带宝宝去图书馆，让他自己挑一些感兴趣的书。如果宝宝对父母推荐的新故事不感兴趣，父母也不必担心，尽可能满足宝宝的要求重复老故事就好了，因为宝宝的学习需要不断地重复。

734 怎么样给宝宝选择图书

给1岁左右的宝宝讲故事的目的就是让宝宝和书做朋友、培养宝宝对书和阅读

的兴趣。因此，对于1岁之前的宝宝来说，书就是小巧、坚硬、安全、方便拿和咬的玩具。

种类： 洗澡书、布书、玩偶书、硬壳书等都比较适合。

内容： 以图画为主，色彩尽量鲜艳明亮。

尺寸： 最好是轻薄短小型的书，可以让宝宝自己拿、自己翻页。

品质： 选购没有添加荧光色系的印刷品，最好经得起抓、拿、咬、啃、压、挤而不变形。

735 宝宝为何总爱啃、撕、丢书

父母会发现宝宝很多时候拿到书并不是正式地看书，而更喜欢把书放嘴里乱啃一通，或者干脆一页页地撕书，然后把书扔得满地都是，还表现得乐此不疲。专家认为，所有1岁宝宝在发育过程中都需

要必要感官刺激，因此宝宝才会将看得到并且能够拿得到的东西放到嘴里撕咬，对此，父母要顺其自然地接受，而不是强硬地禁止。

当然，对于宝宝的撕书咬书问题，父母也需要做好准备。例如选择品质合格的、专门设计给宝宝咬的、可以重复清洗玩具书。流口水是这个年龄段的宝宝常见的生理现象，撕咬书还可以帮助排出口腔内的病菌。所以，只要经常清洗图书，父母不必太忧虑卫生问题。

另外，丢东西也是训练大小肌肉的一个好办法，如果宝宝喜欢把书当球丢，家长更加不需要担心，也不要误会这是宝宝不爱读书的表现。

736 识字是早教的唯一重要因素吗

联合国儿童基金会对早期教育作了这样的描述："早期刺激可以看成是早期教育的一个组成部分。对于0～3岁的儿童，它更具有生理学——心理学色彩。它是通过节律感（声音、音乐、颜色形状变换、运动物体、时间间隔）、语言、触觉、动作运动的安排等方式进行的。在儿童早期刺激训练中，玩具起着极其重要的作用。"由此可见，识字并不是儿童早期教育的唯一重要因素。

737 宝宝的思维何时萌芽

思维是人对事物的概括的间接反映，是在多次感知的基础上对事物的本质与事物之间关系的认识。打个简单的比方，我们看见天上飘着的朵朵白云，它的种种的形态在我们的脑中得到反映，这就是我们感知到了云；思考云是怎么形成的，不同情况下会变成什么，这就上升到了思维。因此，思维使我们通过分析、综合、推理和判断发现或找到事物之间的复杂关系和规律。

在1岁以前，宝宝凭借各种感官对事物有了一定的感知，虽未形成对事物的认识，可形象思维也在逐步觉醒。1岁之后，宝宝有了主动语言，能够表达自己简单的意愿，动作能力和观察能力都有了很大的发展。在此基础上，宝宝的"直觉行动性思维"诞生了，这是人类思维的初级形式。

直觉行动性思维的出现，是与幼儿对事物的感知和自身的行动分不开的。那些直觉可感的、亲自接触到的事物才能引起宝宝的思考，离开了这些物体，离开了相关的动作，思维就会随之中断。

738 宝宝思维萌芽有何表现

1. 认识了物体的特性

1岁的宝宝的各种感官已经能与思维相互配合，这种配合让宝宝不但认识了物体的外观，知道它叫什么，作用是什么，还逐渐开始探知物体的本质。比如能够区分不同的物质，知道玻璃摔到地上会碎，而木头摔到地上不会碎。

2. 有了初步的概括能力

宝宝通过触、动、视觉经验等多次经历后在头脑中形成的对某一事物的认识，有了一定的概括能力。可是，他们只是根据事物的颜色、形状、大小等外部特征加以分类，是最简单的思维概括，还不能概括出事物的本质特征，因而他们常常会出现类似把番茄当成苹果的笑话。

3. 明白事物之间简单的关系

随着动作能力的发展，宝宝能用不同的物体进行多种活动，并且逐步掌握各种物体的功能和用途，这些帮助宝宝逐步理解了周围事物之间的关系。如自己试着剥香蕉来吃，看见白大褂就会说："打针针！"；宝宝不但会把鞋子放在一起，还知道鞋垫是放在鞋子里的，袜子、鞋子和鞋垫关系密切。

4. 理解了物品的归属

到了1岁5个月左右，宝宝因认识到常见事物之间的关系，开始理解物品的归属，并能够用语言表达出来。比如，看到妈妈的鞋和自己的帽子时，会说出"妈妈鞋"和"宝宝帽"；也知道碗、勺子和水壶是厨房里的物品，它们都属于餐具。

此外，宝宝对诸如上下、内外、前后等空间概念也有了初步的理解。

739 宝宝探索欲强有何表现

1岁以后，宝宝的认知能力有了很大进步，对世界越来越好奇，伴随思维的萌芽开始了自己的思考，在生活中的宝宝探索欲就越来越强。

宝宝经常会把抽屉里的玩具拿出来扔在地上，把妈妈的漂亮衣服从衣柜里拽出来，对厨房里叮当作响的各种用具都想拿来研究一番。

宝宝还会故意把水倒在地上，观察它留下的印迹；还会把家长手里的书夺过来，饶有兴趣地翻着看一会，然后就开始撕扯书页，总之，就像个十足的破坏者。

在对大自然的探索方面，宝宝开始尝试着以攀爬的方式来探求窗外的东西及空间。

740 父母要如何面对宝宝的探索欲

探索中的宝宝表现得很捣蛋，确实会给父母增加很多的麻烦，可是，探索中宝宝也得到了许多。他们更广泛、更全面地接触和认识事物，在接触和认识中，他们提高了自己的智力训练了自己运用物体的技能，向更高的发展阶段快步迈进。

因此，家长要给宝宝一定的自由，允许他们大胆地探索。反之，如果对宝宝的探索欲加以限制或训斥，不仅会打压他探索世界的热情，而且很容易会让他们感到探索是错误的，开始怀疑自己从而影响宝宝自信心的树立。

741 怎样给宝宝提供一个安全的探索环境

给宝宝一个安全的探索环境，需要将宝宝身边的危险东西及时清理掉。药品及有毒物品和剪刀、钉子、剃须刀片、别针之类的危险物品，要放置在宝宝不能触及的地方，该清理的及时扔掉。体积小的玩具只有成人陪护下才可给宝宝玩，以免宝宝放进嘴里发生意外。

那些容易伤到宝宝却无法移动的东西，要告诉宝宝那是危险的，比如不要让宝宝靠近电暖气等一些电器。

带宝宝外出游玩或购物时，一定要让宝宝在你的视线范围内安全的地方玩。有的宝宝觉得电梯很神奇，喜欢伸手到处摸，或者喜欢在电梯上跑跳等，这些行为都是相当危险且必须被禁止的。

742 宝宝玩水、玩沙子有何好处

大自然给宝宝提供了好些自然的玩具，其中宝宝最喜欢的就是水和沙子，家长不妨多让宝宝玩玩水，玩玩沙子。

沙子和水是柔性的自然物，亲近这些自然物，能让宝宝得到身心的满足。水和沙柔柔的、滑滑的，自然会给宝宝带来很舒服的感觉。另外，沙子和水具有很强的流动性，没有固定性，能让宝宝随心所欲地玩，玩的过程中还可以有无限的创意。

最好玩的去处自然是大自然，小溪边，沙丘上，如此亲近自然宝宝会更开心。如果不能出去，家里的阳台是也玩沙子的好地方。玩水当然要在卫生间等有上下水的地方。

盛沙子和水的器具最好是木制品或塑料制品，也可是小桶、小碗、小杯和小漏斗等生活用品。盛得不能过满，以便于宝宝操作为宜。玩水时可带一些小石头、海绵、木片、塑料玩具等能浮沉的物品；玩沙时可带上推土机、拖拉机等塑料玩具。这些辅助材料会使宝宝玩性大增。

743 父母如何陪宝宝一起玩水、玩沙

宝宝毕竟还很小，不仅需要成人提供适宜的玩耍环境，也需要一定的引导和指点。可是指导一定要以关键时候指点为宜，不能干涉宝宝，更不能把自己的注意强加于宝宝。

最好的做法是自己和宝宝一起参与，以同伴的身份一起游戏、一起快乐、一起探究，关键时候给宝宝一个提示，出个主意，提个建议就可以了。例如建议宝宝造沙子城堡、在沙子上画画、玩磁铁钓鱼游戏等，让宝宝获得了认知，发展了创造性，提高了积极性。

744 宝宝玩水、玩沙需注意哪些细节

宝宝玩的时候，家长要注意以下几点。

● 水不能太凉，最好是太阳晒过的。

● 对沙子可进行必要的清洁，保证没有伤害性的杂物。

● 家长要在旁边监护，不要让宝宝在大桶边玩水，防止溺水。

● 要给宝宝套上防水的围裙。

745 什么是宝宝绘画和音乐敏感期

绘画和音乐是人生来俱有的智能。绘画是宝宝最会使用的一种语言，他们从涂鸦开始一直到可以表达自己的感受，整个的过程都是一种自然的展现。而宝宝在妈妈的肚子里就开始了听觉的发展，一岁多的宝宝就能够跟着音乐的节奏扭动自己的身体，音乐是人类的语言，宝宝天生就具有最高级的艺术欣赏能力。

所以，在这个敏感期的发展上，我们只要能够给宝宝提供一个高品质的环境就可以帮助宝宝的发展了。

746 怎样教宝宝握笔和画线

宝宝很喜欢模仿父母握笔写字，满1岁时就可以让宝宝学习握笔和画写。宝宝最先学握蜡笔，将蜡笔放在右手拇指食指和中指之间，不可用握拳的姿势握笔。

让宝宝坐在高度适宜的桌椅上，用较大的纸铺在桌上，父母先握住宝宝的小手教他画线。然后放手让他自己将左手扶住桌上的纸，右手自己画。

最开始时，他会把右手纸上戳戳点点，渐渐能在纸上戳出小点。14～15个月时他会把笔贴在纸上画出线痕。经常有机会做这种练习的宝宝到两岁前后，偶然

可以画出闭合的曲线。

747 怎样鼓励宝宝学习握笔画线

有许多促进宝宝学习画写的玩具，如可将字迹去掉磁性写字板，便于宝宝学习。户外活动时，可以鼓励宝宝用小棍子在土地上或沙滩上画写，也可以鼓励宝宝用蘸湿的布条在墙面上或者水泥地面上画，出现画痕。不用等到宝宝3岁上幼儿园才开始握笔，2岁就可以让宝宝学画线，学画圆圈十字、方形及三角形。

父母还可以在宝宝无意中画出的图形中帮助他作画。如偶然画出个尖的圆形，父母在圆上加一条柄，使它的形状像梨，在一个扁的圆形加柄就变成苹果，如果是一个很规则的圆形，在旁边加上光芒四射就成了太阳等等，宝宝看了就会很兴奋。一旦宝宝发现了自己也能画出图画就会加倍地爱画，使画写的技巧有进步。

748 宝宝何时开始涂鸦

宝宝在纸张、墙壁或者其他物体表面留下一些奇妙的痕迹，画出的奇怪图案在

心理学上叫做"涂鸦"。美国著名儿童美术教育学家维克多·罗恩菲尔德认为，涂鸦发生的最初阶段开始于宝宝18个月大时，大概到三四岁时结束。

宝宝会拿起笔在纸上乱涂乱画之后，欲望会越来越强烈，不管是涂抹在纸上、在墙壁、还是桌子上，总之他把描画物体作为一项了不起的"事业"经营着。一些在成年人看来是胡来、不讲章法的画作，他却画得津津有味，也乐于欣赏，并很想博得家人的赞赏。

2岁多的宝宝已经知道运用词和符号，他们尝试运用图片和实物来传达和阐明自己的想法，进入了一个喜欢"涂鸦"的阶段。可是，此时的宝宝控制能力、理解力还较弱，他们的画作以线条和最简单的图形为主。

749 宝宝快乐涂鸦分为几个阶段

维克多·罗恩菲尔德将宝宝快乐、随性的涂鸦分为四个阶段，四个阶段中宝宝控制精细动作的能力在不断提升。

第一阶段：涂鸦表现期。宝宝把动作与想象联系起来，从单纯的肌肉运动转向形象思维，是绘画能力的一大飞跃。

第二阶段：线形涂鸦期。重要特征是动作重复性强，不断地画线条将增强宝宝动作的协调性和控制感。

第三阶段：无序涂鸦期。涂鸦是缺乏"控制"的运动，画面常常呈现混乱和无组织的状态。

第四阶段：圆形涂鸦期。画圆需要更多的运动能力和更复杂的动作，宝宝的动作表现出更高的控制能力。

750 宝宝涂鸦有何好处?

宝宝的涂鸦之作，很容易被忽视甚至被认为有恶意捣乱的嫌疑。实际上，"涂鸦"锻炼了宝宝手、眼、脑的协调配合能力，有着健脑益智的诸多作用。

幼儿最初的"涂鸦"虽然幼稚、单纯、混沌，看似很随意，实则是他们对身边事物感兴趣、想表达感受的一种行动。"涂鸦"是宝宝发展想象力的途径，也是宝宝创造力的最初体现。

涂鸦在开发宝宝创意思维能力的同时，对宝宝动手能力的锻炼最为突出。手被称为人类的第二个脑，动手也就是让大脑功能再次得到锻炼。

涂鸦还可以激发宝宝绘画潜能，培养他的艺术细胞及审美观；还能帮助他宣泄不良情绪，满足其动作自然发展的需求，培养其独立性、自信心，增强其表达和欣赏的能力。

另外，涂鸦也是家长与宝宝沟通互动的桥梁，让父母更了解自己的宝宝，增进亲子关系，同时也有助于宝宝性情的稳定发展。

751 家有涂鸦宝宝怎么办

很多时候，宝宝的涂鸦就是一种破坏行为，粉刷一新的墙壁、心爱的杂志、干净的床单、价格昂贵的家具都可能成为宝宝涂鸦的地方，都会印上宝宝的"倾情之作"。如此情形，家长的态度不同结果不同。

竭力制止结果是，宝宝丧失了对美术的探索热情，不再对绘画感兴趣，想象力和创造力很大程度上被打压，艺术天分也许被扼杀。

因此，有眼光的家长态度应该是鼓励和引导，爱护和欣赏。看到宝宝拿笔表达，只有鼓励和指导才能让宝宝的想象力、创造力得到激发。

752 父母如何给宝宝提供一个良好的涂鸦环境

● 鼓励宝宝用笔来表达，对有特点的涂鸦作品，应大加表扬。

● 在家中特辟一面墙，最佳之选是卫生间的瓷砖墙壁。画完后，和宝宝一起清洁还能使宝宝养成不随处乱画的好习惯。

● 家长可以经常改变房间的布局，让宝宝获得不同的空间感受。宝宝涂鸦时，可以放些轻音乐，有益于发挥他的想象力。

● 为宝宝提供不同种类的纸张、画笔和颜料。可以帮宝宝采用多种绘画形式，

如棉签画、吹画、水彩画等。

● 让宝宝多看、多接触新的环境，他的思维能力将从中得到发展。涂鸦中，对事物又会产生新的认识，其智力发展也将进入一个良好的循环。

● 宝宝涂鸦时，家长可以采取游戏形式加以引导，往往能事半功倍。

753 如何通过配对归类游戏开发宝宝右脑

1岁半的宝宝玩配对游戏：摊开几张字母卡，让宝宝将相同的2张字母卡配对。如果宝宝混淆外形相近的2个的字母，父母在纠正的同时可形象地描述它们的区别。如，字母B时可将其描绘成宝宝的一只耳朵，而把字母P解释为奶奶的一根手杖。

2周岁左右的宝宝玩归类游戏：如：可要求将不同姿势的同一种动物的图片归成一类；要求2岁半的宝宝将图片或实物中的水果、饼干等按品种归类等。

754 如何判断前囟闭合是否会影响宝宝智力发育

判定囟门早闭是否会影响到宝宝的智力发育，最好的方法就是定期测量头围和随访宝宝的神经精神发育进程。如果宝宝的头围增长速度在正常范围内，神经精神发育与其年龄相符，那么，即便囟门早闭，也不会影响其智力的发育。因为在13～14岁时宝宝的头骨之间的骨缝完全融合前，头围依然会随着脑的发育继续生长。

动作能力
Dong Zuo Neng Li

755 适合 13 ~ 24 个月宝宝的玩具有哪些

月龄	发育特点	适合玩具
13 ~ 15 个月	☆宝宝运动和感觉能力提高，会模仿做操，合着节拍活动手脚和身体。多数宝宝已经学会了走路，活动能力大加强。也能说一些简单的词语来表达自己的需要，理解力和语言能力有了很大进步。手眼配合能力提高，喜欢用笔在纸上涂画	☆套塔、皮球、画笔和画板、各种形状立体插孔玩具、积木、吹泡泡的玩具、玩具电话、能发出声音的拖拉玩具等
16 ~ 18 个月	☆宝宝已经走得很稳了，他可以踮着脚尖够东西。他最喜欢把东西塞到小洞里，手部的精细动作已经很准确了。他非常热衷用手去探索世界，在这些探索和发现中，宝宝最初的独立倾向也悄悄地萌芽了	☆大型推动玩具购物车和婴儿玩具推车、适合宝宝握的沙包、油画棒、形状盒、各种洒水玩具、小的烹饪玩具、玩具卡车等
19 ~ 21 个月	☆宝宝行动更为自如，应该加强宝宝手眼协调能力和精细动作能力的培养，学习使用工具够取物品。这时为宝宝选择玩具应注意锻炼宝宝动作的灵活性和反应的灵敏度	☆可拆装的玩具、可扔进容器的大彩色珠子、排序玩具、小橡皮球、大蜡笔、沙盒、玩具铲子、简单的乐器，如鼓和铃铛、玩具车、可摇晃的玩具马等等
22 ~ 24 个月	☆宝大动作和精细动作的能力发展较快，手眼配合能力、手的操作能力明显提高，会握笔，也会用积木搭更高一些的塔，行走和跑动更为自如，喜欢模仿大人的各种动作，感情日益丰富	☆颜料、简单的游戏拼图、简单的建筑模型、旧杂志、篮子、带盖的食管或容器、橡皮泥、活动玩具，如小火车、小卡车、假想的割草机和厨房用品、各种角色的木偶、适合搂抱的玩具动物或玩具娃娃

756 何时是宝宝双手控制物品能力关键期

12 ~ 13 个月是宝宝双手控制物品运动能力产生发展的关键期。在这个时期，婴儿开始学习用手控制物品运动（单手为主，发展好的婴儿可以双手同时控制），如摇拨浪鼓，拉带绳汽车，拿着小汽车开动等。这个时期对于培养婴儿发现物品特征，并通过运用物品表现出婴儿的需求非常重要。

757 何时是宝宝垒叠平衡能力发展关键期

16 ~ 17 月：垒叠平衡能力产生发展的关键期。这个时期，幼儿开始学习把握自身的平衡和发展物体的平衡，并懂得利用和创造平衡。例如，婴儿可以搭 3 ~ 4 块积木，把书立在桌子上，把筷子架在筷子架上等。这个时期对于培养婴儿自身的平衡能力，发展自身的协调性，以及控制物品的平衡能力非常重要。

758 1周岁以后宝宝运动能力如何

一周岁后，幼儿的全身动作、独立行动能力迅速发展，逐渐掌握蹲、跑、跳、踢、钻爬、攀登、平衡等基本动作。

一周岁以后，大多数宝宝已经能独站片刻，能独走几步，到1岁半的时候已经能"甩开膀子"行走自如了；很多宝宝跑起来也很稳了，不会像以前那么爱摔跤了。

一周岁以后，宝宝手指的应用也更加灵活，喜欢独立完成一些简单的动作，可以把书打开再合上，可以手握杯子，可以牵着大人的手上下楼梯，可以穿珠子、投豆子等。

759 为何要让宝宝多拍球

● 拍球能促进手腕、手指、手臂各肌肉群、骨骼、关节和皮肤的发展，增强其机能；能促进上肢血管和神经系统的发展；站立拍球时能锻炼下肢力量，移动或转圈拍球时还能够锻炼眼脑手脚协调性。

● 拍球还能促进宝宝的智力发育。拍球时，宝宝会从球壳的材料、质地、球内气体的充盈程等体验到球的弹性和手的力度的关系，逐渐学控拍球节奏，找到合理的速度和力度的配合。

● 拍球游戏能有效促进宝宝注意、专注力的发展。同时也能促进对宝宝动作力度、方位、节奏的感知觉能力以及动作思维能力的发展。

● 拍球能提高人际交往能力。宝宝与同伴或亲人一起拍球时，无论是个人自拍，还是互相比赛都在进行交往。宝宝通过运动动作、表情和表意动作、语言和行为在运动认知、情意和个性诸方面互相交流，互相影响。宝宝在这内容丰富的、愉悦的交流中能培养起尊重和关心他人，乐于体谅和帮助他人的好品德。

760 宝宝学习走路有哪些阶段

第一阶段，学习独站。

学会独坐和爬行之后，父母每天可以鼓励宝宝扶着你的手、小腿、床的栏杆或小桌子学习站立。

第二阶段，学习蹲站。

等到宝宝能够很好的独自站立后，父母就可以有意识地训练宝宝蹲站了。父母可以将宝宝喜爱的玩具丢在地上，引导宝宝慢慢蹲下自己捡起来。

另外，还要注重训练宝宝"站—蹲—站"连贯动作，以增进宝宝腿部的肌力身体的协调性。

第三阶段，学习扶走。

训练宝宝扶走时，爸爸先让宝宝扶着床沿或者沙发站稳，妈妈则在另一头手拿宝宝感兴趣的东西吸引他，鼓励他扶着床沿或沙发走过来。

第四阶段，学习迈步。

爸爸或妈妈可以用双手分别握住宝宝的两只手，一边一步步地往后退，一边对宝宝说："宝宝真棒，向前走一走。"引导宝宝练习迈步行走。

第五阶段，自己迈步前进。

等宝宝熟练地迈步后，妈妈（爸爸）就可以拿着宝宝感兴趣的玩具，叫他"走过来找妈妈（爸爸）"，在离他不远的地方逗引他走过来，距离要从近到远一点点调整。

另外，也可让宝宝自己推着椅子或其他安全的工具练习迈步行走，并在这一过程中，学会变换身体重心。

761 宝宝学步时需注意哪些事项

训练宝宝学习走路时，父母要注意以下几点事项：

- 宝宝开始学步走时，如果气候条件允许，尽量不要给他穿袜子或鞋子，以免限制宝宝足部肌肉的发育，影响身体的平衡。如果实在担心宝宝脚冷受凉，则可以给宝宝穿一双宽松的防滑棉布袜。

- 每次训练宝宝学步前，父母最好想法让他先排尿，并撤掉纸尿布，以减轻宝宝下半身的负担，轻松练习走路。

- 父母要为宝宝选择一个地面平稳、不滑，即便摔倒了也不会受伤的地方；特别要注意把有棱角、危险的东西都拿开，避免磕着。

- 宝宝刚开始学习走路时，父母要注意每天的练习时间不能过长，一般情况下，30分钟左右就可以了，否则就会让宝宝疲劳不堪，甚至会损伤宝宝肌肉。

- 父母要学会多多鼓励宝宝大胆往前迈步。当宝宝走到目的地时，要微笑亲切地拥抱一下他，拍手鼓励他的行为，从而使宝宝对走路更有信心。

- 父母采取牵拉方式训练宝宝走路，虽然很方便，但若不小心就容易造成宝宝手臂关节脱臼。一旦造成手臂习惯性脱臼，就会严重影响宝宝的关节发育。

- 多数刚学习走路的宝宝最容易发生的意外就是扭伤，再加上这一年龄段的宝宝还不能准确地表达出自己的疼痛，所以就需要父母仔细观察宝宝的一举一动来得知。

- 一些宝宝在学步时会出现踮脚尖走路的行为。父母可通过观察宝宝踮脚尖走路的频率来判断是否为异常现象，如果宝宝只是有时用踮脚尖的方式走路，而大部分则是正常走路状态，则不必过于担忧。否则，就要及时带宝宝去医院诊治。

- 在宝宝练习走路时，妈妈千万不要强迫宝宝吃东西，或者喝水，以防发生呛咳造成窒息。

762 宝宝走路晚有何原因

宝宝走路晚，有着各种各样的原因，如果父母能够小心谨慎地加以规避，不使努力学习走路中的宝宝受到压抑，他自然而然地就会走路了。总结起来，主要有以下几种原因会影响宝宝行走：

- 衣物穿得过多或者过厚，会影响宝宝活动的灵敏性。

● 长时间被大人抱着，致使宝宝很少有机会在地上活动，缺少锻炼。

● 体重过重，宝宝不方便行动，致使缺乏行动的动力。

● 生长不良，远远低于同龄宝宝，以致肌肉骨骼无力，不足以支持站立行动。

● 恐惧摔倒，宝宝在学习站立时，若对攀扶曾有不好的经验，就会导致畏惧不肯学习走路。

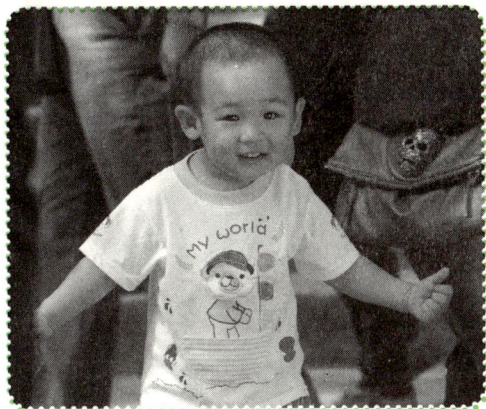

● 宝宝过于迷恋各种手部动作和游戏，以致无形中减少了学习走路的机会。

● 四周环境没有合适的让宝宝扶着走的物品，导致宝宝渐渐对走路失去兴趣。

● 宝宝长期被怕麻烦的父母放置在学步车之内，以致没有练习独立行走的机会。

763 为何不要强迫宝宝学走路

对于走路，每个宝宝都有自己的时间表和发展规律，都有自己独特的表现。宝宝不会"故意"晚学会走路，而父母也不能随意地改变或者加速宝宝学走路的速度。

一般情况下，宝宝在一岁半左右就都会独立行走了，所以妈妈完全不必担心，

更不能强迫宝宝走。只要密切关注，留心观察宝宝是否有独自行走反应表现和意愿，加以适当引导就行了。

另外，在宝宝不同的发育阶段，都会在一定程度上存在这种似乎发育停滞的现象，其实这是宝宝在专注于语言和物体认知等其他方面的发展，或者是在积蓄走路的力量和勇气，等到时机成熟，他想走路了，自然就会勇敢地迈出他人生的第一步！

但如果宝宝都两岁了，还不会走或走不稳，就应该带他去医院做详细检查了，以免错失了治疗的良机。

764 宝宝学走时可能有哪些异常现象

宝宝学走路时，爸爸妈妈要注意认真观察宝宝腿部发展是否出现异常，比如说观察宝宝的双腿外观是否有单侧肥大、大小肢、双腿皮肤纹路不对称等异常现象。一旦发现宝宝双腿皮肤纹路不对称，很可能出现了长短脚。

另外，爸爸妈妈还要注意宝宝的髋关节在走路时是否能顺利张开、有无发出声响。如果有这种情形，很可能是有先天性的问题，比如先天性髋关节脱位。

而对于宝宝的扁平足，家长则大可不需担心，等宝宝长大了，脚弓自然就会出现。如果宝宝2岁以后还有扁平足的现象，再带宝宝去医院检查也不迟。

765 宝宝为何会步态异常

绝大多数的宝宝，在1到1岁半时已

能独立行走和跑动。如果宝宝此阶段还不能站立，或行走异常，那很有可能隐藏着某种疾患。家长要随时留意自己宝宝的步态变化，以便及时发现病情，为早期诊治创造有利的条件。

若宝宝走路时脚呈八字状，那么问题可能出在腿上。X 型腿的宝宝爱夹着大腿走，O 型腿的宝宝走路像骑马，这样的步态一般是因为缺乏肌肉负重锻炼造成的，锻炼一段时间就能调整过来。可如果一直没有改善，就可能由于缺钙和维生素等因素所致，需要治疗。

此外，宝宝还会呈现出剪刀步和鸭子步等异常步态，共同点是跌撞、不稳、行走缓慢。初学步的宝宝都不同程度表现过这样的步态，如果宝宝 2 岁后还是没有改变，那就一定要带他去医院检查，可能是由于缺乏维生素 D 而引起的缺钙，也可能是骨架结构的问题，还可能是小脑疾病影响到平衡或脑缺氧、脑瘫等。

766 宝宝何时会跑

宝宝要想迈步行走进而会跑，必须

具备以下重要的身体条件：已能自主性地握拳，大脑意识能指导手指及脚趾供其使用；腿部肌肉已经具备了可以支撑身体重量的力量；能灵活地转移身体各部位的重心，已经能协调四肢各动作并保持平衡。

767 宝宝如何玩纸游戏

1～2 岁的宝宝手部具备了一定的力量，不妨让他参与撕纸活动。父母可以引导他随意撕出一些不规则的纸条、纸片，通过这些看似无序的动作，帮助宝宝锻炼手腕的活动能力和手指的灵活性。让宝宝从撕纸中发现，凭着自己的小手也能创造出作品来。

值得提醒的是，父母不要给宝宝规矩和限制，别用一个具体的目标去约束他，而要鼓励宝宝大胆地创作，让宝宝感受自由学习的快乐，使手和脑同时受到良性刺激。

有些宝宝常常是搞破坏的行家，但真让他撕纸时，有时却反而不敢动手了。这时，父母可以亲自带他参与，并根据撕出作品的形状，想象出不同的动物，让宝宝从中感受乐趣。

768 怎样玩可以促进宝宝动作发育

这个年龄段，球是给宝宝最好的玩具，家长可以和宝宝扔球、捡球、滚球，也可以让宝宝和小朋友一起玩球，这样能促进宝宝们行走、跑、滚、投、弯腰捡拾等基本动作的发展。

套叠玩具，敲打玩具、穿绳玩具等也

是不错的选择，能让宝宝上下肢肌肉得到锻炼，动作更加灵活协调，也可锻炼其观察力和注意力。

769 为何说运动能促进宝宝大脑发育

儿童时期，大脑内部结构与功能发育迅速，大脑活动所需要的能量主要来源于糖。

体育运动能增强儿童的食欲和消化功能，使食物中的淀粉变为葡萄糖，吸收到血液中成为血糖以供应大脑的需要。

同时，有助于幼儿对空间、运动的知觉和注意力、想象力、模仿能力等的发展。

770 宝宝爬楼梯有什么好处

让宝宝进行爬楼梯练习有很多好处，不仅让宝宝髋关节的活动幅度增大，也让他下肢肌肉的韧带、肌腱的弹性得到锻炼，从而达到强筋壮骨的效果。

此外，还可以增强宝宝的心肺功能，使血液循环畅通，保持心血管系统健康；有助于宝宝保持骨关节的灵活；让宝宝在消耗体力后容易饥饿，食欲变好，消化系统功能增强；能让宝宝神经系统处于最佳休息状态，有利于睡眠，避免焦虑。

771 怎样训练宝宝爬楼梯

训练爬楼梯有一个重要前提，就是宝宝必须具备独立行走的能力，才能为爬楼梯训练做好基础准备。此训练一般从15个月开始，训练要循序渐进。

1岁~1.5岁尤其是刚过周岁不久的宝宝，身体的平衡性较差。刚开始的时候，家长要拉着宝宝的手练习爬楼梯。这时，他跨腿很费力，身体会左右摇晃，大人可在前面用双手拉着他向上爬，也可在他身后双手扶在宝宝的腋下帮他两脚交替迈上楼梯。

随着训练次数的和宝宝月龄的增加，大人的助力就要逐渐减少了，让宝宝学会用自己的力量爬上楼梯；之后，大人可以丢开手，教给宝宝凭借扶手和栏杆爬楼梯，或用一只手帮助宝宝上楼；最后宝宝就可以过渡到完全脱开凭借物自己爬楼梯了。下楼梯也需要如此循序渐进地进行。这时家长可以用宝宝喜欢的玩具或食物放到楼梯上（下）吸引他，或喊着他的名字鼓励他爬上（下）来。

772 训练宝宝爬楼梯需注意哪些细节

家长让宝宝进行爬楼梯练习，要讲科学，要量力而行，循序渐进，不可鲁莽蛮干。因为这个年龄段的宝宝，骨骼还很软，很脆弱；体力也弱，经不起大的热量消耗，所以爬楼梯训练时间一定不能长了。

另外，训练结束后，要给宝宝补充能量，出汗后要多喝水。

773 1.5~2岁宝宝手部动作能力有何特点

宝宝在1.5~2岁之间，手的动作更加精细化，已经学会用勺喂自己吃饭，会用杯子喝水，而且拿得较稳，很少把水洒出去；能自己摘手套、脱袜子，拉开衣服的拉链；在妈妈的帮助下可以洗手。他已经能用拇指和食指捏起小珠子并把它用线穿起来，已能搭起 4～8 块积木；也可以在纸上画出直线，有时也会在妈妈不在意时，在家里雪白的墙壁上涂鸦；有时像大人一样拿本书一页一页地翻着，煞有介事地看着；手上的力量也在增强，可以推着椅子或其他玩具玩，也可以把小皮球扔得很远。

774 1.5～2 岁宝宝腿脚动作有何特点

宝宝 1.5 岁以后，行走更自如，更稳当，很少摔跤。起步、停步、转弯、蹲下、站起来、向前走甚至向后退等动作都很自如；上下楼梯也成了宝宝很家常的事情了；如果有成人牵扶，在斜坡上行走也不在话下；很喜欢自己攀上小滑梯然后滑下来；会跨过门槛或其他矮小的障碍物；会用脚把球踢远，可以追着球快跑起来；双脚能并跳等等。

宝宝 1 岁半能跑了，但姿势较僵硬；2 岁时，随着膝、踝关节的日益灵活，平衡能力、神经系统的控制力逐渐增强，跑起来比以前要灵活了。所以，这时的宝宝喜欢追逐打闹，更喜欢到室外活动。

775 1.5～2 岁宝宝怎样通过游戏完善动作能力

1.5～2 岁的宝宝，神经系统发育还不够完善，姿势控制能力及视觉感觉能力还较差，所以他们的动作仍不够准确、灵活和熟练。家长应该给宝宝做一些适宜的训练，来促进小儿动作逐步完善。

比如：和宝宝玩一些需要向后退步走的游戏，让他练习倒退着走；给他一些可以推或拉的玩具，鼓励他掌握更多的动作；用柔软的球和他踢足球，鼓励他把球踢出去；和宝宝一起伴着快乐节奏跳舞等。这些日常训练能锻炼宝宝的臀部和膝部肌肉，能让他的许多动作做得更好，并避免其摔跤后受伤。

手的动作方面，可训练宝宝抛球和小沙袋，教他学会正确握笔、折纸、穿木珠等。也可让他参加一些简单的劳动，如帮大人拿递东西、穿脱鞋袜，拿小凳子、拉椅子等。

776 宝宝动作发展为何存在个体差异

幼儿动作能力发展存在很大的个体差异，究其原因，主要有两个方面。

一是运动经验的不同。在 0～3 岁这个阶段，不同的幼儿所经历的运动过程和训练有很大不同，而年龄越小，动作可塑性就越大，差异就越显著：运动得越早，

练习得越多，发展就越好；相反，运动得越晚，练习得越少，发展就越有可能滞后。

二是幼儿的性格气质。一般情况下，乐观活泼的宝宝，经常运动，动作发展比较好；而内向胆小的宝宝，多数情况下运动比较少，因而能力相对也比较弱。

777 幼儿模仿操有何作用

模仿操具有很强的游戏性和趣味性，主要是配合简单的儿歌或顺口溜让幼儿做一些模仿动作，比方说模仿洗脸、刷牙、鸟飞的动作。

实际上，幼儿模仿操就是通过模仿来强化宝宝的跑、跳、平衡、弯腰等日常生活动作，同时还培养幼儿的独立生活能力，还促进其想象力、思维能力与语言能力的发展。

778 怎样做幼儿模仿操

1. "小闹钟"模仿操

此模仿动作是全身活动的准备动作，可放松全身肌肉，促进幼儿想象力和语言能力的发展。动作很简单，即幼儿身体做钟摆状左右有节奏地摆动。配合自编儿歌：小钟摆，摇啊摇，滴－答－滴－答－做游戏。

2. "洗脸"模仿操

此模仿动作可让腕、肘、肩关节都得到活动，可锻炼上肢肌肉，逐步培养幼儿生活自理能力。动作分为四步，先右手伸开五指并拢，在脸前上下洗4次；接着右手按顺时针转动4次；再左手伸开五指并拢，在脸前上下洗4次，左手按顺时针转动4次。每一步都按四个节拍。边做边念：洗洗小脸，真干净；不做泥猴，真白净。

3. "刷牙"模仿操

此模仿动作可活动肩、肘、腕关节及上肢肌肉，培养幼儿刷牙意识，为以后后正确掌握刷牙方法做准备。动作分四步完成：一是右手握拳，伸出食指，在嘴前方由上向下摆动4次；二是右手握拳，伸出食指，在嘴前方由下向上摆动4次；三是左手握拳，伸出食指，在嘴前方由上向下摆动4次；四是左手握拳，伸出食指，在嘴前方由下向上摆动4次。每步按四个节拍来做。可配合儿歌：刷刷牙，真干净，拒绝龋齿和牙病；刷刷牙，真干净，不要牙垢和细菌。

4. "小鸟飞"模仿操

此模仿动作可活动全身各部位肌肉，也能训练幼儿动作的协调性及平衡能力，发展小儿想象、思维、语言能力。动作是两臂侧平举，上下摆动，向前跑。做的时候可念自编儿歌：学学小鸟飞，宝宝跑得快。

5.“小白兔”模仿操

此模仿动作可训练幼儿腿部力量，锻炼全身动作的协调性及平衡功能，促进幼儿想象、思维、语言能力的发展。动作：两手张开，掌心向前，放在头两侧做耳朵，双脚做跳的动作可配合语言：小白兔儿，跳一跳，小宝贝儿，高又高。

语言能力
Yu Yan Neng Li

779 1～2岁宝宝语言发展评估有哪些指标

年龄段	语言发展评估标准
1～1.5岁	知道书的概念，喜欢翻书和别人说的话 熟悉的物品和人说出名称和姓名 会使用动词，如抱、吃、喝 喜欢用一个发音来泛指一类事物 懂得日用品名字，会指出或说出所要东西 能听懂发出的短指令，用手势交流
1.5～2岁	会表达自己的需要，如说“尿尿” 开始用名字称呼自己 喜欢看电视，按指示办事 喜欢重复听一首歌、读一本书等 会说50多个词，会运用“我”、“你”，能清楚地表达双音节词语 听完故事能说出什么人、什么事 随大人念几句儿歌，会回答最简单的问题

780 1.5～2岁宝宝说话有何特点

1.5～2岁这一阶段，宝宝的语言理解能力快速发展，大人对他说的很多家常话大多能听懂，而且语言表达能力发展很快，说话的积极性越来越高。

宝宝掌握的词汇量不断增加，说话中会时不时地冒出一些多词的句子，每一个句子都会有两三个或三四个词，比如“宝宝要睡觉”、“宝宝口渴了”等；宝宝迅速增加的词汇中，除了名词、动词之外，也掌握了其他一些词类，如形容词和副词等。

宝宝会说的句子也逐渐增多，言语的结构也更加复杂化，因为宝宝已从对成人言语习惯的模仿中掌握了很多语法结构。另外，在父母正确的教育和引导下，宝宝开始初步学会正确使用各种基本类型的句子，包括简单句和复合句。比如类似“娃娃是我的！”、“给我拿帽帽！”“妈妈抱我！”等句子经常会从宝宝嘴里说出来。

词汇的增加、句子的掌握让宝宝更加乐于发言来表达自己的意愿，而交流的成就感又会促进其语言的发展。

781 1.5～2岁宝宝发音有何特点

在积极的交流和模仿中，宝宝说话越来越流利了，发音的准确率也在不断提高，可是仍有很多宝宝的发音不够准确，除了父母等身边亲近的人，能听懂宝宝说话的人很少。比如宝宝会把小兔说成“小库”，把“花狗”说成“花丢”，把“大炮”说成“大靠”等，只要过了这个发音不清的时期，大部分宝宝都能够自然地将易混淆的发音说准了。

782 宝宝何时产生主动语言

宝宝语言方面进步也很大的，理解能力又有了很大提高，能按指令完成一些简单任务。另外，主动语言开始产生，已经能逐渐说出"爸爸、妈妈、姨、奶奶、抱"等10个左右简单的词。有时还可以用一两个词表达自己的意思和情绪，比如，表示不接受或不愿意的时候会说"不"，还会发出一些惊叹词。

783 发音语迟有何表现特征

临床上的确有一类说话延迟的宝宝不属于病态，也不需要特殊干预，叫做"特发性语言发育延迟"。

这种宝宝在智力、听力、行为等方面都是正常的，但就是说话很晚，可能到了两岁半或三岁还什么都不会说，或者只能说很简单的字，但一旦他会说话，就好像忽然间什么都会了。这些宝宝之前虽然不会说话，但外貌、行为看起来跟正常

宝宝没有差别，智力、理解能力也是正常的，父母能明显感觉到他可以听懂大人的话，比如他会用点头或摇头等身体语言作出反应。

对于这些宝宝，家长不用太着急，平时注意多与宝宝慢慢说话、讲故事等，一般等到两三岁，宝宝自然就会说话了。

784 怎样引导宝宝用句子表达意愿

在表达受困的时候，宝宝总会借助动作和表情来表达意愿，这是他聪明而且偷懒的解决方法。这种时候，父母最好要设法让宝宝说完整的话。例如宝宝指着香蕉充满渴望地说："我要！"这时，父母可以装不懂："你要干什么？"引导宝宝主动说："吃香蕉！"父母要接着问："谁要吃香蕉呀？"宝宝为了满足自己的需要，最后终于说出最完整的话："我要吃香蕉"。当宝宝叙说不完整时，家长也可以补充有关词句，教宝宝复述。

785 为何不能和宝宝说儿语

儿童时期的宝宝刚开始会说话时常会说些单音重复的话，如"饭饭、灯灯"，这种语言现象被称为儿语。儿语是幼儿语言发育过程中的一个阶段，是语言能力低的一种表现。1.5~2岁时，宝宝语言能力有了很快的发展，已经能说简单的句子，父母再和他说儿语，意味着一种倒退，会限制宝宝语言能力的提高。

786 宝宝发音不准要注意哪些细节

一般而言，幼儿的发音不准都是正常现象，随着大脑和发音器官功能的逐渐完善，并辅以准确的发音指导和练习，幼儿发音会日益正确。

可是，如果发现宝宝发音不准的现象很难纠正，舌头又呈现鸡心状，舌尖凹

陷，那么问题就比较严重了，很可能是由于舌系带过短或太紧导致的。

言语活动是个大脑中枢、声带、舌、上下嘴唇以及下颌都必须参与其中的复杂

过程，舌头的位置及形态改变对言语活动发生着重要影响。假如舌系带过短，舌头前伸、向上卷，将直接影响到宝贝的口腔活动，使宝宝发舌腭音和卷舌音（如: l、r、s、z）受限，造成宝宝说话不清。

虽然出现这样的现象只是少数，但父母也应认真观察宝宝的语言能力及其发展情况，一旦出现问题就要及早解决。

787 需要强迫宝宝学说话吗

宝宝的生长发育是有差异的，语言的发展也不例外。只要宝宝能够听懂大人说的话，并且能清楚地说几个词，就证明其不存在生理上的缺陷。家长不用担心宝宝的语言发育问题，也不用强迫宝宝说话，否则反而会使他受到挫折。家长可根据宝宝的语言发展情况，不断调整自己对宝宝语言训练的要求就可以了。

788 男孩女孩语言发育有何不同

男孩和女孩之间，在语言理解中枢、对事物的认识以及思考能力上并没有多大差异，但男孩和女孩在语言发育方面的差异却存在普遍性。

一般情况下，女孩的语言表达中枢要比男孩成熟得更早，所以女宝宝说话往往要比男宝宝早，而且表达也比同龄男宝宝流畅得多。很多女孩1岁以后就会说话了，而男宝宝有很多要到2岁时才开始表达；一岁五个月的女宝宝，40%以上都能把词组合成简短的句子，并说出来；而男宝宝，可能只有20%拥有这个能力。可是，随着现代科学的早教理念逐步进入每一个家庭，这种差异也越来越小。

789 宝宝语言关键期父母怎么做

1岁以后，宝宝学语言的关键时候到了，在此期间，父母应该注意做到：

● 尽可能地用最简单的语句和宝宝说话，力求简短，表达准确，少用虚词和复合句。

● 不必纠正宝宝的语法错误，对宝宝说的话，要采取肯定的态度，尽管有时不知道宝宝在说什么，也不要表现出来。

● 认真倾听宝宝说的话，眼睛看着他，并给予积极的回应。

● 不要打断宝宝的自言自语。自言自语是宝宝语言发展的一个阶段，它说明宝宝的内在语言开始萌芽，开始向着思维方向发展，会用内在语言指导自己的行为。

● 家长说话声音要洪亮，声调抑扬顿挫，最好做到声情并茂，以便宝宝听得清楚能够更好地学习，并感受到语言的感染力。

社交行为能力
She Jiao Xing Wei Neng Li

790 父母个性与交往方式会影响宝宝吗

宝宝总是在模仿中学习，父母比较内向或冷淡，不乐于与人交往，宝宝受其影响也会不爱社交。因而宝宝在身边时，父母应更多一份自律，给宝宝最好的影响。父母要热情友好地和邻居、朋友打招呼；上公交车时主动排队，不推搡别人；能够接受别人的道歉，而不是盛气凌人，甚至口出恶言；经常说一些诸如"请、谢谢、对不起"等礼貌用语；在宝宝面前和大家分享美食……这些良好的交往方式会在不知不觉中影响到宝宝。

其他家庭成员之间的交往也会影响宝宝，所以应该形成有商有量，互相尊重的家庭氛围，要避免当着宝宝的面发生争执，否则会让宝宝在不知不觉中学到一些负面的交往方式，如，恶语攻击对方、动手攻击等。

791 父母"言传"传什么

家长要用心教宝宝，但不是用命令者的行为和语气教育宝宝，有时不妨做宝宝的"魔术师"，注入幽默的气氛，让宝宝更容易接受。

宝宝已经具有语言能力的时候，家长可以借助"四讲活动"对宝宝进行启蒙教育。四讲即讲故事、讲知识、讲经历、讲传统，对于1～2岁的宝宝来说主要是讲故事和讲知识。父母通过很简单的故事来教育他，比如龟兔赛跑的故事；生活中可以给他讲一些礼仪的小知识和其他常识等。这样，才利于宝宝身心的健康成长。

792 父母"身教"教什么

父母希望宝宝长大后能有良好的品行：正直、谦虚、忠诚、善良，乐观、积极等等。培养宝宝这些好品质的最好的办法就是以身作则，给宝宝一个好的榜样。

父母们不要以为宝宝还小，就在他们面前肆无忌惮，为所欲为。实际上，宝宝正是学着父母对待他的态度和方式，并用这样的态度和方式去对待他人。

父母们一定要为宝宝建立一个活泼快乐的成长环境。父母之间的互敬互爱，会让宝宝学会爱父母及他人。处处洋溢着"互爱"的精神的家中，宝宝也自然地学会了关心他人，学会了体谅与分担；宝宝才会心灵愉悦，头脑放松，才能有足够的空间去憧憬自己的未来。

793 为什么需给宝宝定规矩

常言道："没有规矩不成方圆。"对小宝宝的教育也是如此。所以，家长在给予宝宝自由发展空间的同时，也不妨给他们定些规矩来给予一定的限制，从而培养他们的自我控制能力，并促使其从小建立起对规矩的认同感。

规矩不是束缚宝宝个性成长的枷锁，而是让他们养成良好习惯的标准。许多育儿实践经验都证明，早立规矩对宝宝的成长更有利。给宝宝定规矩很有必要，可规矩也不要太过限制宝宝的发展，要给其自由，保持平静、坚定、一致和关爱。在对待规矩的问题上，家长之间也要统一认识、统一行动，互相配合方能取得成功。

794 要让宝宝养成哪些规矩

创建一个安全的成长环境的规矩。宝宝的判断能力很弱，不会自我保护。所以，家长要给宝宝定一些安全性的规矩。如，外出时，不能乱跑，上街过马路，要走斑马线；在家里，不能碰插座，不能自己动暖水瓶和暖气片等危险物或贵重物品等。

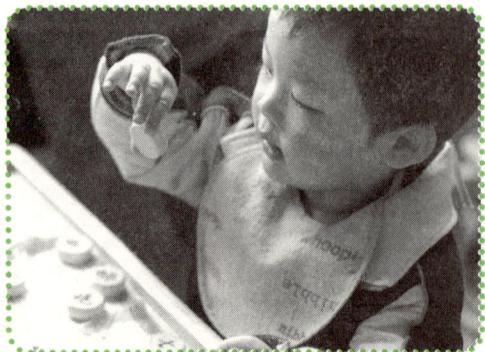

养成良好的生活习惯的规矩。比如，饭前不能吃零食；自己吃饭时，吃饭要专心不开小差；玩完玩具要收拾好，不能随地乱丢；定时洗澡、定时上床睡觉等。

待人接物、交往方面的规矩。比如见人要有礼貌，主动打招呼；不随便接受别人的东西；接受别人馈赠要说谢谢；和小朋友玩耍要谦让，好东西大家分享更快乐；交往中禁止打、咬、踢；做错事要知道认错等等。

795 怎么引导宝宝接受和遵守规矩

宝宝还小，不喜欢家长左右自己的行为，不喜欢家长给他们定的规矩。这时家长要有耐心，多鼓励他们。

宝宝规矩的建立不是一朝一夕的，需要家长引导宝宝去遵守，而且在要求宝宝规矩办事的同时，大人一定要以身作则严格遵照执行，要在潜移默化中影响宝宝。

很多时候，家长必须现身立榜，如此所立的规矩才最有效。比如，要让宝宝规律进食，家长在饭桌上的举止就要规范，不挑食，不浪费，吃饭时专注不说话；要让宝宝懂礼貌，家长自己就要举止得体，注重礼仪并使用文明用语；要小孩饭前洗手，家长自己得做到饭前洗手等等。

796 1 ～ 2 岁宝宝玩游戏有何好处

游戏是幼儿与周围世界交流的方式，而游戏的过程也正是幼儿对大千世界中的万事万物进行的探索和最初体验。在游戏过程中，宝宝们不仅慢慢地了解并建立起

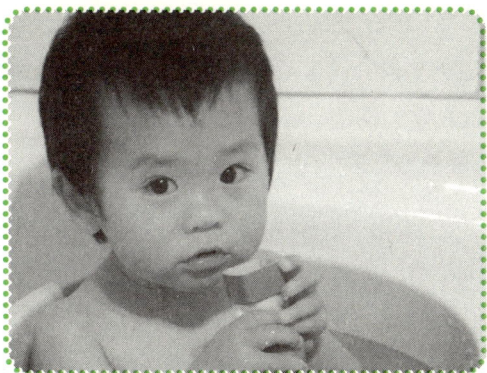

自己和周围世界的关系，他们的身体、情绪、社会性、智慧、知识及想象力和创造力等，也都得到相应的发展。宝宝在游戏中除了可以获得快乐之外，还学会了遵守规则、与人交往、独立思考解决问题的能力，在游戏中他们的心智得到了充分发展。

797 家有"独立游戏"阶段宝宝怎么做

1岁左右，宝宝的游戏还处于自娱自乐的"独自游戏阶段"，他们还像以前一样只是自己一个人玩，主要游戏形式是"感觉游戏"，例如宝宝看到漂亮的毛绒娃娃就会兴高采烈，听到八音盒里欢快的声音就会手舞足蹈等等。

所以，家长尽量要给宝宝选择色泽鲜艳或带有声音的玩具，并且经常给宝宝更换玩具，改变游戏场所，让宝宝充分享受独自游戏的乐趣。另一方面，也要做好安全措施，注意让宝宝别把危险物品当玩具，例如药品，化妆品，烟，针线等。

798 宝宝何时从"独自游戏"向"集体游戏"过渡

快到1.5岁时，随着年龄的增长，生活范围的不断扩大，宝宝的游戏也会渐渐从最初的"独自游戏"阶段过渡到"集体游戏"阶段。

集体游戏就是两个或几个儿童一起玩，已有独自游戏经验的宝宝在集体中仍有积极主动的游戏能力。

799 "集体游戏"有何好处

集体游戏主要有三类，即"平行游戏"，"模仿游戏"和"创造性游戏"，它们分别与不同的年龄相联系，宝宝这时还只能玩"平行游戏"。

平行游戏是宝宝刚过渡到集体游戏的一种常见游戏方式，这期间他看似是在和别的小朋友一起玩耍，实际上却是各玩各的，相互之间没有交流和协作。这种"平行游戏"可以让宝宝逐渐摆脱对父母的依赖，从而在集体游戏中找到乐趣。

800 "扮演游戏"有何好处

扮演游戏是宝宝们很喜欢的游戏，也是充满人情味的游戏。这种游戏不仅需要宝宝积极地开动脑筋，还会调动他们的想象力。

1岁以后，宝宝从用玩具勺来喂自己东西、用玩具梳子给自己梳头发时，就已经开始进行扮演游戏了。尽管他们的这种玩法也仍然指向自我，却已有一些扮演成分在里面了。

宝宝15个月开始，他的扮演游戏会出现一个跳跃。扮演动作开始指向一个玩具，主要是玩具娃娃或者玩具动物。比如他玩具杯子给玩具娃娃喝水，而不是给自己喝。宝宝还经常会给娃娃喂饭、洗头或抚摸它给它安慰。

在这类扮演游戏中，宝宝得到了比快乐更重要东西——他的思维得到很大的发展。

801 宝宝为何开始尝试自己独立

1岁半以后，宝宝开始更在意自己，总把自己的名字挂在嘴边，经常听到"宝宝饿了""宝宝要喝""抱抱宝宝"这样的话，生怕别人把他忘了。宝宝还表现出独立行动的愿望。走路时不愿意让大人拉着手，上楼梯时要自己独立进行，吃饭要自己吃，甚至要学着妈妈自己洗手洗脸。这些也都是宝宝自我意识增强的表现。

802 1.5岁宝宝自我意识有何特点

在以前，别人要是喜欢上宝宝的玩具，他会立马拱手相让；好吃的东西喜欢和别人分享。快到1岁半的时候，宝宝仿佛突然开了"自我保卫"的窍了，只要是自己的，尤其是自己喜欢的东西，别人最好碰都别碰，否则就会不高兴，横加阻拦，以大哭来警告甚至拳打脚踢。即使父母在旁开导也无济于事，坚决不从，嘴里还一个劲强调着"不要不要！"实际上，宝宝这种自我保卫战是他自我意识增强的表现之一。

803 宝宝独立性如何培养

宝宝的独立性是要培养的，可一定要用他更容易接受的方法，不能硬性安排；处理过激会让宝宝丧失安全感，不利其健康人格的形成。

1.放手让宝宝做力所能及的事情

家长尽量要为宝宝创造独立做事的条件，做一个好的"向导"或关注者就可以了。凡是宝宝自己想做的就让他自己做，不要代劳；只要宝宝愿意做，就鼓励他，给他自信；宝宝自己能决定，让他拿主意，让他自主；宝宝面对困难时，他自己能克服的要鼓励他自己克服，力所不及的要帮助他，在父母的帮助中他也会学到独立需要的本事。

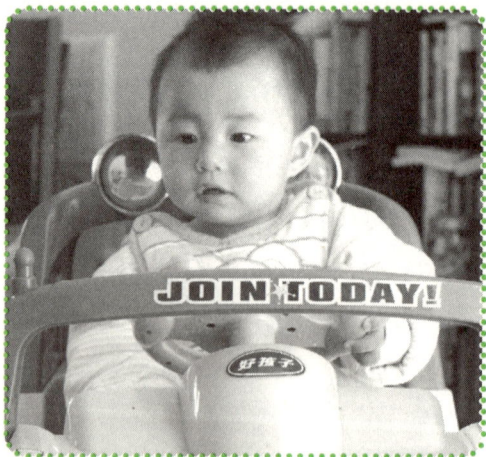

2.培养宝宝基本的自理能力

宝宝快到2岁的时候，一些生活的基本能力能已经是力所能及的了，家长可以有意识的培养，让其养成独立的习惯，这对他的未来是非常重要的。比如，让宝宝自己穿脱衣服，穿脱鞋袜，自己如厕，自己收拾玩具，自己洗手等。这些成为习惯之后，即使你要帮忙，宝宝也会很郑重地告诉你：自己的事情自己做。

804 家长怎样给宝宝更多的安全感

5岁以下的宝宝最好还是和父母睡在一起，这样，宝宝在寒冷、饥饿、黑暗等能很快得到父母的照顾和安慰，使他的安全需求得到满足。

在缺乏安全感的环境中长大的人，会有很强的占有欲、控制欲，他们长期而来畏惧和压抑，往往会加剧不良心理的发展，会采取一些极端的办法来解决问题。

家长要用语言和行动告诉宝宝，这个世界是安全的，即使有危险也很快会过去的。反之，如果宝宝对这个世界的安全产生怀疑，就会失去对任何人的信任，逐渐形成不健康心理。

805 如何帮助宝宝认识自我

自我意识觉醒，是宝宝心理发展必然要出现的现象，标志着宝宝心理逐渐走向成熟。宝宝的自我意识，对自己的认识，主要来自于环境的反馈。所以大人要用多种方式有意识地促使宝宝认识自己，意识到自己在长大，自己越来越强了，越来越棒了。

父母要帮宝宝认识到世界上只有一个"我"，这个"我"是与众不同的，有只属于自己的模样和名字，能用自己的双手吃饭、玩耍，能用自己的双脚站立、走路、奔跑，能用自己的嘴巴吃到好吃的也能喊出爸爸妈妈等等。

为了让宝宝更好地认识自己，能意识到自己的身心在不断进步，家长们不妨参考下面的做法：

- 带宝宝多到镜子前照一照，看看自己的五官长得怎么样、身材如何。

- 在一个固定地方定期给宝宝测量身高，每次量完都要做好标记并让宝宝知道比上一次的标记高了，还要提醒他"宝宝又长高了，都到这儿了"。

- 可以把宝宝的各种声音录下来，隔一段时间放给他听，宝宝会好奇地倾听，当家长告诉那是宝宝自己的声音，他会兴奋异常。

- 拿出宝宝以前各个阶段的照片给他看，做他最好的解说员，告诉他那些照片是他什么时候的，宝宝在对比中就会意识到自己长大了。

- 要把宝宝的成长给你的惊喜告诉宝宝："宝宝，你爬得更快了！""宝宝你真棒！你不用扶也能走了！""瞧，这件衣服小了，宝宝长大了！"这些语言的赞扬，会让宝宝对自身的变化留下深刻的印象。

806 培养宝宝自我意识有何要点

要想让宝宝的自我意识快速发展起来，就要对宝宝进行适当而丰富的刺激。在培养宝宝自我意识的过程中，家长要注意以下三点：

1.让宝宝多"看"

父母要想方设法引导宝宝多观察周围的环境，让宝宝的眼睛骨碌转起来，启发他逐渐意识到"这是我看见的"。

2.让宝宝多"听"

父母要多对宝宝说话，最好伴以夸张

的动作和表情，以便加深宝宝的印象。可以让宝宝多听些音乐和儿歌，引起宝宝对声音的兴趣，从而让他逐渐意识到"这是我听到的"。

3.让宝宝多"动"

小手和小脚是宝宝重要的感觉通道，因而父母要有意识地多触摸宝宝的小手小脚。通过碰触刺激宝宝手部、脚部的肌肉，引起宝宝做出相应的动作，这有利于他中枢神经的发育，让宝宝意识到自己的四肢的存在，从而逐渐意识到"这是我的手和脚"。

807 宝宝恋母有何特点

宝宝依恋妈妈，天经地义，是儿童正常的心理发展过程。于是就有了这样的情景：无论妈妈去哪里，宝宝都像跟屁虫一样跟到哪里，简直就是妈妈的一个小尾巴；妈妈一离开马上惊恐不安，继而大哭起来满屋子去寻找，未果则哭声更为惨烈；睡觉没有妈妈的陪伴无法入眠；出门没有妈妈的陪伴会很不开心……这样的表现尽管让妈妈觉得很累，但这也是宝宝认知中的

一大进步，因为他意识到妈妈对自己来说是非常重要的，是无人可以替代的。

808 宝宝恋物有何特点

宝宝依恋物体的情形因人而异，有些宝宝恋物的时间很短，而有些宝宝则能一直持续到上小学时。另外，有些宝宝已经基本不再恋物后，如果受到某些突发事件刺激，也可能让他再度退缩到不安全的状态，进而重新恋物。

宝宝依恋的除了那些能带来熟悉味道的物品之外，他对某些物品的触感也非常在意，因为这种感觉能传达出令人心安的讯息，比如安抚性奶嘴、奶瓶、毛巾、被子、枕头、玩偶、手套等。除了具体的单个物品之外，主要照顾者的身上部位如耳朵、手、头发等，也常常是宝宝喜欢的地方，甚至有些妈妈必须保持固定的头发长度，这样宝宝才能安心玩着头发入睡。

一般来说，宝宝对物对人的迷恋程度，只要不影响到宝宝正常的生活作息，不是要求必须24小时寸步不离，正常的依赖行为并不会影响到宝宝人格的正常发展，家长们无须过度担心。

809 宝宝为什么有依恋情结

心理专家认为，几乎所有的正常婴幼儿都会有"依恋情结"；"依恋情结"不但无害，还有助于他们的生理、心理健康发展。心理学家分析还得出，无论是"恋人"还是恋物，依恋关系的产生都是宝宝的内在心理需求的表现，宝宝依恋母亲

或某一身边物品是为了获得满足感和安全感。特别是当宝宝受到惊吓、感到委屈或需要被关心时，母亲等其他亲近者就是他可以寻求安慰和保护的最好"庇护所"，他们喜欢的某一东西或许能给他的心理带来莫大的安慰。

810 宝宝恋物情结有哪些表现

随着宝宝成长环境的不同，对于物体的依恋程度也出现明显差异，其关键在于宝宝所处的环境以及主要照顾者的忍受、认知能力。

乳房的依恋。乳房的依恋约至2岁。宝宝咬乳房的目的不一定是饿，有时只是一种情绪反应，"咬"的动作成为替代语言的工具。到了2岁以后，随着宝宝开始学习语言、能够表达情绪，这种情况将会慢慢戒除。

奶嘴、奶瓶的依恋。奶嘴、奶瓶的依恋可至3～4岁。长时间咬奶嘴、奶瓶，将影响宝宝上下腭的咬合度、牙齿发展以及语言学习。当进入语言能力发展期之后，最好尽快戒除。

玩偶的依恋。玩偶的依恋可至6～8岁。如果宝宝坚持随身携带玩偶，否则就拒绝出门或上学，甚至为此在学校与同学争吵、阻碍人际关系发展时，家长应及时介入，帮助宝宝改掉这个习惯。

811 宝宝依恋会影响其人际交往吗

同伴交往是人际交往的重要形式，是宝宝学习社会交往的初始阶段。

同伴交往所形成的愉快的交往经验会提高宝宝的自信心，自信心又会引发他更强的交往主动性，两者相互促进，形成良性循环，此良好心态，会使宝宝终身受益。

如果父母或其他养护者对宝宝的反应敏感，让宝宝能感觉时时有人响应他的呼唤，在他吃饭睡觉玩耍等日常生活中，如果都有到位的关注和照料，他就会认为这个世界是安全、可以信赖的，就会喜欢与人相处，与人打交道。

相反，如果父母或其他养护者对宝宝的反应迟钝、冷淡，他的需要常常遭到拒绝或者忽视，他就会认为这个世界是不可信任、不好把握的，也就不敢也不愿参与人与人之间的交往了。

儿童心理学研究表明：具有安全依恋历史的婴儿长大以后，会将这种安全感带到他的社会关系中，他容易认同同伴或他人。相反，缺乏安全依恋历史的儿童长大以后，会将不安全感带到他的社会关系中，容易排斥同伴或他人。

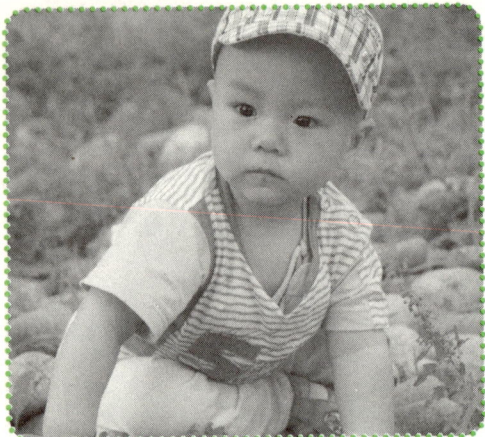

812 怎样正确对待宝宝的依恋情结

恋物或者恋母情结随着宝宝独立性的增强、语言表达能力的日趋成熟，会逐渐消失，一般情况下会在宝宝3岁左右消失。家长也可以在尊重宝宝的前提下，帮助宝宝戒除依恋情结。

可以采取的方法概括起来就是：对依恋人的宝宝一点一点地远离，提供独立的活动空间让宝宝玩，减少宝宝对依恋人的依恋；对依恋物的宝宝可以用讲故事等有趣形式让宝宝获得愉快感受，从而转移对依恋物的注意力。

若采取粗暴的方式否定宝宝的依恋物，会让宝宝遭受严重的挫败，产生强迫分离和背叛感，使心理受到伤害，并留下不可磨灭的阴影，这对宝宝以后的成长非常不利。

813 宝宝何时产生交往愿望

1岁以后的宝宝，对人和人之间的交往会产生浓厚的兴趣，而且有了很强烈的交往欲望。他们开始不满足每天待在家里自己玩或是只和父母交往，迫切地盼望出门和别的小伙伴一起玩耍，体验交往快乐。

他们会对小朋友微笑或大笑，发声或说话，以此来吸引别的小朋友的注意；也会把自己喜欢的玩具给其他小朋友递过去；有时会凑到小朋友旁边抚摸其他小朋友，甚至拍打或推搡人家。他这样做并无恶意，只是希望引起同龄小伙伴的积极回应。很多情况下，小朋友们会一拍即合，他们互相微笑、触摸，对话或是在一起玩玩具。有时他们会叽里呱啦说着大人们听不懂的话。这样的交往给宝宝们带来的不仅是快乐，还有心理的满足。

814 宝宝何时在交往中出现道德行为

1～2岁的宝宝在与小伙伴的交往中就有了消极关系和积极关系，这正是人与人之间社会关系的初级表现，也是道德行为的最初形态。

宝宝之间积极的关系，就是他们能和谐相处，玩得快乐，对彼此有益，相互之间还能协作配合相互帮助等。而消极关系不外乎争抢打闹，大哭大闹，拳脚相加等。

宝宝道德行为和家长的影响有很大关系，所以家长在科学引导的同时更要做好榜样。

815 宝宝发生冲突怎么办

宝宝一起为抢玩具而发生冲突是很正常的，父母要以合理的方式解决冲突，并要注意以下几点：

● 只要没有大的危险，让宝宝自己学习处理冲突，这样会让宝宝逐渐从"自我"中"脱"出来，能审视"他人"，从而增强自制力，学会控制自己的行为。

● 父母对宝宝间的"冲突"要冷静分析原因，公平处理。

● 不要对自己的宝宝保护过度，也不要强迫宝宝放弃自己心爱的玩具。

● 宝宝的冲突中，家长要引导他们学会保护自己，尊重他人。

● 如果宝宝表现得太好强，总是抢小伙伴的玩具，你可让他与大一些的宝宝一块玩，这样，他就会规矩多了，也会控制自己的愿望和行为了，离成功交往就不远了。

816 父母对宝宝人际交往能力有何影响

宝宝的人际交往能力，最初是从照顾自己的父母身上学到的，而且，爸爸妈妈与宝宝交往，会具有各自不同的特点，宝宝从他们身上学到了不同的人际交往方式：妈妈的细致、温柔，爸爸的活泼、勇敢。

许多事实证明，只有爸爸妈妈共同参与和宝宝的交往，才能使宝宝形成更加完善的性格，学到更多的交往技能，长大后有较强的人际交往能力。

817 宝宝胆子小怎么办

首先，给宝宝创造足够多的交往机会。家长要带宝宝多参加一些聚会，让他感受到和大家在一起交往的快乐；也可以请同龄的小朋友到家中和宝宝玩，熟悉的环境中宝宝会喜欢与小朋友交往；听到门铃，鼓励宝宝帮忙开门，迎接客人；宝宝会说简单的话以后，鼓励宝宝自己去接电话……如此锻炼下来，宝宝的交往能力一定会提高，胆子也会大起来。

其次，帮宝宝建立足够的自信。参加了很多次交往，宝宝仍害羞、胆小，那可能就是宝宝不够自信引起的。家长多鼓励宝宝展示自己，并要在场的人给予及时的肯定和表扬："宝宝真能干，能为我们做事情了"、"宝宝的舞跳得真棒啊！"

有一点切忌，不要在大庭广众下给宝宝下"害羞、胆小"的定义，那样只会让他更胆小。

生活自理能力
Sheng Huo Zi Li Neng Li

818 宝宝使用杯子有何好处

随着宝宝的小手逐渐灵活，力量不断增强，家长就可让宝宝使用水杯喝水或喝牛奶。让宝宝及早使用水杯的益处有很多：

● 水杯的使用，对 1 岁以后的幼儿的身体发育以及认知能力的提高有促进作用。

● 水杯的使用，可避免长期频繁使用奶瓶而可能导致的龋齿。

● 水杯的使用，给了宝宝更多说话的机会。

819 何时训练宝宝自己吃饭好

宝宝成长到 12 ~ 18 个月，是训练宝宝吃饭的"黄金诱导期"。在这段时间里，宝宝的手眼协调能力迅速发展，父母只需要给予适当的诱导，就能有事半功倍的成效。刚开始的时候，让宝宝自己吃饭，很有可能会把饭菜洒得到处都是，此时，父母千万不要因为卫生问题制止宝宝的这种行为，当宝宝在吃饭的时候喜欢用手去抓饭往嘴里送时，看到勺子里的饭快要掉下来时，会有主动去舔勺子的反应，而且如果宝宝在前期已经经过训练会自己用杯子喝水了，就说明，父母教宝宝自己动手吃饭的黄金时期到来了。

820 怎样训练宝宝自己玩

快两岁的宝宝运动能力的大大增强，他对自己的肢体动作有了很大自信，同时随着这一阶段宝宝独立意识的呈现，他开始在自己的能力范围内自如活动起来。这时候，父母可以引导宝宝学会自己玩，这是培养宝宝专注能力和自我尝试解决问题能力的机会。

训练宝宝自己玩的时候，给他的玩具不要太简单，也不要太难，过于简单的玩具不能坚持很久，过于难的玩具宝宝不会玩，必然要扫兴或者感到厌烦。套圈塔是比较适合这个阶段宝宝独自玩的玩具。对宝宝来说，不仅仅要会完成套圈的动作，还要进行比较，思考圈的大小与套的顺序问题。刚开始的时候，他总是重复地拆开，进行反复比较，这个过程可以锻炼宝福的耐心，帮他形成大小的概念，培养他克服困难和解决问题的能力。

821 怎样训练宝宝坐盆大小便

宝宝的大小便是生活习惯，也是生理发育的一个过程，宝宝需要不断地获得各种刺激后产生经验。当宝宝需要排便时，膀胱充盈了会有胀的感觉，会提醒大脑指挥系统。而现在的宝宝多用尿不湿，父母不太了解宝宝平时排尿的情况，语言提醒对宝宝来说几乎没用，或他无法与自己的体验挂上钩，不能产生必然的联系。因而父母有必要锻炼他，帮他养成排便习惯：

● 先了解一下宝宝自然状态下的大小

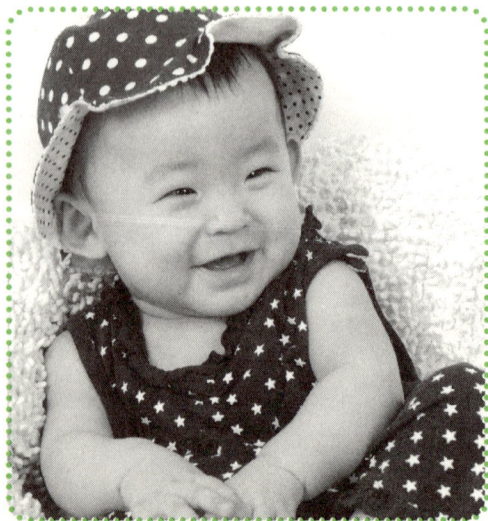

便的间隔时间。（喝水太多或者腹泻时例外）。

● 给宝宝买一个造型可爱的便盆，让宝宝坐得舒适些。

● 宝宝会坐便盆尿了后，父母要及时给予鼓励和表扬。

● 父母要有足够的耐心，学会等待。不要在宝宝玩得最高兴时提醒他进行坐便盆排便，以免他产生排斥情绪。

● 在掌握了时间后，相对的要固定时间把尿，不能太无序。

早教环境
Zao Jiao Huan Jing

822 目前家长普遍存在什么早教误区

目前，社会上普遍存在重知识轻能力的现象，过分重视读、写、算，而忽视实践能力的培养。

误区一：有些家长认为发展宝宝的智力就是让宝宝放弃开心的玩耍，尽量多地识字背书。过于强调早期识字，再加上死记硬背，造成了厌学、自卑的情绪，容易妨碍宝宝的正常发展。

误区二：有些家长片面认为，早识字就是早期智慧，却忽视了长远的打算。其实，人的培养周期很长，不同的教育阶段需要完成不同的特定任务，与宝宝成长阶段不符的各种教育容易加重宝宝的精神负担，损害宝宝的身心健康，影响宝宝社会性的发展。

误区三：有些家长片面认识兴趣与特长的关系，不考虑宝宝的年龄和个人特点，甚至仅仅出于个人意愿，就早早地为宝宝定向，如学琴、学画、识字等，若定向不得法，也会对宝宝造成长期不良的影响。

823 适合宝宝成长的早教内容有哪些

教育心理学家列出下列七项最适合宝宝成长的早教内容：

第一，语言教育。宝宝一出生，最迫切需要学习的，就是语言。对宝宝来说，每一种语言都是外来语。因此，宝宝学习语言是游戏，不是功课。

第二，知识教育。宝宝需要父母帮助宝宝有计划、有选择地观察和认识生活他对生活环境认识越多，他越有自信。

第三，创意教育。宝宝需要发展想象世界，幻想是创作和发明的开始。反应迟钝的宝宝幻想世界很窄。宝宝的幻想，需要父母的刺激和鼓励。

第四，品格教育。怎样和自己相处，怎样和别人相处，怎样和环境相处，这是做人。事情要怎样进行，才容易达到目标，这是做事。

第五，生涯教育。宝宝需要认识人生、要长大，最后要成为能独立生活的大人，因此，在童年的时候，多认识不同的人生，这不是哲学上的考虑，而是实际上的需要。

第六，智慧教育。智慧就是创造新东西，创造新观点的能力。宝宝小小的发现，小小的发明，小小的心得，父母都应该加以鼓励。成就获得肯定是宝宝继续努力的原动力。

第七，气质教育。幽默感是一个人最高尚的气质，是一个人人生最高的境界。宝宝需要培养幽默感。幽默感就是使心情恢复宁静的能力，幽默感不管对自己、对别人都是润滑剂。

824 美国早教包括什么内容

按照美国幼儿教育协会的定义，早期教育是指对0～8岁儿童实施的教育，在某些情况下，早期教育特指0～3岁儿童的教育或者学龄前儿童的教育。美国幼儿教育协会对于早期教育特别强调了五个方面的内容，即社会、情感、审美、智力和语言发展。早期教育包含的范围大致为12个方面：①大脑与五官刺激；②身体素质与身体协调能力；③情绪能力和心理健康；④语言能力；⑤良好个性与人格；⑥良好生活习惯；⑦社会性能力；⑧求知欲开发与保护；⑨知识积累与学习能力（读写算）；⑩审美趣味与能力；⑪特殊才能发现；⑫特殊技能培养。

825 单亲家庭宝宝的早教需注意什么

多和他说话。这有利于扩大感知觉的刺激范围，加强宝宝注意的广度，提高记忆的效果，也有利于思维的提高和想象的丰富。刺激的方法主要有：多与宝宝沟通、让宝宝模仿大人说话、鼓励宝宝用正确的口语表达需要、积极创造宝宝彼此之间进行口语交往的情境和条件。

多陪宝宝玩智力游戏。通过游戏，发展宝宝的感知、注意、记忆、思维和想象等能力，如加大视觉灵敏度，记忆数量和质量显著提高等。

激发观察兴趣。在观察过程中指导宝宝掌握观察方法，要求宝宝用自己的语言来描述所见所闻，提高抽象概括能力和语言表达能力。

多给宝宝讲故事。用明白、通俗、生动的语言给宝宝讲故事，通过益智故事扩大知识面，培养宝宝的注意力，提高他们的记忆力，发展他们的想象力。

注重早期学习。以游戏为手段抓好早期学习，让宝宝在游戏的过程中，增强注意力，增进思考力，提高记忆力，同时获得相应的知识。

鼓励宝宝提问。要在宝宝发问时回答好宝宝的问题，还要积极启发宝宝提问，引导宝宝扩大提问的范围，帮助宝宝提高提问质量，形成思考和探究的习惯。

826 家庭蒙氏教育需要准备哪些物品

蒙台梭利主张"生活即教育"的理论，父母对宝宝进行教育不一定要有完整的教具或过多的辅助。尤其对0～3岁的宝宝来说，生活本身就能赋予他们很多能力，父母在家中也可以进行蒙氏教育，同时最好备有下列物品：

● 与宝宝身高相符合的小桌椅，以便用餐、画画、游戏等，尽量轻，让宝宝能搬动。

● 一个柜子，宝宝的手能达到柜子的每一层，宝宝每完成一项工作就要将玩具或用具放回原来的位置，这便是支配、控制环境练习的开始，也是蒙氏教育所强调的秩序。

● 适当高度的挂钩，宝宝能试着将自己的衣服挂起来，同时有一个让宝宝自己收藏衣服的抽屉。

● 一些小尺寸的容器和盘子，这些东西能让宝宝更小心、容易地进行活动。

● 适合宝宝用的打扫用具，用以帮助宝宝建立良好的清洁习惯。

827 影响儿童智力的九个变量是什么

● 母亲精神健康状况。被两次以上诊断为有情感障碍的母亲，属于高危因素，她的宝宝易发生智力障碍。

● 母亲是否抑郁。智商高的儿童，他们的母亲四分之三无忧郁；低智商儿童的母亲有忧郁者占四分之一以上。

● 双亲教育儿童的观点。专制、强迫性教育是高危因素。智商高的儿童，四分之三的双亲是非专制型的；低智商儿童的母亲至少有四分之一是采取专制型教育的。

● 母子间的相互影响。智商高的儿童，四分之三的母亲有较多的自发爱抚表示，缺乏自发爱抚行为是高危因素。

● 母亲受教育程度。受过中等以上的教育母亲的宝宝发生智力障碍的较为少见。

● 父母职业情况。父母技术熟练、工作顺利、人际关系好，子女的智商较高。

● 家庭稳定状况。家庭幸福、和睦、健全，给儿童以良好影响，促进智力发育。

● 生活中是否发生过意外。四分之三以上的高智商儿童，生活中没有过意外。

● 家庭大小和子女多少。国外调查证实：胎次多的，智力则递降；两胎间隔长的宝宝，其智力高于两胎间隔短的宝宝。

828 妈妈素质如何影响宝宝智力

从遗传学角度来看，子女聪明与否关键在于母亲。英国科学家研究认为，母亲的 X 染色体上的基因决定宝宝大脑皮质的发育程度，父亲的基因对塑造后代的情感和性格类型有着重要的影响。

母亲的文化素质与优生优育密切相关。早婚早育、近亲结婚者在文化水平较低的妇女中较多见，母亲受教育的水平越高，其发生胎儿缺陷的可能性越低。

家庭环境影响幼儿的智力开发。在语言方面，环境总分与智商偏高的，大部分母亲文化修养较高。母亲不仅自己要求学习，也重视宝宝的教育，关注宝宝的成长，肯花时间为宝宝讲故事，并耐心回答宝宝提出的问题。

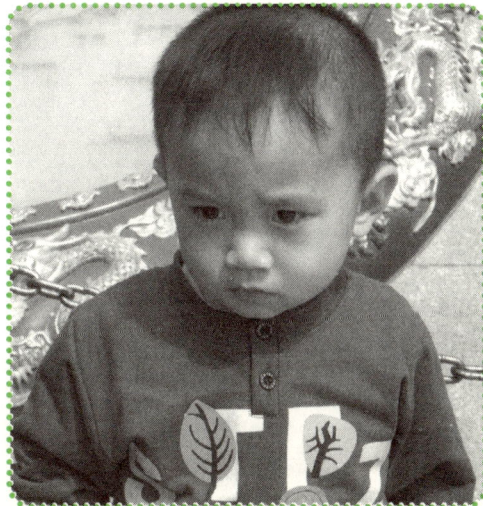

829 父母做哪十件错事会让宝宝变笨

"中国教育界领军人物"、"全国十大名牌教育"、"高考战神"王金战老师曾总结性地提出父母所做的十件会让宝宝变笨的错事：(1)过分苛责；(2)处处干涉；(3)追求完美；(4)看重高分；(5)父母不和；(6)不准发问；(7)事事代劳；(8)限制游戏；(9)鼓励听话；(10)拔苗助长。

追求完美、看重高分、过分苛责、鼓励听话、拔苗助长把"驱迫令"加入宝宝的心灵；不准发问、限制游戏、处处干涉、事事代劳把"禁止令"加入宝宝的心灵；父母不和使宝宝心灵无力，缺失爱的支持和灌溉，宝宝会迷茫、沮丧，失去活力、创造力、主动性，甚至感觉"活着没意思"。

830 宝宝注意力不集中有什么表现

注意力不集中，容易分心，是宝宝普遍存在的现象，也是让家长十分头痛的重要问题之一。宝宝注意力不集中都有什么表现呢？

● 好动，坐不住，不喜欢固定待在一个地方。

● 萎靡不振，恍恍惚惚，和他说话时，总心不在焉，或者老走神。

● 粗心大意，马虎，玩游戏时不能自始至终，容易出现差错。

● 爱拖沓，喜欢磨蹭，摇摆不定。

● 一心多用，容易受外界影响，效率不高。

● 患有注意力失调症，或者是感觉统合失调症。

831 什么原因造成宝宝注意力不集中

造成宝宝注意力不集中的原因很多，归纳下来，主要有以下几点：

生理原因。剖宫产出生的宝宝，和缺少爬行锻炼的宝宝，都可能导致注意力不集中或失调。

睡眠不足。睡眠中，大脑会生产着思维所必要的生化物质，合成着生长所需要的生长激素。如果没有充足的睡眠，宝宝大脑分泌这些物质就受到严重影响，就会致使注意力下降，记忆力不好，个子也长不高。

营养不足。大脑是人体最重要和最活跃的器官，消耗的能量占全身总消耗能量的 20% 左右。注意力集中时，大脑处于高度紧张的兴奋状态，需要大量新鲜血液提供足够的营养。因此，如果宝宝的营养不足，就会导致大脑疲劳或受到损伤，影响注意力。

过于溺爱。现在的宝宝基本上都是独生子，由于观念、素质、情感等因素，父母尤其是老一辈人往往十分溺爱宝宝，对任何事都大包大揽，使宝宝养成严重的依赖性，缺少自理能力，以致无法学会集中注意力做一件事。

父母影响。 若父母的性格就比较懒散，随心所欲，做事不能持久，没有规律和计划，受这样的家庭环境影响，很多宝宝都会注意力涣散。

疾病原因。 若宝宝患有某种疾病，导致学习失能，例如记忆力失能等，也会极大地影响注意力的集中。

另外，若宝宝体内铅超标，也可能导致注意力无法集中。

832 感统失调应从几个方面判断

感觉统合失调有多种，一般分为视觉统合失调、听觉统合失调、触觉统合失调、前庭平衡统合失调、本体统合失调等5种。一般从下面三个方面判断：

前庭平衡功能失常： 好动而很难安定下来。但并不是所有好动不安不见都是感觉统合失常，周围的环境或大人的误导也可能产生此现象，如果把所有可能因素一一过滤后，仍然找不出原因，则可能是感觉统合失调。

触觉：讨厌被触摸。 许多感觉统合失调的儿童平时对洗澡、洗头和理发等行为反感，有的儿童甚至对换衣服也十分反感。这主要是由于他们的触觉防御过强造成的。

本体感：动作不灵活。 这些儿童多半动作灵活性较差，有些到五六岁不会使用剪刀和筷子，有的不敢登高，不敢荡秋千等。

833 什么原因导致了宝宝"感觉统合失调"

造成儿童感觉统合失调的原因很复杂，除了中枢神经系统不健全，如：发育迟缓，轻度大脑功能失常等先天因素外，主要与孕育过程中的问题和出生后的抚育方式有关。归纳起来主要有：

- 活动空间狭小或过多依赖学步车，导致爬行不足。
- 过度保护或管束过严，出生后应有的摸、爬、滚、打、蹦、跳等行为，在发育的自然历程中被人为破坏。
- 缺少同伴群体。
- 缺少户外活动和各种运动。
- 过早进行认知教育。
- 电视、游戏机是主要的玩具等。
- 先天性的生理原因：因胎位不正引起的平衡失调；因早产或剖宫产造成幼儿压迫感不足；造成触觉失调；因怀孕期间不正确的用药和打针对幼儿造成的伤害。

834 人的左右脑分别分管什么功能

人的左右脑分管不同的功能，左脑称为"学术脑"，主要负责语言、逻辑、数学和分析等功能，简单地说就是运用逻辑思维把事情条理化。在宝宝时期，通过训练宝宝背诵儿歌和诗词、学习生字、练习简单的加减法等都能刺激宝宝的左脑发育。

右脑又称"艺术脑"，主管韵律、图

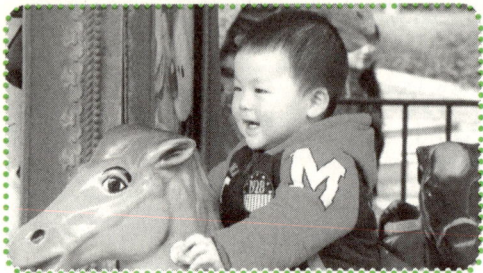

画、想象、情感、创造力。宝宝是否具有创造力和想象力，右脑起着重要作用。通过舞蹈训练、画画、听音乐以及让宝宝做简单的设计等，都对右脑发育有极大帮助。

835 如何同时开发宝宝左右脑

首先是右脑映象的认识力，又称类型识别能力。新生儿即能认识母亲的脸，而他的记忆大部分是以映象作为概念被识别出来的。这种概念就是在瞬间能捕捉到的东西，也称为类型识别能力。在半睡眠时给他讲故事，就是运用他的映象记忆力。

其次是图形的认识力，即形象认识能力。与宝宝说话时，指着对应的物品，则右脑就会反映出这个物品的形象来。日常生活中养成用图形记事的习惯，就能刺激右脑，使其逐步活化。

再次是空间识别能力。从小让宝宝拍吊球，开始拍不到，练习了几个月后就能够抓住球了。还可以让宝宝在自己家里黑暗中来回走，直到能行走自如，提高空间识别能力。

最后是绘画感觉能力。要活化右脑首先应该经常带宝宝欣赏美的工艺品、建筑、塑像、邮票以及自然风景等。培养宝宝画画的兴趣，对右脑的刺激更为明显。

836 左撇子更聪明吗

左撇子就是先天惯用左手的人。在我们国家，手的两项最主要动作——用筷子和写字，对于天生惯用左手的人，前者多在儿时学习吃饭的过程中被强行纠正过来，后者又往往在学习写字时被强行纠正。但不管如何纠正，这些人仍然惯用左手，比如，习惯用左手持刀，习惯用左手扭开瓶盖等。

专家认为：从手与脑的关系来看，人的左脑支配右半身活动；右脑支配左半身活动，大脑右半球占主导地位从而形成左撇子。目前我国还没有确凿的数据显示左撇子比常人聪明，但开发宝宝的右脑并没错。科学研究表明，右脑功能的开发和利用，对整个大脑的协调能力，促进思维发展和灵活性有积极的作用。想充分挖掘大脑两半球的潜力的话，开发右脑很重要，尤其在婴幼儿以形象思维为主的时期更是如此。

837 0～1岁宝宝如何开发右脑

0～1岁的宝宝大脑特征是"脑映像"，他们能在瞬间记住看到的事物。要开发这一时期宝宝的右脑，最好的办法就是和他玩"捉迷藏"，比如事先把玩具藏起来，让宝宝去找，或者让家里其他人躲起来，等宝宝去找，这些都是最立竿见影的游戏。也可以选择"音乐浴"熏陶，优雅音乐除了可以锻炼宝宝的听觉，激化活化右脑外，还可以培养宝宝的艺术情操。

2~3 岁宝宝

2~3岁宝宝发育水平表格

月龄	大运动	精细动作	适应能力	语言表达	社交行为
25~27个月宝宝	☆独自上、下楼，用双脚登斜面（爬山），步伐平衡（横着走平衡台）	☆模仿画竖道，拧瓶盖，用手掌把橡皮泥搓成团状，端杯子，用线穿细小的东西	☆认识大小，正确放置倒入板型，会区分复杂的形状（图书拼图10片左右），了解袋子里有不同的形状（神秘袋）	☆说8~10个字的句子，喜欢有重叠词的图画书	☆把拖鞋排整齐，把小茶壶的水倒入杯中，脱单衣或裤，开始有是非观念
28~30个月宝宝	☆独脚站2秒钟，在垫子上侧滚骑三轮车，双脚一起往下跳（50厘米高度）	☆模仿搭桥，穿扣子3~5个，会用3个手指和手腕（用汤匙），会用手指的力量捏洗衣夹，会用剪刀	☆知道1与许多，知道红色，会用语言表达冷热	☆说出图片10样，有往日概念	☆来回倒水不洒，穿袜子，自己扣衣服扣子，卷地毯
31~33个月宝宝	☆立定跳远，长时间继续走（1500米），荡秋千，飞快地跑也不跌倒	☆模仿画圆，会适度调整握力，用刀切，卷物品，用剪刀剪线，折纸，折布	☆依大小顺序排列积木，懂得"里"、"外"，积木搭高10块，会分辨大小，长短，粗细	☆说出性别，连续执行三个命令，喜欢图画故事书	☆按按扣，能自己穿脱上衣，用肥皂洗手，用台布擦桌子
34~36个月宝宝	☆两脚交替跳，两脚交替上楼梯，单脚站立	☆折纸边角整齐(长方形)，模仿画"十"字，灵巧地使用3个手指（用筷子），把黏土揉成泥团或弄碎，用拇指和食指撕纸，缝直线	☆认识两种颜色并把颜色相同的排在一起，懂得"2"懂得"冷了、累了、饿了、怎么办"	☆说出图片14样，喜欢看图书，记得故事眉目的句子，念错了会生气	☆拿着松紧带戴帽子，洗擦台布，学会擦屁股

营养发育
Ying Yang Fa Yu

838 "贫血"会影响宝宝智力发育吗

贫血是指外周血中单位容积内的红细胞数、血红蛋白量或红细胞压积低于正常。我国规定血红蛋白在新生儿期低于145克/升，1～4月低于90克/升，4～6月低于100克/升，6个月～6岁低于110克/升，6～14岁低于120克/升，即为贫血。

由于红细胞的主要功能是携带氧气，因此贫血时组织与器官因缺氧而产生一系列症状，造成细胞功能紊乱，尤其是单胺氧化酶的活性降低，造成重要的神经介质如5-羟色胺、去甲肾上腺素等发生明显变化，不能正常发挥功能，因而产生一些非造血系统的表现，如体力减弱、易疲劳、表情淡漠、注意力难以集中、注意力减退和智力减低等。

有调查表明：3岁以内的贫血儿童在适应能力及细致动作方面明显差于正常儿童。当改善贫血儿童的饮食3个月以后，

其贫血可得到纠正，他们的智商有较明显的提高。在4～6岁的儿童中也发现了类似现象。儿童的智能发育被影响可表现为注意力分散、精神不集中，对其周围的环境事物均不感兴趣，表情淡漠，不爱玩、不爱活动等，这些都说明贫血可影响儿童的智力发育，但可通过治疗贫血而改变。

839 长期接触电器会影响宝宝智力发育吗

多溴联苯醚（PEDE）在我国被广泛使用于电器、家具等领域。长期使用电器的人，体内更容易储存大量的多溴联苯醚。美国的一项研究发现：长期使用电器的人，体内的多溴联苯醚含量比一般人高出10倍。

实验显示，高浓度的多溴联苯醚对动物的影响明确，它会导致老鼠的记忆障碍。多溴联苯醚对人体也是有影响的，可导致人体免疫功能紊乱，也就是说，患各种疾病的几率会增高。如果1～3岁的小孩接触了含有多溴联苯醚的药物，会导致智力的改变。

多溴联苯醚会被塑料释放到空气、灰尘中，附着于地毯和毛绒玩具的灰尘上，这会给宝宝带来很大威胁，因此研究人员提醒家长，要经常给地毯吸尘，不要让宝宝接触毛绒玩具或者不慎吃入被污染的食物。

840 宝宝3岁前不宜用哪些餐具

大人的餐具。为成年人设计的餐具是，无论从体积还是重量上都不适合于宝

宝用。此外和大人共用餐具还容易把大人的疾病传染给宝宝。

西式餐具。 西式餐具中的坚硬尖锐的刀叉，很容易将宝宝的口唇刺破。如果宝宝不小心跌倒，还会造成更严重的外伤。

筷子。 2周岁前的宝宝不适宜学习使用筷子，因为筷子的使用须通过手部、腕部、肘部、臂部甚至肩部的多个关节的精确协调配合，一般宝宝在3～4岁才能通过学习熟练使用筷子。

彩色餐具。 彩色餐具绘图所采用的化学颜料对儿童健康有极大危害。如酸性食物会把陶瓷餐具上彩釉所含的铅溶解出来，与食物同时进入儿童体内。儿童吸收铅的速度比成人快6倍，如果儿童体内含铅量过高，对儿童的智力发育将可能产生不可挽回的负面影响。

5. 某些化学材料制造的餐具。 家长在给宝宝购买餐具时，一定要选择信用度高的厂家的合格产品。

6. 难以清洁的餐具。 由于形状、设计或质地上的原因不易清洗干净，或不能进行高温消毒的餐具，表面上容易附着油污和细菌，也不是儿童的理想餐具。

841 天才宝宝3岁前有哪些迹象

1.讲话早

如他迅速掌握大量词汇、发音清晰、喜欢刨根问底并具备非凡的理解力，说明他拥有聪明的潜力。

2.阅读早

关注他识字和识图的过程。另一个有提示作用的迹象就是他会捡起书本自己阅读。

3.喜欢数字

他喜欢数日常生活中的一切东西如楼梯、来往的车辆吗？他能记住电话号码吗？他认识书本上的数字吗？他是否很早就开始数数？他能解简单的数学题吗？

4.善于于解决问题

他玩那些适于比他年长的宝宝玩的游戏吗？他能自主解决游戏中的困惑吗？他是否对细节特别感兴趣？

5.能够全神贯注

如他能长时间地关注一件事情，自始至终，如完成拼图游戏的时候非常专心有耐心，说明他有成为天才的趋势。

842 佝偻病有何表现

佝偻病是由于维生素D缺乏而引起的常见婴儿慢性营养不良疾病。本病症状是多汗，夜惊、肌肉松弛，枕后脱发圈，前囟晚闭，出牙迟。重症时会出现骨骼发育障碍，如颅骨软化、方颅、肋骨串珠，胁隔沟（赫氏沟），及手镯，脚镯，会坐以后脊柱后弯，有"O"型或"X"型腿、鸡胸。

佝偻病多发生在 3 岁以内的婴幼儿，该病若不早期诊断及时治疗，三岁以后便有不同程度的骨骼畸形则为后遗症期。

843 佝偻病有何对策

1. 增加户外活动

宝宝在出生后 1 ~ 2 个月时应到户外多晒太阳，同时要注意别让太阳光直接照射刺激宝宝的眼睛，以免引起不适。接受紫外线照射时应根据温度情况暴露皮肤，但同时要避免对流风直接吹到婴幼儿身上，以免引起感冒等病症。

2. 注意皮肤护理

佝偻病患儿头部容易出汗，要注意全身皮肤及头部的清洁干燥，有汗时及时擦干，勤洗澡，勤换洗内衣。

3. 合理喂养

提倡母乳喂养，因母乳中钙、磷比例合适（钙：磷为 2：1），利于人体吸收。及时添加富含维生素 D 的食品，或者遵医嘱口服维生素 D 滴剂，3 个月时添加蛋黄，7 个月后可添加肝末、肉末等维生素含量较高的食物，以此来满足婴幼儿成长对营养的需求，还应及时给婴幼儿补充新鲜的水果和蔬菜。

4. 预防感染

患儿体质弱，易患呼吸道及胃肠道感染。胸骨畸形患儿会影响肺活量，更易患肺炎。因此要注意保暖，保持冷热适宜，少去公共场所，避免接触感染源。

5. 防止加重骨骼畸形

婴幼儿不能久坐或过早行走，以免加重骨骼畸形。婴幼儿站立或行走时，父母要用双手托住其腋下，以支撑身体重量，保持平衡，避免发生危险。

844 维生素 D 中毒有何表现

维生素 D 中毒是由于一次误服大量维生素 D 或长期服用大剂量维生素 D 或对维生素 D 敏感者服用了维生素 D 而引起的中毒。但一般口服治疗量维生素 D 是安全的。

维生素 D 中毒早期表现为厌食、恶心、乏力、烦躁不安、低热，继而出现呕吐、腹泻、顽固性便秘、体重下降、嗜睡或烦躁。重症可出现惊厥、血压升高、心律不齐、心脏有杂音，并有喜饮水、小便次数增多，甚至脱水、酸中毒。较大儿童可诉头痛。病儿肾脏大量排钙，小便检查还可发现蛋白尿、红细胞等。病儿还易患泌尿系感染，最后甚至出现慢性肾衰竭。钙盐沉积在肺部宝宝易患呼吸道感染。在骨骼、大脑、心脏、皮肤、血管等处均可发现钙质沉着，从而影响宝宝运动、体格发育，重者可出现智力落后。

845 维生素D中毒有何对策

正在服用维生素D的宝宝若出现厌食、恶心、乏力、烦躁不安、呕吐、腹泻等症状时。要考虑是否为维生素D中毒早期，应及时带宝宝到医院检查血钙等。若经确诊为维生素D中毒应停服维生素D，如血钙过高应积极治疗，限制钙的摄入，促进维生素D排出。

预防本病主要要掌握预防和治疗佝偻病时维生素D的具体方法、服用剂量及时间。家长要明白维生素D不是滋补药，过量服用会引起中毒症状。服用维生素D强化食品也应注意每天进食的限量，防止过量而引起中毒。

认知能力
Ren Zhi Neng Li

846 何时是宝宝构思建构能力发展关键期

33～34个月是宝宝构思建构能力产生发展的关键期。在这个时期，幼儿开始学习构思自己的行动内容并通过双手实现出来。例如，幼儿先构思要搭建一座桥，然后选择不同的积木一块块有步骤地搭建。这个时期是一个人再造想象力和创造性思维开始产生发展的时期，是一个人真正开始认识到自己的意识，并尝试实现自己目标的第一步。

847 何时是培养宝宝学习习惯的最佳时期

要培养良好的学习习惯，必须先培养良好的生活习惯。俗话说："80岁也改不了3岁的习惯。"幼儿教育专家们认为，形成"好坏"概念的2～3周岁是培养正确生活习惯的最佳时期。

学习习惯与智商不同，智商高的人不一定学习成绩好。在幼儿期或者小学低年级，聪明的宝宝或受过早期教育宝宝的学习成绩似乎更好一些，但随着年级的提升，有自律学习习惯的宝宝能逐渐超越聪明的宝宝。当遇到问题时，具有良好学习习惯的宝宝能独自制定解决问题的计划，能够推算出解决问题所需要的时间，能够选择合理的解决方法。单凭高智商是无法完成这些事情的。

好的习惯并不是一朝一夕就能养成的，因此必须从幼儿期开始培养宝宝早睡早起的习惯和集中注意力的习惯。

848 2岁后宝宝注意力有何特点

1. 注意的时间变长了

2岁后宝宝能较长时间专注于自己感兴趣的事情了，玩玩具、念儿歌、看图片、听故事或观察一个物体，只要是自己喜欢的事情，注意力就能坚持很长时间。例如，宝宝喜欢看的书，可以认真投入地翻看半小时；宝宝认为有趣的电视节目或动画片也能集中注意力安静地看上好久。

2. 注意的范围扩大了

这阶段，宝宝注意的内容也较以前丰

富多了，身边很多的事物都能够引起他的兴趣和关注。比如，鱼缸里游动的各色小鱼足以让他驻足观察很久，超市里琳琅满目的商品会让他流连忘返，就连家里妈妈烧饭、洗衣服，爸爸修理玩具小汽车他也要在旁边看上半天，有时还要蠢蠢欲动地想帮忙。

849 3岁前宝宝注意力有何特点

3岁以前宝宝对事物的注意是随意的、被动的，是由刺激物本身的特点所引起的，缺乏目的性、稳定性、细致性、分配性。

3岁以前的宝宝还不能进行有组织有目的的注意，很容易被一些无关事物吸引，注意力很容易分散，让原来的活动不能继续，任务很难完成；宝宝持续注意的时间很短，很容易转移注意的对象；宝宝只注意表面的、明显的事物轮廓，不注意事物较隐蔽的、细微的特征，还不太注意两个事物之间的关系；让宝宝同时注意很多的事物是很为难他的事，他还不知道如何来分配自己的注意力。

850 宝宝为何注意力分散

宝宝对手上的玩具或从事的活动缺乏注意力，除了年龄的特点之外，还有另外几个主要原因。

● 对活动本身缺乏兴趣。对不喜欢的事物或活动，宝宝很难集中注意。

● 家庭环境的影响。如家里人口多、嘈杂，父母脾气急躁、整天争吵，家庭气氛压抑等因素，都会影响宝宝的注意力。

● 健康状况不佳。宝宝身体不适，如困倦、生病的时候，宝宝的注意力就无法集中。

851 培养宝宝注意力有何好处

1.可以极大地提高宝宝的学习能力

当宝宝把注意力集中于一件事，他们就会主动深入地去探求未知的东西，积极寻求解决问题的办法。比如，喜欢垒积木的宝宝往往比其他同龄人更容易掌握组合与分解的知识技巧，进而极大地提升其数学思维能力。

2.可以极大地锻炼宝宝的毅力

若宝宝热心于一件玩具并长时间把玩，无形中就会极大地锻炼了他的恒心和毅力。这还可以帮助宝宝克服散漫习性，养成沉着冷静地处理问题的习惯，有利于宝宝形成稳定的心理素质。

3.可以有效地激发出宝宝的好奇心

当宝宝注意力高度集中时，往往会有针对性地深入思考问题。比如宝宝在垒积木时，刚开始可能只会堆高，逐渐地他就会试着通过前后左右的垒叠建造新图形。这能更进一步激发宝宝的好奇心，让宝宝继续尝试新的垒积木的方法。

4.有利于提高宝宝的自信心

宝宝注意力集中，能够专心于自己所做的事情，就容易获得成功，受到大人的称赞，从而有助于提高宝宝的自信心。

852 提高宝宝注意力有何方法

父母要在认真分析宝宝注意力分散原

因的基础上，以平和的心态，科学地、逐步地、有针对性地培养宝宝的注意力。下面一些方法可参考。

● 想办法使宝宝学习的任务变得有趣，儿童对有兴趣的东西注意时间就长得多。

● 尽量让宝宝看一看、听一听、做一做，手脑并用能维持注意力。

● 指导宝宝学习一些有意注意的方法。比如：在看图时，学会用手指着看的地方；在学数数时，用手点着积木块、纽扣，嘴里说着数等。

● 要在游戏情景中，锻炼宝宝的注意力。

● 为宝宝创造良好的学习条件，帮助他集中注意力。比如提供一个安静的环境；尽量避免让他分心的事，比如大人不要在身边大声谈话、看电视、听广播等。

● 帮助宝宝短时间完成某些有趣的任务，再逐渐加长时间。成功感会延长宝宝的注意时间。

● 确保足够的睡眠以及健康的饮食。缺少睡眠和不健康的饮食会影响宝宝的关注力。

853 什么游戏可以培养宝宝注意力

游戏是宝宝们最喜爱的一种活动，可以寓教于乐，也是一个培养宝宝注意力的好办法。游戏方法有比赛，或陪玩，贵在宝宝的坚持，重在大人的参与。

比方说蒙布猜物的游戏，开火车的游戏，都可以培养宝宝的注意力。再把竞争的元素加入其中，效果会更好。家长在和

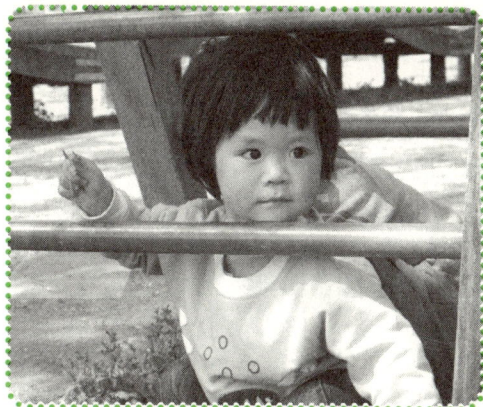

宝宝做游戏时，可以给他规定时间，有助于宝宝注意力的增强。

有些游戏对于训练幼儿的注意力确实很有效果，可是训练次数的安排及内容一定要遵循以下原则：从小到大、从短到长、从少到多、从易到难。

854 2岁后宝宝记忆力有何特点

2～2.5岁的宝宝，记忆力提高了，记忆的范围越来越广，记忆时间也变长了。比如，能把爸爸妈妈教的歌唱给别人听，也会把外面的见闻和活动告诉爸爸妈妈，爷爷奶奶教的儿歌、古诗能容易地记住了。

此时，宝宝的记忆中出现联想，是联想记忆的萌芽状态。比如，当他看到苹果和橘子，就会联想到黄颜色和他自己帽子的颜色一样，红颜色和他自己衣服的颜色一样。

855 3岁前宝宝记忆力有何特点

3岁前宝宝记忆带有很大的随意性，没有目的和意图，凡是感兴趣的、印象鲜

明的事物就容易记住。也就是说，宝宝非常擅长无意记忆。比如有时候大人遗忘的东西，宝宝会很快地帮着找出来，这并不是说宝宝的记忆力很强，而只是他的无意记忆而已。

856 哪些因素影响宝宝记忆力

对记忆对象的感知程度。那些感知较深、观察越清楚、越仔细、越完整的事物，在脑中保持的时间也越长。

知识经验和对事物的理解程度。宝宝知识经验越丰富，对事物的理解力就越强，理解程度就越深，而理解较深的事物记的时间就越长。

记忆对象的特点。形象生动鲜明的，能深深吸引宝宝让他感兴趣的事物，宝宝记忆的时间就长。

宝宝的情绪状态。积极的情绪状态下宝宝更容易记住事物，而引起积极情绪体验的事物宝宝记的时间也越长。

857 如何训练宝宝记忆力

宝宝的记忆力是可以通过后天培养的。对于2.5～3岁的宝宝来说，用联想的方法培养他的记忆力还有点太早，最好的办法就是和他做一些有助于增强幼儿记忆力的游戏。

比如，把几样东西按先后次序排列在桌上，让宝宝看上几十秒钟，然后遮起来，要求他凭记忆依次说出这几样东西的名称；把不同内容的图片，放在桌上，叫宝宝看一会儿，然后盖上，要求他把所看

到的图片内容尽可能准确地叙述一遍。这样类似的游戏还有辨颜色、看橱窗、找物品等。如果和宝宝在游戏中进行记忆力比赛，效果会更好。

又如，要求宝宝说出父母的工作单位名称，家庭住址和10个以上的亲戚或父母的朋友的名字；要宝宝说出大部分他吃过的饭菜的名字；从动物园回来让宝宝说出看到的10种动物，并能模仿几种动物的形象。周围环境的物品、图片、玩具也可以成为宝宝记忆力的材料，如教宝宝认识树叶的颜色，衣服的颜色，并让他在周围找出和某种颜色一致的物品等等。还有，让宝宝帮助收拾玩具的时候，可以通过归置某类玩具放置的位置来强化宝宝对位置种类的记忆能力。

另外，也可以给宝宝吃一些健脑食品，如蛋黄、大豆、瘦肉、牛奶、鱼、动物内脏（心、脑、肝、肾）及胡萝卜、谷类等，这些食物对儿童脑髓的发育有积极的作用，可促进宝宝记忆力的提高。

858 训练宝宝记忆力有何必要

有人认为幼儿的记忆力很好，没有训练的必要。造成这种误解的原因是，我们只注意到幼儿能记住许多的事情，甚至一些成人都没有记住的事情，幼儿也能记下来，由此，成人便认为幼儿的记忆能力已经很强，不需要进行训练。而实际上幼儿期的综合记忆能力还是很差的，3～4岁的幼儿综合记忆能力只有成人的1/10，5～7岁的幼儿综合记忆能力也只有成人

的 1/4 ～ 1/3。

造成"幼儿记忆能力很强，不必专门训练"的误解还有一个原因就是人们对记忆力好坏的判断并不清楚。考核记忆能力包括记忆速度、记忆容量、遗忘速度和需要重复次数。当幼儿进入学习生活之后，需要记忆的知识面和量都有了很大的增加，这就要求幼儿能掌握良好的记忆方法，具有较强的记忆能力，才能使学习得心应手。因此，宝宝的记忆力是有必要进行训练的。

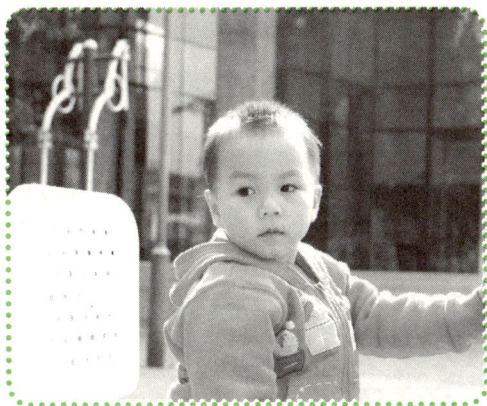

859 玩"一心二用"游戏对宝宝有何好处

美国的一些行为学家、心理学家和育儿知识教育专家携手进行的一项专题研究得出结论：儿童同时把注意力集中在 2 ～ 3 种事情上不是错，父母可以把一心二用的训练纳入宝宝的日常生活中。

一心二用的训练其实是在训练宝宝注意力的分配能力，这样的训练有重要意义。因为，宝宝只有学会"分配"自己的注意力，才能有很好的协调和应对能力，而未来的很多事都需要他兼顾全局、通盘考虑。

研究表明，在"一心二用"训练中，注意力分配出色的宝宝，注意力集中也很出色，而且大脑反应快，身体协调性好，记忆力强，并更富创造性。

860 宝宝形象思维有何特点

宝宝的思维主要凭借对事物的具体形象或表象的联想来进行，能凭借图片或实物来理解事物之间的关系。如，通过对不同高度的物体对比理解了"高"与"低"，通过对不同厚度的物品对比理解了"厚"与"薄"等，通过不同数量的物品对比理解了"多"和"少"等。如果离开了凭借物，单凭语言描述讲解，他们根本无法了解这些概念。3 岁以后的宝宝，思维水平向前迈进了一大步，出现了形象思维。

861 宝宝形象思维发展过程如何

2 ～ 3 岁：幼儿的具体形象思维能力萌芽阶段。此阶段应该多让宝宝接触颜色鲜艳、声音动听的事物，以刺激他们的感官能力，促进形象思维能力发展。

3 ～ 5 岁：幼儿的具体形象思维能力基本成形阶段。此时，宝宝已经可以描绘故事中的人物和场景。家长要给宝宝复述的机会，也可以引导宝宝做一些形象性的游戏，帮助他们形成角色、行动和规划的基本形象思维能力。

4 ～ 6 岁：幼儿的具体形象思维体现

明显阶段。此时，宝宝喜欢听故事、看动画片，因为他们头脑中的形象都很具体并且有个性特征。家长要让宝宝多接触图片文字或者棋类游戏，让他们在进行简单的形象思维的基础上逐渐发展逻辑思维。

862 培养宝宝形象思维有何好处

我们知道，人的大脑可分为左右两个半球，左半球主管语言、逻辑数字的运算加工，右半球则主管音乐、美术、空间的知觉辨认。从思维角度看，即人的左脑主管抽象思维，而右脑则主管形象思维。人的思维活动往往是通过左、右脑机能的"谐振"来完成的。

作为形象思维生动性的形象的东西，并不是人的头脑凭空臆造出来的，它根源于现实中有声有色有型的各种事物。如果离开了感性认识，形象思维便成为无源之水，无本之木。因此，家长要有意识地让宝宝多接触各种形象生动、具体可感、能吸引宝宝注意力和兴趣的事物；也可以通过游戏加深宝宝对事物及事物间关系的认知程度，来进一步培养宝宝的形象思维能力。

863 怎样训练宝宝形象思维

1.做一次数字的远行狩猎

当你在路上开车的时候，让宝宝注意寻找街上的各种数字显示，比如广告牌、汽车牌照、街道号码等。当宝宝发现一个的时候，让他大声说出来。

2.打电话

在纸上写下爸爸或者妈妈的手机号码，然后让宝宝读着去拨这个电话，这让他们有机会练习从左到右读出数字。

3.数周围的东西

数数排队的有几个人？回家时走的楼梯有几级？路边有几盏路灯？

4.清点家庭用品

把所有的刀、叉、勺从抽屉里拿出来，打乱放在一起，然后让宝宝把这些东西分类归组，然后数一数每组里面有几只。同样的方法，可以让宝宝按颜色或者大小配对整理袜子，分类整理玩具等等。

5.小饼干游戏

给宝宝买动物形状的饼干，从中挑出小羊饼干，在白纸上画一张草地的图，然后把小羊饼干放进去，让你的宝宝数数草地上小羊的数量，然后可以把小羊饼干再拿出来一些，让宝宝再数还剩几只？（如果是金鱼饼干的话，可以画一个鱼缸之类的。）

864 宝宝抽象思维发展过程如何

抽象思维也称逻辑思维，它的形成就是从掌握概念开始的。一般说来，宝宝虽然能对一类事物的共同特征进行概括，但概括的水平不高。特别是3岁以下的宝宝，他们所概括的特征很多是外部的、非本质的；以后，过渡到所概括的特征往往是外部的和内部的、非本质的和本质的混在一起；到了5~6岁以后，开始能在知识经验所及范围内根据事物的本质特征进行概括。

以宝宝掌握实物概念为例，它的一般发展过程是：

3岁以下：实物概念的内容基本上代表儿童所熟悉的某一个或某一些事物。例如问："什么是牛？"答："就是奶牛"（指儿童所听到过的奶牛）。

3~4岁：已能在概括水平上指出某一些实物的比较突出的特征，特别是功用上的特征，例如问："什么是马？"答："马是拉车的。"

4~6岁：开始能指出某一实物若干特征的总和，但是还只限于所熟悉的事物的某些外部和内部的特征，但还不能很好地区分本质与非本质。例如问："什么是牛？"答："牛有头、有尾巴、有四只脚、要吃草。"在正确的引导下，5岁以上宝宝能初步地掌握某一实物概念的本质特征，例如，"牛是动物"等等。

865 培养宝宝抽象思维有何好处

抽象思维能力是宝宝智力活动能力的核心，也是智力结构的核心，因而抽象思维能力是宝宝成才最重要的智力因素之一。对于人生的任何阶段，抽象思维能力都起着相当重要的作用。在儿童发展的早期，如果父母注意培养宝宝的抽象思维能力，对于宝宝的发展会起着非常重要的奠基性的作用。

人的逻辑思维发展的过程是：从具体形象思维到抽象思维，即由动作思维发展到形象思维，再依次发展到抽象逻辑思维。对于6岁以前的宝宝来说，这个时期是抽象思维能力发展的萌发期和关键期，所以，宝宝的抽象思维能力也要从小就开始培养。

866 怎样全面训练宝宝抽象思维

4~6岁的宝宝思维开始从形象思维向抽象思维逐步过渡。对于事物的理解也发生了各种变化。首先，从理解事物个体发展到对于事物关系的理解；其次，从依靠具体形象的理解过渡到主要依靠语言来理解，比如一般情况下，他能理解你用语言向他描述的事物。平时，父母可以在日常生活中有目的地对宝宝进行相关训练：

1.培养宝宝独立思考的习惯

独立思考能力是抽象思维能力发展的关键。使宝宝养成独立思考习惯，对于抽象思维能力的发展具有重要意义。

2.讨论、设计解决实际问题的思路

面对家庭生活中的各种问题时，家长可以引导宝宝一起讨论、设计解决问题的方案，并实践去解决问题。这个过程中，需要分析、归纳，需要推理，需要设想解决的方法与程序。

3.丰富宝宝的知识

丰富的知识经验可以促使宝宝产生更

广泛的想象和联想，所以，宝宝的知识越丰富，思维就会越活跃，抽象思维也因此变得灵活而敏捷。

4.培养宝宝广泛的兴趣

广泛的兴趣和爱好也是抽象思维能力的来源之一，所以在日常生活中父母要善于发现宝宝的兴趣，不断地激发宝宝的兴趣和爱好。

5.让宝宝经常处在问题情景之中

思维是一个提出问题解决问题的过程，这个过程就是一个逻辑思维的训练过程，所以说问题是思维的引子，经常面对问题，大脑就会积极活动，从而有效地训练逻辑思维能力。

6.利用想象打开思路

家长可以随时随地启发宝宝发挥想象，想象力就像智力活动的翅膀，能为抽象思维的飞跃提供强劲的动力。

867 训练宝宝抽象思维需遵循哪些原则

父母在训练宝宝抽象思维的时候，需要注意遵循以下几条原则：

● 有的宝宝遇到各种疑难问题，习惯于等待父母给出答案；有时候宝宝正在进行自己的思考，家长又迫不及待地想把答案告诉宝宝，这样，问题是解决了，但对发展宝宝智力无益。

● 引导宝宝参与解决实际问题时，要注意宝宝的实际能力与解决问题所需的能力不要相差太多，否则容易让宝宝失去信心。

● 当宝宝面对不理解的东西时，是很难进行积极思考的，所以，父母在向宝宝传授知识的时候，要让宝宝对这些知识充分理解，这是提高宝宝思维能力的一个重要前提。

● 父母在指导宝宝进行思维活动时，应该一方面根据宝宝的兴趣提出问题，引发思考；另一方面，要善于激发宝宝对于事物的兴趣。

● 如果父母自己也遇到弄不懂的问题，父母可以通过请教他人、查阅资料、反复思考获得问题的答案，这是一个给宝宝提供好榜样的过程，以身作则引导宝宝遇到问题积极主动地去寻找答案，这也最能提高宝宝的思维能力。

● 面对家长提出的任何问题，宝宝们的回答可能千奇百怪，也可能大大出乎家长们的预料，在这个时候，家长千万不能嘲笑宝宝的想象和创意，以免打击他们的积极性。

868 宝宝抽象学习敏感期能提前吗

每个宝宝都是独立的个体，都是符合自然发展的客观规律的。科学家们研究和发现宝宝的敏感期，是在客观的条件下，基于大量的观察和实践得出来的。而我们现在的宝宝，从一出生，就被包围在数字、文字这样的抽象符号中间，很多家长都喜欢抱着小宝宝，手指某个文字或是数字教宝宝，这种教育环境下，不是宝宝的敏感期提前，而是因为让宝宝提前接触了大量的抽象符号，同时，宝宝的身边没有符合他实际年龄需要的环境配置，从而出现提前对抽象符号"感兴趣"的现象。

869 宝宝过早抽象学习有何危害

● 过早的读写算活动，会影响宝宝的正常发育。尽管这些知识性学习的过程，可以设计得很有趣，但是，抽象的智力学习本身，是一种高度复杂的活动，会导致宝宝心理上的紧张，需要消耗宝宝很多内在的能量。相比之下，智力开发过早的宝宝，由于内在能量被大量消耗，会更加容易感染疾病，身体素质更差，心理上也更加脆弱。

● 过早的智力学习，会影响宝宝其他能力的正常发展。宝宝的各种能力需要并行发展。由于宝宝的精力是有限的，过早进行智力学习，宝宝的其他能力，比如音乐才能、运动协调能力、人际交往能力等方面的发展，都会受到影响和损害。

● 实际感觉经验不足，会带来情感方面的问题。在抽象学习之前，宝宝需要充分接触真实的世界，通过大量的游戏和运动，来发展他们的感觉器官、大脑以及运动系统的协调。提前的抽象学习可能造成

宝宝感觉经验缺失，这将破坏人类天性中的爱、兴趣、好奇心和同情，从而可能会导致：冷淡、孤僻、漠不关心、迟钝、缺少同情心和麻木不仁。

870 音乐如何促进宝宝智力发育

科学研究表明，音乐的波动能以生物电的形式影响人的记忆神经元，刺激大脑的神经回路，像架设桥梁一样，它可以使大脑的神经元上的突触数增加、轴突变粗，从而使大脑内的信息交换加快、思维能力增强，即记忆力增强、思考反应能力变快。

美国加利福尼亚大学戈登教授也曾做过研究，将 78 名 3 ~ 4 岁智力相同的幼儿分成三组：一组学习和聆听莫扎特及贝多芬的音乐曲；一组学习电脑；另一组不接受训练。9 个月之后，戈登教授用拼图游戏对这三组宝宝进行智力测试，发现学习音乐的宝宝的得分平均提高了 35%，而另外两组宝宝则几乎没有提高。

全国教育科学十五规划教育部课题组在《儿童古典音乐赏析》中明确指出，音乐能够提高想象力、认知能力、注意力、语言能力、记忆力等各方面智力潜能，是开启人类智慧大门的金钥匙。

871 什么叫感觉统合

感觉统合，这一理论是由美国南加州大学临床心理学专家爱尔丝博士在 1972 年创导的。感觉统合是指机体在环境内有效利用自身感官，从环境中获得不同感觉

通路的信息（视觉、听觉、味觉、嗅觉、触觉、前庭觉和本体觉），输入大脑，大脑对输入信息进行加工处理（包括：解释、比较、增强、抑制、联系、统一），并做出适应性反应的能力。

爱尔丝博士认为，感觉统合是指将人体器官各部分感觉信息输入组合起来，经大脑统合作用，完成对身体外的知觉做出反应。只有经过感觉统合神经系统的不同部分才能协调整体作用使个体与环境顺利接触；没有感觉统合，大脑和身体就不能协调发展。

872 什么叫感统失调

感觉统合失调也称为感统失调，是指大脑对来自感观的各种信息进行加工处理的过程，然后使个体能够做出适应性的反应。感觉统合失调的宝宝由于大脑对信息的解释不准确，导致宝宝的行为不恰当。

感统失调通俗地讲就是："儿童大脑在发展的过程中出现很轻微的障碍"，药物对此是无效的，必须通过训练才能纠正。也就是说，感统失调并不是一种病症。感统失调的宝宝智力都很正常，只是宝宝的大脑和身体各部分的协调出现了障碍，使得许多优秀的方面表现不出来。

873 有必要对宝宝进行感统训练吗

感统训练是为了使儿童充分感知各种刺激，在大脑进行感觉的统合，并作出适应性反应，其本质是采取游戏形式，使宝宝乐于接受，主动参与，在游戏中促使

儿童坚持活动，协调儿童各种感觉活动的兴奋与整合，同时游戏的项目作个别化、针对性的设计，符合儿童生理、心理发展水平。

感觉统合能力的提升能综合培养宝宝各方面技能，锻炼宝宝逻辑思维能力，激发想象力和创造力。条件允许的情况下，宝宝们应该上感统训练课尤其是幼儿感统训练课；有感觉统合失调的宝宝上感统训练课针对以上的现象可以调整好，没有感统失调的宝宝上感统训练课针对以上的现象可以起到预防的作用。

874 感觉统合失调有何最佳调整期

感觉统合失调不是病，但若不进行早期干预，将不利于宝宝的身心发展。感觉统合失调的宝宝调整的最佳时期：3岁前是预防期、3～6岁前是最佳矫正期、6～13岁是弥补期，13岁以前进行心理辅导和系统训练，可以恢复到正常水平。通常宝宝在13岁之前通过训练很容易纠正感统失调的现象，一旦超过13岁就会定型，无法改变。有些问题在宝宝幼年时也许不会表现出来，到了学龄期，就会在学习能力和性格表现出各种障碍。与其他正常宝宝相比，上学后就会在学习能力、人际交往能力和心理素质方面表现较差，尤其是到13岁后就会形成问题。

875 发展宝宝方向感有何重要性

"方向感"是空间智能的一个方面。方向感不好的人经常会迷路，或是去过的

地方很快就没有印象了。通常情况下，这些人对于上下、左右、里外、前后等空间方位，东、南、西、北等方向，以及距离、高低、深浅等其他视觉元素的掌握度较低。识别方位是宝宝的一种基本的生活常识。清晰的方位感，能够让宝宝准确地认识自己和周围的事物，并帮助他们判断这些人和事之间的相互关系。不仅如此，方位感的训练，还有助于宝宝智力的发展。

876 不同年龄段宝宝方向感认识有何不同

"方向感"对宝宝来说是个比较抽象的概念，一般情况下，2岁左右，宝宝大脑里有了前后、上下、里外的概念。3岁左右的宝宝才能准确地辨别出上、下，4岁左右的宝宝才会认识前、后，5岁左右的宝宝才会意识到左、右。所以，在前期训练宝宝方向感时，父母不能操之过急，而应循序渐进地培养宝宝的方位感知能力。

877 怎样帮助宝宝发展方向感

在方向感能力的发展上，1岁以下的宝宝大部分都需要大人的引导和帮助。只要留意，就会发现生活中有许多训练宝宝方向感的机会，父母们要善于利用。

1.使用正确的方位称呼

在日常生活中，大人总觉得宝宝太小，没有什么方向感，因而说话比较随意，常常对宝宝说些"来这边"、"去那边"、"在那里"之类笼统的语言。这样是不利于培养宝宝方向感的，即便是对于较小的宝宝，父母平时也要使用准确的方位名词，例如"到后面"、"在左边"。

2.辅以手势帮助宝宝建立空间方向感

由于宝宝太小，还无法了解抽象的概念，因而除了在语言上的帮助外，大人还可以通过语言与动作的配合，协助他慢慢地建立起空间方向感。

例如，爸爸（妈妈）对宝宝说："举起你的右手，给爸爸（妈妈）看看。"同时示意宝宝举起右手。再如外出散步时，看到小鸟飞过，爸爸妈妈可以问宝宝："小鸟在哪里？"一边问一边引导宝宝向天上看，告诉他："哦，小鸟在上面。"

长期坚持下来，就能加深宝宝对空间方位的理解，增强宝宝的方向感。

878 怎样通过游戏训练宝宝方向感

除了日常生活中注意与宝宝交流的技巧外，父母还可以通过以下一些游戏有目的地训练宝宝的方向感。

1.找呀找玩具

妈妈或爸爸先拿起宝宝最喜欢的玩具，然后当着宝宝的面把它藏起来，鼓励宝宝找出玩具，并伴以方位的描述。引导

宝宝说："玩具躲到哪里去了？躲在桌子上面吗？""躲在桌子下面吗？""宝宝向前（向后）找一找？""我们到左边（右边）找一找？"等，妈妈或爸爸一边说，一边握着宝宝的手指着相关的方位。

这一游戏，有助于加深宝宝对方位的理解，建立里外、上下、左右、前后等抽象概念。

2.捉迷藏

若宝宝已经具备较强的移动能力，如会爬行或走路，大人就可以和宝宝一起来玩捉迷藏的游戏。大人在不同的地方，叫宝宝的名字，让宝宝找找看你在哪里。

若宝宝较小，就选择在较小的安全范围内练习；宝宝较大，在确保安全的前提下，就可以在整个家中玩捉迷藏游戏。

大人在和宝宝捉迷藏的过程中，宝宝必须准确判断出大人声音的位置、距离、远近，才能顺利找到大人，因而这一游戏可以有效地训练宝宝听音辨位的能力和方向感。

3.坐车车

爸爸或妈妈可以在客厅等相对空旷的地方摆放四张椅子，在第一把椅面上放一本精装书，当做方向盘。然后爸爸或妈妈搂着宝宝，拿起宝宝的双手作势握着方向盘，唱儿歌："安全带，拉起来，坐车车，去爬山，向左弯，向右弯。"随着儿歌内容分别向左或向右倾斜，当唱到"紧急刹车——向前弯"时，带动宝宝向前倾斜一下，做个刹车状。

这一游戏，能很好地培养宝宝的空间方位概念，并能训练他的逻辑推理能力，促进其眼手协调发展。

879 不爱阅读的宝宝数学就好吗

长期以来，人们总以为不爱阅读的宝宝在数学和自然类的学科上应该没有问题。但是研究的结果恰恰相反，数学成绩的好坏与一个宝宝是不是爱阅读成正比而不是成反比。事实上，阅读会有益于其他课程的学习，阅读的兴趣决定了阅读量的多少，也决定了宝宝对知识理解的多少，因此决定了数学、物理、化学和生物等功课的好成绩。值得注意的是，由于阅读需要学生集中精力，因此，多阅读能够不断地训练学生集中注意力，这也为学好自然科学提供了必要的前提。

880 3岁前宝宝学得越多越好吗

许多年轻的父母把早期教育当做教育宝宝，提高宝宝素质的一项重要内容，并为此投入了许多精力和财力。实际上，超前的教育未必都能获得超高的回报。甚至，过大过早的心理压力会给宝宝造成一种逆反心理，导致宝宝讨厌学习。

对于婴幼儿的培养最为重要的并不是让他们能尽早地认几个汉字或做几种运算，最重要的是及早地培养他们对学习的兴趣和良好的习惯，比如对于几何图形的认识可以用更形象化的方式启发和教会他们，如，热带鱼是什么形状，让宝宝对几何图形有一个感性认识。

让宝宝养成良好的学习习惯、生活自理能力、具备优良的品质和良好的心理承受力，是幼教要完成的任务。而在宝宝的脑力和智力都不具备和完善的情况下，费尽心机让宝宝死记硬背的知识，可能到了学习的正常年龄只需花费几个小时就能完全掌握。

881 强调读写算会限制智力发展吗

英国儿童早期教育专家安杰拉·安宁教授是，她在对儿童画进行了为期3年的研究后发现，目前学校的教育过分强调了对儿童读写能力和计算能力的培养，从而使儿童的创造能力得不到应有的发展和发挥。安宁教授指出，理解周围世界的一种方式。她强调、传达他们自己的信息以及他们对自我的认识表达中所起的作用。

在3年研究中，她搜集了7名儿童从上托儿所到小学的所有"艺术"创作。她发现，随着宝宝们的升学进度，他们在绘画中所表达的个性和他们个人的声音逐渐被抹杀，取而代之的是学校和大人们对他们提出的要求。读写和计算能力对宝宝来说固然是必需的能力，但是如果教育者们过分狭隘地强调这些技能，儿童的智力发展将因此而受到限制。

882 早识字会使宝宝厌学吗

儿童的显示心理认为早识字的宝宝，在进入小学后会变得更加热爱学习。早期识读可以培养宝宝主动学习的兴趣和习惯，也更自信。科学研究表明：9岁前的儿童特别喜欢在别人面前显示自己很聪明，比别人强，以获得别人的重视和赞扬。所以说，宝宝进入小学后，如果遇到自己知道的问题，都会主动地举手回答，在别人面前展示自己的能力，不会出现因为早识字而厌学的情况。

883 多用脑会损害大脑吗

有人曾对我国历史上2000多年来的3088名著名学者的寿命进行过统计，结果平均寿命为65.2岁，均大大超过同时期人的平均寿命。

为什么勤奋学习反而会健康长寿呢？大脑是人体的总司令部，指挥着全身各个脏腑、器官、组织的功能活动。少儿时期，人的大脑的发育处于上升期，这期间多用脑，能促使大脑的发育更加蓬勃旺盛，进而促进全身的发育，使身体更加健康。到了中年以后，脑细胞以每天10万个的速度死亡，但脑细胞的死亡并不是人体衰老的主要原因，即使每天减少10万个脑细胞，40年总共才会减少14亿6千万个，而脑细胞共有140亿个之多！现代科学研究认为：老年人智力退化，老年性痴呆的出现，主要原因是人在进入垂暮

之年后，社交活动减少，用脑减少，意志消沉，生活兴趣低落，精神空虚，心理衰老加速了生理衰老，致使大脑营养不足，脑细胞得不到有效刺激，造成失用性萎缩，导致肌体代谢的恶性循环，进而影响寿命。

884 如何对待智力超常的宝宝

智力超常儿童约占同龄儿童的万分之一左右，他们通常精力充沛，思想活跃，感觉敏感，求知欲异常强烈，有超出一般人的记忆力和理解力，尤其是对某些专门领域表现出异乎寻常的兴趣和爱好，因此，在对他们进行培养时就注意以下几个方面的问题：

第一，生理学的研究结果表明，人脑一般有 120 亿～ 140 亿个神经细胞，而人类所用到的大脑细胞却仅占全部的 10%，即还有 90% 的智力潜力尚未得到开发。我们既不要让宝宝无所事事，导致大脑功能钝化，也不能因为宝宝智力超常，把各种知识一股脑倾注给他们，那样只会给宝宝带来过重的精神负担，挫伤他们的学习积极性和主动性。

第二，许多儿童成才的经历表明，当一个人努力发展兴趣、爱好时，他的智力就会得到充分的发挥，他成功的可能性就非常大。在引导、培养宝宝正当的兴趣爱好的同时，要加强宝宝的薄弱的知识环节，扩大他的知识面，开阔他的视野。

第三，应重视宝宝在体育、德育方面的锻炼和修养，使他们既有聪明才智，又

有健康体魄、高尚的思想情操。

第四，应加倍关怀和保护宝宝的求知欲和上进心，鼓励他们进取。

885 如何开发 1 ～ 3 岁宝宝右脑

当宝宝长到 1 ～ 3 岁时，有目的地锻炼宝宝左半身活动是开发右脑的最好方式，这个时期宝宝的左右脑发育都处于活跃期，父母可以多鼓励宝宝绘画及多使用左手拿物品，用左耳听音乐，增加左视野游戏等。这一时期，和谐的乐曲同样可以激化宝宝的右脑，而用右脑记忆法训练宝宝的记忆，又可以培养宝宝对图形的认知，一举两得。

886 开发宝宝右脑有何具体方法

刺激指尖法开发右脑：国外学者主张这一做法可从儿童做起，如前苏联著名教育家苏霍姆林斯基说："儿童的智力发展表现在手指尖上。"他将双手比喻为大脑的"老师"。人体的每一块肌肉在大脑层中都有着相应的"代表区"——神经中枢，其中手指运动中枢在大脑皮层中所占的区域最广泛。现在许多父母让宝宝练习弹琴，实际上是很好的指尖运动。双手的准确运动能把大脑皮层中相应的活力激发出来，尤其是左右手并弹的钢琴、电子琴。

借助外语开发右脑：美国神经外科近年发现：儿童学会两三种语言跟学会一种语言一样容易，因为当宝宝只学会一种语言时，仅需大脑左半球，如果培养同时学习几种语言，就会"启用"大脑右半球，

因而达到训练右脑的目的。

887 怎样利用体育和音乐活动开发宝宝右脑

体育活动法： 每天跳半小时的有氧健身操、打乒乓球、羽毛球等；在运动过程中有意识地让左手、右手多重复几个动作，以刺激右脑。右脑在运动中得到的鲜明形象和细胞激发比静止时来得快，由于右脑的活动，左半球的活动受到某种抑制，人的思想或多或少地摆脱了现成的逻辑思维方法，灵感经常会脱颖而出。

音乐活动法： 心理学家发现：音乐可以开发右脑。所以父母可以让宝宝学习音乐，还可以在宝宝从事其他活动时，创造一个音乐背景，并由右脑感知音乐，左脑并不因此受到影响，仍可独立工作，使宝宝在不知不觉中得到了右脑的锻炼。

888 宝宝右脑开发宜早不宜迟吗

儿童的右脑潜能开发在于一个字："早"。科学和经验告诉我们：2岁以前，宝宝开发右脑的活动主要以感官训练为主。宝宝3岁前右脑就已发达，宝宝在6岁之前，对事物的思考主要以右脑为中心，也是右脑最活跃的阶段，适当良好的刺激可以让宝宝的右脑功能发挥更优秀。

889 宝宝何时适合学绘画

根据统计，儿童绘画教育中的智力开发取决于接受教育的年龄：从2～3岁开始训练的宝宝，91%有丰富的想象力和创造能力；2～3岁是儿童视觉感受能力发展的关键期，此时对儿童进行绘画教育，可以促使宝宝绘画才能的发展。

2岁宝宝的小手，开始尝试把手里的东西敲、扔、拍、舞动等等。如果这时候开始提供画具，让他们尝试通过手部的动作，就能在纸上变出各种线条、色块。早期的涂鸦活动能帮助幼儿大肌肉的发展，并且从重复的动作中学会视觉的控制。2岁以上的宝宝，他们能有目的地使用象征式的符号来表达自己的心意，这个时期是学画的最佳年龄。

研究表明，人的大脑神经细胞有各自的发育关键期，一旦错过，再刺激、再教育收效也会较差。

890 开发自然智能对宝宝有何好处

自然智能就是在环境中，对各种自然生命与现象的一种认识和分类的能力。作为一种结果，自然智能中的天赋有时可以在非自然的条件下展露出来。百年前，儿童把他的自然智能集中于探索昆虫、鱼类、动物、岩石以及树叶上；现今，同样的自然智能则被宝贝们用于收集娃娃、分辨最新车辆模型、把玩 IPAD 游戏等的新事物的分类。开发自然智能对宝宝大有好处。

● 具有自然智能天赋的宝宝，在生活中会呈现出敏锐的观察力与强烈的好奇心，还会对事物有特别的分类、辨别、记忆的方式。

● 不是每个宝宝对自然界都充满高度兴趣与认知力。不过培养宝宝认识自然、接触自然是需要的，因为人类本是自然界的一环，让他们了解自然界生生不息的力量，才会懂得珍惜生命、尊重他人，爱惜自然界的一草一木。

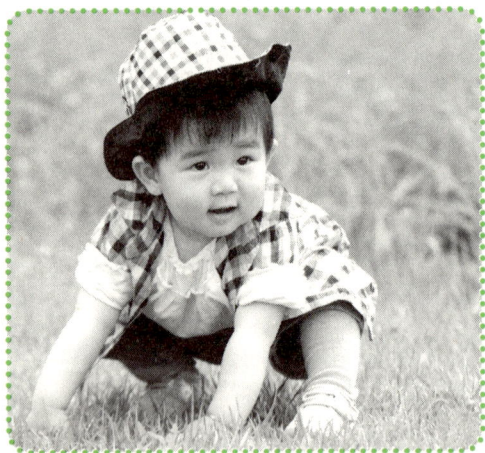

● 开发自然智能不仅是认知能力的一种提升，也有助宝宝个性和综合能力的发展。科学家发现自然智能比较高的宝宝，大多善于观察，好奇心、求知欲、认知和判别能力较强；并善于将已知的信息融会贯通，在团队游戏中表达和沟通能力较强、也乐于助人；创造力和想象力丰富。他们的个性也充满活力，激情满怀，往往充当着集体活动的领导者角色。

891 何时开发宝宝自然智能最佳

2.5 ~ 3 岁是开发宝贝自然智能的最佳年龄段。这个阶段的宝贝非常好问，喜欢喋喋不休，家长应经常与宝贝交流，满足其好奇心和求知欲。此时父母应该多为宝贝提供接触大自然的机会。

892 哪些户外活动能开发宝宝自然智能

亲近大自然：宝宝喜欢大自然，父母可以带他们到户外去，在大自然中观察各种动物和植物的色彩、形态。另外，给宝宝一定的空间，让他自己创造和展示他在户外收集的物品，能激发宝宝对自然的探索欲望。

亲子互动：亲子互动可以促进宝宝发展自然智能。如：赏花踏青、公园游园、养小动物和种植花草等，都是非常直观有效的方法。接近自然的过程，这也是一种循序渐进的方式，激发宝贝的自然观察智能。

893 何时起宝宝喜欢问"为什么"

随着语言能力和思维能力的不断发展，宝宝好奇心的另一个重要表现诞生了——喜欢问"为什么"。2.5 岁以后的宝宝，言语中已经有了很多的完整句，遇到好奇的不懂的事情，总是喜欢反复询问"这是什么"、"那是什么"，继而又会问"这是为什么"、"那是为什么"，有时的问题甚至能让成人无以对答。比如，"飞机为什么能飞""人怎么跑到电视机里"……

让父母们恨不得抱着大百科全书不放手。

894 宝宝为何喜欢提问

宝宝好提问，是其心理和思维开始走向成熟的表现，是他们好奇心盛、求知欲望强的表现，是宝宝成长过程中可喜可贺的事情。喜欢提问，说明宝宝已经产生了学习的主动性和自觉性，而且还很善于思考。问题是思维的起点，思维又在解决问题的过程中得以完善。

好奇心引发的提问，能让宝宝积极主动地寻求并吸取知识，更细心地观察世界，想象力和创造力得到更好的激发，智力和语言得到更快的发展，逐渐形成一种良好的学习习惯。

895 如何正确对待宝宝的提问

对于宝宝所提的问题，父母要表现出愿意回答的积极性，最终的答案不仅能让宝宝的求知欲得到满足，也会使宝宝因为问题被重视而享受到成就感，体会到自身的价值。

宝宝所提的问题应尽量当时给予回答。不管宝宝的问题是简单还是复杂，父

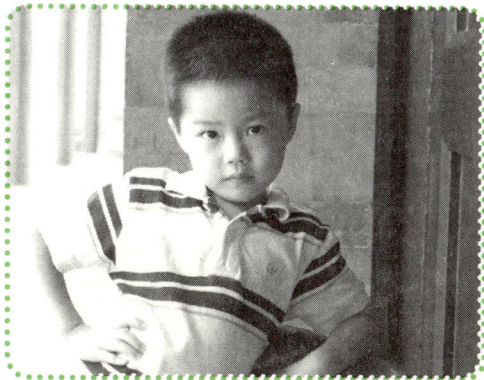

母的态度都要有耐心，回答时要力求简洁、具体、生动，还要选择便于宝宝理解的话进行解释，以利于宝宝接受。如果敷衍塞责地瞎回答，不仅会压制宝宝的求知欲，还会在宝宝心中形成错误的印象和概念。

不便于当时回答的问题，也要跟宝宝解释"等XX时，我再好好给你讲"；有些回答不了的问题，应以诚恳谦虚的态度告诉宝宝："这个问题，我回答不好，等我弄明白后再告诉你。"

896 如何保护宝宝好问的积极性

家长一定要重视培养宝宝好问的精神，正确对待宝宝的每一个提问，切不可对他们的提问感到厌烦、啰嗦，对其所提问题不理不睬不予回答，甚至阻止其提问。否则，会大大地损伤宝宝的自尊心，压制其求知欲，不利于宝宝健康成长。

若宝宝所提问题简单甚至幼稚，家长千万不要讥笑、讽刺，避免伤害宝宝的自尊心，让其产生畏惧心理。

897 宝宝的创造力有何表现

创造就是求异求新，就是打破旧形式的束缚、条条框框的限制，不循常规。创造力也是一种思维能力，它并不是漫无边际、天马行空式的创意，而是能提出问题、解决问题、创造新事物、帮助人适应环境的能力。创造力和丰富的想象力是密不可分的，是人类智力潜能中最重要的能力，是一种更高层次的智力因素。

创造性的思维是人类最宝贵、最有价

值的思维，人类的进步发展都源于这种创造性思维。人的创造力的发展开始于婴幼儿期，幼儿期和学龄期是培养和发展宝宝创造力的关键时期。

生活中，宝宝常常有创造性的表现。比如，给玩具娃娃打针喂药；用石头、木片搭房架桥；用积木搭成各式各样的物体；把几只板凳连在一起当火车；把椅子当骏马等等。这些活动里面都包含着宝宝的一些创造性思维，都是创造力的表现。

富有创造力的宝宝，遇事总喜欢问个为什么，喜欢评论事物，喜欢尝试，思考变化多，反应迅速，不受已知信息的限制等。创造让他们在精神、心理上获得极大的满足和成就感，给他们带来了不尽的快乐。有创造力的宝宝对环境、社会适应能力很强，这种适应能力又有助于创造力得到进一步的发挥。

898 培养宝宝创造力有何重要性

儿童的思维没有条条框框的约束，不受时间、空间的限制，比成人的思维更丰富、更大胆，有一种创造力。社会发展，就依靠这种难能可贵创造性思维和创造力。所以，家长应该保护、鼓励和推动宝宝的创造性思维，培养宝宝的创造力。

我国著名教育家陶行知提出了六大"解放"理论，说明了激发儿童创造力的重要性：

- 解放儿童的头脑，使他能想。
- 解放他的双手，使他能干。
- 解放他的眼睛，使他能看。

- 解放他的嘴，使他能谈。
- 解放他的空间，使他能到大自然和社会里去取得更丰富的学问。
- 解放他们的时间，不把他的功课表填满，不逼迫他赶考，老师不和父母联合起来在功课上夹攻，要给他一些空闲时间消化所学，并学一点他自己渴望要学的学问，干一点自己高兴干的事情。

899 如何培养宝宝的创造性思维

游戏中，宝宝的创造力日益提高，逐渐能利用自己的创造性思维开展新型的游戏情节，创造性地扮演角色，创造性地制作游戏道具等。父母要给宝宝提供能发挥创造性的游戏环境和条件。给宝宝买一些积木、几何拼图板、可以拆装的玩具等，让他充分发挥自己的想象力和创造性。

要鼓励宝宝多接触音乐和绘画，并要给他自由的欣赏和实践的空间，激发他们的想象力和创造力。音乐和绘画能促进宝宝右脑的发育，欣赏音乐、画画时，宝宝情绪兴奋愉快，创造性思维处于最佳状态。

父母还要鼓励宝宝的好奇心。鼓励他自己动手搞一些小发明，提出各种带有知识的趣味性问题让他回答；鼓励宝宝主动地提出问题，并耐心地给予解释。

宝宝有创造性的表现时，家长应该给予鼓励和赞美，更能激发他的创造性。

900 2～2.5岁宝宝有何数学能力

物体分类： 能根据复杂的规则对物体

进行分类，如把红的积木都放进红碗、蓝的积木放进蓝碗。

基本分类：知道熟悉的事物之间的基本差异。如，能将不同的动物、人和汽车分别归入这三类。

背诵数字：能从 1 数到 5。

背数时出错：背数时总会漏掉一个数字或者当数的数多起来时，混淆了数字的前后顺序。

数物体的个数：虽然宝宝也许并不清楚自己在干什么，但他能数若干个物体的个数。

对数量的有限了解：对数量的了解仅限于小规模的。如，他知道 3 块饼干与 2 块饼干在数量上是不同的。

对序数词的基本的了解：意识到了物体在大小上是有差异的，但还不知道如何确切地将它们分级。

具备大致的计算能力：对一些非常简单的、非文字性的计算有大致了解。比如，宝宝知道往一组物体中添加些东西，这组物体在数量上就会增多；如果从中拿走一些东西，数量就会减少。

901 2.5～3 岁宝宝有何数学能力

背更多的数字：能从 1 数到 10。

数大数时出错：数小数时不再漏背或混淆数字的前后顺序，但数大数时仍会出错。

知道数数是有意义的：开始了解数字的名称是有其象征性作用的，

对于基数词有更深的认识：能正确无误地表示两组有相同数目的物体是相等的，即使这两组物体是不同的东西，比如一组是苹果，一组是卡车。

对于序数词有更深的认识：能正确使用精确的数字将各组物体分等级，而不是仅仅用"更多"或"更少"来做判断。

会进行简单的计算：能准确计算出在一组数量不多的物体中增加或减少 1～2 个物体后的结果。

分类的复杂性提高：对于同一个物体，既能将其归入基本类别，又能将其归入所属的更大范围的群体，比如，狗－动物；椅子－家具。

902 如何联系日常生活帮宝宝学习数学

● 用棋子、饼干、糖块、葡萄、玩具等作教具，寓教于乐，循序渐进。一次数一个数字，解释数字的形状，帮助宝宝记忆。通过举例，帮助宝宝理解。

● 当数到 5 以后，也可以用钱币（硬币、纸钞）作教具，教宝宝学做加减法。在用饼干、糖块等食品类教具时，可以让宝宝边吃边做减法。

● 当学到 7 以后，可以教宝宝一周内有 7 天。

● 学到 10 以后，可以教宝宝认识一元钱，一元钱中有 10 个一角，用一把尺子或自制一条带有 10 个刻度的软尺测量室内的物体尺寸。

● 在纸上画一个算盘式的东西，教学 11 和 12。然后，给宝宝讲解一年中有 12 个月，4 个季节。

● 指出你和宝宝所能看到的数字，如标牌上、日历上、电话上、计算机上、钟表上等。

● 教宝宝 2 个 2 个地数数、5 个 5 个地数数，教宝宝逻辑数数法。

● 将一个蛋糕或橘子分成几份，教宝宝分数——1/4 和 1/2 的概念。用实物教宝宝如何做分数的加减法。

903 怎样利用夸奖提高宝宝数学能力

数学能力并不是天生的，它来自于日常生活中与数学有关概念的接触和实践。父母通常会表扬宝宝在语言方面的能力，比如：宝宝能在客人面前背出一首短儿歌时，宝宝能认识街道上的各种交通标识时，父母都喜欢夸奖宝宝表现得很棒。事实上，对宝宝的数学能力也能作诸如此类的表扬：

● 告诉他能确切知道自己几岁了很了不起。

● 告诉他能分清"6"和"9"时，是很值得高兴的事。

● 当他能变换黄色和绿色积木搭出一种新模型时，你为他感到骄傲。

● 当他能在单据上发现数字"6"时，你应为他喝彩。

● 和宝宝一起玩包括配对、分类和数量比较在内的游戏。

● 当你和宝宝玩含有数学知识的游戏时，要夸奖他。

这种夸奖会增加宝宝以后碰到更复杂和棘手的数学概念时的自信。

904 看图识字对宝宝有何好处

2 ~ 3 岁的宝宝，对识字没有什么明确的概念，但对色彩、线条、形状、形式开始敏感起来。视觉空间智能比较出色的宝宝对视觉非常敏锐，对色彩、形状上的一些细微的变化都能掌握得一清二楚。看图识字的方法一般都是与实物相对应，宝宝特别感兴趣，会在大脑中形成图像与字体的相应联系，因而记得特别牢。不过，对于这一阶段的宝宝，看图识字的目的并不是真正认识字本身，而是让他明白文字与实物有着相对应的关系。

905 如何选择看图识字材料

婴幼儿故事、看图讲述（以图为主，文为辅的短小故事）：引导宝宝认识图文对应明显的字（主要是名词），进一步理解故事情节。

儿歌（文字浅显、图意清晰和结合幼儿生活情景自编的、短小易学的儿歌）：帮助宝宝了解画面与文字的关系，鼓励宝宝了解画面与文字的关系，鼓励宝宝独立认字念儿歌、背诵儿歌。

常识书籍：引导幼儿在辨别中体会文与图结合，可知道得更多、更清楚，以世界的体验保持好奇心，增强求知欲。

906 如何与2岁宝宝玩看图识字

2岁左右的宝宝会看简单的识物图片，喜欢重复的字句，喜欢模仿听到的新鲜词汇，再慢慢地学着运用。父母可以自己设计一些比较简单的彩色图片的识字卡，和宝宝边玩边学。

做字卡，捉迷藏：自己做一些字卡，然后把卡藏起来，说出图案的特征，让宝宝去找相应的字。

"拍苍蝇"：把字当苍蝇，随便拿个东西当拍子，父母告诉宝宝要拍的"苍蝇"是什么字，然后和宝宝一起抢着去拍。

"变脸"：在一个卡片两边写不同的字，来回翻转，家长与宝宝抢读。

907 如何与3岁宝宝玩看图识字

3岁左右的宝宝对新鲜事物，有浓厚的兴趣，喜欢听故事。喜欢看有关人与机器、季节气候的情景。为此父母可以经常随身带笔，结合情境，看到什么东西就给宝宝写什么字。

例如，指着门，给宝宝写"门"。同时向他们出示"门"字，让他们辨认。这就在宝宝的大脑中产生了两个表象，实物"门"和汉字"门"。每当我们发出"门"这个音时，宝宝对实物和汉字都会产生反应，反之亦然。所以，我们可以一边教他们辨认实物，如灯、墙、桌、椅、床、窗等等，一边教他们辨认这些汉字。实践证明，当宝宝会说话时，他们已能够认识这些汉字。

908 玩具可以代替父母的爱吗

玩具在宝宝成长的过程中起着十分重要的作用。不少父母用心翻阅大量资料，请教育儿专家，精心为宝宝挑选适合他们年龄段发展的各种各样丰富的玩具，但玩具不是万能的，它仅仅是宝宝进行游戏的物质基础。没有生命、没有感情的玩具，无法替代父母与宝宝之间的交流，更无法替代父母对宝宝的爱。让玩具完全承载父母或者保姆的责任会贻误宝宝发展的进程，甚至给宝宝的成长造成不可估量的损失。

909 如何通过玩具洞察宝宝性格

● 喜欢怀抱绒毛类玩具的宝宝，有可能是一些感情丰富、细腻、依恋、温情的人。绒毛玩具常被宝宝视为伙伴，能满足宝宝不同时刻的感情需要。另外，绒毛玩具特有的柔软质地，对性格孤僻、胆怯，渴望关怀的宝宝有安慰、稳定情绪的作用。

● 喜欢拼装玩具的宝宝，通常好奇心强，容易被吸引，注意力保持较久，做事比较有耐性。3岁以内的儿童随意搭配，到4～5岁时就可以要求他们根据图形安装成一个"命名"的物品，也可以鼓励他们发明创造"自编"图形。

● 有的宝宝喜欢运动性玩具，比如说、车、枪、剑、棍、棒等物。这些宝宝从小好动，通常精力充沛、胆量较大，对内心的情绪不加掩饰，动作就是他们的"言语"，是一种表达方式。

● 还有的宝宝喜欢电动玩具，一按电钮开关，玩具就可以让他们开心，但这类玩具只能看到"表面热闹"，无法探知其内部秘密。也有的家长因为电动玩具价钱贵易损坏，而不让他亲手操作。这样一来，他对玩具的兴趣不会维持太久，更没有探索精神了。

910 什么样的才算好玩具

宝宝从玩具中学到的东西，是一种早期经验的贮备。宝宝刚出生时，他通过用脚踢、用手摸、摆动床头玩具时发出声音等等这些活动，发展自己的感知觉。

现实生活中，很多物品比如火、玻璃等是不能玩的。只有玩具可以让宝宝随心所欲地玩。宝宝在玩玩具的时候，感觉自己是主人，他的愿望可以得到实现，而不必受别人的控制和指挥。这可以给宝宝带来心理上的愉悦。

和自然物品比起来，专门的玩具标准化更高，它能帮助宝宝获取或提升一些准确的概念。比如标准化的积木，两个正方组成长方，两个半圆组成一个正圆，宝宝可以在玩的过程中去探索、去感知这些概念。

还有一类培养创造力和想象力的玩具，如结构类积木，可以给宝宝留下很多想象的空间。枪、车等现成的玩具，也可以用它来玩各种想象游戏，进行创造性的表演，这也是一种想象活动。

911 哪些玩具适合2～3岁宝宝

皮球：他们对抛球、踢球很感兴趣。

建筑积木玩具：部分这个年龄的宝宝都能熟练地搭一些积木，宝宝特别喜欢能锁在一起的拼插玩具，因为他们可以用刚刚萌芽的想象力和手眼协调能力搭建出更高、更复杂的城堡。

艺术用品：这个年龄的宝宝喜欢蜡笔、培乐多彩泥、黏土、像杂志和旧卡片那样的基本拼贴画、闪光纸、彩色贴画等。彩色图片可以教小儿认识名称、配对、增加知识面。

拼图：这个年龄段的宝宝正在发展解决问题的技术和手眼协调能力，一些大块的、简单的、画面容易辨认的拼图最适合他们。

开始玩棋盘游戏或记忆游戏：学习如何玩像飞行棋这类简单的棋盘游戏，或像接龙

那样的扑克牌游戏，这有利于他的大脑发育。

过家家用的小号炊具： 这个年龄的宝宝喜欢扮演，喜欢玩想象游戏，他们最喜欢模仿爸爸妈妈。一间玩具厨房能让他们有机会实现各种想象力的组合。

户外玩具： 秋千和体育器材，比如塑料球和球棒、足球、玩具高尔夫球具等，都是这个年龄段宝宝理想的玩具。

图书： 宝宝的语言技能和词汇量都在变得越来越复杂，这个年龄的宝宝开始能跟上故事情节，也能理解更复杂的词汇和故事了。

动作能力
Dong Zuo Neng Li

912 2～3岁宝宝运动能力发展有哪些关键期

年龄段	运动能力发展关键期	内容
10～11个月	单脚站立	在这个时期，幼儿开始学习单脚独自站立。幼儿身体的协调性得到很大的发展，腰腹的力量以及双腿的力量也在训练中得到有效发展。单腿站立能力的发展对于幼儿身体平衡能力的进一步发展提供了坚实的基础
11～12个月	用笔画直线	在这个时期，幼儿开始学习掌握社会生活、交流法则，并通过控制物品体现自己对这种法则的掌握程度。这个时期是培养婴儿手指的灵活性，培养婴儿通过动作反映自己对社会规范掌握程度的重要时期
12个月	单脚跳跃	在这个时期，幼儿已能单脚跳，开始学习在运动中发挥自己的力量和保持平衡。这是幼儿平衡能力发展的又一个里程碑。同时也是幼儿身体协调和双腿力量发展的重要时期

913 宝宝运动技巧增强有何好处

2～2.5岁的宝宝，运动能力进一步增强，运动技巧也有了新发展。此时，自如行走对绝大多数宝宝来说已经成为小儿科，他们在跑、跳、攀爬等动作的运动技巧性和难度上都有了新突破、新提高。

运动技巧的发展在儿童心理发展上具有重要意义，可以提升幼儿动作的灵活性，增加幼儿接触事物的主动性，提高其认识事物的全面性。

随着运动技巧增强，幼儿的认识范围扩大，空间知觉及初步的思维活动的准备条件形成；独立活动能力也不断发展。

914 宝宝何时会跑

宝宝在2岁之前已经会跑了，可那时的跑实际上只是大踏步向前快走，"跑"的过程中，两脚总有一只脚在地上。还没有腾空的过程，算不上是严格意义上的

"跑"。

2 岁以后，宝宝跑的动作技巧性增强，产生了腾空的过程，由此真正意义上的"跑"也出现了。但这个真正的"跑"还处于刚起步阶段，跑起来摇摇晃晃，步幅小、频率快还容易摔倒。这和宝宝技术不够娴熟有关，而更重要原因在于：宝宝此时身体形态的特征仍是头大、躯干长、四肢短，而且下肢的力量较弱，平衡能力差。所以，跑起来头重脚轻，两脚之间的距离较宽都是正常的。

915 宝宝何时会跳远

2 岁以后，跳的动作技巧性也在提升。多数宝宝已能并足在原地跳动，一些发育快的宝宝已不满足于原地并足跳了，在不断的尝试中他们能并足向前跳 20 厘米左右。

可是，宝宝跳的时候，还没有掌握用前脚掌用力蹬地和两臂上摆配合跳起来的技巧；落地时不会前脚掌落地，也不懂借助两臂弯曲向上摆动以保持身体平衡；上臂的摆动和脚的蹬、伸配合不够协调。因此，宝宝跳得不高，跳起来落地时较重，动作不协调，身体不稳，容易摔倒。

家长可通过游戏或者专门对宝宝的跳的技能进行训练。训练要循序渐进，先可指导宝宝原地跳跃或从 15 ～ 25 厘米的高处向下跳，然后逐渐地让宝宝跳固定距离的线或圈来练习跳远，间隔距离可从 10 ～ 20 厘米逐渐增加。整个训练过程中家长的示范很重要，动作一定要做到位。

916 2～2.5 岁宝宝攀爬技能有何特点

2 ～ 2.5 岁阶段的宝宝，攀爬技能也较以前有了很大的进步。多数宝宝上台阶时已不需手扶栏杆或墙壁，也不愿牵着大人的手了，能独自一口气爬上好几层楼；有的宝宝甚至能一步一级地上台阶了，而且下楼的时候也不用扶墙。

宝宝已经能够越过小的障碍物，矮矮的门槛、台阶根本不在话下，就连滑梯也能被他们征服，上下自如。宝宝自己上下椅子、沙发、床已经很家常了。

917 2～2.5 岁宝宝手部精细动作有何特点

2 岁后宝宝手的动作更加灵活了，运用物体的动作更准确灵巧。宝宝能用手指尖拿笔，并在纸上随意画；搭积木时，动作更麻利更灵巧，搭的块数也增加了不少；自己洗手后会把手擦干净；喝水时能把杯子握得紧紧的，水很少会倒出来。手更巧的宝宝已学会使用筷子；喜欢自己一页一页地翻书选择喜欢的内容来看等等。

918 宝宝平衡系统发育情况如何

平衡能力是指身体对来自前庭器官、肌肉、肌腱、关节内的感受器以及视觉等各方面刺激的协调能力，身体的平衡能力可以分为头脑的平衡、精神上的平衡和活动中的平衡三大类。在人体耳朵内部很多块小骨头组成的迷宫里，藏着一个平衡器官。它是由三个互相成直角的拱道和两个在拱道前庭的小室（小囊和内耳迷路的球囊）组成的，其中充满着淋巴液。这些延伸到三个方向的拱道将对大脑的任何转动作出记录，而两个小室是负责对线性运动和重力变化做出反应的。未出生的宝宝在孕期第5个月的时候，平衡系统就已经发育成熟，一出生就能正常工作了。

919 身体平衡系统与什么有关

2岁的宝宝行动的目的就是想站起来，到处走动。这种行动在宝宝的平衡感不断得到训练的情况下才能实现。其实，在宝宝出生几个月后，宝宝已经能够对自己的脑袋进行控制了。当他抬起头的时候，平衡感能感受到宝宝身体姿势的变化，并把这个信息传递给大脑。在这个过程中，视觉、触觉和听觉等多个感官都参与了进来。

事实上，正是平衡感把其他五种感觉结合在了一起。如果没有平衡感，我们人类现在都不可能直立行走。平衡感对于宝宝运动能力的发育有着极其重要的作用。

920 身体平衡能力是如何发展的

宝宝的第一个平衡动作是抬起头，这

一动作对培养宝宝日后的平衡能力很重要。宝宝抬头的次数越多，平衡感传递给大脑的信息就越准确。随着宝宝颈部的肌肉不断强壮，他可以感受到了重力的存在，并且发现自己是躺在一个立体的空间里的。最后，当宝宝能稳当地抬着的时候，他就开始想让把整个身体都站立起来了。这种平衡行动构成了宝宝进行其他平衡训练的基础，在宝宝一岁前，父母要训练他学会了翻身、坐起来、爬动，两三岁时，宝宝要学会行走、跳跃和跑动，他的平衡感就在这些训练中发展得越来越好了。

921 什么是头脑的平衡

宝宝刚出生时，大脑里有1亿多个神经细胞，这些神经细胞互相连接的时候才起作用。宝宝从小受到的感官刺激大多数是通过平衡器官获得的，他们刺激着神经细胞的连接，并且对大脑血液的流动有促进作用。不断连接在一起的神经使信息更快、更准确地被传递到大脑。

方位感、集中精力的能力和对方向的确认都是宝宝在从事其他脑力或体力劳动所需要的能力。

为了训练这些能力，我们可以在宝宝看钟表的时候问他，短指针在什么地方，哪里是长指针，在左边还是右边？在上面还是下面？又比如当宝宝不能够区分出字母"M"和"W"时，父母们要考虑的是，究竟这是认字的问题，还是需要对平衡感进行更多的培养的问题。如果能够经常刺激宝宝的平衡器官，他的大脑就会格外灵敏。如果视觉、听觉和平衡感比较差的宝宝，智力发育有滞后的现象。

922 如何进行头脑平衡训练

当宝宝出现发育迟缓、说话或行动方面有障碍的时候，父母应该多给予宝宝身体上的刺激。

大量抚摩：抚摩可以充分刺激宝宝身体表皮的神经末梢，让其变得敏感而判断准确。

荡秋千：当宝宝荡秋千的时候，大脑不仅需要能对腿、身体的起伏、位置变化进行调整，还会有方向感和空间感。

走平衡木：这是一个关于平衡感的综合训练。它在训练大脑控制身体的平衡方面很有效。

923 什么是精神上的平衡

平衡感不仅是身体上的感觉，还是心理上的感觉。人内心感到平衡的时候，才能真正体会到舒适。脑科学家新近的研究发现，实际上六种感觉是与心理感觉密切联系的。他们指出，神经管道将小脑与脑边缘的感觉中心连接起来，这能使信息传递过来，进行感性分析。因此，例如当平衡器官对身体成功地跃过了障碍这一信息"消化"之后，就会分泌出一种让人快乐的叫多巴胺的物质，人就会觉得得意和满足。

平衡练习对于锻炼勇气和训练、对危险的估计能力很有帮助，通过这种练习，宝宝可以对自己的能力和目标进行合理的比较和判断。如果他判断正确，能经常获得积极的经验，就会使他信任自己的感觉，同时对自己也更加自信，这能使他自我感觉良好，减少不当的行为。

924 如何进行精神平衡训练

父母不要总是把宝宝笼罩在爱的保护伞下，爱惜他、护佑他，而是要在保证安全的前提下，鼓励宝宝大胆地去自己判断和尝试，例如，让他自己判断他是否能够自己把一盆水从厨房端到卫生间？让他自己尝试爬上椅子到柜子上取东西，然后安稳地下到地上；让他自己从旋转的滑梯上顺利滑下来等等，都能令宝宝的精神平衡感得到很好的训练。

925 什么是活动中的平衡

如何让宝宝的六种感觉保持配合密切并且灵敏呢。答案很简单，那就是活动。活动是宝宝平衡感的养料。健康的宝宝对活动有天然需求，他们会自发地刺激大脑中的前庭系统，比如他们喜欢让自己旋转起来，然后突然停下来，感受眩晕的感觉，也喜欢荡秋千和跳跃时腾空的感觉。

当大人要求宝宝别乱跑乱闹时，实际

上是抑制了他们对运动和旋转的渴望。当大人要求宝宝安静下来时，实际上是让他克制自己情绪的调动。这些制止都会导致宝宝的平衡感、对于重力的敏锐感觉，以及其他感觉都变得迟钝了。

926 如何进行活动平衡训练

在宝宝两三岁已经能跑能跳了的时候，你可以多带着宝宝去公园，到适合幼儿的游乐场，滑滑梯、荡秋千、爬攀登架、跳蹦床、骑三轮车，带宝宝到水面上划船等等，这些都能使大脑以及五官和平衡感得到训练和发展。在宝宝自己跃过一个水坑或一个障碍后，他也会感到无比自豪。同样，如果他跌了一跤，这也是他平衡训练必要的课程。

927 什么游戏能锻炼平衡能力

益智小游戏"不倒翁"，不但能促进宝宝大脑的平衡功能，还能让宝宝体验与妈妈一起游戏的快乐。

游戏方法：

● 妈妈坐在垫子上，两腿分开，两脚相对，双手握住双脚的脚腕。

● 宝宝坐在妈妈的腿中间，胳膊自然放在妈妈腿的两侧。

● 妈妈边唱儿歌："不倒翁，翁不倒。怀里抱着小宝宝。左歪歪，右倒倒。摇来摇去摇不倒。"一边配合儿歌做动作：第一、二句的时候，妈妈边说儿歌边随儿歌节奏左右摇摆；说第三句儿歌时，妈妈随儿歌先左摇，再右摇；说第四句时，把宝宝身体翻转90度后坐起。

游戏注意事项：妈妈要用两手握住脚腕，双臂将宝宝固定在怀里，左右摇摆时尽量增加摇摆的幅度，在最后翻转时要尽可能向右侧倒。再用惯性立刻调整方向，完成旋转。在旋转过程中要保护好宝宝的安全。

928 什么玩具能锻炼平衡能力

宝宝动作的发展是在脑和神经中枢、神经、肌肉控制下进行的，宝宝动作能力如平衡协调能力的提高反过来又可促进脑的发育。各种套叠玩具、穿绳玩具、积木、积塑等，有助于锻炼宝宝小肌肉动作和手指的灵活性、准确性、培养注意力和观察力。父母陪着宝宝边玩边讲，教宝宝学会理解事物之间的关系，并教会他与大人合作玩。玩完后让宝宝参与收拾玩具的过程，这样既锻炼了宝宝的动手能力，又培养了宝宝的社会适应能力，并从小养成良好的习惯。

929 怎样开发聋儿的智力

聋儿由于先天和后天的听力障碍失去了学习语言的机会。尽管聋儿存在听力障碍，但他们还有完好的视觉、触觉等其他感觉。聋儿被损害的听觉可由这部分感觉来补偿，以下的训练应当贯穿在完整的康复训练中。

要培养良好的注意力，家长应该最了解自己宝宝的兴趣所在，要有针对性地选择应注意的对象，引发他们学习的兴趣。

要使宝宝活动形式具有多样性，教他们学习的时候，应想办法调动宝宝的各项感官参与活动，不要单一化，要把动口、动手、动眼结合起来，交替进行。

家长要鼓励宝宝积极参与正常儿童游戏，加强对宝宝意志的锻炼，鼓励宝宝克服面临的困难，努力完成目标，适当的表扬和批评有助于培养宝宝良好的注意力。

930 宝宝学习游泳应做哪些准备工作

宝宝在室外学游泳，首先要适应淋浴、日光和风。2.5～3岁的宝宝，自我保护能力还比较弱，学习时游泳必须注意安全，一定要有大人的严密监护和指导。宝宝下水前必须做好足够的准备动作，如让宝宝伸伸胳膊，踢踢腿，弯弯腰，如身上有汗应把汗擦干后再下水。这样才能保证达到锻炼的目的。

空腹或刚进餐后不能学习游泳。学游泳时气温不应低于 24～26℃，池水温度在 32℃左右，不应低于 22℃，水的深度一般在宝宝的腋下，不可超过肩。

931 如何教宝宝适应水性

宝宝初次下水，一定要在水中循序渐进地经历体温调节的适应。初下水时，不能一下子把宝宝的身体全浸泡在水里，应让机体有一个适应的过程。先把头部和胸部浸湿，再逐渐浸入全身，慢慢地进入水中，让宝宝慢慢体会在水中的平衡。成人要托住幼儿肩背部，仰卧于水中，头部露出水面；再托住幼儿胸部，俯卧于水中，使嘴巴和鼻子露于水面；然后让宝宝垂直于水中，头在水面上。连续交替做这些动作。

在帮助宝宝适应水温的基础上，让宝宝学习在不同的姿势下，向前后、左右滑行移动。这样，宝宝开始熟悉水性。

932 如何教宝宝入水

入水主要是教宝宝头部浸入水中，进行自由呼吸。首先要做的是淋洗，让宝宝的头垂直在水中，自己用双手捧起水。用嘴吸气时，手捧着水举过头顶并让水淋头。此过程中要教宝宝不要闭眼，不要用手擦脸。

淋洗过后要让宝宝把头浸入水中，深吸一口气并闭上眼睛，双膝弯曲，脸浸在水中屏气 5～10 秒；之后时间逐渐延长。

接着训练水下睁眼。让宝宝吸气并把头扎入水中，睁开眼睛，学会在水中看东西，学会识别方向，避免危险发生。

还有最关键的一步就是水下呼气，让宝宝下巴浸入水中，向水面吹气，然后再

深吸一口气，将脸浸入水中，长时间用力地呼气，直到把气全部呼完，头部才出水面。

933 如何教宝宝学习游泳

学习游泳也是一个循序渐进的过程。先让宝宝自己在水中走动，再由父母托住颈后部，让宝宝身体仰卧在水中滑行，速度逐渐加快。

再尝试把头部没入水中，然后仰卧或俯卧于水面，两腿或两臂都并拢伸直，父母一手握住宝宝脚跟，一手托住其背部或胸部，让宝宝深吸一口气并憋气，然后握脚跟一手用力向前推，另一手张开，使宝宝在水面上滑行。

待宝宝气憋不住时，让宝宝抬头、张臂，一腿前跨一步，站稳于水中。站于水中后再深吸一口气，然后低头、屈膝收腿，双臂紧抱双膝，使身体团成一个球，背部向上；慢慢地，球状般的身体就会浮于水面。

如此的反复练习，能让宝宝初识水性，能在水中呼吸，身体得到平衡。在此基础上再学游泳技术就不费事了。

934 如何戏水加强宝宝游泳技术

宝宝是非常喜欢水的，刚学习游泳时，宝宝充满好奇而又显得异常活跃。这时，把一些有趣的游戏引到游泳中，可以帮助宝宝更好地感受水的浮力，降低对水的害怕心理，还能练习挥臂、潜水，提高游泳技术。比如，"小鸭子找妈妈"、"快乐小鱼游"、"大鲨鱼"，或其他水中找物的游戏，都是不错的选择。

935 哪种游泳姿势最适合宝宝

爬泳，就是俗称自由泳，即人在水中成俯卧姿势，两腿交替上下打水，两臂轮流划水，动作很像爬行。宝宝初学游泳时，可选择这种较简单的方式。

学习爬泳先从腿部动作练起，让宝宝借助水漂的浮力，把身体趴在水漂上，两腿有节奏地踢水；待动作定形后，戴上游泳眼镜，用脚有节奏地踢打水，头和手在水下游动，使身体产生向前的动力，感受水中向前游的快乐。

当然，还得学习手臂爬水动作，练习手脚的协调配合。

936 宝宝学游泳需注意哪些细节

● 宝宝初下水游泳时间应控制在2～5分钟，以后可逐渐延长到15分钟左右。

● 宝宝生病或病后体质虚弱时不宜游泳。

● 如宝宝在水中感到寒冷、打战时应该立即出水，用干毛巾擦干全身至皮肤有

中的物品、几何图形、小动物等，变成形象的折纸，易于理解，宝宝的空间想象能力也是在一次次地折纸过程中得到提高。

938 1～3岁宝宝学折纸有何特点

1～2岁的宝宝：很喜欢玩弄纸制品。在这个时期，宝宝常常把报纸或者书本上的纸没有来由地撕下来，这在宝宝成长发育中被称为"幼儿破坏活动期"。撕纸就是这个活动期中宝宝最喜欢做的事，等到宝宝的动手能力进一步发展，对纸制品也有了一定了解后，宝宝才开始折纸。

2～3岁的宝宝：学习折纸主要只满足于折纸的过程，而不是结果，折纸一般没有目的。由于手指动作较差，常常还未折出物体，就已将纸弄破。宝宝对折纸的兴趣持续不长，易被其他事物所转移。

轻微热感，并做一些轻柔运动，使身体产生热量来取暖。

● 如宝宝外耳道进水，应用干棉球吸干。

937 宝宝学折纸有何好处

● 折纸可以锻炼宝宝手指的灵活性，能发展宝宝的动手能力。

● 它能培养宝宝按步骤有顺序地认真做事的良好习惯。

● 它还可以培养宝宝的观察力和注意力。

● 由于折纸的方法的千变万化，可塑性极强，通过折纸可以发展宝宝的创造力，想象力和形象思维能力。

● 在折纸的过程中，，宝宝会不断地积累成就感。

● 折纸可以增进宝宝与伙伴、老师、父母间的和谐交流，而且发展宝宝的语言表达能力。

● 折纸还能辅助宝宝的学习，把生活

939 宝宝学折纸要掌握哪些基本技能

对边折。将正方形或长方形纸两边相对折叠，成为两个长方形。

对角折。用正方形纸，将两角相对折叠，而成为两个直角三角形。

集中一角折。在正方形纸的对角线上，将相邻的两边相对着折叠。

集中一边折。在正方形或长方形的中线上，将相邻的两边相对着折叠。

四角向心折。将正方形纸先折两条对角形，找出中心点，然后将四个角向中心点折。

双正方折。用正方形纸，先对边折，再根据中线一边向前，一边向后折，从中间撑开，压平。

双三角折。用正方形纸，先对角折，再根据分角线一边向前，一边向后折，从中间撑开，压平。

940 怎样教宝宝折纸

● 父母先在宝宝面前做一些色彩鲜艳、形状较大的折纸动物作品让宝宝玩。在玩的过程中，让宝宝知道它们是纸折成的。

● 根据宝宝爱模仿的特点，成人可让宝宝和自己一起进行简单的折纸，如边对边折、角对角折等。

● 成人不要太长时间地进行折纸游戏，因为 2～3 岁的宝宝注意力保持时间只有十分钟。让宝宝折好头两步，后面几步由成人折好，将折好的玩具给宝宝玩，这种变换的折纸方式，可增强宝宝对纸工的兴趣。

● 2～3 岁的宝宝手指协调能力较差，他需要成人手把手地教，"太笨"、"太傻"这些说法都会打消宝宝折纸的积极性。多肯定宝宝的成绩，表扬鼓励能使宝宝在愉快的心情中进行折纸游戏。

● 教宝宝折纸时，可采用游戏的口

吻。如把正方形的四角向中心折时，说成是中心"妈妈"亲吻"四个宝宝"。宝宝在亲切的气氛中不知不觉地学到本领。

语言能力
Yu Yan Neng Li

941 2～3 岁宝宝语言发展评估有哪些指标

年龄段	语言发展评估标准
2～2.5岁	会用形容词，会问"这是什么？" 会用你、他、你们、他们，会用连续词 知道约 50 种日用品名字 会说简单的复合句，叙述经过的事 会背儿歌 8～10 首 会说 5～6 个字的句子 掌握常用词汇 300 个左右
2.5～3岁	懂得区分里外，能运用大约 500 个单词 会问一些关于"什么"、"何时" 理解故事主要情节，并问为什么 认识并说出 100 张左右图片的名称 能说出 5～6 个字的复杂句子 会用"如果"、"和"、"但是"等词 使用礼貌用语，"谢谢"和"请"

942 何时是宝宝口语发展关键期

2～2.5 岁这个阶段，宝宝已经进入学习口语的关键期，他们对周围事物非常感兴趣，学说话积极性特别高，学得也最快，是获得词汇的高潮时期。宝宝的口语发展也出现了质的飞跃：从词语阶段走向语句阶段，从说一些简单句向简单的复杂句过渡，能够模仿家长说话的表情、动作和语气，喜欢表述一些简单的事实，也能回答一些简单的提问。狼孩的事实告诉我们，贻误了幼儿口语发展的关键期，即使以后再教育、再学习也是非常困难的，甚至是完全不可能的。但这个时期宝宝声带尚未完全发育成熟，有些发音还不标准，个别语音还不能发出来，这是很正常的。

943 何谓完整句

对宝宝说或者鼓励宝宝说完整句子，首先要知道什么样的句子是完整句。句子是否完整，不是看组成的字有多少，关键要看结构。一个完整的句子，至少要包括两部分：前一部分为"谁"或者"什么"；后一部分是对前一部分的说明，表示"是什么"或者"怎么样"。也就是说，一个完整的句子一般包括主语和谓语两部分。"谁干什么"、"什么怎么样"、"谁像什么"等都是完整的句子。

944 宝宝说完整句子有何好处

强调宝宝用完整的句子来表达自己的意愿，能促进宝宝口语表达能力的进一步提高，使其真正实现由单词阶段向整句阶段的过渡。同时，更重要的是，说

完整的句子对开发宝宝的思维能力有很大的帮助。

宝宝所说的每一句话，都需要经过大脑思考，思考的过程就是锻炼思维的过程。宝宝说的任何一个句子，都反映着事物之间的某种关系。所以说话前，宝宝必须明白事物间的关系，这对他的认知和思维能力有很好的促进作用。宝宝说完整句子多了就会掌握一定的句式，进而又会加深其对事物间关系的理解。

由此可知，让宝宝在口语发展的关键期说完整的句子，能让宝宝思维更清晰更敏捷。

945 怎样教宝宝说完整句子

家长是宝宝最好的老师，是宝宝的语言模范，所以，父母在和宝宝沟通时，一定要使用完整的句子。例如，把"拿过来！"说成"XX，把那个小板凳给妈妈拿过来"；询问宝宝说"渴吗？"要变成"宝贝！你渴了吗？"等。这样说话能帮助宝宝积累很多的词汇，也会刺激宝宝去模仿，让其说完整句的积极性得到提高。

榜样做好后，家长就要做一个好的引导者。在生活中让宝宝说完整句，引导他把看到的情景完整地表达出来，不要放过任何细小的环节。比如，宝宝看见草地上有一只小狗，马上会激动地对父母喊"小狗！"此时，父母可以问他"小狗在哪里"或"哪里有小狗"，宝宝就会回答"草地上有小狗"或"小狗在草地上"。如此情景，生活中有很多。跟宝宝一起玩游戏或给他

讲故事的时候，也可以通过提问或其他方式，促使他说完整的句子。

946 宝宝太小听不懂长句子吗

关于让宝宝说完整句有一个误区，就是一部分家长认为宝宝还很小，长句子他们听不清楚也听不懂，于是经常用短语跟宝宝交流。其实这样做不仅不利于宝宝口语能力的提高，还会限制他们的思维活动。

科学研究表明，我们的宝宝到了2岁以后，不仅有很强的听觉能力，理解能力也很强，能听明白很多话，只不过暂时还不能用语言表达出来罢了。生活中，我们会发现有的宝宝会说话时就能说完整的句子，甚至是很长的复合句。

跟宝宝说完整句，实际上是锻炼宝宝思维的一种方式，会使其大脑保持机敏和创造力，对其智力的发展很有益。

947 怎样给宝宝营造轻松的语言环境

轻松愉悦的语言学习环境、良好的交流氛围可以刺激宝宝的表达欲望，增强学习说话的积极性，强化学习效果。比如，给宝宝唱唱儿歌，悠扬的韵律中宝宝会比平常生活中表达得更加流畅，同时，儿歌也能提升宝宝的音乐智能，让他精神愉悦。也可绘声绘色地给宝宝讲故事、说绕口令、看图说话，这些方式还可以发展宝宝语言的连贯性。

948 社交活动对宝宝语言发展有何作用

语言的发展与认知能力有着密切联系，因此家长给宝宝创造机会多接触周围的人和事物，丰富他的生活，发展他的口语。比如，多参加亲子游戏，宝宝就可以在语言的互动中学习各种口语；邀请小伙伴和宝宝一起玩，宝宝会模仿同龄或稍大一点的小朋友，易于被同伴的情绪、表达感染。积极主动的交往会让宝宝感受到语言的乐趣，口语表达能力也会随之快速提升。总之，广泛的接触在提高宝宝认知能力的同时，也会让宝宝的词汇量不断扩大，口语能力不断提高。

949 如何在交流中促进宝宝语言发展

丰富的语言交流可以开发幼儿的智力，提高其表达才能。家长要尽量多陪宝宝聊聊天，在沟通感情的同时，也可以培养宝宝的口语能力。选择生动有趣的儿童节目和宝宝一起欣赏并给他解说，也是宝宝轻松学习口语表达好方法。交流中不要吝惜自己的溢美之词，得到别人的认同和赞美后，宝宝会不断重复已经学会的表达技巧，使之更加熟练。

950 引导宝宝说话需注意哪些细节

● 引导宝宝注意大人说话的声音、嘴形，让宝宝模仿大人的声音和动作。

● 引导宝宝把语音与具体的事物、具体的人联系起来，经过反复训练，宝宝就能初步了解语言的含义。

● 生活中多向宝宝提问，如散步时问树叶是什么颜色、像什么，这样既提高宝宝的语言表达能力又促进他思维的发展。

● 鼓励宝宝尽量多说话，多和别人交流，家长要耐心纠正其表达不完整或不准确的地方。

951 怎样给 2 ~ 3 岁宝宝讲故事

2 ~ 3 岁的宝宝开始关注故事的本身，在意故事的主要脉络，还能记住故事里的一些情节和角色，已经开始以故事为窗口来认识整个世界了。

讲故事时要尽量做到绘声绘色，语言富含感情。故事中的对话还要力求用不同的语调，语句要明白准确、生动，便于宝宝理解。一些难懂的词或较长的名字可以换成简单易懂的。

小宝宝喜欢听童话故事，大宝宝爱听成语和历史故事；男宝宝爱听打仗的故事，女宝宝爱听童话；所有的宝宝都爱听神话故事和科幻故事。父母要根据宝宝的年龄和个性特点来选择的故事内容。

这阶段宝宝好奇心很强，喜欢发问。给他们讲故事时，要有意识地启发他们积极思考，多向他们提问题，给宝宝留有思考的余地，让他们自己去想象、去补充，锻炼宝宝的思维能力。

952 宝宝识字越早智商就越高吗

宝宝快到 3 岁的时候，正处于机械记忆和形象记忆的黄金时期，看到什么就能记住什么。汉字是象形文字，具有很强的形象性，就像一幅幅图画，汉字丰富的形象信息对宝宝的大脑能产生良性刺激，让宝宝早期识字，符合幼儿的认知规律。

英国、日本以及新加坡的科学家通过研究发现，汉字是复脑文字，早期识字对提高智商具有举足轻重的作用，识字越早，宝宝的智商就越高。

953 识字对宝宝智力发展有何好处

● 识字过程，体现出来的不单单是观察力，还有想象力，还有创造力。

● 不要把识字教育看成严肃的早教，可以当做游戏来做。当然，更重要的是激发宝宝的兴趣。

● 宝宝识字，不一定非得看图识字，因为汉字本身就有很强的形象性，而图画会冲淡宝宝对文字的记忆。

● 识字可以开发宝宝的右脑和丰富其潜意识,提高宝宝的情商和智商。

954 怎样教宝宝识字

生活中,随时随处都有学习认字的好机会。玩具上、日用品包装上、商店招牌上等都有文字,看到这些文字时,家长要让宝宝观察,慢慢培养他对汉字的兴趣,然后再反复强化,宝宝就会记得很牢。

还可以用比赛游戏的形式让宝宝认字并逐渐加以巩固。比如让宝宝从广告纸上找自己认识的字;说出名字让宝宝找出相应的商店等。

教宝宝认字一定要随意地进行,不必刻意,更不要强逼宝宝认字。如果把认字作为一个硬性任务让宝宝完成会让宝宝很疲劳,失去兴致。在宝宝有兴趣、有精力的状态下教他,才能有事半功倍的效果。

955 宝宝爱识字会扼杀想象力吗

有些2岁宝宝还很小,但对文字,图案很感兴趣,父母一方面会为宝宝的好学感到高兴,另一方面又担心过早认字会约束宝宝的想象空间。事实上,认字与想象力并无直接关系,宝宝爱认字,父母不妨顺着他的兴趣,顺其自然,但不要急于求成,强迫宝宝做不愿意做的事,那样才真正会扼杀宝宝的想象力和积极性。同时,应该注意的是,宝宝的兴趣易转移,他对认字认图案的兴趣可能很快就要转移,对此父母也不应过度焦虑。

956 背书能提高宝宝语言能力吗

背书可以训练儿童听觉记忆的能力。从心理学角度看,一定程度的机械记忆,可以扩充儿童记忆的广度,这对儿童上课接纳较长的语言信息是很有帮助的。儿童只有完全接纳了信息,才有完整了解内容并做出恰当的言语或动作反应的可能。

背书可以丰富儿童的词汇,增强其理解力。背书对儿童丰富词汇、了解各种词汇的使用场合起着很好的辅助作用。背书还是应以儿童能够理解的内容为主,这有利于儿童扩展有意义的词汇。

背书可以帮助儿童熟悉语言的表达方式及体会文章的韵味。背书可以帮儿童了解文法结构,学会正确的语言表达。

过于强调背书也是有害的。许多宝宝通过背书会过早形成左脑的单侧化优势,而右脑得不到有效开发和利用,会导致只对字的音和形有记忆,而对事物不理解的现象。

社交行为能力
She Jiao Xing Wei Neng Li

957 宝宝何时会说"我"

2岁以后,宝宝与客观环境特别是社会环境的相互作用逐渐增多,于是已经产生的自我意识在生活中表现得越来越强烈。他们从知道自己的名字过渡到掌握代名词"我",开始把自己作为主体从客体中区分出来。宝宝日常行为和言语表达中

都很强调自我，逐渐从第三人称转变到第一人称。这些标志着宝宝自我意识的巨大进展。

958 2岁宝宝自我意识强有何表现

2岁后宝宝自我意识增强，此时他的行为会发生很大变化，他们不仅知道父母嘴里常说的那个宝贝就是他，也知道"我"这个代词对应的就是他自己。宝宝从这时开始变得很有主张，自己能完成的事情非常不愿意别人帮忙，会说"我自己来""我来做"之类的话来拒绝大人的保护；不肯再事事听从大人的摆布，想按自己的想法痛痛快快地玩耍；想得到什么就非得到不可，对自己的东西不依不饶地强调"这是我的"；如果父母不同意他自我行事，宝宝就会发脾气、翻脸、哭闹。

959 怎样促进宝宝自我意识良性发展

宝宝自我意识的发展，直接关系到他健康个性的形成，他发掘自我的过程，也是发掘一个人内在潜力的过程。父母要关注宝宝的独立意识，保护他们的主动性。

父母还要多给宝宝提供自己做决定的机会，鼓励他做力所能及的事情。好些父母认为，宝宝太小什么也做不了还总闯祸，于是就对宝宝"想要自己做"的要求置之不理，把自己能代劳的事情全部包揽下来。如此一来，宝宝本已出现的"自己的事情自己做"的意识和愿望也逐渐退化殆尽，取而代之的是一味的依赖。

960 尊重和表扬对促进宝宝良好自我意识有何作用

2岁以后，宝宝的自尊心开始发展，开始通过各种方式来展示自己，希望得到成人的肯定和表扬，在受到夸奖时会感到高兴。于是，在宝宝有了独立自主意识并要靠自己能力去做一些事时，家长要不失时机地用表扬的方式来强化宝宝的积极行为。

表扬的技巧也很重要，焦点应集中在特定的事情上，如"宝宝自己上楼梯，走得很不错嘛！加油啊！"或"看看宝宝的桌子擦得多认真，真棒！"。如此的表扬，满足了宝宝的自尊心，又让他明白，这样做是父母赞同的，以后应继续，道德行为和道德判断就慢慢地在宝宝身上形成了，他的自我意识也逐渐转变为真正的独立意识。

961 同伴交往对促进宝宝良好自我意识有何作用

同伴关系对宝宝自我意识、个性品质的形成及今后的发展都有重要影响。同伴带给宝宝的影响和成人是完全不同的，在友好相处中，宝宝会学习体验小伙伴的感受，理解他的想法，能换角度想问题，学会考虑自己的举动对别人的影响，从而正确认识自己、评价自己，实现有效的自我调节。同伴交往中的地位及其早期友谊的建立，也都会影响宝宝自我的形成。

所以，家长应有意识地给宝宝找一些小伙伴，给他们创造一些交往的机会。比如说可以组织亲戚朋友或邻居的同龄宝宝定期一起活动。给宝宝设计这样的社交圈，宝宝玩得开心，交流得尽兴，良性的自我意识也会逐渐形成。

962 宝宝自我意识强怎么办

● 应该用欣赏的眼光看待自己的宝宝，用科学的态度对待宝宝，要做到褒贬有度：既不一味表扬，也不能凡事批评。最为忌讳的就是用"你真笨""真不听话"一概而论。

● 要注意保护宝宝的自尊心，善于运用激励性、肯定性、尊重性的语言和宝宝对话，不断引导宝宝体验成功。在成功的体验中宝宝的自我意识就会不断增强。

● 具体指出宝宝哪里做得好或不好，并给宝宝分析是非原因，尽量做到晓之以理，动之以情。

● 要有耐心，要相信宝宝有能力学会并完成自己的事情。

963 宝宝何时开始有"占有欲"

2~2.5岁的宝宝，已经有了很强的自我意识，已经认识到"我"和"我"以外的世界是有区别的，他们的头脑中有了"我的"、"我自己的"概念，而对"你的"、"他的"概念还很模糊。于是，宝宝认为自己喜欢的感兴趣的东西就该属于自己，于是对事物的占有欲便产生了。

964 宝宝"占有欲"有何表现

2岁以后，宝宝就越来越暴露出独占和垄断的倾向，有时还表现得很过激，让父母很是尴尬：到亲友家做客时，经常会主动提出要带走自己喜欢的东西；一些感兴趣的糖果不打招呼伸手往兜里装，要据为己有；别人跟他要东西时，表现得极其吝啬，用小手紧紧抓住捍卫着自己的东西，绝不肯轻易放手；和小朋友一起玩耍时，争抢玩具大打出手、大哭大闹的现象时有发生，双方往往都会奋力维护自己占有的权利等等。

965 宝宝"占有欲强"是自私行为吗

从宝宝种种"独占"表现看来，这一阶段的宝宝似乎有点"自私"，还有点"霸道"。其实这是幼儿自我意识发展过程中

必然要经历的一个阶段，也是宝宝自我意识增强的结果。随着宝宝心理的成熟，自我控制力的增强，生活经验的增长，这些会慢慢变淡的。

宝宝的占有欲，是宝宝成长过程中的一种正常心理，会随着年龄的增长逐渐减弱，父母切不可把它等同于"自私自利"，甚至说成是思想品德有问题。

966 宝宝"占有欲"强如何引导

首先，具体问题具体对待。父母应认真分析原因，寻找教育对策，给以适当的批评教育，还应注意自身的言行，生活中给宝宝做互爱和谦让的表率。如果是宝宝经常抢夺同伴的玩具，父母要告诉他那是别人的东西，抢是不礼貌的行为，人们不喜欢这样的宝宝。也可以安排宝宝与比他大的宝宝一起玩，较大的宝宝懂得如何保卫自己的权利，会制止他的抢夺行为。反之，如果宝宝因无力保护玩具被别的小朋友抢走而哇哇大哭时，父母则应设法引导他，在和小朋友相处时，大胆些，泼辣

些，学会保护自己。

其次，帮宝宝早日建立所有权的观念。比如，当宝宝玩同伴的玩具时，你可以强调一下："这娃娃是小哥哥的，你只能玩不能带走，到时候要还给哥哥，你的娃娃在家里呢！"这些话可以让他们尽快建立所有权的观念。

967 粗暴处罚宝宝占有行为有何不妥

动不动就将宝宝的占有现象简单地归结为自私，不考虑宝宝年龄和心理特点，采取简单粗暴的教育方式，非但达不到理想的教育效果，反而会对宝宝心理产生不利影响甚至造成心灵上的伤害。把引起纠纷的玩具拿开，会比处罚宝宝好多了。因为宝宝尚无自主的能力，与其责怪宝宝，不如把让他失控的原因（玩具）拿掉。

968 强制宝宝"礼让"有何不妥

父母不可用尽威逼利诱的手段强迫宝宝谦让，如果每次都要他不情愿地礼让，宝宝会觉得连大人包括自己的父母都想抢走他的东西。这样的强迫宝宝"慷慨大方"，不仅会促使他占有欲更强，也不利于其正确认识所有权。正确的方法是，引导他愿意和别的小朋友玩，从中再想一些可以让他们分享玩具的玩法。

969 如何让宝宝学会分享

日常生活中，家长应时时处处引导宝宝与别人一起分享。父母要让自己的宝宝多和同伴交往，教育他好吃的东西分着

吃，有趣的玩具要一起玩。在可能发生纷争之前，家长要把一些玩具或糖果分给别的小朋友。

家长还要培养宝宝从小习惯和别人平等生活，共同分享，让他早早意识到自己并没有什么特殊权利可以享受优待。例如，买东西和吃东西时家人每人一份，不能光让宝宝一人享用；宝宝的图片父母也要与他一起欣赏等。如此下来，宝宝就会慢慢发现分享是很快乐的，独占的心理就不会那么严重了。

970 第一反抗期出现有何意义

宝宝出现反抗现象是其成长进步的标志，是其自主性和独立性增强的表现。宝宝最初的反抗行为一般出现在2岁半至4岁时，心理学上将此过程称为"第一反抗期"，正是儿童发展自主性、独立性、自信心、意志力、想象力、安全感等行为品质的关键时期。

971 宝宝反抗期有何表现

2岁半以后，宝宝会表现出明显的独立性和自主性，好奇心强，有了自主的愿望，喜欢自己的事情自己做，不希望别人干涉自己。一旦遭到父母的反对和制止，他就会以各种形式进行反抗。例如，宝宝愿意自己使用勺子或筷子吃饭，会用不吃饭来对抗父母的强行喂饭；客人来了宝宝原本认为自己可以单独打招呼，家长的有意提醒反倒伤了其积极性，他就会用不招呼甚至于不理不睬来反抗；比较冷的天气

外出，妈妈要穿厚衣服御寒，宝宝会把漂亮的裙子拿出来执意要穿等等。

总之，如果家长阻止了宝宝自作主张的举动，他会不依不饶地哭闹，很久也不肯罢休。

972 2岁宝宝为何会有反抗期

2岁以后的宝宝，动作能力进一步增强，手脚更灵活，很多事情都可以自己去完成。于是又开始渴望扩大独立活动范围，不断尝试去做一些自认为新鲜的事情。如果这些想法和做法受到阻挠和限制，宝宝自然会说"不"！

随着宝宝自我意识的增强，他已经很明白自己的意愿是什么，已经清楚地知道哪些事情是让"我"做的，哪些事情是"我"想做的，他会坚持要把自己的意愿表现出来。当种种表现与成人的规范相矛盾，不被认可时，宝宝会反抗。

但是，此时宝宝毕竟不够成熟，情绪控制能力还很弱，一旦不满，就会以最直接的形式表现出来，比如吵嚷、哭闹等。同时，宝宝的思维水平还较低，缺乏灵活性，认准的事不愿意妥协，因而会表现得无法忍耐。

973 反抗是一种坏毛病吗

反抗行为很多时候正意味着宝宝有独立自主的想法，不受干预也不受支配，恰恰可以锻炼宝宝的判断力。而一味地服从却会在很大程度上限制其判断力发展。

父母不要把宝宝的反抗看做是反叛，

那只是他表达自己的一种方式，表面上看起来是与大人唱反调，实际上正是在学习"自我表现"，是利用反抗来建立"自我"，以不顺从、闹独立来向家长宣告自己能独立处事了。

父母要尊重宝宝想自己去做事的愿望，尽量给宝宝提供更多独立的机会，合理地处理好与宝宝的关系。这样不仅会让宝宝反抗心理慢慢缓和，也会促使其心理的健康发展和非理性意志的萌芽。

974 父母如何帮助宝宝度过反抗期

1. 理解并尊重宝宝

父母对宝宝的行动不要轻易加以干涉，不要伤害宝宝的自尊。最好不要用命令的口气，如"必须这样"或"不许那样"，而应尽量以平等的姿态，征求宝宝的意见，给他留出选择的余地。

2. 正确教育是关键

父母要放弃那种不分青红皂白的强硬态度，要和宝宝打成一片，引导、教育宝宝认识他们尚不熟悉的世界，及时抓住这一时机对宝宝的某些行为给予适当的鼓励或善意批评，使他的身心得以健康发育。

3. 因势利导，从旁协助

家长在宝宝要坚持自己上楼梯或穿衣、吃饭等的时候，最好不要帮忙，宝宝会不喜欢的；家长要做的就是在旁边关注他，关键时候要注意出手保护；从旁给予适当的指导。这样既可以促进宝宝自我意识的形成和动作技巧、能力的发展，更促进了宝宝心理的健康发展。

975 家长态度不妥会导致什么结果

国内外的医学心理学研究表明，对宝宝反抗现象过分抑制，会影响宝宝的身心发育。

如果家长采取打骂、恐吓手段强迫宝宝按成人意志去做事，会让这些宝宝丧失自信，继而产生自我否定的观念；宝宝长大后的性格就非常软弱，独立生活能力极差。

相反，如果为了制止宝宝的反抗行为而采取取悦迎合，也会使其形成坏毛病，以后一旦遇到不合心意的事就立即情绪大变，把大哭大闹当成解决问题的高招；滋长了宝宝的任性和固执。

976 宝宝为何喜欢发脾气

1. 不能做自己想做的事

宝宝有了一定动手能力，可是能力还不是很强，不能随心所欲地做自己想做的事，逐渐增强的自我意识又特别想把事情做好。所以，遇到困难无法解决时候宝宝就用哭来求助，或发脾气发泄心中的不满。

2. 独立意志

这时的宝宝喜欢按照自己的意志做事，有了自己的要求，不喜欢别人过多地干涉。因此，如果没有达到目的，就会发脾气。

3. 控制情绪的能力差

2.5～3岁的宝宝还很小，自我控制能力较弱，感情冲动且外露，很难掩饰自己的感情，所以一不满意就哭闹、发脾气。

977 预防宝宝发脾气有何措施

爱发脾气是这个年龄段宝宝的一个特点，只要教育得当，是可以防患于未然的。下面的意见可给家长做参考：

● 平时不能娇宠溺爱宝宝，要让他们知道父母不可能满足他的每一个要求。

● 尽量不要让宝宝第一次发脾气就得逞，一旦成功他就会以为这种方法下次还可以用。

● 要多夸奖听话的宝宝，多给他正面暗示，让他意识到任性的宝宝是不受欢迎的。这样他想博得表扬，就会学得很乖。

● 不要轻易对宝宝许诺，答应的事一定要做到。

● 给宝宝多种选择，让他自己做决定，这样他就不好意思发脾气了。

978 宝宝爱发脾气怎么办

● 宝宝生气时，家长切不可火冒三丈、怒不可遏，这样的坏脾气反而会成为宝宝发脾气的"榜样"。

● 待宝宝脾气平息后，应同他谈心讲道理，让他认识到发脾气的危害。

● 宝宝不合理的要求坚决不要满足，不要因为宝宝的大哭而改变主意。宝宝发脾气时，家人要态度一致地将其孤立，这样一定能让他意识到自己是无理的。

● 不要哄骗宝宝，父母的承诺无法兑现，会让宝宝大发脾气。

● 不能为了宝宝听话而吓唬他，出于怕而屈从，会让宝宝对事物产生错误的概念，丧失是非观念。

● 如果是因生病、身体不舒服发脾气，父母要给予安抚和关怀；可也不是无原则的百依百顺。

979 为什么 2 岁宝宝又开始吃手指了

对刚出生的宝宝来说，类似反复吮吸自己手指的举动，一方面是想重温原先在妈妈肚子里的安全感；另一方面是在表达希望和妈妈发展一种新联结的渴望，比如喂奶时的触摸等。这个阶段，他们最大的担忧是害怕被妈妈抛弃，这些复杂的感受无法用言语来表达，因此只能借助反复做这个动作来安慰自己。

一般来说，这个动作在 2 岁半之后频率会有所降低，但如果宝宝日后在幼儿园又频繁出现吮吸手指的动作，爸爸妈妈马上就要意识到，这是"分离焦虑"的标志。

父母可以仔细回顾出现这个动作的时间点，大多是生活中发生了一些较大变化的时候：比如换学校、搬新家、戒奶嘴之

后或重要照顾者离去等。当安全感的基石发生动摇的时候，宝宝往往会退行到婴儿的状态。

980 2～3岁宝宝社会交往能力如何

在与别人的交往中，宝宝逐渐地理解别人，认识自己，进而对待周围事物形成自己的态度、行为方式和道德判断。2～3岁年龄段的宝宝，已经体会到了社交带来的幸福感，非常喜欢和别人交往，尤其爱和同龄的小伙伴一起玩。当然，他们也喜欢父母把自己当做好的玩伴和交流对象。宝宝见到同龄的伙伴，会异常兴奋。比如，呵呵地笑，使劲地鼓掌，身体向上一下一下地跃动等。有的宝宝还会主动走上前去，拉住小朋友的手，让他和自己玩。很快，他们便融合在一起，或安静地玩玩具，或追逐打闹。

生活中，宝宝已经掌握了很多的社交礼仪。客人到家做客，宝宝会主动问好、让座，有的宝宝甚至知道该给客人倒水等。客人离开时，宝宝会和父母一起送行，说再见，或者嘱咐"慢走"。

981 宝宝和伙伴交往有何好处

宝宝们一起玩的过程，就是互相学习、互相模仿、相互促进的过程。他们在交往中，可以获得各种知识和技能，学会如何面对困难，学会解决问题的方法，发展认知能力。

2～3岁年龄段的宝宝，交往中很容易产生情感上的共鸣，也会增加彼此的理解和信任，从而在此基础上建立起相互之间的友谊感、同情感等高级情感。

在和别人的交往中，宝宝已经逐步懂得了一些初步的行为准则，产生了一些简单的是非观念和道德判断，自我控制能力也逐渐增强。所以，宝宝能克服、避免错误行为，做出正确的行为，让自己适应群体生活。比如，宝宝知道团结互助了，不争抢别人的玩具了，懂得谦让了等等。

982 父母如何引导宝宝社交行为

宝宝在和小伙伴的交往中，总免不了产生矛盾，有时甚至发生争吵甚至打架。如遇这种情形，父母的作用就至关重要了，需要扮演老师和裁判的角色，像老师一样指导，像裁判一样明辨是非。

父母要公正合理地引导宝宝，而不能袒护自己的宝宝。父母在弄清情况之后，要诚恳地告诉宝宝谁对谁错，错在哪里，然后引导他们自己解决矛盾、恢复友谊；父母还要鼓励犯错的宝宝道歉，教育得理的宝宝宽宏大量，这样的握手言和，不仅帮宝宝们解决了矛盾，还会帮助他们确立正确的是非观，让他们知道友情的重要，学会谦虚礼让等美好品德。

生活自理能力
Sheng Huo Zi Li Neng Li

983 宝宝爱劳动有何好处

1.劳动让宝宝更快乐

劳动发展了宝宝诸方面的能力，在成

功完成一件事情后，宝宝自然会很满足很开心；良好的表现自然也会赢得父母的赞扬，宝宝由此更快乐！

2.劳动让宝宝更自信

成功的快乐最能引起的就是宝宝的自信心，会完成的简单劳动越多，宝宝的自信心就会越强。而我们都知道，自信心对一个人的成长和未来的成功有着至关重要的作用，而且自信心建立越早越好。

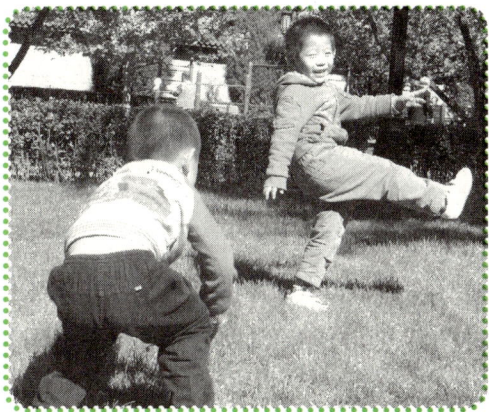

3.劳动让宝宝更聪明

心理学家研究发现：人在体力劳动和体育锻炼时，脑子里氧气最充分；人在劳动和运动时，思维部分是休息的。在供给、休息充足之时，大脑所迸射出的智慧火花一定是很耀眼，如此的劳逸结合，宝宝会更聪明。

984 宝宝爱劳动对其成年后生活有何影响

美国哈佛大学进行过一项历时 40 年的研究，最后得出结论：

● 那些童年时参加过劳动，甚至是简单的家务劳动的人，比那些小时候从不做事的人生活得快乐。

● 童年时的活动与成年后的情况有着惊人的关系。那些童年劳动得分最高者较之得分最低者，成年后交游广泛的可能性高 10 倍，获得高薪的可能性高 4 倍，失业的可能性少 15 倍；那些童年很少劳动或不劳动的人，犯罪的可能性更高，精神不健康的可能性也更大。

985 引导宝宝劳动要注意哪些细节

2 ～ 3 岁宝宝还很小，他的劳动还属于萌芽状态，需要家长做到因势利导，以下几点需注意：

1.明确目的

让宝宝从小参与劳动，是为了培养他的责任心、独立性、自信心等良性素质和能力，享受劳动的过程与结果。

2.借助愿望去指导

从宝宝开始学步起，"给妈妈帮忙"的愿望就越来越强烈了，父母可以借助这个愿望去引导宝宝。如：可以给一个 2 岁的宝宝布置送衣服到卫生间的任务，他一定很高兴地去完成。

3.需要示范和鼓励

安排宝宝参与劳动时，先给他示范，再和他共同参与，鼓励他坚持下去。宝宝顺利完成后，家长的一个拥抱、一声"谢谢"是最好的礼物。

4.劳动要力所能及

宝宝还很小，劳动还只是一种快乐的尝试，给他的任务要在其体力与能力所及的范围内，才能获得成就感。

986 宝宝给大人当"小帮手"有何好处

2.5～3岁的宝宝，动手能力已经很好了，不仅能做好穿脱衣服、洗手洗脸、收拾玩具等自我服务，而且还很愿意参与成人的事情，很愿意当爸爸妈妈的小帮手。比如，帮父母递一些需要的小东西，吃饭时喜欢拿碗筷，饭后还会帮着收拾餐具，学着妈妈的样子擦桌子。宝宝还可以进行拔草、浇花等简单的劳动。

宝宝给父母帮忙，其实就是参与劳动。在这个过程中，宝宝不但培养了劳动兴趣，还能养成爱整洁、吃苦耐劳的好习惯。宝宝在给父母帮忙的过程中，能体会到成功的愉悦，自我意识、独立解决问题的信心和勇气也都会不断增强。

另外，劳动有利于宝宝四肢及五官的发育，使眼手协调能力更强，身体更健康。

987 宝宝"帮倒忙"怎么办

"帮倒忙"的情况在宝宝身上也常常

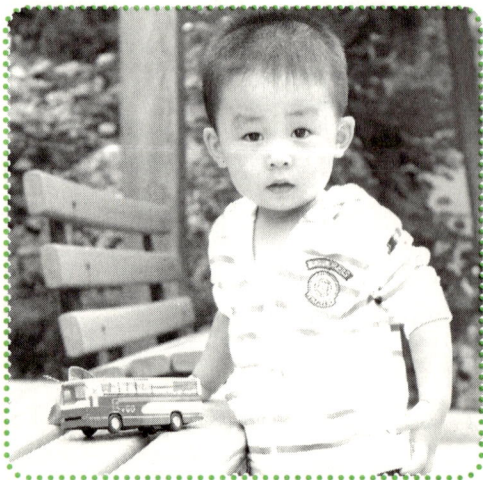

出现，给人的感觉就是越帮越忙。比如，收拾餐具时会把碗摔了，或者把汤水洒得满地都是，把花苗当做小草都消灭了等。

宝宝喜欢参与大人的劳动，更多时候把劳动当游戏，边做边玩，缺乏目的性和自控能力，也难以坚持把事做完。父母不能因为这些而拒绝宝宝做事，也不要责怪他，应该给予宝宝正确的指导。因为宝宝判断能力还很弱，还不知道哪些事该做，哪些事不该做。

988 宝宝长时间看电视有何坏处

2.5～3岁的宝宝，视神经发育还不健全，长时间看电视会对宝宝的眼睛不利。电视屏幕上的强光与反射光会引起宝宝眼睛疲劳，眼睫状肌和眼内直肌长时间受电视刺激会处于收缩状态，易使宝宝出现视神经疲劳，出现视物模糊、眼球酸胀、视力减退等症状。

电视机显像管会发射紫外线，紫外线形成的电磁辐射会侵害宝宝的免疫系统；电视机辐射还会导致室内空气污染，空中带电荷的灰尘会导致宝宝皮肤出现斑疹。

宝宝经常看电视，活动的时间自然会减少，其大动作、精细动作就得不到很好的锻炼与发展；看电视上瘾后，与人交流的时间就减少了，可能会让宝宝社交障碍、性格孤僻、语言迟钝。

日本的七田真坚决反对宝宝看电视，认为宝宝看电视时，频繁切换的画面使宝宝左右脑之间的信号联系呈混乱状态，严重影响了宝宝右脑的发育。

989 宝宝一点儿也不能看电视吗

家长若把握好分寸，宝宝也可以看一小会儿电视的。宝宝的生长发育需要各种信息的刺激，而电视节目中的视频、音频等信息会给宝宝很好的刺激：色彩鲜艳的画面会给宝宝一种愉悦的视觉感觉，悠扬动听的音乐让宝宝得到音乐的熏陶和感染，有趣的情节能训练宝宝的思维和理解能力。

好的电视节目，可以让宝宝增长知识，积累更多的词汇发展语言能力，还能激发宝宝的想象力。

990 如何让宝宝戒掉电视瘾

既然长时间看电视弊大于利，那么做父母的就要引导宝宝，不能让宝宝看电视成瘾。

为了让宝宝远离电视，家长有空要多带宝宝到室外玩，多接触自然。比如散散步，玩玩沙，玩玩水等。

在家时，家长要多和宝宝一起游戏，也可以让宝宝听听音乐，给宝宝讲讲故事，陪宝宝看看图片。即使看电视，时间也不能太长，规定的时间一到，要马上关掉。

另外，给宝宝多准备一些有趣且益智的玩具，这些玩具可以转移他们对电视的关注。

991 怎样调适生活习惯减少电视不良影响

家长应帮助宝宝从小养成好的生活习惯，尽量减少看电视的时间。五岁之前的宝宝，一次看电视的时间最好不要超过 30 分钟。

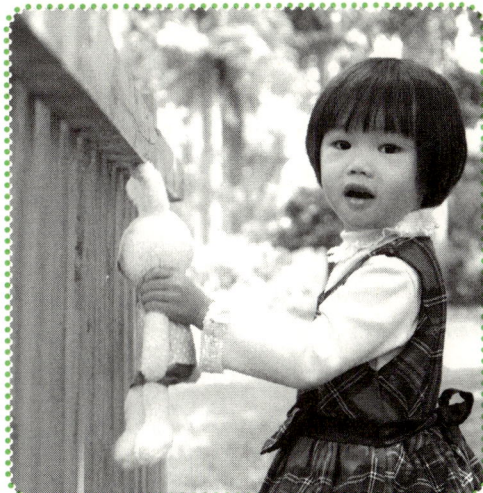

另外，看电视的时候要保持一定距离，最佳安全距离应是电视机屏幕对角线的 5～7 倍。这样才不会伤害宝宝的眼睛。

另外，父母要多给宝宝补充含维生素 A 和 β-胡萝卜素的食物，比如动物肝脏、鱼肝油、蛋类、牛奶、胡萝卜等，可以缓解视疲劳并改善晶状体的发育。

早教环境
Zao Jiao Huan Jing

992 宝宝头型与智力高低有关吗

宝宝在婴幼儿时期的头颅骨还没有完全骨化，各个颅骨之间有一定的可塑性。宝宝在初期还不能转动沉重的头部，因此当某一方位的颅骨长期承受整个头部重量的压力时，其形状就会受到影响。新生儿出生后，如果长时间保持同一个睡姿，可能会引起头型偏位。

目前还未有相关的科学证实新生儿头型的圆扁与智力发育有关。其实，新生儿的智力发育是以头围大小、骨缝闭合、前囟大小及前后囟门闭合时间来综合评价的。如果新生儿脑发育不良时，就会出现头围小、前囟门过小或闭合早等症状。婴儿分娩时经过产道，因此出生时颅骨缝稍有重叠，但不久后重叠现象就会消失。出生时，后囟很小或已闭合，在 6 ~ 8 周龄闭合。前囟宽度在出生时 1 ~ 2 厘米，以后随颅骨生长而增长，6 月龄左右逐渐骨化而变小，最迟于 1 岁半闭合。

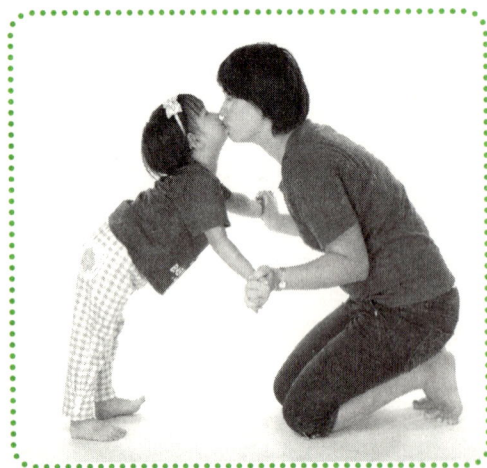

993 低智商的宝宝是不是弱智儿

在正常情况下，智商可以在一定程度上反映宝宝的智力水平，但家长应该明白：许多智力以外的因素完全可能影响到宝宝的测试结果，使得所得智商数值并不一定精确，而只具有参考的意义。

智商测定要求被测儿童注意力集中。如果测试时儿童情绪不稳，或感到害怕，不能很好配合完成动作，不如实回答问

题，结果便会受到很大影响；少数儿童患有多动症，因为好动，易分心，不愿用心记忆，智商测定结果必然偏低；此外，宝宝的生活环境、家庭教育等也会对智商的测定产生影响。比如有些偏远地区的宝宝，接触面窄，见识少，对有关问题不理解，从而导致智商测定结果偏低，这些都无法反映儿童真实智力水平；我们也不能说这些儿童就是弱智儿。

994 早教就是提前教宝宝知识吗

早期教育的关键在于对宝宝良好习惯的养成，而不是读书识字的分学科教育，因此早教最好的途径是妈妈在日常生活中的言传身教，这个年龄段的宝宝具有很强的个人属性，是个很特殊的群体，不能同一而论，也就是说每个宝宝都要有适合自身个性的早教。

对于 0 ~ 3 岁宝宝，重点要注意其身体机能和感知能力的培养。家长要多花时间陪宝宝玩游戏，以不同形式和宝宝沟通交流，让他体会到妈妈的关爱，获得依恋和安全感。对宝宝的教育并没有定势，应该根据宝宝的天赋和特性来具体对待。开发宝宝潜能的基础应该是尊重宝宝的个性，而不是一味用共性的规则去要求他。

995 怎样为宝宝挑选早教机构

● 早教中心提供给宝宝适龄的学习内容，能支持他的全方位的发展，比如既有语言方面的内容，又有基础知识方面和艺术方面的内容，鼓励宝宝阅读等等。

● 让宝宝获得自信是非常重要的，只有在宝宝成功地做了某件事情的时候，他体验到了自信的感觉，才会喜欢这件事情，而且他才会有这种欲望继续发展这种能力。

● 看老师和宝宝之间是不是充满沟通和互动，早教要强调的就是宝宝和老师有沟通，只有有了沟通，宝宝们才能成长。

996 日本人如何通过身体活动开发宝宝右脑

多用身体左侧部位的活动：多用左眼、左耳和左手意味着锻炼右脑。可以让宝宝常向右偏转脑袋，多多训练"左视野"；左耳戴耳机听音乐或故事；有意识地用左手拿东西、擦桌子、开门、开灯等。

多感官综合刺激：视觉、听觉和语言的"综合刺激"特别有助于开发宝宝的右脑。常常利用多媒体，在1小时内接连不断地给宝宝看恐龙、鲜花图案等，其间穿插儿歌、外语、故事等语言刺激。

不过，因为幼儿难以对长时间的相同刺激保持兴趣，"综合刺激"须分成若干小单元（如每次5分钟，然后休息1分钟）。

997 日本人如何在日常生活中刺激宝宝右脑

1. **以小猜大：**遮住宝宝熟悉的动、植物图片的大部分，让宝宝猜测这是什么动物或植物，有助于提高幼儿的推断能力。

2. **经历新鲜：**送宝宝上幼儿园时可以故意改变路线，或者外出回家时不总是走同一条路；为宝宝选择的书本各种不同类别的书；创造条件让宝宝有机会结交各种性格和爱好的小朋友。新鲜的经历对激活右脑功能好处多多。

998 幼儿园能培养宝宝什么好习惯

幼儿园学习的阶段，除了对知识的认知和学习，更重要的是家长要侧重并与幼儿园共同培养孩子的良好习惯：

● 自我服务的习惯，如收拾文具、玩具、餐具等。

● 良好的卫生习惯，如饭前便后要洗手，勤剪指甲勤洗澡等。

● 良好的作息习惯，如早睡早起，适当午休等。

● 良好的阅读习惯，如给宝宝讲故事，教宝宝认字，来培养孩子对阅读的兴趣。

● 喜欢提问的习惯，如多带宝宝外出走走，多让他接触新事物，激发孩子的求知欲。

● 注意力集中的习惯，家长可以从亲子游戏开始，想办法培养孩子做事的专注力。

● 文明礼貌的习惯，交给宝宝基本的交往礼仪和礼貌用语。

999 幼儿园全托有何利弊

1. **幼儿园全托的好处**

(1) 全托可以弥补某些家庭教育的不足。现在年轻的父母社会压力大，同时更注重自我价值的实现，通常忽略对孩子的关心，孩子缺少社会交往，全托则使孩子除了睡觉外，一直在和同龄人交往，和教师交往，既开发了智力，也锻炼了能力。

(2) 全托有利于孩子社会性的发展。全托班老师要求孩子有独立生活的能力，如自己穿衣、吃饭等，而在家里，家长在许多事情上都容易包办代替，使孩子失去锻炼的机会。另外，全托给孩子提供了相互交往的场所，平时游戏多，活动多，孩子处在属于自己的王国里，与同龄人在一起生活、学习，遇到困难自己解决，利于他们逐步融入到社会大家庭。

2.幼儿园全托的坏处

(1) 缺失父母教育这部分内容，幼儿园时期正是父母摸索教育孩子的方法时期，假若孩子进了全托，父母就无法形成家庭教育的氛围，导致这些孩子交际的能力强，家庭关系的协调却存在着不足。

(2) 全托提供的成长环境是相对封闭的。孩子终日生活在幼儿园里，接触的人基本是固定不变的老师和小朋友，很少有与外人接触的机会，也在一定程度上限制了孩子的眼界，反而不利于他们的全面发展。

1000 如何决定选择全托还是日托

1. 根据孩子情况决定

可以先送孩子上日托，观察他对幼儿园生活的适应情况，如果他有着较强的反抗情绪，最好还是等他完全适应幼儿园生活后再决定是否上全托。

2. 考察幼儿园的环境布置

要仔细考察幼儿园环境布置是否亲切、温暖、家庭化，能否保障有规律和安全的生活，考察幼儿的配餐营养是否合理，幼儿园的教育理念是否重视家园教育一体化，老师能否做到经常与家长沟通。

3. 考察全托幼儿园老师是否专业

专业的全托幼儿园老师不应对孩子有过多的限制，如不许随便说话等。同时还要善于了解孩子的心理，因为这一年龄段的孩子难用语言清楚地表达自己，作为教师应该知道他们需要些什么，能注意到孩子有些什么变化，并能采取相应的措施。

4. 全托家长要注意细节

家长应该保证每周都能按时接送孩子，与老师建立密切的联系。珍惜与孩子共度的时光，但不能因为觉得对不起孩子，而对他采取放纵态度，在生活作息等方面按照幼儿园的标准要求他。

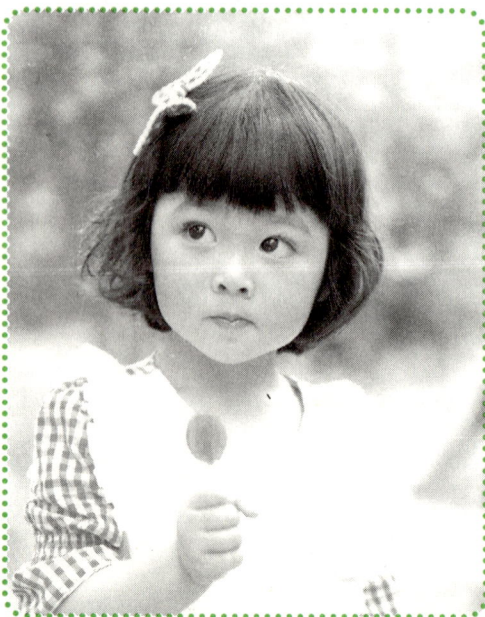